OEUVRES
COMPLÈTES
DE
J. J. ROUSSEAU

AVEC LES NOTES DE TOUS LES COMMENTATEURS.

NOUVELLE ÉDITION
ORNÉE DE QUARANTE-DEUX VIGNETTES,
GRAVÉES PAR NOS PLUS HABILES ARTISTES,

D'APRÈS LES DESSINS DE DEVÉRIA.

DICTIONNAIRE DE MUSIQUE.

TOME II.

A PARIS,
CHEZ DALIBON, LIBRAIRE
DE S. A. R. MONSEIGNEUR LE DUC DE NEMOURS,
RUE HAUTEFEUILLE, N° 10.

M DCCC XXVI.

ŒUVRES
COMPLÈTES
DE
J. J. ROUSSEAU.

TOME XIII.

PARIS. — IMPRIMERIE DE G. DOYEN,
RUE SAINT-JACQUES, N. 38.

DICTIONNAIRE
DE MUSIQUE.

Ut psallendi materiem discerent.
Martian. Cap.

M — Z.

DICTIONNAIRE
DE MUSIQUE.

M.

Ma. Syllabe avec laquelle quelques musiciens solfient le *mi* bémol comme ils solfient par le *fi* le *fa* dièse. (Voyez Solfier.)

Machicotage, *s. m.* C'est ainsi qu'on appelle, dans le plain-chant, certaines additions et compositions de notes qui remplissent, par une marche diatonique, les intervalles de tierces et autres. Le nom de cette manière de chant vient de celui des ecclésiastiques appelés *machicots*, qui l'exécutoient autrefois après les enfants de chœur.

Madrigal. Sorte de pièce de musique travaillée et savante, qui étoit fort à la mode en Italie au seizième siècle, et même au commencement du précédent. Les *madrigaux* se composoient ordinairement, pour la vocale, à cinq ou six parties, toutes obligées, à cause des fugues et dessins dont ces pièces étoient remplies; mais les organistes composoient et exécutoient aussi des *madrigaux* sur l'orgue; et l'on prétend même que ce fut sur cet instrument que le *madrigal* fut inventé. Ce genre de contre-point, qui étoit assujetti à des lois très-rigoureuses, portoit le nom de *style madrigalesque*. Plusieurs auteurs, pour y avoir excellé, ont immortalisé leurs noms dans les fastes de l'art: tels furent entre autres ; *Luca Marentio*, *Luigi Prenestino*, *Pomponio Nenna*, *Tommassé*, *Pecci*, et surtout le fameux prince de *Venosa*, dont les madrigaux, pleins de science et de goût, étoient admirés par tous les maîtres, et chantés par toutes les dames.

MAGADISER, *v. n.* C'étoit, dans la musique grecque, chanter à l'octave, comme faisoient naturellement les voix de femmes et d'hommes mêlées ensemble; ainsi les chants *magadisés* étoient toujours des antiphonies. Ce mot vient de *magas*, chevalet d'instrument, et, par extension, instrument à cordes doubles, montées à l'octave l'une de l'autre, au moyen d'un chevalet, comme aujourd'hui nos clavecins.

MAGASIN. Hôtel de la dépendance de l'Opéra de Paris, où logent les directeurs et d'autres personnes attachées à l'Opéra, et dans lequel est un petit théâtre, appelé aussi *magasin* ou *théâtre du magasin*, sur lequel se font les premières répétitions. C'est l'*odéum* de la musique françoise. (Voy. ODÉUM.)

MAJEUR., *adjectif*. Les intervalles susceptibles de variations sont appelés *majeurs*, quand ils sont aussi grands qu'ils peuvent l'être sans devenir faux.

Les intervalles appelés parfaits, tels que l'octave, la quinte et la quarte, ne varient point et ne sont que *justes*; sitôt qu'on les altère, ils sont *faux*. Les autres intervalles peuvent, sans changer de nom et sans cesser d'être justes, varier d'une certaine différence : quand cette différence peut être ôtée, ils sont *majeurs*; *mineurs*, quand elle peut être ajoutée.

Ces intervalles variables sont au nombre de cinq; savoir, le semi-ton, le ton, la tierce, la sixte et la septième. A l'égard du ton et du semi-ton, leur différence du *majeur* au mineur ne sauroit s'exprimer en notes, mais en nombres seulement. Le semi-ton *majeur* est l'intervalle d'une seconde mineure, comme de *si* à *ut*, ou de *mi* à *fa*, et son rapport est de 15 à 16. Le ton *majeur* est la différence de la quarte à la quinte, et son rapport est de 8 à 9.

Les trois autres intervalles, savoir la tierce, la sixte et la septième, diffèrent toujours d'un semiton du *majeur* au mineur, et ces différences peuvent se noter. Ainsi la tierce mineure a un ton et demi, et la tierce *majeure* deux tons.

Il y a quelques autres plus petits intervalles, comme le dièse et le comma, qu'on distingue en moindres, mineurs, moyens, *majeurs*, et maximes; mais, comme ces intervalles ne peuvent s'exprimer qu'en nombre, ces distinctions sont inutiles dans la pratique.

Majeur se dit aussi du mode, lorsque la tierce de la tonique est *majeure*, et alors souvent le mot *mode* ne fait que se sous-entendre. *Préluder en* majeur, *passer du* majeur *au mineur*, etc. (Voy. Mode.)

Main harmonique. C'est le nom que donna l'Arétin à la gamme qu'il inventa pour montrer le rapport de ses exacordes, de ses six lettres et de ses six syllabes, avec les cinq tétracordes des Grecs. Il représenta cette gamme sous la figure d'une main gauche, sur les doigts de laquelle étoient marqués tous les sons de la gamme, tant par les lettres correspondantes que par les syllabes qu'il y avoit jointes, en passant, par la règle des muances, d'un tétracorde ou d'un doigt à l'autre, selon le lieu où se trouvoient les deux semi-tons de l'octave par le bécarre ou par le bémol, c'est-à-dire selon que les tétracordes étoient conjoints ou disjoints. (Voyez Gamme, Muances, Solfier.)

Maître a chanter. Musicien qui enseigne à lire la musique vocale et à chanter sur la note.

Les fonctions du *maître à chanter* se rapportent à deux objets principaux. Le premier, qui regarde la culture de la voix, est d'en tirer tout ce qu'elle peut donner en fait de chant, soit par l'étendue, soit par la justesse, soit par le timbre, soit par la légèreté, soit par l'art de renforcer ou radoucir les sons, et d'apprendre à les ménager et modifier avec tout l'art possible. (V. Chant, Voix.)

Le second objet regarde l'étude des signes, c'est-à-dire l'art de lire la note sur le papier, et l'habitude de la déchiffrer avec tant de facilité qu'à l'ouverture du livre on soit en état de chanter toute sorte de musique. (Voyez Note, Solfier.)

Une troisième partie des fonctions du *maître à chanter* regarde la connoissance de la langue, surtout des accents, de la quantité, et de la meilleure manière de prononcer; parce que les défauts de la prononciation sont beaucoup plus sensibles dans le chant que dans la parole, et qu'une vocale bien faite ne doit être qu'une manière plus énergique et plus agréable de marquer la prosodie et les accents. (Voyez Accent.)

Maître de chapelle. (Voyez Maître de musique.)

Maître de musique. Musicien gagé pour composer de la musique et la faire exécuter. C'est le *maître de musique* qui bat la mesure et dirige les musiciens : il doit savoir la composition, quoiqu'il ne compose pas toujours la musique qu'il fait exécuter. A l'Opéra de Paris, par exemple, l'emploi de battre la mesure est un office particulier; au lieu que la musique des opéra est composée par quiconque en a le talent et la volonté. En Italie, celui qui a composé un opéra en dirige toujours l'exécution, non en battant la mesure, mais au clavecin. Ainsi l'emploi de *maître de musique* n'a guère lieu que dans les églises: aussi ne dit-on point en Italie *maître de musique*, mais *maître de chapelle*; dénomination qui commence à passer aussi en France.

Marche, *s. f.* Air militaire qui se joue par des instruments de guerre, et marque le mètre et la cadence des tambours, laquelle est proprement la *marche*.

Chardin dit qu'en Perse, quand on veut abattre des maisons, aplanir un terrain, ou faire quelque autre ouvrage expéditif qui demande une multitude de bras, on assemble les habitants de tout un quartier, qu'ils travaillent au son des instruments; et qu'ainsi l'ouvrage se fait avec beaucoup plus de zèle et de promptitude que si les instruments n'y étoient pas.

Le maréchal de Saxe a montré dans ses *Rêveries* que l'effet des tambours ne se bornoit pas non plus à un vain bruit sans utilité, mais que, selon que le mouvement en étoit plus vif ou plus lent, ils portoient naturellement le soldat à presser ou ralentir son pas: on peut dire aussi que les airs des *marches* doivent avoir différents caractères, selon les occasions où on les emploie; et c'est ce qu'on a dû sentir jusqu'à certain point quand on les a distingués et diversifiés, l'un pour la générale, l'autre pour la *marche*, l'autre pour la charge, etc. Mais il s'en faut bien qu'on ait mis à profit ce principe autant qu'il auroit pu l'être; on s'est borné jusqu'ici à composer des airs qui fissent bien sentir le mètre et la batterie des tambours : encore fort souvent les airs des *marches* remplissent-ils assez mal cet objet. Les troupes françoises ayant peu d'instruments militaires pour l'infanterie, hors les fifres et les tambours, ont aussi fort peu de *marches*, et la plupart très-mal faites : mais il y en a d'admirables dans les troupes allemandes.

Pour exemple de l'accord de l'air et de la *marche*, je donnerai (*Planche* 9, *figure* 2) la première partie de celle des mousquetaires du roi de France.

Il n'y a dans les troupes que l'infanterie et la cavalerie légère qui aient des *marches*. Les timbales de la cavalerie n'ont point de *marches* réglées ; les trompettes n'ont qu'un ton presque uniforme, et des fanfares. (Voyez FANFARE.)

MARCHER, *v. n.* Ce terme s'emploie figurément en musique, et se dit de la succession des sons ou des accords qui se suivent dans certain ordre. *La basse et le dessus* marchent *par mouvements contraires*. Marche *de basse ;* marcher *à contre-temps.*

MARTELLEMENT, *s. m.* Sorte d'agrément du chant françois. Lorsque descendant diatoniquement d'une note sur une autre par un trille on appuie avec force le son de la première note sur la seconde par un seul coup de gosier, on appelle cela faire un *martellement*. (Voyez *Planche* 5, *fig.* 5.)

MAXIME, *adj.* On appelle intervalle *maxime*

celui qui est plus grand que le majeur de la même espèce, et qui ne peut se noter; car, s'il pouvoit se noter, il ne s'appelleroit pas *maxime*, mais *superflu*.

Le semi-ton *maxime* fait la différence du semiton mineur au ton majeur, et son rapport est de 25 à 27. Il y auroit entre l'*ut* dièse et le *re* un semiton de cette espèce, si tous les semi-tons n'étoient pas rendus égaux ou supposés tels par le tempérament.

Le dièse *maxime* est la différence du ton mineur au semi-ton *maxime*, en rapport de 243 à 250.

Enfin le comma *maxime*, ou comma de Pythagore, est la quantité dont diffèrent entre eux les deux termes les plus voisins d'une progression par quintes, et d'une progression par octaves, c'est-à-dire l'excès de la douzième quinte *si* dièse sur la septième octave *ut*; et cet excès dans le rapport de 524288 à 531441 est la différence que le tempérament fait évanouir.

Maxime, *s. f.* C'est une note faite en carré-long horizontal avec une queue au côté droit, de cette manière ▯, laquelle vaut huit mesures à deux temps, c'est-à-dire deux longues, et quelquefois trois, selon le mode. (Voyez Mode.) Cette sorte de note n'est plus d'usage depuis qu'on sépare les mesures par des barres, et qu'on marque avec des liaisons les tenues ou continuités des sons. (Voyez Barres, Mesure.)

MÉDIANTE, *s. f.* C'est la corde ou la note qui partage en deux tierces l'intervalle de quinte qui se trouve entre la tonique et la dominante. L'une de ces tierces est majeure, l'autre mineure; et c'est leur position relative qui détermine le mode. Quand la tierce majeure est au grave, c'est-à-dire entre la *médiante* et la tonique, le mode est majeur; quand la tierce majeure est à l'aigu et la mineure au grave, le mode est mineur. (Voyez Mode, Tonique, Dominante.)

MÉDIATION, *s. f.* Partage de chaque vers et d'un psaume en deux parties, l'une psalmodiée ou chantée par un côté du chœur, et l'autre par l'autre, dans les églises catholiques.

MEDIUM, *s. m.* Lieu de la voix également distant de ses deux extrémités au grave et à l'aigu. Le haut est plus éclatant, mais il est presque toujours forcé; le bas est grave et majestueux, mais il est plus sourd.

Un beau *medium*, auquel on suppose une certaine latitude, donne les sons les mieux nourris, les plus mélodieux, et remplit le plus agréablement l'oreille. (Voyez Son.)

MÉLANGE, *s. m.* Une des parties de l'ancienne mélopée, appelée *agogé* par les Grecs, laquelle consiste à savoir entrelacer et mêler à propos les modes et les genres. (Voyez Mélopée.)

MÉLODIE, *s. f.* Succession de sons tellement ordonnés selon les lois du rhythme et de la modulation, qu'elle forme un sens agréable à l'oreille; la *mélodie* vocale s'appelle chant, et l'instrumentale, symphonie.

L'idée du rhythme entre nécessairement dans celle de la *mélodie*; un chant n'est un chant qu'autant qu'il est mesuré; la même succession de sons peut recevoir autant de caractères, autant de *mélodies* différentes qu'on peut la scander différemment; et le seul changement de valeur des notes peut défigurer cette même succession au point de la rendre méconnoissable. Ainsi la *mélodie* n'est rien par elle-même; c'est la mesure qui la détermine, et il n'y a point de chant sans le temps. On ne doit donc pas comparer la *mélodie* avec l'harmonie, abstraction faite de la mesure dans toutes les deux; car elle est essentielle à l'une et non pas à l'autre.

La *mélodie* se rapporte à deux principes différents, selon la manière dont on la considère. Prise par les rapports des sons et par les règles du mode, elle a son principe dans l'harmonie, puisque c'est une analyse harmonique qui donne les degrés de la gamme, les cordes du mode, et les lois de la modulation, uniques éléments du chant. Selon ce principe, toute la force de la *mélodie* se borne à flatter l'oreille par des sons agréables, comme on peut flatter la vue par d'agréables accords de couleur; mais prise pour un art d'imitation par lequel on peut affecter l'esprit de diverses images, émouvoir le cœur de divers sentiments, exciter et calmer les passions, opérer, en un mot, des effets moraux qui passent l'empire immédiat des sens, il lui faut chercher un autre principe ; car on ne voit aucune prise par laquelle la seule harmonie, et tout ce qui vient d'elle, puisse nous affecter ainsi.

Quel est ce second principe? il est dans la nature ainsi que le premier; mais pour l'y découvrir il faut une observation plus fine, quoique plus simple, et plus de sensibilité dans l'observateur. Ce principe est le même qui fait varier le ton de la voix quand on parle, selon les choses qu'on dit et les mouvements qu'on éprouve en les disant. C'est l'accent des langues qui détermine la *mélodie* de chaque nation; c'est l'accent qui fait qu'on parle en chantant, et qu'on parle avec plus ou moins d'énergie, selon que la langue a plus ou moins d'accent. Celle dont l'accent est plus marqué doit donner une *mélodie* plus vive et plus passionnée; celle qui n'a que peu ou point d'accent ne peut avoir qu'une *mélodie* languissante et froide, sans caractère et sans expression. Voilà les vrais principes; tant qu'on en sortira et qu'on voudra parler du pouvoir de la musique sur le cœur humain, on parlera sans s'entendre, on ne saura ce qu'on dira.

Si la musique ne peint que par la *mélodie*, et tire d'elle toute sa force, il s'ensuit que toute musique qui ne se chante pas, quelque harmonieuse qu'elle puisse être, n'est point une musique imitative, et, ne pouvant ni toucher ni peindre avec ses beaux accords, lasse bientôt les oreilles, et laisse toujours le cœur froid. Il suit encore que, malgré la diversité des parties que l'harmonie a introduites, et dont on abuse tant aujourd'hui, sitôt que deux *mélodies* se font entendre à la fois, elles s'effacent l'une l'autre et demeurent de nul effet, quelque belles qu'elles puissent être chacune séparément : d'où l'on peut juger avec quel goût les compositeurs françois ont introduit à leur Opéra l'usage de faire servir un air d'accompagnement à un chœur ou à un autre air; ce qui est comme si on s'avisoit de réciter deux discours à la fois, pour donner plus de force à leur éloquence. (Voyez UNITÉ DE MÉLODIE.)

MÉLODIEUX, *adj.* Qui donne de la mélodie. *Mélodieux*, dans l'usage, se dit des sons agréables, des voix sonores, des chants doux et gracieux, etc.

MÉLOPÉE, *s. f.* C'étoit dans l'ancienne musique l'usage régulier de toutes les parties harmoniques; c'est-à-dire l'art ou les règles de la composition du chant, desquelles la pratique et l'effet s'appeloit *mélodie*.

Les anciens avoient diverses règles pour la manière de conduire le chant par des degrés conjoints, disjoints, ou mêlés, en montant ou en descendant. On en trouve plusieurs dans Aristoxène, lesquelles dépendent toutes de ce principe, que, dans tout système harmonique, le troisième ou le quatrième son après le fondamental en doit toujours frapper la quarte ou la quinte, selon que les tétracordes sont conjoints ou disjoints; différence qui rend un mode authentique ou plagal au gré du compositeur. C'est le recueil de toutes ces règles qui s'appelle *mélopée*.

La *mélopée* est composée de trois parties: savoir, la *prise*, *lepsis*, qui enseigne au musicien en quel lieu de la voix il doit établir son diapason; le *mélange*, *mixis*, selon lequel il entrelace ou mêle à propos les genres et les modes; et *l'usage*, *chrésès*, qui se subdivise en trois autres parties. La première, appelée *euthia*, guide la marche du chant, laquelle est, ou directe du grave à l'aigu, ou renversée de l'aigu au grave, ou mixte, c'est-à-dire composée de l'une et de l'autre. La deuxième, appelée *agogé*, marche alternativement par degrés disjoints en montant, et conjoints en descendant, ou au contraire. La troisième, appelée *petteïa*, par laquelle il discerne et choisit les sons qu'il faut rejeter, ceux qu'il faut employer le plus fréquemment.

Aristide Quintilien divise toute la *mélopée* en trois espèces qui se rapportent à autant de modes, en prenant ce dernier nom dans un nouveau sens. La première espèce étoit l'*hypatoïde*, appelée ainsi de la corde hypate, la principale ou la plus basse, parce que le chant régnant seulement sur les sons graves ne s'éloignoit pas de cette corde, et ce chant étoit approprié au mode tragique. La seconde espèce étoit la *mésoïde*, de *mèse*, la corde du milieu, parce que le chant régnoit sur les sons moyens, et celle-ci répondoit au mode nomique, consacré à Apollon. La troisième s'appeloit *nétoïde* de *nète*, la dernière corde ou la plus haute; son chant ne s'étendoit que sur les sons aigus, et constituoit le mode dithyrambique ou bachique. Ces modes en avoient d'autres qui leur étoient subordonnés, et varioient la *mélopée;* tels que l'érotique ou l'amoureux, le comique, l'encômiaque, destiné aux louanges.

Tous ces modes, étant propres à exciter ou calmer certaines passions, influoient beaucoup sur les mœurs; et, par rapport à cette influence, la *mélopée* se partageoit encore en trois genres: savoir, 1° le *systaltique*, ou celui qui inspiroit les passions tendres et affectueuses, les passions tristes et capables de resserrer le cœur, suivant le sens du mot grec; 2° le *diastaltique*, ou celui qui étoit propre à l'épanouir, en excitant la joie, le courage, la magnanimité, les grands sentiments; 3° l'*euchastique*, qui tenoit le milieu entre les deux autres, qui ramenoit l'âme à un état tranquille. La première espèce de *mélopée* convenoit aux poésies amoureuses, aux plaintes, aux regrets, et autres expressions semblables. La seconde étoit propre aux tragédies, aux chants de guerre, aux sujets héroïques. La troisième aux hymnes, aux louanges, aux instructions.

Mélos, *s. m.* Douceur du chant. Il est difficile de distinguer dans les auteurs grecs le sens du mot *mélos* du sens du mot *mélodie.* Platon, dans son Protagoras, met le *mélos* dans le simple discours, et semble entendre par là le chant de la parole. Le *mélos* paroît être ce par quoi la *mélodie* est agréable. Ce mot vient de μέλι, miel.

Menuet, *s. m.* Air d'une danse de même nom, que l'abbé Brossard dit nous venir du Poitou. Selon lui cette danse est fort gaie, et son mouvement est fort vite; mais, au contraire, le caractère du *menuet* est une élégante et noble simplicité; le mouvement en est plus modéré que vite, et l'on peut dire que le moins gai de tous les genres de danses usités dans nos bals est le *menuet.* C'est autre chose sur le théâtre.

La mesure du *menuet* est à trois temps légers; qu'on marque par le 3 simple, ou par le $\frac{3}{4}$, ou par le $\frac{3}{8}$. Le nombre des mesures de l'air dans chacune de ses reprises doit être quatre ou un multiple de quatre, parce qu'il en faut autant pour achever le pas du *menuet;* et le soin du musicien doit être de faire sentir cette division par des chutes bien marquées, pour aider l'oreille du danseur et le maintenir en cadence.

Mèse, *s. f.* Nom de la corde la plus aiguë du second tétracorde des Grecs. (Voyez Méson.)

Mèse signifie *moyenne*, et ce nom fut donné à cette corde, non, comme dit l'abbé Brossard, parce qu'elle est commune ou mitoyenne entre les deux octaves de l'ancien système, car elle portoit ce nom bien avant que le système eût acquis cette étendue, mais parce qu'elle formoit précisément le milieu entre les deux premiers tétracordes dont ce système avoit d'abord été composé.

Mésoïde, *s. f.* Sorte de mélopée dont les chants rouloient sur les cordes moyennes, lesquelles s'appeloient aussi *mésoïdes* de la mèse ou du tétracorde méson.

Mésoïdes. Sons moyens, ou pris dans le médium du système. (Voyez Mélopée.)

Méson. Nom donné par les Grecs à leur second tétracorde, en commençant à compter du grave; et c'est aussi le nom par lequel on distingue chacune de ses quatre cordes de celles qui leur correspondent dans les autres tétracordes : ainsi, dans celui dont je parle, la première corde s'appelle *hypate-méson;* la seconde *parhypate-méson;* la troisième *lichanos-méson*, ou *méson-diatonos;* et la quatrième *mèse.* (Voyez Système.)

Méson est le génitif pluriel de *mèse*, *moyenne*, parce que le tétracorde *méson* occupe le milieu entre le premier et le troisième, ou plutôt parce que la corde *mèse* donne son nom à ce tétracorde dont elle forme l'extrémité aiguë. (Voyez *Planche* 13.)

Mésopycni, *adj.* Les anciens appeloient ainsi, dans les genres épais, le second son de chaque tétracorde. Ainsi les sons *mésopycni* étoient cinq en nombre. (Voyez Son, Système, Tétracorde.)

Mesure, *s. f.* Division de la durée ou du temps en plusieurs parties égales, assez longues pour que l'oreille en puisse saisir et subdiviser la quantité, et assez courtes pour que l'idée de l'une ne s'efface pas avant le retour de l'autre, et qu'on en sente l'égalité.

Chacune de ces parties s'appelle aussi *mesure* : elles se subdivisent en d'autres aliquotes qu'on appelle temps, et qui se marquent par des mouvements égaux de la main ou du pied. (Voyez Battre la mesure.) La durée égale de chaque temps ou de chaque *mesure* est remplie par plusieurs notes qui passent plus ou moins vite en proportion de leur nombre, et auxquelles on donne diverses figures pour marquer leurs différentes durées. (Voyez Valeur des notes.)

Plusieurs, considérant le progrès de notre musique, pensent que la *mesure* est de nouvelle invention, parce qu'un temps elle a été négligée; mais, au contraire, non seulement les anciens pratiquoient la *mesure*, ils lui avoient même donné des règles très-sévères et fondées sur des principes que la nôtre n'a plus. En effet, chanter sans *mesure* n'est pas chanter ; et le sentiment de la *mesure* n'étant pas moins naturel que celui de l'intonation, l'invention de ces deux choses n'a pu se faire sé-parément.

La *mesure* des Grecs tenoit à leur langue; c'é-toit la poésie qui l'avoit donnée à la musique; les *mesures* de l'une répondoient aux pieds de l'autre : on n'auroit pas pu mesurer de la prose en musique. Chez nous c'est le contraire : le peu de prosodie de nos langues fait que dans nos chants la valeur des notes détermine la quantité des syllabes; c'est sur la mélodie qu'on est forcé de scander le discours; on n'aperçoit pas même si ce qu'on chante est vers ou prose : nos poésies n'ayant plus de pieds, nos vocales n'ont plus de *mesures*; le chant guide et la parole obéit.

La *mesure* tomba dans l'oubli, quoique l'intonation fût toujours cultivée, lorsque après les victoires des Barbares les langues changèrent de caractère et perdirent leur harmonie. Il n'est pas étonnant que le mètre qui servoit à exprimer la *mesure* de la poésie fût négligé dans des temps où on ne la sentoit plus, et où l'on chantoit moins de vers que de prose. Les peuples ne connoissoient guère alors d'autre amusement que les cérémonies de l'église, ni d'autre musique que celle de l'office; et, comme cette musique n'exigeoit pas la régularité du rhythme, cette partie fut enfin tout-à-fait oubliée. Gui nota sa musique avec des points qui n'exprimoient pas des quantités différentes, et l'invention des notes fût certainement postérieure à cet auteur.

On attribue communément cette invention des diverses valeurs des notes à Jean de Muris, vers l'an 1330; mais le P. Mersenne le nie avec raison; et il faut n'avoir jamais lu les écrits de ce chanoine pour soutenir une opinion qu'ils démentent si clairement. Non seulement il compare les valeurs que les notes avoient avant lui à celles qu'on leur donnoit de son temps, et dont il ne se donne point pour l'auteur, mais même il parle de la *mesure*, et dit que les modernes, c'est-à-dire ses contemporains, la ralentissent beaucoup, *et moderni nunc morosâ multùm utuntur mensurâ*: ce qui suppose évidemment que la *mesure*, et par conséquent les valeurs des notes, étoient connues et usitées avant lui. Ceux qui voudront rechercher plus en détail l'état où étoit cette partie de la musique du temps de cet auteur pourront consulter son traité manuscrit intitulé *Speculum musicæ*, qui est à la Bibliothèque du roi de France, n° 7207, pag. 280 et suivantes.

Les premiers qui donnèrent aux notes quelques règles de quantité s'attachèrent plus aux valeurs ou durées relatives de ces notes qu'à la *mesure* même ou au caractère du mouvement: de sorte qu'avant la distinction des différentes *mesures* il y avoit des notes au moins de cinq valeurs différentes; savoir, la maxime, la longue, la brève, la semi-brève, et la minime, que l'on peut voir à leurs mots. Ce qu'il y a de certain, c'est qu'on trouve toutes ces différentes valeurs et même davantage dans les écrits de Machault, sans y trouver jamais aucun signe de *mesure*.

Dans la suite, les rapports en valeur d'une de ces notes à l'autre dépendirent du temps, de la prolation du mode. Par le mode on déterminoit le rapport de la maxime à la longue, ou de la longue à la brève; par le temps, celui de la longue à la brève, ou de la brève à la semi-brève; et par la prolation, celui de la brève à la semi-brève, ou de la semi-brève à la minime. (Voyez Mode, Prolation, Temps.) En général toutes ces différentes modifications se peuvent rapporter à la *mesure* double ou à la *mesure* triple, c'est-à-dire, à la division de chaque valeur entière en deux ou trois temps égaux.

Cette manière d'exprimer le temps ou la mesure des notes changea entièrement durant le cours du dernier siècle. Dès qu'on eut pris l'habitude de renfermer chaque *mesure* entre deux barres, il fallut nécessairement proscrire toutes les espèces de notes qui renfermoient plusieurs *mesures*. La *mesure* en devint plus claire, les partitions mieux ordonnées, et l'exécution plus facile; ce qui étoit fort nécessaire pour compenser les difficultés que la musique acquéroit en devenant chaque jour plus composée. J'ai vu d'excellents musiciens fort embarrassés d'exécuter bien en *mesure* des trio d'Orlande et de Claudin, compositeurs du temps de Henri III.

Jusque-là la raison triple avoit passé pour la plus parfaite : mais la double prit enfin l'ascendant, et le C, où la *mesure* à quatre temps fût prise pour la base de toutes les autres: Or la *mesure* à quatre temps se résout toujours en *mesure* à deux temps; ainsi c'est proprement à la *mesure* double qu'on fait rapporter toutes les autres, du moins quant aux valeurs des notes et aux signes des mesures.

Au lieu donc des maximes, longues, brèves, semi-brèves, etc., on substitua les rondes, blanches, noires, croches, doubles et triples croches, etc., qui toutes furent prises en division sous-double; de sorte que chaque espèce de note valoit précisément la moitié de la précédente : division manifestement insuffisante, puisque ayant conservé la *mesure* triple aussi-bien que la double ou quadruple, et chaque temps pouvant être divisé comme chaque *mesure* en raison sous-double ou sous-triple à la volonté du compositeur, il falloit assigner, ou plutôt conserver aux notes des divisions répondantes à ces deux raisons.

Les musiciens sentirent bientôt le défaut; mais, au lieu d'établir une nouvelle division, ils tâchèrent de suppléer à cela par quelque signe étranger: ainsi, ne pouvant diviser une blanche en trois parties égales, ils se sont contentés d'écrire trois noires, ajoutant le chiffre 3 sur celle du milieu. Ce chiffre même leur a enfin paru trop incommode, et, pour tendre des piéges plus sûrs à ceux qui ont à lire leur musique, ils prennent le parti de supprimer le 3 ou même le 6; en sorte que, pour savoir si la division est double ou triple, on n'a d'autre parti à prendre que celui de compter les notes ou de deviner.

Quoiqu'il n'y ait dans notre musique que deux sortes de *mesures*, on y a fait tant de divisions, qu'on en peut compter au moins de seize espèces, dont voici les signes :

$$2\ \text{ou}\ \mathbb{C}\ \frac{2}{4}\ \frac{6}{4}\ \frac{6}{8}\ \frac{6}{16}\quad 3\ \frac{3}{2}\ \frac{3}{4}\ \frac{9}{4}\ \frac{3}{8}\ \frac{9}{8}\ \frac{3}{16}\quad C\ \frac{12}{4}\ \frac{12}{8}\ \frac{12}{16}.$$

(Voyez les exemples *Planche* 3.)

De toutes ces *mesures*, il y en a trois qu'on appelle simples, parcequ'elles n'ont qu'un seul chiffre ou signe; savoir, le 2 ou ¢, le 3, et le C, ou quatre temps. Toutes les autres, qu'on appelle doubles, tirent leur dénomination et leurs signes de cette dernière ou de la note ronde qui la remplit; en voici la règle :

Le chiffre inférieur marque un nombre de notes de valeur égale, faisant ensemble la durée d'une ronde ou d'une *mesure* à quatre temps.

Le chiffre supérieur montre combien il faut de

ces mêmes notes pour remplir chaque *mesure* de l'air qu'on va noter.

Par cette règle on voit qu'il faut trois blanches pour remplir une *mesure* au signe $\frac{3}{2}$; deux noires pour celle au signe $\frac{2}{4}$; trois croches pour celle au signe $\frac{3}{8}$, etc. Tout cet embarras de chiffres est mal entendu; car pourquoi ce rapport de tant de différentes *mesures* à celle de quatre temps, qui leur est si peu semblable? ou pourquoi ce rapport de tant de diverses notes à une ronde, dont la durée est si peu déterminée? Si tous ces signes sont institués pour marquer autant de différentes sortes de *mesures*, il y en a beaucoup trop; et s'ils le sont pour exprimer les divers degrés du mouvement, il n'y en a pas assez, puisque indépendamment de l'espèce de *mesure* et de la division des temps, on est presque toujours contraint d'ajouter un mot au commencement de l'air pour déterminer le temps.

Il n'y a réellement que deux sortes de *mesures* dans notre musique; savoir, à deux et trois temps égaux. Mais comme chaque temps, ainsi que chaque *mesure*, peut se diviser en deux ou en trois parties égales, cela fait une subdivision qui donne quatre espèces de *mesures* en tout; nous n'en avons pas davantage.

On pourroit cependant en ajouter une cinquième, en combinant les deux premières en une *mesure* à deux temps inégaux, l'un composé de deux notes, et l'autre de trois. On peut trouver dans cette *mesure* des chants très-bien cadencés, qu'il seroit impossible de noter par les *mesures* usitées. J'en donne un exemple dans la Planche 3, figure 8. Le sieur Adolfati fit à Gênes, en 1750, un essai de cette *mesure* en grand orchestre, dans l'air *Se la sorte mi condannà* de son opéra d'*Ariane*. Ce morceau fit de l'effet et fut applaudi. Malgré cela je n'apprends pas que cet exemple ait été suivi.

Mesuré, *part.* Ce mot répond à l'italien *a tempo* ou *a battuta*, et s'emploie, sortant d'un récitatif, pour marquer le lieu où l'on doit commencer à chanter en *mesure*.

Métrique, *adject.* La *musique métrique*, selon Aristide Quintilien, est la partie de la musique en général qui a pour objet les lettres, les syllabes, les pieds, les vers, et le poème; et il y a cette différence entre la *métrique* et la *rhythmique*, que la première ne s'occupe que de la forme des vers, et la seconde, de celle des pieds qui les composent; ce qui peut même s'appliquer à la prose. D'où il suit que les langues modernes peuvent encore avoir une *musique métrique*, puisqu'elles ont une poésie; mais non pas une *musique rhythmique*, puisque leur poésie n'a plus de pieds. (Voyez Rhythme.)

Mezza-voce. (Voyez Sotto-voce.)

Mezzo-forte. (Voyez Sotto-voce.)

Mi. La troisième des six syllabes inventées par Gui Arétin pour nommer ou solfier les notes, lorsqu'on ne joint pas la parole au chant. (Voyez E si mi ; Gamme.)

Mineur, *adj.* Nom que portent certains intervalles, quand ils sont aussi petits qu'ils peuvent l'être sans devenir faux. (Voyez Majeur, Intervalle.)

Mineur se dit aussi du mode, lorsque la tierce de la tonique est *mineure*. (Voyez Mode.)

Minime, *adj.* On appelle intervalle *minime* ou *moindre* celui qui est plus petit que le mineur de même espèce, et qui ne peut se noter ; car, s'il pouvoit se noter, il ne s'appelleroit pas *minime*, mais *diminué*.

Le semi-ton *minime* est la différence du semi-ton maxime au semi-ton moyen, dans le rapport de 125 à 128. (Voyez Semi-ton.)

Minime, *s. f.* par rapport à la durée ou au temps, est dans nos anciennes musiques la note qu'aujourd'hui nous appelons blanche. (Voyez Valeur des notes.)

Mixis, *s. f. Mélange.* Une des parties de l'ancienne mélopée par laquelle le compositeur apprend à bien combiner les intervalles et à bien distribuer les genres et les modes selon le caractère du chant qu'il s'est proposé de faire. (Voyez Mélopée.)

Mixo-lydien, *adj.* Nom d'un des modes de l'ancienne musique, appelé autrement *hyper-dorien*. (Voyez ce mot.) Le mode *mixo-lydien* étoit le plus aigu des sept auxquels Ptolomée avoit réduit tous ceux de la musique des Grecs. (Voyez Mode.)

Ce mode est affectueux, passionné, convenable aux grands mouvements, et par cela même à la tragédie. Aristoxène assure que Sapho en fut l'inventrice ; mais Plutarque dit que d'anciennes tables attribuent cette invention à Pytoclide ; il dit aussi que les Argiens mirent à l'amende le premier qui s'en étoit servi, et qui avoit introduit dans la musique l'usage des sept cordes, c'est-à-dire une tonique sur la septième corde.

Mixte, *adj.* On appelle modes *mixtes* ou connexes dans le plain-chant les chants dont l'étendue excède leur octave et entre d'un mode dans l'autre, participant ainsi de l'authente et du plagal. Ce mélange ne se fait que des modes compairs, comme du premier ton avec le second, du troisième avec le quatrième, en un mot du plagal avec son authente et réciproquement.

Mobile, *adj.* On appeloit *cordes mobiles* ou *sons mobiles*, dans la musique grecque, les deux cordes moyennes de chaque tétracorde, parce qu'elles s'accordoient différemment selon les genres, à la différence des deux cordes extrêmes, qui, ne variant jamais, s'appeloient cordes stables. (Voyez Tétracorde, Genre, Son.)

Mode, *s. m.* Disposition régulière du chant et de l'accompagnement relativement à certains sons principaux sur lesquels une pièce de musique est constituée, et qui s'appellent les cordes essentielles du *mode*.

Le *mode* diffère du ton en ce que celui-ci n'indique que la corde ou le lieu du système qui doit servir de base au chant, et le *mode* détermine la tierce et modifie toute l'échelle sur ce son fondamental.

Nos *modes* ne sont fondés sur aucun caractère de sentiment, comme ceux des anciens; mais uniquement sur notre système harmonique. Les cordes essentielles au *mode* sont au nombre de trois, et forment ensemble un accord parfait. 1° La tonique qui est la corde fondamentale du ton et du *mode* (voyez Ton et Tonique); 2° la dominante à la quinte de la tonique (V. Dominante); 3° enfin la médiante, qui constitue proprement le *mode*, et qui est à la tierce de cette même tonique (voyez Médiante). Comme cette tierce peut être de deux espèces, il y a aussi deux *modes* différents. Quand la médiante fait tierce majeure avec la tonique, le *mode* est majeur; il est mineur quand la tierce est mineure.

Le *mode* majeur est engendré immédiatement par la résonnance du corps sonore qui rend la tierce majeure du son fondamental; mais le *mode* mineur n'est point donné par la nature ; il ne se trouve que par analogie et renversement. Cela est vrai dans le système de M. Tartini, ainsi que dans celui de M. Rameau.

Ce dernier auteur, dans ses divers ouvrages successifs, a expliqué cette origine du *mode* mineur de différentes manières, dont aucune n'a contenté son interprète M. d'Alembert. C'est pourquoi M. d'Alembert fonde cette même origine sur un autre principe, que je ne puis mieux exposer qu'en transcrivant les propres termes de ce grand géomètre.

« Dans le chant *ut mi sol*, qui constitue le *mode*
« majeur, les sons *mi* et *sol* sont tels que le son
« principal *ut* les fait résonner tous deux ; mais le
« second son *mi* ne fait point résonner *sol*, qui n'est
« que sa tierce mineure.

« Or, imaginons qu'au lieu de ce son *mi* on
« place entre les sons *ut* et *sol* un autre son qui
« ait, ainsi que le son *ut*, la propriété de faire résonner *sol*, et qui soit pourtant différent d'*ut*;
« ce son qu'on cherche doit être tel qu'il ait pour
« dix-septième majeure le son *sol* ou l'une des octaves de *sol* : par conséquent le son cherché doit
« être à la dix-septième majeure au-dessous de *sol*,
« ou, ce qui revient au même, à la tierce majeure
« au-dessous de ce même son *sol*. Or, le son *mi*
« étant à la tierce mineure au-dessous de *sol*, et la

« tierce majeure étant d'un semi-ton plus grande
« que la tierce mineure, il s'ensuit que le son qu'on
« cherche sera d'un semi-ton plus bas que le *mi*,
« et sera par conséquent *mi* bémol.

« Ce nouvel arrangement, *ut, mi* bémol, *sol,*
« dans lequel les sons *ut* et *mi* bémol font l'un et
« l'autre résonner *sol* sans que *ut* fasse résonner
« *mi* bémol, n'est pas à la vérité aussi parfait que
« le premier arrangement *ut, mi, sol*; parceque
« dans celui-ci les deux sons *mi* et *sol* sont l'un et
« l'autre engendrés par le son principal *ut*, au lieu
« que dans l'autre le son *mi* bémol n'est pas en-
« gendré par le son *ut* : mais cet arrangement *ut,*
« *mi* bémol, *sol*, est aussi dicté par la nature,
« quoique moins immédiatement que le premier;
« et en effet l'expérience prouve que l'oreille s'en
« accommode à peu près aussi bien.

« Dans ce chant *ut, mi* bémol, *sol, ut*, il
« est évident que la tierce d'*ut* à *mi* bémol est
« mineure ; et telle est l'origine du genre ou
« *mode* appelé *mineur*. » *Élémens de Musique,*
page 22.

Le *mode* une fois déterminé, tous les sons de la gamme prennent un nom relatif au fondamental, et propre à la place qu'ils occupent dans ce *mode-*là.

Voici les noms de toutes les notes relativement à leur *mode*, en prenant l'octave d'*ut* pour exemple du *mode* majeur, et celle de *la* pour exemple du *mode* du mineur.

Majeur :	Ut	Re	Mi	Fa	Sol	La	Si	Ut.
Mineur :	La	Si	Ut	Re	Mi	Fa	Sol	La.
	Tonique.	Seconde note.	Médiante.	Quatrième note, ou Sous-dominante.	Dominante.	Sixième note, ou Sous-dominante.	Septième note.	Octave.

Il faut remarquer que quand la septième note n'est qu'à un semi-ton de l'octave, c'est-à-dire quand elle fait la tierce majeure de la dominante, comme le *si* naturel en majeur, ou le *sol* dièse en mineur, alors cette septième note s'appelle note sensible, parce qu'elle annonce la tonique et fait sentir le ton.

Non seulement chaque degré prend le nom qui lui convient, mais chaque intervalle est déterminé relativement au *mode*. Voici les règles établies pour cela :

1° La seconde note doit faire sur la tonique une seconde majeure ; la quatrième et la dominante une quarte et une quinte justes, et cela également dans les deux *modes*.

2° Dans le *mode* majeur la médiante ou tierce, la sixte et la septième de la tonique doivent toujours être majeures ; c'est le caractère du *mode*. Par la même raison, ces trois intervalles doivent être mineurs dans le mode mineur : cependant, comme il faut qu'on y aperçoive aussi la note sensible, ce qui ne peut se faire sans fausse relation, tandis que la sixième note reste mineure, cela cause des exceptions auxquelles on a égard dans le cours de l'harmonie et du chant : mais il faut toujours que la clef avec ses transpositions donne tous les intervalles déterminés par rapport à la tonique selon l'espèce du *mode*. On trouvera au mot CLEF une règle générale pour cela.

Comme toutes les cordes naturelles de l'octave d'*ut* donnent relativement à cette tonique tous les intervalles prescrits pour le *mode* majeur, et qu'il en est de même de l'octave de *la* pour le *mode* mineur, l'exemple précédent, que je n'ai proposé que pour les noms de notes, doit servir aussi de formule pour la règle des intervalles dans chaque *mode*.

Cette règle n'est point, comme on pourroit le croire, établie sur des principes purement arbitraires ; elle a son fondement dans la génération harmonique, au moins jusqu'à certain point. Si vous donnez l'accord parfait majeur à la tonique, à la dominante, et à la sous-dominante, vous aurez tous les sons de l'échelle diatonique pour le *mode* majeur ; pour avoir celle du *mode* mineur, laissant toujours la tierce majeure à la dominante, donnez la tierce mineure aux deux autres accords ; telle est l'analogie du *mode*.

DICT. DE MUSIQUE. T. II.

Comme ce mélange d'accords majeurs et mineurs introduit en *mode* mineur une fausse relation entre la sixième note et la note sensible, on donne quelquefois, pour éviter cette fausse relation, la tierce majeure à la quatrième note en montant, ou la tierce mineure à la dominante en descendant, surtout par renversement; mais ce sont alors des exceptions.

Il n'y a proprement que deux *modes*, comme on vient de le voir : mais comme il y a douze sons fondamentaux qui donnent autant de tons dans le système, et que chacun de ces tons est susceptible du *mode* majeur et du *mode* mineur, on peut composer en vingt-quatre *modes* ou manières; *maneries*, disoient nos vieux auteurs en leur latin. Il y en a même trente-quatre possibles dans la manière de noter; mais dans la pratique on en exclut dix, qui ne sont au fond que la répétition de dix autres, sous des relations beaucoup plus difficiles, où toutes les cordes changeroient de noms, et où l'on auroit peine à se reconnoître : tels sont les *modes* majeurs sur les notes diésées, et les *modes* mineurs sur les bémols. Ainsi, au lieu de composer en *sol* dièse tierce majeure, vous composerez en *la* bémol qui donne les mêmes touches, et au lieu de composer en *re* bémol mineur, vous prendrez *ut* dièse par la même raison; savoir, pour éviter d'un côté un F. double dièse, qui deviendroit un G naturel; et de l'autre un B double bémol, qui deviendroit un A naturel.

On ne reste pas toujours dans le ton ni dans le *mode* par lequel on a commencé un air; mais, soit pour l'expression, soit pour la variété, on change de ton et de *mode*, selon l'analogie harmonique, revenant pourtant toujours à celui qu'on a fait entendre le premier; ce qui s'appelle *moduler*.

De là naît une nouvelle distinction du *mode* en *principal* et *relatif*; le principal est celui par lequel commence et finit la pièce; les relatifs sont ceux qu'on entrelace avec le principal dans le courant de la modulation. (Voyez MODULATION.)

Le sieur de Blainville, savant musicien de Paris, proposa en 1751 l'essai d'un troisième *mode*, qu'il appelle *mode mixte*, parce qu'il participe à la modulation des deux autres, ou plutôt qu'il en est composé; mélange que l'auteur ne regarde point comme un inconvénient, mais plutôt comme un avantage et une source de variété, et de liberté dans les chants et dans l'harmonie.

Ce nouveau *mode*, n'étant point donné par l'analyse de trois accords comme les deux autres, ne se détermine pas comme eux par des harmoniques essentiels au *mode*, mais par une gamme entière qui lui est propre, tant en montant qu'en descendant; en sorte que dans nos deux *modes* la gamme est donnée par les accords, et que dans le *mode* mixte les accords sont donnés par la gamme.

La formule de cette gamme est dans la succession ascendante et descendante des notes suivantes,

Mi Fa Sol La Si Ut Re Mi,

dont la différence essentielle est, quant à la mélodie, dans la position des deux semi-tons, dont le premier se trouve entre la tonique et la seconde note; et l'autre entre la cinquième et la sixième; et, quant à l'harmonie, en ce qu'il porte sur sa tonique la tierce mineure en commençant, et majeure en finissant, comme on peut le voir (*Pl.* 20, *fig.* 6) dans l'accompagnement de cette gamme, tant en montant qu'en descendant, tel qu'il a été donné par l'auteur, et exécuté au concert spirituel le 30 mai 1751.

On objecte au sieur de Blainville que son *mode* n'a ni accord, ni corde essentielle, ni cadence qui lui soit propre, et le distingue suffisamment des *modes* majeur ou mineur. Il répond à cela que la différence de son *mode* est moins dans l'harmonie que dans la mélodie, et moins dans le *mode* même que dans la modulation; qu'il est distingué dans son commencement du *mode* majeur par sa tierce mineure, et dans sa fin du *mode* mineur par sa cadence plagale; à quoi l'on réplique qu'une modulation qui n'est pas exclusive ne suffit pas pour établir un *mode* ; que la sienne est inévitable dans les deux autres *modes*, surtout dans le mineur ; et quant à sa cadence plagale ; qu'elle a lieu nécessairement dans le même *mode* mineur toutes les fois qu'on passe de l'accord de la tonique à celui de la dominante, comme cela se pratiquoit jadis, même sur les finales, dans les *modes* plagaux et dans le ton du quart ; d'où l'on conclut que son *mode* mixte est moins une espèce particulière qu'une dénomination nouvelle à des manières d'entrelacer et combiner les *modes* majeur et mineur, aussi anciennes que l'harmonie, pratiquées de tous les temps ; et cela paroît si vrai, que même en commençant sa gamme, l'auteur n'ose donner ni la quinte ni la sixte à sa tonique, de peur de déterminer une tonique en *mode* mineur par la première, ou une médiante en *mode* majeur par la seconde : il laisse l'équivoque en ne remplissant pas son accord.

Mais, quelque objection qu'on puisse faire contre le *mode* mixte, dont on rejette plutôt le nom que la pratique, cela n'empêchera pas que la manière dont l'auteur l'établit et le traite ne le fasse connoître pour un homme d'esprit et pour un musicien très-versé dans les principes de son art.

Les anciens diffèrent prodigieusement entre eux sur les définitions, les divisions et les noms de leurs tons ou *modes* : obscurs sur toutes les parties de leur musique, ils sont presque inintelligibles sur celle-ci. Tous conviennent à la vérité qu'un *mode* est un certain système ou une constitution de sons, et il paroît que cette constitution n'est autre chose en elle-même qu'une certaine octave remplie de tous les sons intermédiaires, selon le genre. Euclide et Ptolomée semblent la faire consister dans les diverses positions des deux semi-tons de l'octave relativement à la corde principale du *mode*, comme on le voit encore aujourd'hui dans les huit tons du plain-chant; mais le plus grand nombre paroît mettre cette différence uniquement dans le lieu qu'occupe le diapason du *mode*, dans le système général, c'est-à-dire en ce que la base ou corde principale du *mode* est plus aiguë ou plus grave étant prise en divers lieux du système, toutes les cordes de la série gardant toujours un même rapport avec la fondamentale, et par conséquent changeant d'accord à chaque *mode* pour conserver l'analogie de ce rapport : telle est la différence des tons de notre musique.

Selon le premier sens, il n'y auroit que sept *modes* possibles dans le système diatonique; et, en effet, Ptolomée n'en admet pas davantage : car il n'y a que sept manières de varier la position des deux semi-tons relativement au son fondamental, en gardant toujours entre ces deux semi-tons l'intervalle prescrit. Selon le second sens, il y auroit autant de *modes possibles* que de sons : c'est-à-dire une infinité; mais si l'on se renferme de même dans le système diatonique, on n'y en trouvera non plus que sept, à moins qu'on ne veuille prendre pour de nouveaux *modes* ceux qu'on établiroit à l'octave des premiers.

En combinant ensemble ces deux manières, on n'a encore besoin que de sept *modes*; car, si l'on prend ces *modes* en divers lieux du système, on trouve en même temps les sons fondamentaux distingués du grave à l'aigu; et les deux semi-tons différemment situés relativement au son principal.

Mais outre ces *modes* on en peut former plusieurs autres, en prenant dans la même série et sur le même son fondamental différents sons pour les cordes essentielles du *mode* : par exemple, quand on prend pour dominante la quinte du son principal, le *mode* est authentique; il est plagal si l'on choisit la quarte; et ce sont proprement deux *modes* différents sur la même fondamentale. Or, comme pour constituer un *mode* agréable, il faut, disent les Grecs, que la quarte et la quinte soient justes, où du moins une des deux, il est évident qu'on n'a dans l'étendue de l'octave que cinq sons fondamentaux sur chacun desquels on puisse établir un *mode* authentique et un plagal. Outre ces dix *modes* on en trouve encore deux, l'un authentique, qui ne peut fournir de plagal parce que sa quarte fait le triton; l'autre plagal, qui ne peut fournir d'authentique parce que sa quinte est fausse. C'est peut-être ainsi qu'il faut entendre un passage de Plutarque où la Musique se plaint que Phrynis l'a corrompue en voulant tirer de cinq cordes, ou plutôt de sept, douze harmonies différentes.

Voilà donc douze *modes* possibles dans l'étendue d'une octave ou de deux tétracordes disjoints : que si l'on vient à conjoindre les deux tétracordes, c'est-à-dire à donner un bémol à la septième en retranchant l'octave; ou si l'on divise les *tons* entiers par les intervalles chromatiques, pour y introduire de nouveaux *modes* intermédiaires; ou si, ayant seulement égard aux différences du grave à l'aigu, on place d'autres *modes* à l'octave des précédents : tout cela fournira divers moyens de multiplier le nombre des *modes* beaucoup au-delà de douze. Et ce sont là les seules manières d'expliquer les divers nombres de *modes* admis ou rejetés par les anciens en divers temps.

L'ancienne musique ayant d'abord été renfermée dans les bornes étroites du tétracorde, du pentacorde, de l'exacorde, de l'eptacorde, et de l'octacorde, on n'y admit premièrement que trois *modes* dont les fondamentales étoient à un *ton* de distance l'une de l'autre : le plus grave des trois s'appeloit le *dorien*; le *phrygien* tenoit le milieu; le plus aigu étoit le *lydien*. En partageant chacun de ces *tons* en deux intervalles, on fit place à deux autres *modes*, l'ionien et l'éolien, dont le premier fut inséré entre le dorien et le phrygien, et le second entre le phrygien et le lydien.

Dans la suite, le système s'étant étendu à l'aigu et au grave, les musiciens établirent de part et d'autre de nouveaux *modes*, qui tiroient leur dénomination des cinq premiers, en y joignant la préposition *hyper*, sur, pour ceux d'en haut, et la préposition *hypo*, sous, pour ceux d'en bas. Ainsi le *mode* lydien étoit suivi de l'hyper-dorien, de l'hyper-ionien, de l'hyper-phrygien, de l'hyper-éolien, et de l'hyper-lydien, en montant; et après le *mode* dorien venoient l'hypo-lydien, l'hypo-éolien, l'hypo-phrygien, l'hypo-ionien, et l'hypo-dorien, en descendant. On trouve le dénombrement de ces quinze *modes* dans Alipius, auteur grec. Voyez (*Planche* 14) leur ordre et leurs intervalles exprimés par les noms des notes de notre musique. Mais il faut remarquer que l'hypo-dorien étoit le seul *mode* qu'on exécutoit dans toute son étendue : à mesure que les autres s'élevoient, on en retranchoit des sons à l'aigu pour ne pas excéder la portée de la voix. Cette observation sert à l'intelligence de quelques passages des anciens par lesquels ils semblent dire que les *modes* les plus graves avoient un chant plus aigu; ce qui étoit vrai en ce que ces chants s'élevoient davantage au-dessus de la tonique. Pour n'avoir pas connu cela le *Doni* s'est furieusement embarrassé dans ces apparentes contradictions.

De tous ces *modes* Platon en rejetoit plusieurs, comme capables d'altérer les mœurs. Aristoxène, au rapport d'Euclide, en admettoit seulement treize, supprimant les deux plus élevés, savoir, l'hyper-éolien et l'hyper-lydien; mais dans l'ouvrage qui nous reste d'Aristoxène il en nomme seulement six, sur lesquels il rapporte les divers sentiments qui régnoient déjà de son temps.

Enfin Ptolomée réduisoit le nombre de ces *modes* à sept, disant que les *modes* n'étoient pas introduits dans le dessein de varier les chants selon le grave et l'aigu, car il est évident qu'on auroit pu les multiplier fort au-delà de quinze, mais plutôt afin de faciliter le passage d'un *mode* à l'autre par des intervalles consonnants et faciles à entonner.

Il renfermoit donc tous les *modes* dans l'espace d'une octave dont le *mode* dorien faisoit comme le centre; en sorte que le mixo-lydien étoit une quarte au-dessus, et l'hypo-dorien une quarte au-dessous; le phrygien, une quinte au-dessus de l'hypo-dorien; l'hypo-phrygien, une quarte au-dessous du phrygien; et le lydien, une quinte au-dessus de l'hypo-phrygien : d'où il paroît qu'à compter de l'hypo-dorien, qui est le *mode* le plus bas, il y avoit jusqu'à l'hypo-phrygien l'intervalle d'un *ton*; de l'hypo-phrygien à l'hypo-lydien, un autre *ton*; de l'hypo-lydien au dorien, un semi-*ton*; de celui-ci au phrygien, un *ton*; du phrygien au lydien, encore un *ton*; et du lydien au mixo-lydien un semi-*ton* : ce qui fait l'étendue d'une septième, en cet ordre :

1......... *Fa*......... mixo-lydien.
2......... *Mi*......... lydien.
3......... *Re*......... phrygien.
4......... *Ut*......... dorien.
5......... *Si*......... hypo-lydien.
6......... *La*......... hypo-phrygien.
7......... *Sol*......... hypo-dorien.

Ptolomée retranchoit tous les autres *modes*, prétendant qu'on n'en pouvoit placer un plus grand nombre dans le système diatonique d'une octave, toutes les cordes qui la composoient se trouvant employées. Ce sont ces sept *modes* de Ptolomée, qui, en y joignant l'hypo-mixo-lydien, ajouté, dit-on, par l'Arétin, font aujourd'hui les huit tons du plain-chant. (Voyez Tons de l'Église.)

Telle est la notion la plus claire qu'on peut tirer des tons ou *modes* de l'ancienne musique, en tant qu'on les regardoit comme ne différant entre eux que du grave à l'aigu : mais ils avoient encore d'autres différences qui les caractérisoient plus particulièrement, quant à l'expression ; elles se tiroient du genre de poésie qu'on mettoit en musique, de l'espèce d'instrument qui devoit l'accompagner, du rhythme ou de la cadence qu'on y observoit, de l'usage où étoient certains chants parmi certains peuples, et d'où sont venus originairement les noms des principaux *modes*, le dorien, le phrygien, le lydien, l'ionien, l'éolien.

Il y avoit encore d'autres sortes de *modes* qu'on auroit pu mieux appeler *styles* ou *genres* de composition; tels étoient le *mode* tragique destiné pour le théâtre, le *mode* nomique consacré à Apollon, le dithyrambique à Bacchus, etc. (Voyez Style et Mélopée.)

Dans nos anciennes musiques, on appeloit aussi *modes*, par rapport à la mesure ou au temps, certaines manières de fixer la valeur relative de toutes les notes par un signe général : le *mode* étoit à peu près alors ce qu'est aujourd'hui la mesure ; il se marquoit de même après la clef, d'abord par des cercles ou demi-cercles ponctués ou sans points, suivis des chiffres 2 ou 3 différemment combinés ; à quoi l'on ajouta ou substitua dans la suite des lignes perpendiculaires, différentes, selon le *mode*, en nombre et en longueur; et c'est de cet antique usage que nous est resté celui du C et du C barré. (Voyez Prolation.)

Il y avoit en ce sens deux sortes de *modes* : le majeur, qui se rapportoit à notre maxime ; et le mineur, qui étoit pour la longue : l'un et l'autre se divisoit en parfait et imparfait.

Le mode majeur parfait se marquoit avec trois

lignes ou bâtons qui remplissoient chacun trois espaces de la portée, et trois autres qui n'en remplissoient que deux; sous ce *mode* la maxime valoit trois longues. (Voyez *Planche* 4, *figure* 2.)

Le *mode* majeur imparfait étoit marqué par deux lignes qui traversoient chacune trois espaces, et deux autres qui n'en traversoient que deux, et alors la maxime ne valoit que deux longues. (*Figure* 3.)

Le *mode* mineur parfait étoit marqué par une seule ligne qui traversoit trois espaces, et la longue valoit trois brèves. (*Figure* 4.)

Le *mode* mineur imparfait étoit marqué par une ligne qui ne traversoit que deux espaces, et la longue n'y valoit que deux brèves. (*Figure* 5.)

L'abbé Brossard a mêlé mal à propos les cercles et demi-cercles avec les figures de ces *modes*. Ces signes réunis n'avoient jamais lieu dans les *modes* simples, mais seulement quand les mesures étoient doubles ou conjointes.

Tout cela n'est plus en usage depuis long-temps; mais il faut nécessairement entendre ces signes pour savoir déchiffrer les anciennes musiques : en quoi les savants musiciens sont souvent fort embarrassés.

MODÉRÉ, *adj.* Ce mot indique un mouvement moyen entre le lent et le gai; il répond à l'italien *andante*. (Voyez ANDANTE.)

MODULATION, *s. f.* C'est proprement la manière

d'établir et traiter le mode ; mais ce mot se prend plus communément aujourd'hui pour l'art de conduire l'harmonie et le chant successivement dans plusieurs modes d'une manière agréable à l'oreille et conforme aux règles.

Si le mode est produit par l'harmonie, c'est d'elle aussi que naissent les lois de la *modulation*. Ces lois sont simples à concevoir, mais difficiles à bien observer. Voici en quoi elles consistent.

Pour bien moduler dans un même ton, il faut, 1º en parcourir tous les sons avec un beau chant, en rebattant plus souvent les cordes essentielles et s'y appuyant davantage, c'est-à-dire que l'accord sensible et l'accord de la tonique doivent s'y remontrer fréquemment, mais sous différentes faces et par différentes routes, pour prévenir la monotonie ; 2º n'établir de cadences ou de repos que sur ces deux accords, ou tout au plus sur celui de la sous-dominante ; 3º enfin n'altérer jamais aucun des sons du mode ; car on ne peut, sans le quitter, faire entendre un dièse ou un bémol qui ne lui appartienne pas, ou en retrancher quelqu'un qui lui appartienne.

Mais, pour passer d'un ton à un autre, il faut consulter l'analogie ; avoir égard au rapport des toniques et à la quantité des cordes communes aux deux tons.

Partons d'abord du mode majeur : soit que l'on considère la quinte de la tonique comme ayant avec elle le plus simple de tous les rapports après celui de l'octave, soit qu'on le considère comme le premier des sons qui entrent dans la résonnance de cette même tonique, on trouvera toujours que cette quinte, qui est la dominante du ton, est la corde sur laquelle on peut établir la modulation la plus analogue à celle du ton principal.

Cette dominante, qui faisoit partie de l'accord parfait de cette première tonique, fait aussi partie du sien propre, dont elle est le son fondamental. Il y a donc liaison entre ces deux accords. De plus, cette même dominante, portant, ainsi que la tonique, un accord parfait majeur par le principe de la résonnance, ces deux accords ne diffèrent entre eux que par la dissonance, qui, de la tonique passant à la dominante, est la sixte-ajoutée, et, de la dominante repassant à la tonique, est la septième. Or ces deux accords, ainsi distingués par la dissonance qui convient à chacun, forment, par les sons qui les composent rangés en ordre, précisément l'octave ou échelle diatonique que nous appelons gamme, laquelle détermine le ton.

Cette même gamme de la tonique forme, altérée seulement par un dièse, la gamme du ton de la dominante : ce qui montre la grande analogie de ces deux tons, et donne la facilité de passer de l'un à l'autre au moyen d'une seule altération. Le ton de la dominante est donc le premier qui se présente après celui de la tonique dans l'ordre des *modulations*.

La même simplicité de rapport que nous trouvons entre une tonique et sa dominante se trouve aussi entre la même tonique et sa sous-dominante; car la quinte que la dominante fait à l'aigu avec cette tonique, la sous-dominante la fait au grave: mais cette sous-dominante n'est quinte de la tonique que par renversement; elle est directement quarte en plaçant cette tonique au grave, comme elle doit être; ce qui établit la gradation des rapports : car en ce sens la quarte, dont le rapport est de 3 à 4, suit immédiatement la quinte, dont le rapport est de 2 à 3. Que si cette sous-dominante n'entre pas de même dans l'accord de la tonique, en revanche la tonique entre dans le sien. Car soit *ut mi sol* l'accord de la tonique, celui de la sous-dominante sera *fa la ut;* ainsi c'est l'*ut* qui fait ici liaison, et les deux autres sons de ce nouvel accord sont précisément les deux dissonances des précédents. D'ailleurs il ne faut pas altérer plus de sons pour ce nouveau ton que pour celui de la dominante ; ce sont dans l'une et dans l'autre toutes les mêmes cordes du ton principal, à un près. Donnez un bémol à la note sensible *si,* et toutes les notes du ton d'*ut* serviront à celui de *fa.* Le ton de la sous-dominante n'est donc guère moins analogue au ton principal que celui de la dominante.

On doit remarquer encore qu'après s'être servi de la première *modulation* pour passer d'un ton principal *ut* à celui de sa dominante *sol*, on est obligé d'employer la seconde pour revenir au ton principal : car si *sol* est dominante du ton d'*ut*, *ut* est sous-dominante du ton de *sol*; ainsi l'une de ces *modulations* n'est pas moins nécessaire que l'autre.

Le troisième son qui entre dans l'accord de la tonique est celui de sa tierce ou médiante, et c'est aussi le plus simple des rapports après les deux précédents $\frac{254}{341}$. Voilà donc une nouvelle *modulation* qui se présente, et d'autant plus analogue que deux des sons de la tonique principale entrent aussi dans l'accord mineur de sa médiante, car le premier accord étant *ut mi sol*, celui-ci sera *mi sol si*, où l'on voit que *mi* et *sol* sont communs.

Mais ce qui éloigne un peu cette *modulation*, c'est la quantité de sons qu'il y faut altérer, même pour le mode mineur, qui convient le mieux à ce *mi*. J'ai donné ci-devant la formule de l'échelle pour les deux modes : or, appliquant cette formule à *mi* mode mineur, on n'y trouve à la vérité que le quatrième son *fa* altéré par un dièse en descendant; mais, en montant, on en trouve encore deux autres, savoir, la principale tonique *ut*, et sa seconde note *re*, qui devient ici note sensible : il est certain que l'altération de tant de sons, et surtout de la tonique, éloigne le mode et affoiblit l'analogie.

Si l'on renverse la tierce comme on a renversé la quinte, et qu'on prenne cette tierce au-dessous de la tonique sur la sixième note *la*, qu'on devroit appeler aussi sous-médiante ou médiante en dessous, on formera sur ce *la* une *modulation* plus analogue au ton principal que n'étoit celle de *mi*; car l'accord parfait de cette sous-médiante étant *la ut mi*, on y retrouve, comme dans celui de la médiante, deux des sons qui entrent dans l'accord de la tonique, savoir, *ut* et *mi*; et de plus, l'échelle de ce nouveau ton étant composée, du moins en descendant, des mêmes sons que celle du ton principal, et n'ayant que deux sons altérés en montant, c'est-à-dire un de moins que l'échelle de la médiante, il s'ensuit que la *modulation* de la sixième note est préférable à celle de cette médiante, d'autant plus que la tonique principale y fait une des cordes essentielles du mode, ce qui est plus propre à rapprocher l'idée de la *modulation*. Le *mi* peut venir ensuite.

Voilà donc quatre cordes, *mi fa sol la*, sur chacune desquelles on peut moduler en sortant du ton majeur d'*ut*. Restent le *re* et le *si*, les deux harmoniques de la dominante. Ce dernier, comme note sensible, ne peut devenir tonique par aucune bonne *modulation*, du moins immédiatement: ce seroit appliquer brusquement au même son des idées trop opposées, et lui donner une harmonie trop éloignée de la principale. Pour la seconde note *re*, on peut encore, à la faveur d'une marche consonnante de la basse-fondamentale, y moduler en tierce mineure, pourvu qu'on n'y reste qu'un instant, afin qu'on n'ait pas le temps d'oublier la *modulation* de l'*ut*, qui lui-même y est altéré; autrement il faudroit, au lieu de revenir immédiatement en *ut*, passer par d'autres tons intermédiaires, où il seroit dangereux de s'égarer.

En suivant les mêmes analogies, on modulera dans l'ordre suivant, pour sortir d'un ton mineur; la médiante premièrement, ensuite la dominante, la sous-dominante et la sous-médiante, ou sixième note. Le mode de chacun de ces tons accessoires est déterminé par sa médiante prise dans l'échelle du ton principal. Par exemple, sortant d'un ton majeur *ut* pour moduler sur sa médiante, on fait mineur le mode de cette médiante, parce que la dominante *sol* du ton principal fait tierce mineure sur cette médiante *mi* : au contraire, sortant d'un ton mineur *la*, on module sur sa médiante *ut* en mode majeur; parce que la dominante *mi*, du ton d'où l'on sort, fait tierce majeure sur la tonique de celui où l'on entre, etc.

Ces règles, renfermées dans une formule générale, sont que les modes de la dominante et de la sous-dominante soient semblables à celui de la tonique, et que la médiante et la sixième note portent le mode opposé. Il faut remarquer cependant, qu'en vertu du droit qu'on a de passer du majeur au mineur, et réciproquement, dans un même ton, on peut aussi changer l'ordre du mode d'un ton à l'autre; mais, en s'éloignant ainsi de la *modulation* naturelle, il faut songer au retour; car c'est une règle générale que tout morceau de musique doit finir dans le ton par lequel il a commencé.

J'ai rassemblé dans deux exemples fort courts tous les tons dans lesquels on peut passer immédiatement; le premier, en sortant du mode majeur, et l'autre, en sortant du mode mineur. Chaque note indique une *modulation*, et la valeur des notes dans chaque exemple indique aussi la durée relative convenable à chacun de ces modes, selon son rapport avec le ton principal. (Voyez *Planche* 5, *figures* 1 et 2.)

Ces *modulations* immédiates fournissent les moyens de passer par les mêmes règles dans des tons plus éloignés et de revenir ensuite au ton principal, qu'il ne faut jamais perdre de vue. Mais il ne suffit pas de connoître les routes qu'on doit suivre; il faut savoir aussi comment y entrer. Voici le sommaire des préceptes qu'on peut donner en cette partie.

Dans la mélodie, il ne faut, pour annoncer la *modulation* qu'on a choisie, que faire entendre les altérations qu'elle produit dans les sons du ton d'où l'on sort, pour les rendre propres au ton où l'on entre. Est-on en *ut* majeur, il ne faut que sonner un *la* dièse pour annoncer le ton de la dominante, ou un *si* bémol pour annoncer le ton de la sous-dominante. Parcourez ensuite les cordes essentielles du ton où vous entrez, s'il est bien choisi, votre *modulation* sera toujours bonne et régulière.

Dans l'harmonie, il y a un peu plus de difficulté; car, comme il faut que le changement de ton se fasse en même temps dans toutes les parties, on doit prendre garde à l'harmonie et au chant, pour éviter de suivre à la fois deux différentes *modulations*. Huygens a fort bien remarqué que la proscription des deux quintes consécutives a cette règle pour principe; en effet on ne peut guère former entre deux parties plusieurs quintes justes de suite sans moduler en deux tons différents.

Pour annoncer un ton, plusieurs prétendent qu'il suffit de former l'accord parfait de sa tonique, et cela est indispensable pour donner le mode; mais il est certain que le ton ne peut être bien déterminé que par l'accord sensible ou dominant: il faut donc faire entendre cet accord en commençant la nouvelle *modulation*. La bonne règle seroit que la septième ou dissonance mineure y fût toujours préparée, au moins la première fois qu'on la fait entendre; mais cette règle n'est pas praticable dans toutes les *modulations* permises ; et pourvu que la basse-fondamentale marche par intervalles consonnants, qu'on observe la liaison harmonique, l'analogie du mode, et qu'on évite les fausses relations, la *modulation* est toujours bonne. Les compositeurs donnent pour une autre règle de ne changer de ton qu'après une cadence parfaite ; mais cette règle est inutile, et personne ne s'y assujettit.

Toutes les manières possibles de passer d'un ton dans un autre se réduisent à cinq pour le mode majeur, et à quatre pour le mode mineur, lesquelles on trouvera énoncées par une basse-fondamentale pour chaque *modulation* dans la *Pl.* 5, *fig.* 3. S'il y a quelque autre *modulation* qui ne revienne à aucune de ces neuf, à moins que cette *modulation* ne soit enharmonique, elle est infailliblement mauvaise. (Voyez ENHARMONIQUE.)

MODULER, *v. n.* C'est composer ou préluder, soit par écrit, soit sur un instrument, soit avec la voix, en suivant les règles de la *modulation*. (Voyez MODULATION.)

MOEURS, *s. f.* Partie considérable de la musique des Grecs, appelée par eux *hermosmenon*, laquelle consistoit à connoître et choisir le bienséant en chaque genre, et ne leur permettoit pas de donner à chaque sentiment, à chaque objet, à chaque caractère, toutes les formes dont il étoit susceptible, mais les obligeoit de se borner à ce qui étoit convenable au sujet, à l'occasion, aux personnes, aux circonstances. Les *mœurs* consistoient encore à tellement accorder et proportionner dans une pièce toutes les parties de la musique, le mode, le temps, le rhythme, la mélodie, et même les changements, qu'on sentît dans le tout une certaine conformité qui n'y laissât point de disparate, et le rendît parfaitement un. Cette seule partie, dont l'idée n'est pas même connue dans notre musique, montre à quel point de perfection devoit être porté un art où l'on avoit même réduit en règles ce qui est honnête, convenable et bienséant.

Moindre, *adj.* (Voyez Minime.)

Mol, *adj.* Épithète que donnent Aristoxène et Ptolomée à une espèce du genre diatonique et à une espèce du genre chromatique dont j'ai parlé au mot Genre.

Pour la musique moderne, le mot *mol* n'y est employé que dans la composition du mot *bémol* ou B *mol*, par opposition au mot *bécarre*, qui jadis s'appeloit aussi B *dur*.

Zarlin cependant appelle diatonique *mol* une espèce du genre diatonique dont j'ai parlé ci-devant. (Voyez Diatonique.)

Monocorde, *s. m.* Instrument ayant une seule corde qu'on divise à volonté par des chevalets mobiles, lequel sert à trouver les rapports des intervalles et toutes les divisions du canon harmonique. Comme la partie des instruments n'entre point dans mon plan, je ne parlerai pas plus long-temps de celui-ci.

Monodie, *s. f.* Chant à voix seule, par opposition à ce que les anciens appeloient *chorodies*, ou musiques exécutées par le chœur.

Monologue, *s. m.* Scène d'opéra où l'acteur est seul et ne parle qu'avec lui-même. C'est dans les *monologues* que se déploient toutes les forces de la musique; le musicien pouvant s'y livrer à toute l'ardeur de son génie sans être gêné dans la longueur de ses morceaux par la présence d'un interlocuteur. Ces récitatifs obligés, qui font un si grand effet dans les opéra italiens, n'ont lieu que dans les *monologues*.

Monotonie, *s. f.* C'est, au propre, une psalmodie ou un chant qui marche toujours sur le même ton; mais ce mot ne s'emploie guère que dans le figuré.

Monter, *v. n.* C'est faire succéder les sons du bas en haut, c'est-à-dire du grave à l'aigu. Cela se présente à l'œil par notre manière de noter.

Motif, *s. m.* Ce mot, francisé de l'italien *motivo*, n'est guère employé dans le sens technique que par les compositeurs; il signifie l'idée primitive et principale sur laquelle le compositeur détermine son sujet et arrange son dessin : c'est le *motif* qui, pour ainsi dire, lui met la plume à la main pour jeter sur le papier telle chose et non pas telle autre: Dans ce sens le *motif* principal doit être toujours présent à l'esprit du compositeur, et il doit faire en sorte qu'il le soit aussi toujours à l'esprit des auditeurs. On dit qu'un auteur bat la campagne lorsqu'il perd son *motif* de vue, et qu'il coud des accords ou des chants qu'aucun sens commun n'unit entre eux.

Outre ce *motif*, qui n'est que l'idée principale de la pièce, il y a des *motifs* particuliers qui sont les idées déterminantes de la modulation, des entrelacements, des textures harmoniques; et sur ces idées, que l'on pressent dans l'exécution, l'on juge si l'auteur a bien suivi ces *motifs*, ou s'il a pris le change, comme il arrive souvent à ceux qui procèdent note après note, et qui manquent de savoir ou d'invention. C'est dans cette acception qu'on dit *motif* de fugue, *motif* de cadence, *motif* de changement de mode, etc.

MOTTET, *s.-m.* Ce mot signifioit anciennement une composition fort recherchée, enrichie de toutes les beautés de l'art, et cela sur une période fort courte ; d'où lui vient, selon quelques-uns, le nom de *mottet*, comme si ce n'étoit qu'un mot.

Aujourd'hui l'on donne le nom de *mottet* à toute pièce de musique faite sur des paroles latines à l'usage de l'Église romaine, comme psaumes, hymnes, antiennes, répons, etc. Et tout cela s'appelle en général musique latine.

Les François réussissent mieux dans ce genre

de musique que dans la françoise, la langue étant moins défavorable; mais ils y recherchent trop de travail, et, comme le leur a reproché l'abbé Dubos, ils jouent trop sur le mot. En général la musique latine n'a pas assez de gravité pour l'usage auquel elle est destinée; on n'y doit point rechercher l'imitation, comme dans la musique théâtrale; les chants sacrés ne doivent point représenter le tumulte des passions humaines, mais seulement la majesté de celui à qui ils s'adressent, et l'égalité d'ame de ceux qui les prononcent. Quoi que puissent dire les paroles, toute autre expression dans le chant est un contre-sens. Il faut n'avoir, je ne dis pas aucune piété, mais je dis aucun goût pour préférer dans les églises la musique au plain-chant.

Les musiciens du treizième et du quatorzième siècle donnoient le nom de *mottetus* à la partie que nous nommons aujourd'hui *haute-contre*. Ce nom et d'autres aussi étranges causent souvent bien de l'embarras à ceux qui s'appliquent à déchiffrer les anciens manuscrits de musique, laquelle ne s'écrivoit pas en partition comme à présent.

MOUVEMENT, *s. m.* Degré de vitesse ou de lenteur que donne à la mesure le caractère de la pièce qu'on exécute. Chaque espèce de mesure a un *mouvement* qui lui est le plus propre, et qu'on désigne en italien par ces mots *tempo giusto*. Mais outre celui-là il y a cinq principales modifications de *mouvement* qui, dans l'ordre du lent au vite, s'expriment par les mots *largo, adagio, andante, allegro, presto;* et ces mots se rendent en françois par les suivants, *lent, modéré, gracieux, gai, vite.* Il faut cependant observer que, le *mouvement* ayant toujours beaucoup moins de précision dans la musique françoise, les mots qui le désignent y ont un sens beaucoup plus vague que dans la musique italienne.

Chacun de ces degrés se subdivise et se modifie encore en d'autres, dans lesquels il faut distinguer ceux qui n'indiquent que le degré de vitesse ou de lenteur, comme *larghetto, andantino, allegretto, prestissimo;* et ceux qui marquent de plus le caractère et l'expression de l'air, comme *agitato, vivace, gustoso, con brio,* etc. Les premiers peuvent être saisis et rendus par tous les musiciens, mais il n'y a que ceux qui ont du sentiment et du goût qui sentent et rendent les autres.

Quoique généralement les *mouvements* lents conviennent aux passions tristes, et les *mouvements* animés aux passions gaies, il y a pourtant souvent des modifications par lesquelles une passion parle sur le ton d'une autre : il est vrai toutefois que la gaieté ne s'exprime guère avec lenteur; mais souvent les douleurs les plus vives ont le langage le plus emporté.

Mouvement est encore la marche ou le progrès des sons du grave à l'aigu, ou de l'aigu au grave : ainsi quand on dit qu'il faut, autant qu'on le peut, faire marcher la basse et le dessus par *mouvements contraires*, cela signifie que l'une des parties doit monter tandis que l'autre descend. *Mouvement semblable*, c'est quand les deux parties marchent en même sens. Quelques uns appellent *mouvement oblique* celui où l'une des parties reste en place tandis que l'autre monte ou descend.

Le savant Jérôme Mei., à l'imitation d'Aristoxène, distingue généralement dans la voix humaine deux sortes de *mouvement* : savoir, celui de la voix parlante, qu'il appelle *mouvement continu*, et qui ne se fixe qu'au moment qu'on se tait; et celui de la voix chantante, qui marche par intervalles déterminés, et qu'il appelle *mouvement diastématique* ou *intervallatif*.

MUANCES, *s. f.* On appelle ainsi les diverses manières d'appliquer aux notes les syllabes de la gamme selon les diverses positions des deux semi-tons de l'octave, et selon les différentes routes pour y arriver. Comme l'Arétin n'inventa que six de ces syllabes, et qu'il y a sept notes à nommer dans une octave, il falloit nécessairement répéter le nom de quelque note; et cela fit qu'on nomma toujours *mi fa* ou *fa la* les deux notes entre lesquelles se trouvoit un des semi-tons. Ces noms déterminoient en même temps ceux des notes les plus voisines, soit en montant, soit en descendant. Or, comme les deux semi-tons sont sujets à changer de place dans la modulation, et qu'il y a dans la musique une multitude de manières différentes de leur appliquer les six mêmes syllabes, ces manières s'appeloient *muances*, parce que les mêmes notes y changeoient incessamment de noms. (Voy. Gamme.)

Dans le siècle dernier on ajouta en France la syllabe *si* aux six premières de la gamme de l'Arétin. Par ce moyen, la septième note de l'échelle se trouvant nommée, les *muances* devinrent inutiles et furent proscrites de la musique françoise; mais chez toutes les autres nations, où, selon l'esprit du métier, les musiciens prennent toujours leur vieille routine pour la perfection de l'art, on n'a point adopté le *si*: et il y a apparence qu'en Italie, en Espagne, en Allemagne, en Angleterre, les *muances* serviront long-temps encore à la désolation des commençants.

Muances, dans la musique ancienne. (Voyez Mutations.)

Musette, *s. f.* Sorte d'air convenable à l'instrument de ce nom, dont la mesure est à deux ou trois temps, le caractère naïf et doux, le mouvement un peu lent, portant une basse pour l'ordinaire en tenue ou point d'orgue, telle que la peut faire une *musette*, et qu'on appelle à cause de cela basse de *musette*. Sur ces airs on forme des danses d'un caractère convenable, et qui portent aussi le nom de *musettes*.

Musical, *adj.* Appartenant à la musique. (Voy. Musique.)

Musicalement, *adv.* D'une manière musicale, dans les règles de la musique. (Voyez Musique.)

Musicien, *s. m.* Ce nom se donne également à celui qui compose la musique et à celui qui l'exécute. Le premier s'appelle aussi *compositeur*. (Voy. ce mot.)

Les anciens musiciens étoient des poètes, des philosophes, des orateurs du premier ordre : tels étoient Orphée, Terpandre, Stésichore, etc. Aussi Boëce ne veut-il pas honorer du nom de *musicien* celui qui pratique seulement la musique par le ministère servile des doigts et de la voix, mais celui qui possède cette science par le raisonnement et la spéculation : et il semble de plus que, pour s'élever aux grandes expressions de la musique oratoire et imitative, il faudroit avoir fait une étude particulière des passions humaines et du langage de la nature. Cependant les *musiciens* de nos jours, bornés pour la plupart à la pratique des notes et de quelques tours de chant, ne seront guère offensés, je pense, quand on ne les tiendra pas pour de grands philosophes.

Musique, *s. f.* Art de combiner les sons d'une manière agréable à l'oreille. Cet art devient une science, et même très-profonde, quand on veut trouver les principes de ces combinaisons et les raisons des affections qu'elles nous causent. Aristide Quintilien définit la *musique* l'art du beau et de la décence dans les voix et dans les mouvements. Il n'est pas étonnant qu'avec des définitions si vagues et si générales les anciens aient donné une étendue prodigieuse à l'art qu'ils définissoient ainsi.

On suppose communément que le mot de *musique* vient de *musa*, parce qu'on croit que les muses ont inventé cet art : mais Kircher, d'après Diodore, fait venir ce nom d'un mot égyptien, prétendant que c'est en Égypte que la *musique* a commencé à se rétablir après le déluge, et qu'on en reçut la première idée du son que rendoient les roseaux qui croissent sur les bords du Nil quand le vent souffloit dans leurs tuyaux. Quoi qu'il en soit de l'étymologie du nom, l'origine de l'art est certainement plus près de l'homme, et si la parole n'a pas commencé par du chant, il est sûr au moins qu'on chante partout où l'on parle.

La *musique* se divise naturellement en *musique théorique* ou *spéculative*, et en *musique pratique*.

La musique spéculative est, si l'on peut parler ainsi, la connoissance de la matière musicale, c'est-à-dire des différents rapports du grave à l'aigu, du vite au lent, de l'aigre au doux, du fort au foible, dont les sons sont susceptibles; rapports qui, comprenant toutes les combinaisons possibles de la musique et des sons, semblent comprendre aussi toutes les causes des impressions que peut faire leur succession sur l'oreille et sur l'ame.

La *musique* pratique est l'art d'appliquer et mettre en usage les principes de la spéculative, c'est-à-dire de conduire et disposer les sons par rapport à la consonnance, à la durée, à la succession, de telle sorte que le tout produise sur l'oreille l'effet qu'on s'est proposé; c'est cet art qu'on appelle *composition*. (Voyez ce mot.) A l'égard de la production actuelle des sons par les voix ou par les instruments, qu'on appelle *exécution*, c'est la partie purement mécanique et opérative, qui, supposant seulement la faculté d'entonner juste les intervalles, de marquer juste les durées, de donner aux sons le degré prescrit dans le ton et la valeur prescrite dans le temps, ne demande en rigueur d'autre connoissance que celle des caractères de la *musique*, et l'habitude de les exprimer.

La *musique* spéculative se divise en deux parties; savoir, la connoissance du rapport des sons ou de leurs intervalles, et celle de leurs durées relatives, c'est-à-dire de la mesure et du temps.

La première est proprement celle que les anciens ont appelée *musique harmonique* : elle enseigne en quoi consiste la nature du chant, et marque ce qui est consonnant, dissonant, agréable ou déplaisant dans la modulation; elle fait connoître en un mot les diverses manières dont les sons affectent l'oreille par leur timbre, par leur force, par leurs intervalles, ce qui s'applique également à leur accord et à leur succession.

La seconde a été appelée *rhythmique*, parce qu'elle traite des sons eu égard au temps et à la quantité : elle contient l'explication du *rhythme*, du *mètre*, des mesures longues et courtes, vives et lentes, des temps et des diverses parties dans lesquelles on les divise pour y appliquer la succession des sons.

La *musique pratique* se divise aussi en deux parties, qui répondent aux deux précédentes.

Celle qui répond à la *musique harmonique*, et que les anciens appeloient *mélopée*, contient les règles pour combiner et varier les intervalles consonnants et dissonants d'une manière agréable et harmonieuse. (Voyez MÉLOPÉE.)

La seconde, qui répond à la *musique rhythmique*, et qu'ils appeloient *rhythmopée*, contient les règles pour l'application des temps, des pieds, des mesures, en un mot, pour la pratique du rhythme. (Voyez RHYTHME.)

Porphyre donne une autre division de la *musique*, en tant qu'elle a pour objet le mouvement muet ou sonore; et, sans la distinguer en spéculative et pratique, il y trouve les six parties suivantes : la *rhythmique*, pour les mouvements de la danse; la *métrique*, pour la cadence et le nombre des vers; l'*organique*, pour la pratique des instruments; la *poétique*, pour les tons et l'accent de la poésie; l'*hypocritique*, pour les attitudes des pantomimes; et l'*harmonique*, pour le chant.

La *musique* se divise aujourd'hui plus simplement en *mélodie* et en *harmonie*; car la rhythmique n'est plus rien pour nous, et la métrique est très-peu de chose, attendu que nos vers dans le chant prennent presque uniquement leur mesure de la *musique* et perdent le peu qu'ils en ont par eux-mêmes.

Par la mélodie on dirige la succession des sons de manière à produire des chants agréables. (Voy. MÉLODIE, CHANT, MODULATION.)

L'harmonie consiste à unir à chacun des sons d'une succession régulière deux ou plusieurs autres sons qui, frappant l'oreille en même temps, la flattent par leurs concours. (Voyez HARMONIE.)

On pourroit et l'on devroit peut-être encore diviser la *musique* en *naturelle* et *imitative*. La première, bornée au seul physique des sons et n'agissant que sur le sens, ne porte point ses impressions jusqu'au cœur, et ne peut donner que des sensations plus ou moins agréables: telle est la musique des chansons, des hymnes, des cantiques, de tous les chants qui ne sont que des combinaisons de sons mélodieux, et en général toute musique qui n'est qu'harmonieuse.

La seconde, par des inflexions vives, accentuées, et pour ainsi dire parlantes, exprime toutes les passions, peint tous les tableaux, rend tous les objets, soumet la nature entière à ses savantes imitations, et porte ainsi jusqu'au cœur de l'homme des sentiments propres à l'émouvoir. Cette musique vraiment lyrique et théâtrale étoit celle des anciens poëmes, et c'est de nos jours celle qu'on s'efforce d'appliquer aux drames qu'on exécute en chant sur nos théâtres. Ce n'est que dans cette *musique*, et non dans l'harmonique ou naturelle, qu'on doit chercher la raison des effets prodigieux qu'elle a produits autrefois. Tant qu'on cherchera des effets moraux dans le seul physique des sons, on ne les y trouvera point, et l'on raisonnera sans s'entendre.

Les anciens écrivains diffèrent beaucoup entre eux sur la nature, l'objet, l'étendue, et les parties de la *musique*. En général ils donnoient à ce mot un sens beaucoup plus étendu que celui qui lui reste aujourd'hui : non seulement sous le nom de *musique* ils comprenoient, comme on vient de le voir, la danse, le geste, la poésie, mais même la collection de toutes les sciences. Hermès définit la *musique* la connoissance de l'ordre de toutes choses; c'étoit aussi la doctrine de l'école de Pythagore et de celle de Platon, qui enseignoient que tout dans l'univers étoit *musique*. Selon Hésychius, les Athéniens donnoient à tous les arts le nom de *musique*; et tout cela n'est plus étonnant depuis

5.

qu'un musicien moderne a trouvé dans la *musique* le principe de tous les rapports et le fondement de toutes les sciences.

De là toutes ces *musiques* sublimes dont nous parlent les philosophes; *musique* divine, *musique* des hommes, *musique* céleste, *musique* terrestre, *musique* active, *musique* contemplative, *musique* énonciative, intellective, oratoire, etc.

C'est sous ces vastes idées qu'il faut entendre plusieurs passages des anciens sur la *musique*, qui seroient inintelligibles dans le sens que nous donnons aujourd'hui à ce mot.

Il paroît que la *musique* a été l'un des premiers arts : on le trouve mêlé parmi les plus anciens monuments du genre humain. Il est très-vraisemblable aussi que la *musique* vocale a été trouvée avant l'instrumentale, si même il y a jamais eu parmi les anciens une *musique* vraiment instrumentale, c'est-à-dire faite uniquement pour les instruments. Non seulement les hommes, avant d'avoir trouvé aucun instrument, ont dû faire des observations sur les différents tons de leur voix, mais ils ont dû apprendre de bonne heure, par le concert naturel des oiseaux, à modifier leur voix et leur gosier d'une manière agréable et mélodieuse; après cela les instruments à vent ont dû être les premiers inventés. Diodore et d'autres auteurs en attribuent l'invention à l'observation du sifflement des vents dans les roseaux ou autres tuyaux des plantes. C'est aussi le sentiment de Lucrèce :

> At liquidas avium voces imitarier ore
> Antè fuit multò, quàm lævia carmina cantu
> Concelebrare homines possent, auresque juvare;
> Et Zephyri cava per calamorum sibila primum
> Agrestes docueré cavas inflare cicutas.
> LUCRET., *De Nat. rer.*, lib. v.

A l'égard des autres sortes d'instruments, les cordes sonores sont si communes que les hommes en ont dû observer de bonne heure les différents tons ; ce qui a donné naissance aux instruments à cordes. (Voyez CORDE).

Les instruments qu'on bat pour en tirer du son, comme les tambours et les timbales, doivent leur origine au bruit sourd que rendent les corps creux quand on les frappe.

Il est difficile de sortir de ces généralités pour constater quelque fait sur l'invention de la *musique* réduite en art. Sans remonter au-delà du déluge, plusieurs anciens attribuent cette invention à Mercure, aussi-bien que celle de la lyre; d'autres veulent que les Grecs en soient redevables à Cadmus, qui, en se sauvant de la cour du roi de Phénicie, amena en Grèce la musicienne Hermione ou Harmonie; d'où il s'ensuivroit que cet art étoit connu en Phénicie avant Cadmus. Dans un endroit du dialogue de Plutarque sur la *musique*,

Lysias dit que c'est Amphion qui l'a inventée ; dans un autre, Sotérique dit que c'est Apollon ; dans un autre encore, il semble en faire honneur à Olympe : on ne s'accorde guère sur tout cela, et c'est ce qui n'importe pas beaucoup non plus. A ces premiers inventeurs succédèrent Chiron, Démodocus, Hermès, Orphée, qui, selon quelques uns, inventa la lyre ; après ceux-là vint Phœmius, puis Terpandre, contemporain de Lycurgue, et qui donna des règles à la *musique*: quelques personnes lui attribuent l'invention des premiers modes. Enfin l'on ajoute Thalès, et Thamiris, qu'on dit avoir été l'inventeur de la *musique* instrumentale.

Ces grands musiciens vivoient la plupart avant Homère : d'autres plus modernes sont Lasus d'Hermione, Melnippides, Philoxène, Timothée, Phrynis, Épigonius, Lysandre, Simmicus, et Diodore, qui tous ont considérablement perfectionné la *musique*.

Lasus est, à ce qu'on prétend, le premier qui ait écrit sur cet art du temps de Darius Hystaspe. Épigonius inventa l'instrument de quarante cordes qui portoit son nom ; Simmicus inventa aussi un instrument de trente-cinq cordes, appelé *simmicium*.

Diodore perfectionna la flûte et y ajouta de nouveaux trous, et Timothée la lyre, en y ajoutant une nouvelle corde, ce qui le fit mettre à l'amende par les Lacédémoniens.

Comme les anciens auteurs s'expliquent fort obscurément sur les inventeurs des instruments de *musique*, ils sont aussi fort obscurs sur les instruments mêmes : à peine en connoissons-nous autre chose que les noms. (Voyez Instrument.)

La *musique* étoit dans la plus grande estime chez divers peuples de l'antiquité, et principalement chez les Grecs, et cette estime étoit proportionnée à la puissance et aux effets surprenants qu'ils attribuoient à cet art. Leurs auteurs ne croient pas nous en donner une trop grande idée en nous disant qu'elle étoit en usage dans le ciel, et qu'elle faisoit l'amusement principal des dieux et des ames des bienheureux. Platon ne craint pas de dire qu'on ne peut faire de changement dans la *musique* qui n'en soit un dans la constitution de l'état, et il prétend qu'on peut assigner les sons capables de faire naître la bassesse de l'ame, l'insolence, et les vertus contraires. Aristote, qui semble n'avoir écrit sa politique que pour opposer ses sentiments à ceux de Platon, est pourtant d'accord avec lui touchant la puissance de la *musique* sur les mœurs. Le judicieux Polybe nous dit que la *musique* étoit nécessaire pour adoucir les mœurs des Arcades, qui habitoient un pays où l'air est triste et froid ; que ceux de Cynète, qui négligèrent la *musique*, surpassèrent en cruauté tous les Grecs, et qu'il n'y a point de ville où l'on ait tant vu de crimes. Athénée nous assure qu'autrefois toutes les lois divines et humaines, les exhortations à la vertu, la connoissance de ce qui concernoit les dieux et les héros, les vies et les actions des hommes illustres, étoient écrites en vers et chantées publiquement par des chœurs au son des instruments; et nous voyons par nos livres sacrés que tels étoient, dès les premiers temps, les usages des Israélites. On n'avoit point trouvé de moyen plus efficace pour graver dans l'esprit des hommes les principes de la morale et l'amour de la vertu; ou plutôt tout cela n'étoit point l'effet d'un moyen prémédité, mais de la grandeur des sentiments et de l'élévation des idées qui cherchoient, par des accents proportionnés, à se faire un langage digne d'elles.

La *musique* faisoit partie de l'étude des anciens pythagoriciens : ils s'en servoient pour exciter le cœur à des actions louables, et pour s'enflammer de l'amour de la vertu. Selon ces philosophes, notre ame n'étoit pour ainsi dire formée que d'harmonie, et ils croyoient rétablir, par le moyen de l'harmonie sensuelle, l'harmonie intellectuelle et primitive des facultés de l'ame, c'est-à-dire celle qui, selon eux, existoit en elle avant qu'elle animât nos corps, et lorsqu'elle habitoit les cieux.

La *musique* est déchue aujourd'hui de ce degré de puissance et de majesté au point de nous faire douter de la vérité des merveilles qu'elle opéroit autrefois, quoique attestées par les plus judicieux historiens et par les plus graves philosophes de l'antiquité. Cependant on retrouve dans l'histoire moderne quelques faits semblables. Si Timothée excitoit les fureurs d'Alexandre par le mode phrygien, et les calmoit par le mode lydien, une *musique* plus moderne renchérissoit encore en excitant, dit-on, dans Éric, roi de Danemarck, une telle fureur qu'il tuoit ses meilleurs domestiques : sans doute ces malheureux étoient moins sensibles que leur prince à la *musique*, autrement il eût pu courir la moitié du danger. D'Aubigny rapporte une autre histoire toute pareille à celle de Timothée : il dit que, sous Henri III, le musicien Claudin, jouant aux noces du duc de Joyeuse sur le mode phrygien, anima, non le roi, mais un courtisan, qui s'oublia jusqu'à mettre la main aux armes en présence de son souverain ; mais le musicien se hâta de le calmer en prenant le mode hypo-phrygien : cela est dit avec autant d'assurance que si le musicien Claudin avoit pu savoir exactement en quoi consistoient le mode phrygien et le mode hypo-phrygien.

Si notre *musique* a peu de pouvoir sur les affections de l'ame, en revanche elle est capable d'agir physiquement sur les corps ; témoin l'histoire de la tarentule, trop connue pour en parler ici ; témoin ce chevalier gascon dont parle Boyle, lequel, au son d'une cornemuse, ne pouvoit retenir son urine ; à quoi il faut ajouter ce que raconte le même auteur, de ces femmes qui fondoient en larmes lorsqu'elles entendoient un certain ton dont le reste des auditeurs n'étoit point affecté : et je connois à Paris une femme de condition, laquelle ne peut écouter quelque *musique* que ce soit sans être saisie d'un rire involontaire et convulsif. On lit aussi dans l'*Histoire de l'académie des sciences* de Paris qu'un musicien fut guéri d'une violente fièvre par un concert qu'on fit dans sa chambre.

Les sons agissent même sur les corps inanimés, comme on le voit par le frémissement et la résonnance d'un corps sonore au son d'un autre avec lequel il est accordé dans certain rapport. Morhoff fait mention d'un certain Petter, Hollandois, qui brisoit un verre au son de sa voix. Kircher parle d'une grande pierre qui frémissoit au son d'un certain tuyau d'orgue. Le père Mersenne parle aussi d'une sorte de carreau que le jeu d'orgue ébranloit comme auroit pu faire un tremblement de terre. Boyle ajoute que les stalles tremblent souvent au son des orgues; qu'il les a senties frémir sous sa main au son de l'orgue ou de la voix, et qu'on l'a assuré que celles qui étoient bien faites trembloient toutes à quelque ton déterminé. Tout le monde a ouï parler du fameux pilier d'une église de Reims, qui s'ébranle sensiblement au son d'une certaine cloche, tandis que les autres piliers restent immobiles; mais ce qui ravit au son l'honneur du merveilleux est que ce même pilier s'ébranle également quand on a ôté le batail de la cloche.

Tous ces exemples, dont la plupart appartiennent plus au son qu'à la *musique*, et dont la physique peut donner quelque explication, ne nous rendent point plus intelligibles ni plus croyables les effets merveilleux et presque divins que les anciens attribuent à la *musique*. Plusieurs auteurs se sont tourmentés pour tâcher d'en rendre raison : Wallis les attribue en partie à la nouveauté de l'art, et les rejette en partie sur l'exagération des auteurs; d'autres en font honneur seulement à la poésie; d'autres supposent que les Grecs, plus sensibles que nous par la constitution de leur climat ou par leur manière de vivre, pouvoient être émus de choses qui ne nous auroient nullement touchés.

M. Burette, même en adoptant tous ces faits, prétend qu'ils ne prouvent point la perfection de la *musique* qui les a produits; il n'y voit rien que de mauvais racleurs de village n'aient pu faire, selon lui, tout aussi-bien que les premiers musiciens du monde.

La plupart de ces sentiments sont fondés sur la persuasion où nous sommes de l'excellence de notre *musique*, et sur le mépris que nous avons pour celle des anciens. Mais ce mépris est-il lui-même aussi bien fondé que nous le prétendons? c'est ce qui a été examiné bien des fois; et qui, vu l'obscurité de la matière et l'insuffisance des juges, auroit grand besoin de l'être mieux. De tous ceux qui se sont mêlés jusqu'ici de cet examen, Vossius, dans son traité *de Viribus cantûs et rhythmi*, paroît être celui qui a le mieux discuté la question et le plus approché de la vérité. J'ai jeté là-dessus quelques idées dans un autre écrit non public encore, où mes idées seront mieux placées que dans cet ouvrage, qui n'est pas fait pour arrêter le lecteur à discuter mes opinions.

On a beaucoup souhaité de voir quelques fragments de *musique* ancienne. Le P. Kircher et M. Burette ont travaillé là-dessus à contenter la curiosité du public : pour le mettre plus à portée de profiter de leurs soins, j'ai transcrit dans la *Pl.* 10 deux morceaux de *musique* grecque, traduits en note moderne par ces auteurs. Mais qui osera juger de l'ancienne musique sur de tels échantillons? Je les suppose fidèles; je veux même que ceux qui voudroient en juger connoissent suffisamment le génie et l'accent de la langue grecque; qu'ils réfléchissent qu'un Italien est juge incompétent d'un air françois, qu'un François n'entend rien du tout à la mélodie italienne; puis qu'ils comparent les temps et les lieux, et qu'ils prononcent s'ils l'osent.

Pour mettre le lecteur à portée de juger des divers accents musicaux des peuples, j'ai transcrit aussi dans la *Pl.* 26, *fig.* 1, un air chinois tiré du P.

du Halde, un air persan tiré du chevalier Chardin, et deux chansons des sauvages de l'Amérique, tirées du P. Mersenne. On trouvera dans tous ces morceaux une conformité de modulation avec notre musique, qui pourra faire admirer aux uns la bonté et l'universalité de nos règles, et peut-être rendre suspecte à d'autres l'intelligence ou la fidélité de ceux qui nous ont transmis ces airs.

J'ai ajouté dans la même *Planche, fig.* 2, le célèbre *rans-des-vaches*, cet air si chéri des Suisses, qu'il fut défendu, sous peine de mort, de le jouer dans leurs troupes, parce qu'il faisoit fondre en larmes, déserter ou mourir ceux qui l'entendoient, tant il excitoit en eux l'ardent désir de revoir leur pays. On chercheroit en vain dans cet air les accents énergiques capables de produire de si étonnants effets : ces effets qui n'ont aucun lieu sur les étrangers, ne viennent que de l'habitude, des souvenirs, de mille circonstances qui, retracées par cet air à ceux qui l'entendent, et leur rappelant leur pays, leurs anciens plaisirs, leur jeunesse, et toutes leurs façons de vivre, excitent en eux une douleur amère d'avoir perdu tout cela. La *musique* alors n'agit point précisément comme *musique*, mais comme signe mémoratif. Cet air, quoique toujours le même, ne produit plus aujourd'hui les mêmes effets qu'il produisoit ci-devant sur les Suisses, parce que, ayant perdu le goût de leur première simplicité, ils ne la regrettent plus quand on la leur rappelle : tant il est vrai que ce n'est pas dans leur action physique qu'il faut chercher les plus grands effets des sons sur le cœur humain.

La manière dont les anciens notoient leur *musique* étoit établie sur un fondement très-simple, qui étoit le rapport des chiffres, c'est-à-dire par les lettres de leur alphabet; mais, au lieu de se borner sur cette idée à un petit nombre de caractères faciles à retenir, ils se perdirent dans des multitudes de signes différents dont ils embrouillèrent gratuitement leur *musique* ; en sorte qu'ils avoient autant de manières de noter que de genres et de modes. Boëce prit dans l'alphabet latin des caractères correspondants à ceux des Grecs : le pape Grégoire perfectionna sa méthode. En 1024, Gui d'Arezzo, bénédictin, introduisit l'usage des portées (voyez Portée), sur les lignes desquelles il marqua les notes en forme de points (voyez Notes), désignant par leur position l'élévation ou l'abaissement de la voix. Kircher cependant prétend que cette invention est antérieure à Gui; et, en effet, je n'ai pas vu dans les écrits de ce moine qu'il se l'attribue; mais il inventa la gamme, et appliqua aux notes de son exacorde les noms tirés de l'hymne de saint Jean-Baptiste, qu'elles conservent encore aujourd'hui (voyez *Pl. 17, fig.* 2); enfin cet homme né pour la *musique* inventa différents instruments appelés *polyplectra*, tels que le clavecin, l'épinette, la vielle, etc. (Voyez GAMME.)

Les caractères de la *musique* ont, selon l'opinion commune, reçu leur dernière augmentation considérable en 1330, temps où l'on dit que Jean de Muris, appelé mal à propos par quelques uns *Jean de Meurs* ou *de Muriâ*, docteur de Paris, quoique Gesner le fasse Anglois, inventa les différentes figures des notes qui désignent la durée ou la quantité, et que nous appelons aujourd'hui rondes, blanches, noires, etc. Mais ce sentiment, bien que très-commun, me paroît peu fondé, à en juger par son traité de musique, intitulé *Speculum Musicæ*, que j'ai eu le courage de lire presque entier pour y constater l'invention que l'on attribue à cet auteur. Au reste, ce grand musicien a eu, comme le roi des poètes, l'honneur d'être réclamé par divers peuples; car les Italiens le prétendent aussi de leur nation, trompés apparemment par une fraude ou une erreur de Bontempi qui le dit *Perugino* au lieu de *Parigino*.

Lasus est ou paroît être, comme il est dit ci-dessus, le premier qui ait écrit sur la *musique*: mais son ouvrage est perdu, aussi-bien que plusieurs autres livres des Grecs et des Romains sur la même matière. Aristoxène, disciple d'Aristote et chef de secte en *musique*, est le plus ancien auteur qui nous reste sur cette science; après lui vient Euclide d'Alexandrie : Aristide Quintilien écrivoit après Cicéron ; Alipius vient ensuite ; puis Gaudentius, Nicomaque, et Bacchius.

Marc Meibomius nous a donné une belle édition de ces sept auteurs grecs, avec la traduction latine et des notes.

Plutarque a écrit un dialogue sur la *musique*. Ptolomée, célèbre mathématicien, écrivit en grec les principes de l'harmonie vers le temps de l'empereur Antonin : cet auteur garde un milieu entre les Pythagoriciens et les Aristoxéniens. Long-temps après, Manuel Bryennius écrivit aussi sur le même sujet.

Parmi les Latins, Boëce a écrit du temps de Théodoric; et non loin du même temps, Martianus, Cassiodore, et saint Augustin.

Les modernes sont en grand nombre; les plus connus sont, Zarlin, Salinas, Valgulio, Galilée, Mei, Doni, Kircher, Mersenne, Parran, Perrault, Wallis, Descartes, Holder, Mengoli, Malcolm, Burette, Valloti; enfin M. Tartini, dont le livre est plein de profondeur, de génie, de longueurs et d'obscurité; et M. Rameau, dont les écrits ont ceci de singulier qu'ils ont fait une grande fortune sans avoir été lus de personne. Cette lecture est d'ailleurs devenue absolument superflue depuis que M. d'Alembert a pris la peine d'expliquer au public le système de la basse-fondamentale, la seule chose utile et intelligible qu'on trouve dans les écrits de ce musicien.

MUTATIONS OU MUANCES, μεταβολαί. On appeloit ainsi dans la *musique* ancienne généralement tous les passages d'un ordre ou d'un sujet de chant à un autre. Aristoxène définit la *mutation* une espèce de passion dans l'ordre de la mélodie; Bacchius, un changement de sujet, ou la transposition du semblable dans un lieu dissemblable; Aristide Quintilien, une variation dans le système proposé et dans le caractère de la voix; Martianus Capella, une transition de la voix dans un autre ordre de sons.

Toutes ces définitions obscures et trop générales ont besoin d'être éclaircies par les divisions; mais les auteurs ne s'accordent pas mieux sur ces divisions que sur la définition même. Cependant on recueille à peu près que toutes ces *mutations* pouvoient se réduire à cinq espèces principales: 1° *mutation* dans le genre, lorsque le chant passoit, par exemple du diatonique au chromatique ou à l'enharmonique, et réciproquement; 2° dans le système, lorsque la modulation unissoit deux tétracordes disjoints ou en séparoit deux conjoints; ce qui revient au passage du bécarre au bémol, et réciproquement; 3° dans le mode, quand on passoit, par exemple, du dorien au phrygien ou au lydien, et réciproquement, etc.; 4° dans le rhythme, quand on passoit du vite au lent, ou d'une mesure à une autre; 5° enfin dans la mélopée, lorsqu'on interrompoit un chant grave, sérieux, magnifique, par un chant enjoué, gai, impétueux, etc.

N.

NATUREL, *adj*. Ce mot en musique a plusieurs sens. 1° Musique *naturelle* est celle que forme la voix humaine par opposition à la musique artificielle qui s'exécute avec des instruments. 2° On dit qu'un chant est *naturel* quand il est aisé, doux, gracieux, facile; qu'une harmonie est *naturelle* quand elle a peu de renversements, de dissonances, qu'elle est produite par les cordes essentielles et *naturelles* du mode. 3° *Naturel* se dit encore de tout chant qui n'est ni forcé ni baroque; qui ne va ni trop haut ni trop bas, ni trop vite ni trop lentement. 4° Enfin la signification la plus commune de ce mot, et la seule dont l'abbé Brossard n'a point parlé, s'applique aux tons ou modes dont les sons se tirent de la gamme ordinaire sans aucune altération : de sorte qu'un mode *naturel* est celui où l'on n'emploie ni dièse ni bémol. Dans le sens exact il n'y auroit qu'un seul ton *naturel*, qui seroit celui d'*ut* ou de *C* tierce majeure; mais on étend le nom de *naturels* à tous les tons dont les cordes essentielles, ne portant ni dièses ni bémols, permettent qu'on n'arme la clef ni de l'un ni de l'autre; tels sont les modes majeurs de *G* et de *F*, les modes mineurs d'*A* et de *D*, etc. (Voyez CLEFS TRANSPOSÉES, MODES, TRANSPOSITIONS.)

Les Italiens notent toujours leurs récitatifs au *naturel*, les changements de ton y étant si fréquents, et les modulations si serrées que, de quelque manière qu'on armât la clef pour un mode, on n'épargneroit ni dièses ni bémols pour les autres; et l'on se jetteroit pour la suite de la modulation dans des confusions de signes très-embarrassantes, lorsque les notes altérées à la clef par un signe se trouveroient altérées par le signe contraire accidentellement. (Voyez Récitatif.)

Solfier au *naturel*. C'est solfier par les noms *naturels* des sons de la gamme ordinaire, sans égard au ton où l'on est. (Voyez Solfier.)

Nète, *s. f.* C'étoit, dans la musique grecque, la quatrième corde ou la plus aiguë de chacun des trois tétracordes qui suivoient les deux premiers du grave à l'aigu.

Quand le troisième tétracorde étoit conjoint avec le second, c'étoit le tétracorde synnéménon; et sa *nète* s'appeloit *nète synnéménon*.

Ce troisième tétracorde portoit le nom de diézeugménon quand il étoit disjoint ou séparé du second par l'intervalle d'un *ton*, et sa *nète* s'appeloit *nète diézeugménon*.

Enfin le quatrième tétracorde portant toujours le nom d'hyperboléon, sa *nète* s'appeloit aussi toujours *nète hyperboléon*.

A l'égard des deux premiers tétracordes, comme ils étoient toujours conjoints, ils n'avoient point

6.

de *nète* ni l'un ni l'autre : la quatrième corde du premier, étant toujours la première du second, s'appeloit hypate-méson ; et la quatrième corde du second, formant le milieu du système, s'appeloit mèse.

Nète, dit Boëce, *quasi neate*, *id est inferior* ; car les anciens, dans leurs diagrammes, mettoient en haut les sons graves, et en bas les sons aigus.

NÉTOÏDES. Sons aigus. (Voyez LEPSIS.)

NEUME, *s. f.* Terme de plain-chant. La *neume* est une espèce de courte récapitulation du chant d'un mode, laquelle se fait à la fin d'une antienne par une simple variété de sons et sans y joindre aucunes paroles. Les catholiques autorisent ce singulier usage sur un passage de saint Augustin, qui dit que, ne pouvant trouver des paroles dignes de plaire à Dieu, l'on fait bien de lui adresser des chants confus de jubilation : « Car à qui convient « une telle jubilation sans paroles, si ce n'est à « l'Être ineffable ? et comment célébrer cet Être « ineffable, lorsqu'on ne peut ni se taire, ni rien « trouver dans ses transports qui les exprime, si ce « n'est des sons inarticulés ? »

NEUVIÈME, *s. f.* Octave de la seconde. Cet intervalle porte le nom de *neuvième*, parce qu'il faut former neuf sons consécutifs pour arriver diatoniquement d'un de ces deux termes à l'autre. La *neuvième* est majeure ou mineure comme la seconde dont elle est la réplique. (Voyez Seconde.)

Il y a un accord par supposition qui s'appelle accord de *neuvième*, pour le distinguer de l'accord de seconde, qui se prépare, s'accompagne et se sauve différemment. L'accord de *neuvième* est formé par un son mis à la basse une tierce au-dessous de l'accord de septième; ce qui fait que la septième elle-même fait *neuvième* sur ce nouveau son. La *neuvième* s'accompagne par conséquent de tierce, de quinte, et quelquefois de septième. La quatrième note du ton est généralement celle sur laquelle cet accord convient le mieux; mais on la peut placer partout dans des entrelacements harmoniques. La basse doit toujours arriver en montant à la note qui porte *neuvième*; la partie qui fait la *neuvième* doit syncoper, et sauve cette *neuvième* comme une septième, en descendant diatoniquement d'un degré sur l'octave, si la basse reste en place; ou sur la tierce, si la basse descend de tierce. (Voyez Accord, Supposition, Syncope.)

En mode mineur, l'accord sensible sur la médiante perd le nom d'accord de *neuvième*, et prend celui de quinte superflue. (Voyez Quinte superflue.)

Niglarien, *adj.* Nom d'un nome ou chant d'une mélodie efféminée et molle, comme Aristophane le reproche à Philoxène son auteur.

Noels. Sortes d'airs destinés à certains cantiques que le peuple chante aux fêtes de Noël. Les airs de *noëls* doivent avoir un caractère champêtre et pastoral convenable à la simplicité des paroles, et à celle des bergers qu'on suppose les avoir chantés en allant rendre hommage à l'enfant Jésus dans la crèche.

Nœuds. On appelle *nœuds* les points fixes dans lesquels une corde sonore mise en vibration se divise en aliquotes vibrantes qui rendent un autre son que celui de la corde entière. Par exemple, si de deux cordes, dont l'une sera triple de l'autre, on fait sonner la plus petite, la grande répondra, non par le son qu'elle a comme corde entière, mais par l'unisson de la plus petite, parce qu'alors cette grande corde, au lieu de vibrer dans sa totalité, se divise, et ne vibre que chacun de ses tiers. Les points immobiles qui sont les divisions et qui tiennent en quelque sorte lieu de chevalets, sont ce que M. Sauveur a nommé les *nœuds*, et il a nommé *ventre* les points milieux de chaque aliquote où la vibration est la plus grande, et où la corde s'écarte le plus de la ligne de repos.

Si au lieu de faire sonner une autre corde plus petite on divise la grande au point d'une de ses aliquotes par un obstacle léger qui la gêne sans l'assujettir, le même cas arrivera encore en faisant sonner une des deux parties; car alors les deux résonneront à l'unisson de la petite, et l'on verra les mêmes *nœuds* et les mêmes *ventres* que ci-devant.

Si la petite partie n'est pas aliquote immédiate de la grande, mais qu'elles aient seulement une aliquote commune, alors elles se diviseront toutes deux selon cette aliquote commune, et l'on verra des *nœuds* et des *ventres*, même dans la petite partie.

Si les deux parties sont incommensurables, c'est-à-dire qu'elles n'aient aucune aliquote commune, alors il n'y aura aucune résonnance, ou il n'y aura que celle de la petite partie, à moins qu'on ne frappe assez fort pour forcer l'obstacle et faire résonner la corde entière.

M. Sauveur trouva le moyen de montrer ces *ventres* et ces *nœuds* à l'académie d'une manière très-sensible en mettant sur la corde des papiers de deux couleurs, l'une aux divisions des *nœuds*, et l'autre au milieu des *ventres*; car alors au son de l'aliquote on voyoit toujours tomber les papiers des *ventres*, et ceux des *nœuds* rester en place. (Voyez *Pl.* 23, *fig.* 2.)

Noire, s. f. Note de musique qui se fait ainsi ♩ ou ainsi ♩, et qui vaut deux croches ou la moitié d'une blanche. Dans nos anciennes musiques, on se servoit de plusieurs sortes de *noires*, *noire* à queue, *noire* carrée, *noire* en losange. Ces deux dernières espèces sont demeurées dans le plain-chant; mais dans la musique on ne se sert plus que de la *noire* à queue. (V. Valeur des notes.)

Nome, *s. m.* Tout chant déterminé par des règles qu'il n'étoit pas permis d'enfreindre portoit chez les Grecs le nom de *nome.*

Les *nomes* empruntoient leur dénomination, 1° ou de certains peuples, *nome* éolien, *nome* lydien; 2° ou de la nature du rhythme, *nome* orthien, *nome* dactylique, *nome* trochaïque; 3° ou de leurs inventeurs, *nome* hiéracien, *nome* polymnestan; 4° ou de leurs sujets, *nome* pythien, *nome* comique; 5° ou enfin de leur mode, *nome* hypatoïde, ou grave, *nome* nétoïde, ou aigu, etc.

Il y avoit des *nomes* bipartites qui se chantoient sur deux modes; il y avoit même un *nome* appelé tripartite, duquel Sacadas ou Clonas fut l'inventeur, et qui se chantoit sur trois modes, savoir, le dorien, le phrygien, et le lydien. (Voy. Chanson, Mode.)

Nomion. Sorte de chanson d'amour chez les Grecs. (Voyez Chanson.)

Nomique, *adj.* Le mode *nomique,* ou le genre de style musical qui portoit ce nom, étoit consacré, chez les Grecs, à Apollon, dieu des vers et des chansons, et l'on tâchoit d'en rendre les chants brillants et dignes du dieu auquel ils étoient consacrés. (Voyez Mode, Mélopée, Style.)

Noms des notes. (Voyez Solfier.)

Notes, *s. f.* Signes ou caractères dont on se sert pour noter, c'est-à-dire pour écrire la musique.

Les Grecs se servoient des lettres de leur alphabet pour noter leur musique. Or, comme ils avoient vingt-quatre lettres, et que leur plus grand système, qui dans un même mode n'étoit que de deux octaves, n'excédoit pas le nombre de seize sons, il sembleroit que l'alphabet devoit être plus que suffisant pour les exprimer, puisque leur musique n'étant autre chose que leur poésie notée, le rhythme étoit suffisamment déterminé par le mètre, sans qu'il fût besoin pour cela de valeurs absolues et de signes propres à la musique; car, bien que par surabondance ils eussent aussi des caractères pour marquer les divers pieds, il est certain que la musique vocale n'en avoit aucun besoin; et la musique instrumentale, n'étant qu'une musique vocale jouée par des instruments, n'en avoit pas besoin non plus lorsque les paroles étoient écrites ou que le symphoniste les savoit par cœur.

Mais il faut remarquer, en premier lieu, que les deux mêmes sons étant tantôt à l'extrémité et tantôt au milieu du troisième tétracorde, selon le lieu où se faisoit la disjonction (voyez ce mot), on donnoit à chacun de ces sons des noms et des signes qui marquoient ces diverses situations; secondement, que ces seize sons n'étoient pas tous les mêmes dans les trois genres, qu'il y en avoit de communs aux trois, et de propres à chacun, et qu'il falloit, par conséquent, des *notes* pour exprimer ces différences; troisièmement, que la musique se notoit pour les instruments autrement que pour les voix, comme nous avons encore aujourd'hui, pour certains instruments à cordes, une tablature qui ne ressemble en rien à celle de la musique ordinaire; enfin que les anciens ayant jusqu'à quinze modes différents, selon le dénombrement d'Alipius (voy. MODE), il fallut approprier des caractères à chaque mode, comme on le voit dans les tables du même auteur. Toutes ces modifications exigeoient des multitudes de signes auxquels les vingt-quatre lettres étoient bien éloignées de suffire : de là la nécessité d'employer les mêmes lettres pour plusieurs sortes de *notes;* ce qui les obligea de donner à ces lettres différentes situations, de les accoupler, de les mutiler, de les alonger en divers sens. Par exemple, la lettre *pi,* écrite de toutes ces manières, п, ц, ⊏, г, ı, exprimoit cinq différentes *notes.* En combinant toutes les modifications qu'exigeoient ces diverses circonstances, on trouve jusqu'à 1620 différentes *notes;* nombre prodigieux, qui devoit rendre l'étude de la musique de la plus grande difficulté. Aussi l'étoit-elle, selon Platon, qui veut que les jeunes gens se contentent de donner deux ou trois ans à la musique, seulement pour en apprendre les rudiments. Cependant les Grecs n'avoient pas un si grand nombre de caractères, mais la même *note* avoit quelquefois différentes significations selon les occasions : ainsi le même caractère qui marque la proslambanomène du mode lydien marque la parhypate-méson du mode hypo-iastien, l'hypate-méson de l'hypo-phrygien, le lychanos-hypaton de l'hypo-lydien, la parhypate-hypaton de l'iastien, et l'hypate-hypaton du phrygien. Quelquefois aussi la *note* change, quoique le son reste le même ; comme, par exemple, la proslambanomène de l'hypo-phrygien, laquelle a un même signe dans les modes hyper-phrygien, hyper-dorien, phrygien, dorien, hypo-phrygien, et hypo-dorien, et un autre même signe dans les modes lydien et hypo-lydien.

On trouvera (*Planche* 11) la table des *notes* du genre diatonique dans le mode lydien, qui étoit le plus usité ; ces *notes*, ayant été préférées à celles des autres modes par Bacchius, suffisent pour entendre tous les exemples qu'il donne dans son ouvrage ; et, la musique des Grecs n'étant plus en usage, cette table suffit aussi pour désabuser le public, qui croit leur manière de noter tellement perdue que cette musique nous seroit maintenant impossible à déchiffrer. Nous la pourrions déchiffrer tout aussi exactement que les Grecs mêmes auroient pu faire ; mais la phraser, l'accentuer, l'entendre, la juger, voilà ce qui n'est plus possible à personne et qui ne le deviendra jamais. En toute musique, ainsi qu'en toute langue, déchiffrer et lire sont deux choses très-différentes.

Les Latins, qui, à l'imitation des Grecs, notèrent aussi la musique avec les lettres de leur alphabet, retranchèrent beaucoup de cette quantité de *notes;* le genre enharmonique ayant tout-à-fait cessé d'être pratiqué, et plusieurs modes n'étant plus en usage, il paroît que Boëce établit l'usage de quinze lettres seulement; et Grégoire, évêque de Rome, considérant que les rapports des sons sont les mêmes dans chaque octave, réduisit encore ces quinze *notes* aux sept premières lettres de l'alphabet, que l'on répétoit en diverses formes d'une octave à l'autre.

Enfin, dans le onzième siècle, un bénédictin d'Arezzo, nommé Gui, substitua à ces lettres des points posés sur différentes lignes parallèles à chacune desquelles une lettre servoit de clef. Dans la suite on grossit ces points; on s'avisa d'en poser aussi dans les espaces compris entre ces lignes, et l'on multiplia selon le besoin ces lignes et ces espaces. (Voyez Portée.) A l'égard des noms donnés aux *notes*, voyez Solfier.

Les *notes* n'eurent, durant un certain temps, d'autre usage que de marquer les degrés et les différences de l'intonation. Elles étoient toutes, quant à la durée, d'égale valeur, et ne recevoient, à cet égard d'autres différences que celles des syllabes longues et brèves, sur lesquelles on les chantoit : c'est à peu près dans cet état qu'est demeuré le plain-chant des catholiques jusqu'à ce jour; et la musique des psaumes, chez les protestants, est plus imparfaite encore, puisqu'on n'y distingue pas même dans l'usage les longues des brèves, ou les rondes des blanches, quoiqu'on y ait conservé ces deux figures.

Cette indistinction de figures dura, selon l'opinion commune, jusqu'en 1338, que Jean de Muris, docteur et chanoine de Paris, donna, à ce qu'on prétend, différentes figures aux *notes*, pour marquer les rapports de durée qu'elles devoient avoir entre elles : il inventa aussi certains signes de mesure, appelés modes ou prolations, pour déterminer, dans le cours d'un chant, si le rapport des longues aux brèves seroit double ou triple, etc. Plusieurs de ces figures ne subsistent plus ; on leur en a substitué d'autres en différents temps. (Voyez Mesure , Temps, Valeur des notes.) Voyez aussi au mot Musique ce que j'ai dit de cette opinion.

Pour lire la musique écrite par nos *notes*, et la rendre exactement, il y a huit choses à considérer : savoir 1.° la clef et sa position ; 2.° les dièses ou bémols qui peuvent l'accompagner ; 3.° le lieu ou la position de chaque *note* ; 4° son intervalle, c'est-à-dire son rapport à celle qui précède, ou à la tonique, ou à quelque *note* fixe dont on ait le ton ; 5° sa figure, qui détermine sa valeur ; 6° le temps où elle se trouve et la place qu'elle y occupe ; 7° le dièse, bémol ou bécarre accidentel qui peut la précéder ; 8° l'espèce de la mesure et le caractère du mouvement : et tout cela sans compter ni la parole ou la syllabe à laquelle appartient chaque *note*, ni l'accent ou l'expression convenable au sentiment ou à la pensée. Une seule de ces huit observations omise peut faire détonner ou chanter hors de mesure.

La musique a eu le sort des arts qui ne se perfectionnent que lentement. Les inventeurs des *notes* n'ont songé qu'à l'état où elle se trouvoit de leur temps, sans songer à celui où elle pouvoit parvenir, et dans la suite leurs signes se sont trouvés d'autant plus défectueux que l'art s'est plus perfectionné. A mesure qu'on avançoit on établissoit de nouvelles règles pour remédier aux inconvénients présents : en multipliant les signes on a multiplié les difficultés ; et, à force d'additions et de chevilles, on a tiré d'un principe assez simple un système fort embrouillé et fort mal assorti.

On peut en réduire les défauts à trois principaux. Le premier est dans la multitude des signes et de leurs combinaisons, qui surchargent tellement l'esprit et la mémoire des commençants, que l'oreille est formée et les organes ont acquis l'habitude et la facilité nécessaires long-temps avant qu'on soit en état de chanter à livre ouvert ; d'où il suit que la difficulté est toute dans l'attention aux règles, et nullement dans l'exécution du chant. Le second est le peu d'évidence dans l'espèce des intervalles, majeurs, mineurs, diminués, superflus, tous indistinctement confondus dans les mêmes positions, défaut d'une telle influence, que non seulement il est la principale cause de la lenteur du progrès des écoliers, mais encore qu'il n'est aucun musicien formé qui n'en soit incommodé dans l'exécution. Le troisième est l'extrême diffusion des caractères et le trop grand volume qu'ils occupent; ce qui, joint à ces lignes, à ces portées si incommodes à tracer, devient une source d'embarras de plus d'une espèce. Si le premier avantage des signes d'institution est d'être clairs, le second est d'être concis: quel jugement doit-on porter d'un ordre de signes à qui l'un et l'autre manquent?

Les musiciens, il est vrai, ne voient point tout cela; l'usage habitue à tout: la musique pour eux n'est pas la science des sons, c'est celle des noires, des blanches, des croches, etc.; dès que ces figures cesseroient de frapper leurs yeux, ils ne croiroient plus voir de la musique : d'ailleurs ce qu'ils ont appris difficilement, pourquoi le rendroient-ils facile aux autres? ce n'est donc pas le musicien qu'il faut consulter ici, mais l'homme qui sait la musique, et qui a réfléchi sur cet art.

Il n'y a pas deux avis dans cette dernière classe sur les défauts de notre *note;* mais ces défauts sont plus aisés à connoître qu'à corriger. Plusieurs ont tenté jusqu'à présent cette correction sans succès.

Le public, sans discuter beaucoup l'avantage des signes qu'on lui propose, s'en tient à ceux qu'il trouve établis, et préférera toujours une mauvaise manière de savoir à une meilleure d'apprendre.

Ainsi, de ce qu'un nouveau système est rebuté, cela ne prouve autre chose sinon que l'auteur est venu trop tard; et l'on peut toujours discuter et comparer les deux systèmes, sans égard en ce point au jugement du public.

Toutes les manières de *noter* qui n'ont pas eu pour première loi l'évidence des intervalles ne me paroissent pas valoir la peine d'être relevées. Je ne m'arrêterai donc point à celle de M. Sauveur, qu'on peut voir dans les Mémoires de l'académie des sciences, année 1721, ni à celle de M. Demaux, donnée quelques années après : dans ces deux systèmes, les intervalles étant exprimés par des signes tout-à-fait arbitraires, et sans aucun vrai rapport à la chose représentée, échappent aux yeux les plus attentifs, et ne peuvent se placer que dans la mémoire; car que font des têtes différemment figurées, et des queues différemment dirigées, aux intervalles qu'elles doivent exprimer? De tels signes n'ont rien en eux qui doive les faire préférer à d'autres; la netteté de la figure et le peu de place qu'elle occupe sont des avantages qu'on peut trouver dans un système tout différent : le hasard a pu donner les premiers signes, mais il faut un choix plus propre à la chose dans ceux qu'on leur veut substituer. Ceux qu'on a proposés en 1743, dans un petit ouvrage intitulé *Dissertation sur la musique moderne*, ayant cet avantage, leur simplicité m'invite à en exposer le système abrégé dans cet article.

Les caractères de la musique ont un double objet; savoir, de représenter les sons, 1° selon leurs divers intervalles du grave à l'aigu, ce qui constitue le chant et l'harmonie; 2° et selon leurs durées relatives du vite au lent, ce qui détermine le temps et la mesure.

Pour le premier point, de quelque manière que l'on retourne et combine la musique écrite et régulière, on n'y trouvera jamais que des combinaisons des sept *notes* de la gamme portées à diverses octaves, ou transposées sur différents degrés selon le ton et le mode qu'on aura choisis. L'auteur exprime ces sept sons par les sept premiers chiffres; de sorte que le chiffre 1 forme la *note ut*, le 2, la *note re*, le 3, la *note mi*, etc.; et il les traverse d'une ligne horizontale, comme on voit dans la *Planche* 15, *figure* 1.

Il écrit au-dessus de la ligne les *notes* qui, continuant de monter, se trouveroient dans l'octave supérieure; ainsi l'*ut* qui suivroit immédiatement le *si* en montant d'un semi-ton doit être au-dessus de la ligne de cette manière 71; et de même les *notes* qui appartiennent à l'octave aiguë, dont cet *ut* est le commencement, doivent toutes être au-dessus de la même ligne. Si l'on entroit dans une troisième octave à l'aigu, il ne faudroit qu'en traverser les *notes* par une seconde ligne accidentelle au-dessus de la première. Voulez-vous, au contraire, descendre dans les octaves inférieures à celle de la ligne principale, écrivez immédiatement au-dessous de cette ligne les *notes* de l'octave qui la suit en descendant : si vous descendez encore d'une octave, ajoutez une ligne au-dessous, comme vous en avez mis une au-dessus pour monter, etc. Au moyen de trois lignes seulement vous pouvez parcourir l'étendue de cinq octaves, ce qu'on ne sauroit faire dans la musique ordinaire à moins de dix-huit lignes.

On peut même se passer de tirer aucune ligne. On place toutes les *notes* horizontalement sur le même rang; si l'on trouve une *note* qui passe, en montant le *si* de l'octave où l'on est, c'est-à-dire qui entre dans l'octave supérieure, on met un point sur cette *note* : ce point suffit pour toutes les *notes* suivantes qui demeurent sans interruption dans l'octave où l'on est entré. Que si l'on redescend d'une octave à l'autre, c'est l'affaire d'un autre point sous la *note* par laquelle on y rentre, etc. On voit dans l'exemple suivant le progrès de deux octaves tant en montant qu'en descendant, notées de cette manière :

1 2 3 4 5 6 7 1 2 3 4 5 6 7 1 7 6 5 4 3 2 1 7 6 5 4 3 2 1.

La première manière de *noter* avec des lignes

convient pour les musiques fort travaillées et fort difficiles, pour les grandes partitions, etc. La seconde avec des points est propre aux musiques plus simples et aux petits airs; mais rien n'empêche qu'on ne puisse à sa volonté l'employer à la place de l'autre, et l'auteur s'en est servi pour transcrire la fameuse ariette *L'objet qui règne dans mon ame*, qu'on trouve *notée* en partition par les chiffres de cet auteur à la fin de son ouvrage.

Par cette méthode tous les intervalles deviennent d'une évidence dont rien n'approche; les octaves portent toujours le même chiffre, les intervalles simples se reconnoissent toujours dans leurs doubles ou composés : on reconnoît d'abord, dans la dixième _12 ou 13, que c'est l'octave de la tierce majeure : les intervalles majeurs ne peuvent jamais se confondre avec les mineurs; 2 4 sera éternellement une tierce mineure; 4 6 éternellement une tierce majeure; la position ne fait rien à cela.

Après avoir ainsi réduit toute l'étendue du clavier sous un beaucoup moindre volume avec des signes beaucoup plus clairs, on passe aux transpositions.

Il n'y a que deux modes dans notre musique. Qu'est-ce que chanter ou jouer en *re* majeur? c'est transporter l'échelle ou la gamme d'*ut* un ton plus haut, et la placer sur *re*, comme tonique ou fon-

7.

damentale; tous les rapports qui appartenoient à l'*ut* passent au *re* par cette transposition. C'est pour exprimer ce système de rapports haussé ou baissé qu'il a tant fallu d'altérations de dièses ou de bémols à la clef. L'auteur du nouveau système supprime tout d'un coup tous ces embarras : le seul mot *re* mis en tête et à la marge avertit que la pièce est en *re* majeur; et, comme alors le *re* prend tous les rapports qu'avoit l'*ut,* il en prend aussi le signe et le nom; il se marque avec le chiffre 1, et toute son octave suit par les chiffres 2, 3, 4, etc., comme ci-devant : le *re* de la marge lui sert de clef, c'est la touche *re* ou D du clavier naturel : mais ce même *re* devenu tonique sous le nom d'*ut* devient aussi la fondamentale du mode.

Mais cette fondamentale qui est tonique dans les tons majeurs n'est que médiante dans les tons mineurs, la tonique, qui prend le nom de *la*, se trouvant alors une tierce mineure au-dessous de cette fondamentale. Cette distinction se fait par une petite ligne horizontale qu'on tire sous la clef. *Re* sans cette ligne désigne le mode majeur de *re*; mais *re* sous-ligné désigne le mode mineur de *si* dont ce *re* est médiante. Au reste cette distinction, qui ne sert qu'à déterminer nettement le ton par la clef, n'est pas plus nécessaire dans le nouveau système que dans la *note* ordinaire où elle n'a pas lieu; ainsi quand on n'y auroit aucun égard on n'en solfieroit pas moins exactement.

Au lieu des noms mêmes des *notes* on pourroit se servir pour clefs des lettres de la gamme qui leur répondent ; C pour *ut*, D pour *re*, etc. (Voyez Gamme.)

Les musiciens affectent beaucoup de mépris pour la méthode des transpositions, sans doute parce qu'elle rend l'art trop facile. L'auteur fait voir que ce mépris est mal fondé ; que c'est leur méthode qu'il faut mépriser, puisqu'elle est pénible en pure perte, et que les transpositions, dont il montre les avantages, sont, même sans qu'ils y songent, la véritable règle que suivent tous les grands musiciens et les bons compositeurs. (Voy. Transposition.)

Le ton, le mode, et tous leurs rapports bien déterminés, il ne suffit pas de faire connoître toutes les *notes* de chaque octave, ni le passage d'une octave à l'autre par des signes précis et clairs ; il faut encore indiquer le lieu du clavier qu'occupent ces octaves. J'ai d'abord un *sol* à entonner ; il faut savoir lequel ; car il y en a cinq dans le clavier, les uns hauts, les autres moyens, les autres bas, selon les différentes octaves. Ces octaves ont chacune leur lettre ; et l'une de ces lettres mise sur la ligne qui sert de portée marque à quelle octave appartient cette ligne, et conséquemment les octaves qui sont au-dessus et au-dessous. Il faut voir la figure qui est à la fin du livre, et l'explication qu'en donne l'auteur pour se mettre en cette partie au fait de son système, qui est des plus simples.

Il reste, pour l'expression de tous les sons possibles dans notre système musical, à rendre les altérations accidentelles amenées par la modulation; ce qui se fait bien aisément. Le dièse se forme en traversant la *note* d'un trait montant de gauche à droite de cette manière : *fa* dièse ⚹, *ut* dièse ⚹. On marque le bémol par un semblable trait descendant : *si* bémol ⚹, *mi* bémol ⚹. A l'égard du bécarre, l'auteur le supprime comme un signe inutile dans son système.

Cette partie ainsi remplie, il faut venir au temps ou à la mesure. D'abord l'auteur fait main-basse sur cette foule de différentes mesures dont on a si mal à propos chargé la musique. Il n'en connoît que deux, comme les anciens; savoir, mesure à deux temps, et mesure à trois temps. Les temps de chacune de ces mesures peuvent, à leur tour, être divisés en deux parties égales ou en trois. De ces deux règles combinées il tire des expressions exactes pour tous les mouvements possibles.

On rapporte dans la musique ordinaire les diverses valeurs des *notes* à celle d'une *note* particulière, qui est la ronde; ce qui fait que la valeur de cette ronde variant continuellement, les *notes* qu'on lui compare n'ont point de valeur fixe. L'auteur s'y prend autrement : il ne détermine les valeurs des *notes* que sur la sorte des mesures dans laquelle elles sont employées et sur le temps qu'elles y occupent; ce qui le dispense d'avoir, pour ces valeurs, aucun signe particulier autre que la place qu'elles tiennent. Une *note* seule entre deux barres remplit toute une mesure. Dans la mesure à deux temps, deux *notes* remplissant la mesure forment chacune un temps. Trois *notes* font la même chose dans la mesure à trois temps. S'il y a quatre *notes* dans une mesure à deux temps, ou six dans une mesure à trois, c'est que chaque temps est divisé en deux parties égales : on passe donc deux *notes* pour un temps; on en passe trois quand il y a six *notes* dans l'une et neuf dans l'autre. En un mot, quand il n'y a nul signe d'inégalité, les *notes* sont égales, leur nombre se distribue dans une mesure, selon le nombre des temps et l'espèce de la mesure : pour rendre cette distribution plus aisée, on sépare, si l'on veut, les temps par des virgules; de sorte qu'en lisant la musique on voit clairement la valeur des *notes*, sans qu'il faille pour cela leur donner aucune figure particulière. (Voy. *Planche* 15, *figure* 2.)

Les divisions inégales se marquent avec la même facilité. Ces inégalités ne sont jamais que des subdivisions qu'on ramène à l'égalité par un trait dont on couvre deux ou plusieurs *notes*. Par exemple, si un temps contient une croche et deux doubles-croches, un trait en ligne droite, au-dessus ou au-dessous des deux doubles-croches, montrera qu'elles ne font ensemble qu'une quantité égale à la précédente, et par conséquent qu'une croche. Ainsi le temps entier se retrouve divisé en deux parties égales; savoir, la *note* seule et le trait qui en comprend deux. Il y a encore des subdivisions d'inégalité qui peuvent exiger deux traits, comme si une croche pointée étoit suivie de deux triples croches; alors il faudroit premièrement un trait sur les deux *notes* qui représentent les triples-croches, ce qui les rendroit ensemble égales au point; puis un second trait qui, couvrant le trait précédent et le point, rendroit tout ce qu'il couvre égal à la croche. Mais, quelque vitesse que puissent avoir les *notes*, ces traits ne sont jamais nécessaires que quand les valeurs sont inégales; et, quelque inégalité qu'il puisse y avoir, on n'aura jamais besoin de plus de deux traits, surtout en séparant les temps par des virgules, comme on le verra dans l'exemple ci-après.

L'auteur du nouveau système emploie aussi le point, mais autrement que dans la musique ordinaire; dans celle-ci, le point vaut la moitié de la *note* qui le précède; dans la sienne, le point, qui marque aussi le prolongement de la *note* précédente, n'a point d'autre valeur que celle de la place qu'il occupe : si le point remplit un temps, il vaut un temps; s'il remplit une mesure, il vaut une mesure : s'il est dans un temps avec une autre *note*, il vaut la moitié de ce temps. En un mot, le point se compte pour une *note*, se mesure comme les *notes;* et, pour marquer des tenues ou des syncopes, on peut employer plusieurs points de suite, de valeurs égales ou inégales, selon celles des temps ou des mesures que ces points ont à remplir.

Tous les silences n'ont besoin que d'un seul caractère; c'est le zéro. Le zéro s'emploie comme les *notes* et comme le point; le point se marque après un zéro pour prolonger un silence, comme après une note pour prolonger un son. Voyez un exemple de tout cela. (*Planche* 15, *figure* 3.)

Tel est le précis de ce nouveau système. Nous ne suivrons point l'auteur dans le détail de ces règles, ni dans la comparaison qu'il fait des caractères en usage avec les siens : on s'attend bien qu'il met tout l'avantage de son côté; mais ce préjugé ne détournera point tout lecteur impartial d'examiner les raisons de cet auteur dans son livre même; comme cet auteur est celui de ce dictionnaire, il n'en peut dire davantage dans cet article, sans s'écarter de la fonction qu'il doit faire ici. Voyez (*Planche* 15, *figure* 4) un air noté par ces nouveaux caractères : mais il sera difficile de tout déchiffrer bien exactement sans recourir au livre même, parce qu'un article de ce dictionnaire ne doit pas être un livre, et que, dans l'explication des caractères d'un art aussi compliqué, il est impossible de tout dire en peu de mots.

NOTE SENSIBLE est celle qui est une tierce majeure au-dessus de la dominante, ou un semi-ton au-dessous de la tonique. Le *si* est *note sensible* dans le ton d'*ut*, le *sol* dièse dans le ton de *la*.

On l'appelle *note sensible*, parce qu'elle fait sentir le ton de la tonique, sur laquelle, après l'accord dominant, la *note sensible*, prenant le chemin le plus court, est obligée de monter : ce qui fait que quelques-uns traitent cette note *sensible* de dissonance majeure, faute de voir que la dissonance, étant un rapport, ne peut être constituée que par deux *notes*.

Je ne dis pas que la *note sensible* est la septième *note* du ton, parce qu'en mode mineur cette septième *note* n'est *note sensible* qu'en montant ; car, en descendant, elle est à un ton de la tonique et à une tierce mineure de la dominante. (Voy. Mode, Tonique, Dominante.)

Notes de gout. Il y en a de deux espèces ; les unes qui appartiennent à la mélodie, mais non pas à l'harmonie ; en sorte que, quoiqu'elles entrent dans la mesure, elles n'entrent pas dans l'accord : celles-là se notent en plein. Les autres *notes de goût*, n'entrant ni dans l'harmonie ni dans la mélodie, se marquent seulement avec de petites *notes* qui ne se composent pas dans la mesure, et dont la durée très-rapide se prend sur la *note* qui précède ou sur celle qui suit.

Voyez dans la *Planche 5, figure 4*, un exemple des *notes de goût* des deux espèces.

Noter, *v. a.* C'est écrire de la musique avec les caractères destinés à cet usage, et appelés *notes*. (Voyez Notes.)

Il y a dans la manière de *noter* la musique une élégance de copie, qui consiste moins dans la beauté de la note que dans une certaine exactitude à placer convenablement tous les signes, et qui rend la musique ainsi *notée* bien plus facile à exécuter; c'est ce qui a été expliqué au mot Copiste.

Nourrir les sons, c'est non seulement leur donner du timbre sur l'instrument, mais aussi les soutenir exactement durant toute leur valeur, au lieu de les laisser éteindre avant que cette valeur soit écoulée, comme on fait souvent. Il y a des musiques qui veulent des sons *nourris*, d'autres les veulent détachés, et marqués seulement du bout de l'archet.

Nunnie, *s. f.* C'étoit chez les Grecs la chanson particulière aux nourrices. (Voyez Chanson.)

O.

O. Cette lettre capitale, formée en cercle ou double Cɔ, est, dans nos musiques anciennes, le signe de ce qu'on appeloit temps parfait, c'est-à-dire de la mesure triple ou à trois temps, à la différence du temps imparfait ou de la mesure double qu'on marquoit par un C simple, ou un O tronqué à droite ou à gauche, C ou ɔ.

Le temps parfait se marquoit quelquefois par un o simple, quelquefois par un o pointé en dedans de cette manière ⊙, ou par un o barré ainsi, ɸ. (Voyez Temps.)

Obligé, *adj.* On appelle *partie obligée* celle qui récite quelquefois, celle qu'on ne sauroit retrancher sans gâter l'harmonie ou le chant; ce qui la distingue des parties de remplissage, qui ne sont ajoutées que pour une plus grande perfection d'harmonie, mais par le retranchement desquelles la pièce n'est point mutilée. Ceux qui sont aux parties de remplissage peuvent s'arrêter quand ils veulent, et la musique n'en va pas moins; mais celui qui est chargé d'une *partie obligée* ne peut la quitter un moment sans faire manquer l'exécution.

Brossard dit qu'*obligé* se prend aussi pour contraint ou assujetti. Je ne sache pas que ce mot ait aujourd'hui un pareil sens en musique. (Voyez Contraint.)

Octacorde, *s. m.* Instrument ou système de musique composé de huit sons ou de sept degrés. L'*octacorde*, ou la lyre de Pythagore, comprenoit les huit sons exprimés par ces lettres *E. F. G. a.* *c. d. e.*, c'est-à-dire deux tétracordes disjoints.

Octave, *s. f.* La première des consonnances dans l'ordre de leur génération. L'*octave* est la plus parfaite des consonnances; elle est, après l'unisson, celui de tous les accords dont le rapport est le plus simple; l'unisson est en raison d'égalité, c'est-à-dire comme 1 est à 1 : l'*octave* est en raison double, c'est-à-dire comme 1 est à 2 : les harmoniques des deux sons dans l'un et dans l'autre s'accordent tous sans exception, ce qui n'a lieu dans aucun autre intervalle. Enfin ces deux accords ont tant de conformité qu'ils se confondent souvent dans la mélodie, et que, dans l'harmonie même, on les prend presque indifféremment l'un pour l'autre.

Cet intervalle s'appelle *octave*, parce que, pour marcher diatoniquement d'un de ces termes à l'autre, il faut passer par sept degrés, et faire entendre huit sons différents.

Voici les propriétés qui distinguent si singulièrement l'*octave* de tous les autres intervalles.

I. L'*octave* renferme entre ses bornes tous les sons primitifs et originaux; ainsi, après avoir établi un système ou une suite de sons dans l'étendue d'une *octave*, si l'on veut prolonger cette suite, il faut nécessairement reprendre le même ordre dans une seconde *octave* par une série semblable, et de même pour une troisième et pour une quatrième *octave*, où l'on ne trouvera jamais aucun son qui ne soit la réplique de quelqu'un des premiers. Une telle série est appelée échelle de musique dans sa première *octave*, et réplique dans

toutes les autres. (Voyez Échelle, Réplique.)
C'est en vertu de cette propriété de l'*octave* qu'elle
a été appelée *diapason* par les Grecs. (Voyez Diapason.)

II. L'*octave* embrasse encore toutes les consonnances et toutes leurs différences, c'est-à-dire tous les intervalles simples tant consonnants que dissonants, et par conséquent toute l'harmonie. Établissons toutes les consonnances sur un même son fondamental, nous aurons la table suivante,

$$\frac{120}{120} \quad \frac{100}{120} \quad \frac{96}{120} \quad \frac{90}{120} \quad \frac{80}{120} \quad \frac{75}{120} \quad \frac{72}{120} \quad \frac{60}{120}$$

qui revient à celle-ci,

$$1. \quad \frac{5}{6} \quad \frac{4}{5} \quad \frac{3}{4} \quad \frac{2}{3} \quad \frac{5}{8} \quad \frac{3}{5} \quad \frac{1}{2}$$

où l'on trouve toutes les consonnances dans cet ordre : la tierce mineure, la tierce majeure, la quarte, la quinte, la sixte mineure, la sixte majeure, et enfin l'*octave*. Par cette table on voit que les consonnances simples sont toutes contenues entre l'octave et l'unisson; elles peuvent même être entendues toutes à la fois dans l'étendue d'une *octave* sans mélange de dissonances. Frappez à la fois ces quatre sons *ut mi sol ut* en montant du premier *ut* à son *octave*, ils formeront entre eux toutes les consonnances, excepté la sixte majeure, qui est composée, et ne formeront nul autre intervalle. Prenez deux de ces mêmes sons comme il vous plaira, l'intervalle en sera toujours consonnant. C'est de cette union de toutes les consonnances que l'accord qui les produit s'appelle *accord parfait*.

L'*octave* donnant toutes les consonnances donne par conséquent aussi toutes leurs différences, et par elles tous les intervalles simples de notre système musical, lesquels ne sont que ces différences mêmes. La différence de la tierce majeure à la tierce mineure donne le semi-ton mineur ; la différence de la tierce majeure à la quarte donne le semi-ton majeur ; la différence de la quarte à la quinte donne le ton majeur, et la différence de la quinte à la sixte majeure donne le ton mineur. Or, le semi-ton mineur, le semi-ton majeur, le ton mineur et le ton majeur, sont les seuls éléments de tous les intervalles de notre musique.

III. Tout son consonnant avec un des termes de l'*octave* consonne aussi avec l'autre ; par conséquent tout son qui dissone avec l'un dissone avec l'autre.

IV. Enfin l'*octave* a encore cette propriété, la plus singulière de toutes, de pouvoir être ajoutée à elle-même, triplée, et multipliée à volonté, sans changer de nature, et sans que le produit cesse d'être une consonnance.

Cette multiplication de l'*octave*, de même que sa division, est cependant bornée à notre égard par la capacité de l'organe auditif; et un intervalle de huit *octaves* excède déjà cette capacité. (Voyez Étendue.) Les *octaves* mêmes perdent quelque chose de leur harmonie en se multipliant; et, passé une certaine mesure, tous les intervalles deviennent pour l'oreille moins faciles à saisir : une double *octave* commence déjà d'être moins agréable qu'une *octave* simple ; une triple qu'une double ; enfin à la cinquième *octave* l'extrême distance des sons ôte à la consonnance presque tout son agrément.

C'est de l'*octave* qu'on tire la génération ordonnée de tous les intervalles par des divisions et subdivisions harmoniques. Divisez harmoniquement l'*octave* 3. 6. par le nombre 4, vous aurez d'un côté la quarte 3. 4. et de l'autre la quinte 4. 6.

Divisez de même la quinte 10. 15. harmoniquement par le nombre 12, vous aurez la tierce mineure 10. 12. et la tierce majeure 12. 15; enfin divisez la tierce majeure 72. 90. encore harmoniquement par le nombre 80., vous aurez le ton mineur 72. 80. ou 9. 10., et le ton majeur 80. 90. ou 8. 9., etc.

Il faut remarquer que ces divisions harmoniques donnent toujours deux intervalles inégaux, dont le moindre est au grave et le grand à l'aigu. Que si l'on fait les mêmes divisions selon la proportion arithmétique, on aura le moindre intervalle à l'aigu et le plus grand au grave. Ainsi l'*octave* 2. 4. partagée arithmétiquement donnera d'abord la quinte 2. 3. au grave, puis la quarte 3. 4. à l'aigu. La quinte 4. 6. donnera premièrement la tierce majeure 4. 5., puis la tierce mineure 5. 6., et ainsi des autres. On auroit les mêmes rapports en sens contraire si, au lieu de les prendre, comme je fais ici, par les vibrations, on les prenoit par les longueurs des cordes. Ces connoissances, au reste, sont peu utiles en elles-mêmes, mais elles sont nécessaires pour entendre les vieux auteurs.

Le système complet et rigoureux de l'*octave* est composé de trois *tons* majeurs, deux *tons* mineurs, et deux semi-tons majeurs. Le système tempéré est de cinq *tons* égaux et deux semi-tons formant entre eux autant de degrés diatoniques sur les sept sons de la gamme jusqu'à l'octave du premier. Mais, comme chaque *ton* peut se partager en deux semi-tons, la même octave se divise aussi chromatiquement en douze intervalles d'un semi-ton chacun, dont les sept précédents gardent leur nom, et les cinq autres prennent chacun le nom du son diatonique le plus voisin, au-dessous par dièse et au-dessus par bémol. (Voyez Echelle.)

Je ne parle point ici des *octaves* diminuées ou superflues, parce que cet intervalle ne s'altère guère dans la mélodie, et jamais dans l'harmonie.

Il est défendu, en composition, de faire deux

octaves de suite, entre différentes parties, surtout par mouvement semblable ; mais cela est permis et même élégant fait à dessein et à propos dans toute la suite d'un air ou d'une période : c'est ainsi que dans plusieurs *concerto* toutes les parties reprennent par intervalles le ripiéno à l'*octave* ou à l'unisson.

Sur la règle de l'*octave* voyez Règle.

Octavier, *v. n.* Quand on force le vent dans un instrument à vent, le son monte aussitôt à l'octave ; c'est ce qu'on appelle *octavier* : en renforçant ainsi l'inspiration, l'air renfermé dans le tuyau et contraint par l'air extérieur, est obligé, pour céder à la vitesse des oscillations, de se partager en deux colonnes égales, ayant chacune la moitié de la longueur du tuyau ; et c'est ainsi que chacune de ces moitiés sonne l'octave du tout. Une corde de violoncelle *octavie* par un principe semblable quand le coup d'archet est trop brusque ou trop voisin du chevalet. C'est un défaut dans l'orgue quand un tuyau *octavie* ; cela vient de ce qu'il prend trop de vent.

Ode, *s. f.* Mot grec qui signifie *chant* ou *chanson*.

Odéum, *s. m.* C'étoit chez les anciens un lieu destiné à la répétition de la musique qui devoit être chantée sur le théâtre, comme est, à l'Opéra de Paris, le petit théâtre du magasin. (Voyez Magasin.)

On donnoit quelquefois le nom d'*odéum* à des bâtiments qui n'avoient point de rapport au théâtre. On lit dans Vitruve que Périclès fit bâtir à Athènes un *odéum* où l'on disputoit des prix de musique, et dans Pausanias, qu'Hérode l'Athénien fit construire un magnifique *odéum* pour le tombeau de sa femme.

Les écrivains ecclésiastiques désignent aussi quelquefois le chœur d'une église par le mot *odéum*.

OEuvre. Ce mot est masculin pour désigner un des ouvrages de musique d'un auteur. On dit le troisième *œuvre* de Corelli, le cinquième *œuvre* de Vivaldi, etc.; mais ces titres ne sont plus guère en usage : à mesure que la musique se perfectionne, elle perd ces noms pompeux par lesquels nos anciens s'imaginoient la glorifier.

Onzième, *s. f.* Réplique ou octave de la quarte. Cet intervalle s'appelle *onzième* parce qu'il faut former *onze* sons diatoniques pour passer de l'un de ces termes à l'autre.

M. Rameau a voulu donner le nom d'*onzième* à l'accord qu'on appelle ordinairement quarte; mais comme cette dénomination n'est pas suivie, et que M. Rameau lui-même a continué de chiffrer le même accord d'un 4 et non pas d'un 11, il faut se conformer à l'usage. (Voyez Accord, Quarte, Supposition.)

Opéra, *s. m.* Spectacle dramatique et lyrique

où l'on s'efforce de réunir tous les charmes des beaux-arts dans la représentation d'une action passionnée, pour exciter, à l'aide des sensations agréables, l'intérêt et l'illusion.

Les parties constitutives d'un *opéra* sont, le poème, la musique, et la décoration. Par la poésie on parle à l'esprit; par la musique, à l'oreille; par la peinture, aux yeux : et le tout doit se réunir pour émouvoir le cœur, et y porter à la fois la même impression par divers organes. De ces trois parties, mon sujet ne me permet de considérer la première et la dernière que par le rapport qu'elles peuvent avoir avec la seconde : ainsi je passe immédiatement à celle-ci.

L'art de combiner agréablement les sons peut être envisagé sous deux aspects très-différents. Considérée comme une institution de la nature, la musique borne son effet à la sensation et au plaisir physique qui résulte de la mélodie, de l'harmonie, et du rhythme : telle est ordinairement la musique d'église; tels sont les airs à danser, et ceux des chansons. Mais comme partie essentielle de la scène lyrique, dont l'objet principal est l'imitation, la musique devient un des beaux-arts, capable de peindre tous les tableaux, d'exciter tous les sentiments, de lutter avec la poésie, de lui donner une force nouvelle, de l'embellir de nouveaux charmes, et d'en triompher en la couronnant.

Les sons de la voix parlante, n'étant ni soutenus ni harmoniques, sont inappréciables, et ne peuvent par conséquent s'allier agréablement avec ceux de la voix chantante et des instruments, au moins dans nos langues, trop éloignées du caractère musical; car on ne sauroit entendre les passages des Grecs sur leur manière de réciter, qu'en supposant leur langue tellement accentuée que les inflexions du discours dans la déclamation soutenue formassent entre elles des intervalles musicaux et appréciables : ainsi l'on peut dire que leurs pièces de théâtre étoient des espèces d'*opéra*; et c'est pour cela même qu'il ne pouvoit y avoir d'*opéra* proprement dit parmi eux.

Par la difficulté d'unir le chant au discours dans nos langues, il est aisé de sentir que l'intervention de la musique, comme partie essentielle, doit donner au poème lyrique un caractère différent de celui de la tragédie et de la comédie, et en faire une troisième espèce de drame, qui a ses règles particulières : mais ces différences ne peuvent se déterminer sans une parfaite connoissance de la partie ajoutée, des moyens de l'unir à la parole, et de ses relations naturelles avec le cœur humain : détails qui appartiennent moins à l'artiste qu'au philosophe, et qu'il faut laisser à une plume faite pour éclairer tous les arts, pour montrer à ceux qui les professent les principes de leurs règles, et aux hommes de goût les sources de leurs plaisirs.

En me bornant donc sur ce sujet à quelques observations plus historiques que raisonnées, je remarquerai d'abord que les Grecs n'avoient pas au théâtre un genre lyrique ainsi que nous, et que ce qu'ils appeloient de ce nom ne ressembloit point au nôtre : comme ils avoient beaucoup d'accents dans leur langue et peu de fracas dans leurs concerts, toute leur poésie étoit musicale et toute leur musique déclamatoire ; de sorte que leur chant n'étoit presque qu'un discours soutenu, et qu'ils chantoient réellement leurs vers, comme ils l'annoncent à la tête de leurs poëmes; ce qui, par imitation, a donné aux Latins, puis à nous, le ridicule usage de dire *Je chante*, quand on ne chante point. Quant à ce qu'ils appeloient genre lyrique en particulier, c'étoit une poésie héroïque dont le style étoit pompeux et figuré, laquelle s'accompagnoit de la lyre ou cithare préférablement à tout autre instrument. Il est certain que les tragédies grecques se récitoient d'une manière très-semblable au chant, qu'elles s'accompagnoient d'instruments, et qu'il y entroit des chœurs.

Mais si l'on veut pour cela que ce fussent des *opéra* semblables aux nôtres, il faut donc imaginer des *opéra* sans airs; car il me paroît prouvé que la musique grecque, sans en excepter même l'instrumentale, n'étoit qu'un véritable récitatif. Il est vrai que ce récitatif, qui réunissoit le charme des sons musicaux à toute l'harmonie de la poésie et à toute la force de la déclamation, devoit avoir beaucoup plus d'énergie que le récitatif moderne, qui ne peut guère ménager un de ces avantages qu'aux dépens des autres. Dans nos langues vivantes, qui se ressentent pour la plupart de la rudesse du climat dont elles sont originaires, l'application de la musique à la parole est beaucoup moins naturelle ; une prosodie incertaine s'accorde mal avec la régularité de la mesure ; des syllabes muettes et sourdes, des articulations dures, des sons peu éclatants et moins variés, se prêtent difficilement à la mélodie ; et une poésie cadencée uniquement par le nombre des syllabes prend une harmonie peu sensible dans le rhythme musical, et s'oppose sans cesse à la diversité des valeurs et des mouvements. Voilà des difficultés qu'il fallut vaincre ou éluder dans l'invention du poème lyrique. On tâcha donc, par un choix de mots, de tours et de vers, de se faire une langue propre ; et cette langue, qu'on appela lyrique, fut riche ou pauvre à proportion de la douceur ou de la rudesse de celle dont elle étoit tirée.

Ayant en quelque sorte préparé la parole pour la musique, il fut ensuite question d'appliquer la musique à la parole, et de la lui rendre tellement propre sur la scène lyrique, que le tout pût être pris pour un seul et même idiome ; ce qui produisit la nécessité de chanter toujours, pour paroître toujours parler ; nécessité qui croît en raison de ce qu'une langue est peu musicale ; car moins la langue a de douceur et d'accent, plus le passage alternatif de la parole au chant et du chant à la parole y devient dur et choquant pour l'oreille. De là le besoin de substituer au discours en récit un discours en chant, qui pût l'imiter de si près qu'il n'y eût que la justesse des accords qui le distinguât de la parole. (Voyez RÉCITATIF.)

Cette manière d'unir au théâtre la musique à la poésie, qui, chez les Grecs, suffisoit pour l'intérêt et l'illusion, parce qu'elle étoit naturelle, par la raison contraire, ne pouvoit suffire chez nous pour la même fin. En écoutant un langage hypothétique et contraint, nous avons peine à concevoir ce qu'on veut nous dire ; avec beaucoup de bruit on nous donne peu d'émotion : de là naît la nécessité d'amener le plaisir physique au secours du moral, et de suppléer par l'attrait de l'harmonie à l'énergie de l'expression. Ainsi moins on sait toucher le cœur, plus il faut savoir flatter l'oreille ; et nous sommes forcés de chercher dans la sensation le plaisir que le sentiment nous refuse. Voilà l'origine des airs, des chœurs, de la symphonie, et de cette mélodie enchanteresse dont la musique moderne s'embellit souvent aux dépens de la poésie, mais que l'homme de goût rebute au théâtre quand on le flatte sans l'émouvoir.

A la naissance de l'*opéra*, ses inventeurs, voulant éluder ce qu'avoit de peu naturel l'union de la musique au discours dans l'imitation de la vie humaine, s'avisèrent de transporter la scène aux cieux et dans les enfers ; et, faute de savoir faire parler les hommes, ils aimèrent mieux faire chanter les dieux et les diables que les héros et les bergers. Bientôt la magie et le merveilleux devinrent les fondements du théâtre lyrique ; et, content de s'enrichir d'un nouveau genre, on ne songea pas même à rechercher si c'étoit bien celui-là qu'on avoit dû choisir. Pour soutenir une si forte illusion il fallut épuiser tout ce que l'art humain pouvoit imaginer de plus séduisant chez un peuple où le goût du plaisir et celui des beaux-arts régnoient à l'envi. Cette nation célèbre, à laquelle il ne reste de son ancienne grandeur que celle des idées dans les beaux-arts, prodigua son goût, ses lumières, pour donner à ce nouveau spectacle tout l'éclat dont il avoit besoin. On vit s'élever par toute l'Italie des théâtres égaux en étendue aux palais des rois, et en élégance aux monuments de l'antiquité dont elle étoit remplie. On inventa pour les orner l'art de la perspective et de la décoration ; les artistes dans chaque genre y firent à l'envi briller leurs talents ; les machines les plus ingénieuses, les vols les plus hardis, les tempêtes, la foudre, l'éclair et tous les prestiges de la baguette, furent employés à fasciner les yeux, tandis que des multitudes d'instruments et de voix étonnoient les oreilles.

Avec tout cela l'action restoit toujours froide, et toutes les situations manquoient d'intérêt. Comme il n'y avoit point d'intrigue qu'on ne dénouât facilement à l'aide de quelque dieu, le spectateur, qui connoissoit tout le pouvoir du poète, se reposoit tranquillement sur lui du soin de tirer ses héros des plus grands dangers. Ainsi l'appareil étoit immense et produisoit peu d'effet, parce que l'imitation étoit toujours imparfaite et grossière, que l'action, prise hors de la nature, étoit sans intérêt pour nous, et que les sens se prêtent mal à l'illusion quand le cœur ne s'en mêle pas; de sorte qu'à tout compter il eût été difficile d'ennuyer une assemblée à plus grands frais.

Ce spectacle, tout imparfait qu'il étoit, fit long-temps l'admiration des contemporains qui n'en connoissoient point de meilleur : ils se félicitoient même de la découverte d'un si beau genre; voilà, disoient-ils, un nouveau principe joint à ceux d'Aristote; voilà l'admiration ajoutée à la terreur et à la pitié. Ils ne voyoient pas que cette richesse apparente n'étoit au fond qu'un signe de stérilité, comme les fleurs qui couvrent les champs avant la moisson. C'étoit faute de savoir toucher qu'ils vouloient surprendre, et cette admiration prétendue n'étoit en effet qu'un étonnement puéril dont ils auroient dû rougir. Un faux air de magnificence, de féerie et d'enchantement leur en imposoit au point qu'ils ne parloient qu'avec enthousiasme et respect d'un théâtre qui ne méritoit que des huées : ils avoient de la meilleure foi du monde autant de vénération pour la scène même que pour les chimériques objets qu'on tâchoit d'y représenter : comme s'il y avoit plus de mérite à faire parler platement le roi des dieux que le dernier des mortels, et que les valets de Molière ne fussent pas préférables aux héros de Pradon !

Quoique les auteurs de ces premiers *opéra* n'eussent guère d'autre but que d'éblouir les yeux et d'étourdir les oreilles, il étoit difficile que le musicien ne fût jamais tenté de chercher à tirer de son art l'expression des sentiments répandus dans le poème. Les chansons des nymphes, les hymnes des prêtres, les cris des guerriers, les hurlements infernaux, ne remplissoient pas tellement ces drames grossiers, qu'il ne s'y trouvât quelqu'un de ces instants d'intérêt et de situation où le spectateur ne demande qu'à s'attendrir. Bientôt on commença de sentir qu'indépendamment de la déclamation musicale, que souvent la langue comportoit mal, le choix du mouvement, de l'harmonie et des chants, n'étoit pas indifférent aux choses qu'on avoit à dire, et que par conséquent l'effet de la seule musique, borné jusqu'alors aux sens, pouvoit aller jusqu'au cœur. La mélodie, qui ne s'étoit d'abord séparée de la poésie que par nécessité, tira parti de cette indépendance pour se donner des beautés absolues et purement musicales : l'harmonie découverte ou perfectionnée lui ouvrit de nouvelles routes pour plaire et pour émouvoir; et la mesure, affranchie de la gêne du rhythme poétique, acquit aussi une sorte de cadence à part qu'elle ne tenoit que d'elle seule.

La musique, étant ainsi devenue un troisième art d'imitation, eut bientôt son langage, son expression, ses tableaux, tout-à-fait indépendants de la poésie. La symphonie même apprit à parler sans le secours des paroles, et souvent il ne sortoit pas des sentiments moins vifs de l'orchestre que de la bouche des acteurs. C'est alors que, commençant à se dégoûter de tout le clinquant de la féerie, du puéril fracas des machines, et de la fantasque image des choses qu'on n'a jamais vues, on chercha dans l'imitation de la nature des tableaux plus intéressants et plus vrais. Jusque-là l'*opéra* avoit été constitué comme il pouvoit l'être; car quel meilleur usage pouvoit-on faire au théâtre d'une musique qui ne savoit rien peindre, que de l'employer à la représentation des choses qui ne pouvoient exister, et sur lesquelles personne n'étoit en état de comparer l'image à l'objet? Il est impossible de savoir si l'on est affecté par la peinture du merveilleux comme on le seroit par sa présence, au lieu que tout homme peut juger par lui-même si l'artiste a bien su faire parler aux passions leur langage, et si les objets de la nature sont bien imités. Aussi, dès que la musique eut appris à peindre et à parler, les charmes du sentiment firent-ils bientôt négliger ceux de la baguette ; le théâtre fut purgé du jargon de la mythologie ; l'intérêt fut substitué au merveilleux; les machines des poètes et des charpentiers furent détruites, et le drame lyrique prit une forme plus noble et moins gigantesque : tout ce qui pouvoit émouvoir le cœur y fut employé avec succès; on n'eut plus besoin d'en imposer par des êtres de raison, ou plutôt de folie; et les dieux furent chassés de la scène quand on y sut représenter des hommes. Cette forme plus sage et plus régulière se trouva encore la plus propre à l'illusion : l'on sentit que le chef-d'œuvre de la musique étoit de se faire oublier elle-même; qu'en jetant le désordre et le trouble dans l'ame du spectateur, elle l'empêchoit de distinguer les chants tendres et pathétiques d'une héroïne gémissante, des vrais accents de la douleur; et qu'Achille en fureur pouvoit nous glacer d'effroi avec le même langage qui nous eût choqués dans sa bouche en tout autre temps.

Ces observations donnèrent lieu à une seconde réforme non moins importante que la première : on sentit qu'il ne falloit à l'*opéra* rien de froid et de raisonné, rien que le spectateur pût écouter assez tranquillement pour réfléchir sur l'absurdité de ce qu'il entendoit : et c'est en cela surtout que consiste la différence essentielle du drame lyrique à la simple tragédie. Toutes les délibérations politiques; tous les projets de conspiration, les expositions, les récits, les maximes sentencieuses, en un mot tout ce qui ne parle qu'à la raison fut banni du langage du cœur, avec les jeux d'esprit, les madrigaux, et tout ce qui n'est que des pensées: le ton même de la simple galanterie, qui cadre mal avec les grandes passions, fut à peine admis dans le remplissage des situations tragiques, dont il gâte presque toujours l'effet; car jamais on ne sent mieux que l'acteur chante que lorsqu'il dit une chanson.

L'énergie de tous les sentiments, la violence de toutes les passions, sont donc l'objet principal du drame lyrique; et l'illusion qui en fait le charme est toujours détruite aussitôt que l'auteur et l'acteur laissent un moment le spectateur à lui-même. Tels sont les principes sur lesquels l'*opéra* moderne est établi. Apostolo Zéno, le Corneille de l'Italie, son tendre élève, qui en est le Racine, ont ouvert et perfectionné cette nouvelle carrière : ils ont osé mettre les héros de l'histoire sur un théâtre qui sembloit ne convenir qu'aux fantômes de la fable. Cyrus, César, Caton même, ont paru sur la scène avec succès; et les spectateurs les plus révoltés d'entendre chanter de tels hommes ont bientôt oublié qu'ils chantoient, subjugués et ravis par l'éclat d'une musique aussi pleine de noblesse et de dignité que d'enthousiasme et de feu. L'on suppose aisément que des sentiments si différents des nôtres doivent s'exprimer aussi sur un autre ton.

Ces nouveaux poèmes, que le génie avoit créés, et que lui seul pouvoit soutenir, écartèrent sans effort les mauvais musiciens qui n'avoient que la mécanique de leur art, et, privés du feu de l'invention et du don de l'imitation, faisoient des *opéra* comme ils auroient fait des sabots. A peine les cris des bacchantes, les conjurations des sorciers et tous les chants qui n'étoient qu'un vain bruit furent-ils bannis du théâtre ; à peine eut-on tenté de substituer à ce barbare fracas les accents de la colère, de la douleur, des menaces, de la tendresse, des pleurs, des gémissements, et tous les mouvements d'une ame agitée ; que, forcés de donner des sentiments aux héros et un langage au cœur humain, les Vinci, les Léo, les Pergolèse, dédaignant la servile imitation de leurs prédécesseurs, et s'ouvrant une nouvelle carrière, la franchirent sur l'aile du génie, et se trouvèrent au but presque dès les premiers pas. Mais on ne peut marcher long-temps dans la route du bon goût sans monter ou descendre, et la perfection est un point où il est difficile de se maintenir. Après avoir essayé et senti ses forces, la musique, en état de marcher seule, commence à dédaigner la poésie qu'elle doit accompagner, et croit en valoir mieux en tirant d'elle-même les beautés qu'elle partageoit avec sa compagne. Elle se propose encore, il est vrai, de rendre les idées et les sentiments du poète ; mais elle prend en quelque sorte un autre langage; et, quoique l'objet soit le même, le poète et le musicien, trop séparés dans leur travail, en offrent à la fois deux images ressemblantes, mais distinctes, qui se nuisent mutuellement. L'esprit, forcé de se partager, choisit et se fixe à une image plutôt qu'à l'autre. Alors le musicien, s'il a plus d'art que le poète, l'efface et le fait oublier; l'acteur, voyant que le spectateur sacrifie les paroles à la musique, sacrifie à son tour le geste et l'action théâtrale au chant et au brillant de la voix; ce qui fait tout-à-fait oublier la pièce, et change le spectacle en un véritable concert. Que si l'avantage, au contraire, se trouve du côté du poète, la musique à son tour deviendra presque indifférente, et le spectateur, trompé par le bruit, pourra prendre le change au point d'attribuer à un mauvais musicien le mérite d'un excellent poète, et de croire admirer des chefs-d'œuvre d'harmonie en admirant des poèmes bien composés.

Tels sont les défauts que la perfection absolue de la musique et son défaut d'application à la langue peuvent introduire dans les *opéra* à proportion du concours de ces deux causes. Sur quoi l'on doit remarquer que les langues les plus propres à fléchir sous les lois de la mesure et de la mélodie sont celles où la duplicité dont je viens de parler est le moins apparente, parce que la musique se prêtant seulement aux idées de la poésie, celle-ci se prête à son tour aux inflexions de la mélodie, et que, quand la musique cesse d'observer le rhythme, l'accent et l'harmonie du vers, le vers se plie et s'asservit à la cadence de la mesure et à l'accent musical. Mais, lorsque la langue n'a ni douceur ni flexibilité, l'âpreté de la poésie l'empêche de s'asservir au chant, la douceur même de la mélodie l'empêche de se prêter à la bonne récitation des vers, et l'on sent, dans l'union forcée de ces deux arts, une contrainte perpétuelle qui choque l'oreille, et détruit à la fois l'attrait de la mélodie et l'effet de la déclamation. Ce défaut est sans remède ; et vouloir à toute force appliquer la musique à une langue qui n'est pas musicale, c'est lui donner plus de rudesse qu'elle n'en auroit sans cela.

Par ce que j'ai dit jusqu'ici, l'on a pu voir qu'il y a plus de rapport entre l'appareil des yeux ou la décoration, et la musique ou l'appareil des oreilles, qu'il n'en paroît entre deux sens qui semblent n'avoir rien de commun, et qu'à certains égards l'*opéra*, constitué comme il est, n'est pas un tout aussi monstrueux qu'il paroît l'être. Nous avons vu que, voulant offrir aux regards l'intérêt et les mouvements qui manquoient à la musique, on avoit imaginé les grossiers prestiges des machines et des vols, et que, jusqu'à ce qu'on sût nous émouvoir, on s'étoit contenté de nous surprendre. Il est donc très-naturel que la musique, devenue passionnée et pathétique, ait renvoyé sur les théâtres des foires ces mauvais suppléments dont elle n'avoit plus besoin sur le sien. Alors l'*opéra*, purgé de tout ce merveilleux qui l'avilissoit, devint un spectacle également touchant et majestueux, digne de plaire aux gens de goût et d'intéresser les cœurs sensibles.

Il est certain qu'on auroit pu retrancher de la pompe du spectacle autant qu'on ajoutoit à l'intérêt de l'action; car, plus on s'occupe des personnages, moins on est occupé des objets qui les entourent: mais il faut cependant que le lieu de la scène soit convenable aux acteurs qu'on y fait parler; et l'imitation de la nature, souvent plus difficile et toujours plus agréable que celle des êtres imaginaires, n'en devient que plus intéressante en devenant plus vraisemblable. Un beau palais, des jardins délicieux, de savantes ruines, plaisent encore plus à l'œil que la fantasque image du Tartare, de l'Olympe, du char du Soleil; image d'autant plus inférieure à celle que chacun se trace en lui-même, que, dans les objets chimériques, il n'en coûte rien à l'esprit d'aller au-delà du possible et de se faire des modèles au-dessus de toute imitation. De là vient que le merveilleux, quoique déplacé dans la tragédie, ne l'est pas dans le poème épique, où l'imagination, toujours industrieuse et dépensière, se charge de l'exécution, et en tire un tout autre parti que ne peut faire sur nos théâtres le talent du meilleur machiniste, et la magnificence du plus puissant roi.

Quoique la musique prise pour un art d'imitation ait encore plus de rapport à la poésie qu'à la peinture, celle-ci, de la manière qu'on l'emploie au théâtre, n'est pas aussi sujette que la poésie à faire avec la musique une double représentation du même objet, parce que l'une rend les sentiments des hommes, et l'autre seulement l'image du lieu où ils se trouvent, image qui renforce l'illusion et transporte le spectateur partout où l'acteur est supposé être. Mais ce transport d'un lieu à un autre doit avoir des règles et des bornes; il n'est permis de se prévaloir à cet égard de l'agilité de l'imagination qu'en consultant la loi de la vraisemblance; et, quoique le spectateur ne cherche qu'à se prêter à des fictions dont il tire tout son plaisir, il ne faut pas abuser de sa crédulité au point de lui en faire honte : en un mot, on doit songer qu'on parle à des cœurs sensibles, sans oublier qu'on parle à des gens raisonnables. Ce n'est pas que je voulusse transporter à l'*opéra* cette rigoureuse unité de lieu qu'on exige dans la tragédie, et à laquelle on ne peut guère s'asservir qu'aux dépens de l'action; de sorte qu'on n'est exact à quelque égard que pour être absurde à mille autres : ce seroit d'ailleurs s'ôter l'avantage des changements de scènes, lesquelles se font valoir mutuellement; ce seroit s'exposer, par une vicieuse uniformité, à des oppositions mal conçues entre la scène qui reste toujours et les situations qui changent; ce seroit gâter l'un par l'autre l'effet de la musique et celui de la décoration, comme de faire entendre des symphonies voluptueuses parmi des rochers, ou des airs gais dans les palais des rois.

C'est donc avec raison qu'on a laissé subsister d'acte en acte les changements de scène; et, pour qu'ils soient réguliers et admissibles, il suffit qu'on ait pu naturellement se rendre du lieu d'où l'on sort au lieu où l'on passe, dans l'intervalle de temps qui s'écoule ou que l'action suppose entre les deux actes : de sorte que, comme l'unité de temps doit se renfermer à peu près dans la durée de vingt-quatre heures, l'unité de lieu doit se renfermer à peu près dans l'espace d'une journée de chemin. A l'égard des changements de scène pratiqués quelquefois dans un même acte, ils me paroissent également contraires à l'illusion et à la raison, et devoir être absolument proscrits du théâtre.

Voilà comment le concours de l'acoustique et de la perspective peut perfectionner l'illusion, flatter les sens par des impressions diverses, mais analogues, et porter à l'ame un même intérêt avec un double plaisir. Ainsi ce seroit une grande erreur de penser que l'ordonnance du théâtre n'a rien de commun avec celle de la musique, si ce n'est la convenance générale qu'elles tirent du poème : c'est à l'imagination des deux artistes à déterminer entre eux ce que celle du poète a laissé à leur disposition, et à s'accorder si bien en cela,

que le spectateur sente toujours l'accord parfait
de ce qu'il voit et de ce qu'il entend. Mais il faut
avouer que la tâche du musicien est la plus grande.
L'imitation de la peinture est toujours froide, parce
qu'elle manque de cette succession d'idées et d'impressions qui échauffe l'ame par degrés, et que
tout est dit au premier coup d'œil. La puissance
imitative de cet art, avec beaucoup d'objets
apparents, se borne en effet à de très-foibles représentations. C'est un des grands avantages du
musicien de pouvoir peindre les choses qu'on ne
sauroit entendre, tandis qu'il est impossible au
peintre de peindre celles qu'on ne sauroit voir;
et le plus grand prodige d'un art qui n'a d'activité
que par ses mouvements est d'en pouvoir former
jusqu'à l'image du repos. Le sommeil, le calme de
la nuit, la solitude, et le silence même, entrent
dans le nombre des tableaux de la musique. Quelquefois le bruit produit l'effet du silence, et le
silence l'effet du bruit; comme quand un homme
s'endort à une lecture égale et monotone, et s'é-
veille à l'instant qu'on se tait : et il en est de même
pour d'autres effets. Mais l'art a des substitutions
plus fertiles et bien plus fines que celles-ci; il sait
exciter par un sens des émotions semblables à
celles qu'on peut exciter par un autre ; et, comme
le rapport ne peut être sensible que l'impression
ne soit forte, la peinture dénuée de cette force,
rend difficilement à la musique les imitations que

celle-ci tire d'elle. Que toute la nature soit endormie, celui qui la contemple ne dort pas, et l'art du musicien consiste à substituer à l'image insensible de l'objet celle des mouvements que sa présence excite dans l'esprit du spectateur; il ne représente pas directement la chose, mais il réveille dans notre ame le même sentiment qu'on éprouve en la voyant.

Ainsi, bien que le peintre n'ait rien à tirer de la partition du musicien, l'habile musicien ne sortira point sans fruit de l'atelier du peintre : non seulement il agitera la mer à son gré, excitera les flammes d'un incendie, fera couler les ruisseaux, tomber la pluie et grossir les torrents; mais il augmentera l'horreur d'un désert affreux, rembrunira les murs d'une prison souterraine, calmera l'orage, rendra l'air tranquille, le ciel serein, et répandra de l'orchestre une fraîcheur nouvelle sur les bocages.

Nous venons de voir comment l'union des trois arts qui constituent la scène lyrique forme entre eux un tout très-bien lié. On a tenté d'y en introduire un quatrième, dont il me reste à parler.

Tous les mouvements du corps, ordonnés selon certaines lois pour affecter les regards par quelque action, prennent en général le nom de gestes. Le geste se divise en deux espèces, dont l'une sert d'accompagnement à la parole, et l'autre de supplément. Le premier, naturel à tout homme qui parle, se modifie différemment, selon les hommes, les langues et les caractères. Le second est l'art de parler aux yeux sans le secours de l'écriture, par des mouvements du corps devenus signes de convention. Comme ce geste est plus pénible, moins naturel pour nous que l'usage de la parole, et qu'elle le rend inutile, il l'exclut, et même en suppose la privation ; c'est ce qu'on appelle art des pantomimes. A cet art ajoutez un choix d'attitudes agréables et de mouvements cadencés, vous aurez ce que nous appelons la danse, qui ne mérite guère le nom d'art quand elle ne dit rien à l'esprit.

Ceci posé, il s'agit de savoir si la danse, étant un langage, et par conséquent pouvant être un art d'imitation, peut entrer avec les trois autres dans la marche de l'action lyrique, ou bien si elle peut interrompre et suspendre cette action sans gâter l'effet et l'unité de la pièce.

Or je ne vois pas que ce dernier cas puisse même faire une question : car chacun sent que tout l'intérêt d'une action suivie dépend de l'impression continue et redoublée que sa représentation fait sur nous ; que tous les objets qui suspendent ou partagent l'attention sont autant de contre-charmes qui détruisent celui de l'intérêt ; qu'en coupant le spectacle par d'autres spectacles qui lui sont étrangers, on divise le sujet principal en parties indépendantes qui n'ont rien de commun entre elles que le rapport général de la matière qui les compose; et qu'enfin plus les spectacles insérés seroient agréables, plus la mutilation du tout seroit difforme : de sorte qu'en supposant un *opéra* coupé par quelques divertissements qu'on pût imaginer, s'ils laissoient oublier le sujet principal, le spectateur, à la fin de chaque fête, se trouveroit aussi peu ému qu'au commencement de la pièce; et, pour l'émouvoir de nouveau et ranimer l'intérêt, ce seroit toujours à recommencer. Voilà pourquoi les Italiens ont enfin banni des entr'actes de leurs *opéra* ces intermèdes comiques qu'ils y avoient insérés; genre de spectacle agréable, piquant, et bien pris dans la nature, mais si déplacé dans le milieu d'une action tragique, que les deux pièces se nuisoient mutuellement, et que l'une des deux ne pouvoit jamais intéresser qu'aux dépens de l'autre.

Reste donc à voir si la danse ne pouvant entrer dans la composition du genre lyrique comme ornement étranger, on ne l'y pourroit pas faire entrer comme partie constitutive, et faire concourir à l'action un art qui ne doit pas la suspendre. Mais comment admettre à la fois deux langages qui s'excluent mutuellement, et joindre l'art pantomime à la parole qui le rend superflu? Le langage du geste, étant la ressource des muets ou des gens qui ne peuvent s'entendre, devient ridicule entre ceux qui parlent : on ne répond point à des mots par des gambades, ni au geste par des discours; autrement je ne vois point pourquoi celui qui entend le langage de l'autre ne lui répond pas sur le même ton. Supprimez donc la parole si vous voulez employer la danse : sitôt que vous introduisez la pantomime dans l'*opéra*, vous en devez bannir la poésie; parce que de toutes les unités la plus nécessaire est celle du langage, et qu'il est absurde et ridicule de dire à la fois la même chose à la même personne, et de bouche et par écrit.

Les deux raisons que je viens d'alléguer se réunissent dans toute leur force pour bannir du drame lyrique les fêtes et les divertissements qui non seulement en suspendent l'action, mais, ou ne disent rien, ou substituent brusquement au langage adopté un autre langage opposé, dont le contraste détruit la vraisemblance, affoiblit l'intérêt, et, soit dans la même action poursuivie, soit dans un épisode inséré, blesse également la raison. Ce seroit bien pis si ces fêtes n'offroient au spectateur que des sauts sans liaison et des danses sans objet, tissu gothique et barbare dans un genre d'ouvrage où tout doit être peinture et imitation.

Il faut avouer cependant que la danse est si avantageusement placée au théâtre, que ce seroit le priver d'un de ses plus grands agréments que de l'en retrancher tout-à-fait. Aussi, quoiqu'on ne doive point avilir une action tragique par des sauts et des entrechats, c'est terminer très-agréablement le spectacle que de donner un ballet après l'*opéra*, comme une petite pièce après la tragédie. Dans ce nouveau spectacle qui ne tient point au précédent, on peut aussi faire choix d'une autre langue ; c'est une autre nation qui paroît sur la scène. L'art pantomime ou la danse devenant alors la langue de convention, la parole en doit être bannie à son tour ; et la musique, restant le moyen de liaison, s'applique à la danse dans la petite pièce, comme elle s'appliquoit dans la grande à la poésie. Mais avant d'employer cette langue nouvelle il faut la créer. Commencer par donner des ballets en action sans avoir préalablement établi la convention des gestes, c'est parler une langue à gens qui n'en ont pas le dictionnaire, et qui par conséquent ne l'entendront point.

Opéra, *s. m.* Est aussi un mot consacré pour distinguer les différents ouvrages d'un même auteur, selon l'ordre dans lequel ils ont été imprimés ou gravés, et qu'il marque ordinairement lui-même sur les titres par des chiffres. (V. OEuvre.) Ces deux mots sont principalement en usage pour les compositions de symphonie.

Oratoire. De l'italien *oratorio*. Espèce de drame en latin ou en langue vulgaire, divisé par scènes, à l'imitation des pièces de théâtre, mais qui roule toujours sur des sujets sacrés, et qu'on met en musique, pour être exécuté dans quelque église durant le carême ou en d'autres temps. Cet usage, assez commun en Italie, n'est point admis en France : la musique françoise est si peu propre au genre dramatique, que c'est bien assez qu'elle y montre son insuffisance au théâtre, sans l'y montrer encore à l'église.

ORCHESTRE, *s. m.* On prononce *orquestre*. C'étoit, chez les Grecs, la partie inférieure du théâtre; elle étoit faite en demi-cercle et garnie de siéges tout autour : on l'appeloit *orchestre*, parce que c'étoit là que s'exécutoient les danses.

Chez eux l'*orchestre* faisoit une partie du théâtre; à Rome, il en étoit séparé, et rempli de siéges destinés pour les sénateurs, les magistrats, les vestales, et les autres personnes de distinction. A Paris, l'*orchestre* des comédies françoise et italienne, et ce qu'on appelle ailleurs le *parquet*, est destiné en partie à un usage semblable.

Aujourd'hui ce mot s'applique plus particulièrement à la musique, et s'entend tantôt du lieu où se tiennent ceux qui jouent des instruments, comme l'*orchestre* de l'Opéra, tantôt du lieu où se tiennent tous les musiciens en général, comme l'*orchestre* du Concert spirituel au château des Tuileries, et tantôt de la collection de tous les symphonistes : c'est dans ce dernier sens que l'on dit de l'exécution de musique que l'*orchestre* étoit bon ou mauvais, pour dire que les instruments étoient bien ou mal joués.

Dans les musiques nombreuses en symphonistes, telles que celles d'un opéra, c'est un soin qui n'est pas à négliger que la bonne distribution de l'*orchestre*. On doit en grande partie à ce soin l'effet étonnant de la symphonie dans les opéra d'Italie. On porte la première attention sur la fabrique même de l'*orchestre*, c'est-à-dire de l'enceinte qui le contient; on lui donne les proportions convenables pour que les symphonistes y soient le plus rassemblés et le mieux distribués qu'il est possible : on a soin d'en faire la caisse d'un bois léger et résonnant comme le sapin, de l'établir sur un vide avec des arcs-boutants ; d'en écarter les spectateurs par un râteau placé dans le parterre à un pied ou deux de distance ; de sorte que le corps même de l'*orchestre* portant, pour ainsi dire, en l'air, et ne touchant presque à rien, vibre et résonne sans obstacle, et forme comme un grand instrument qui répond à tous les autres et en augmente l'effet.

A l'égard de la distribution intérieure, on a soin, 1° que le nombre de chaque espèce d'instruments se proportionne à l'effet qu'ils doivent produire tous ensemble ; que, par exemple, les basses n'étouffent pas les dessus et n'en soient pas étouffées; que les hautbois ne dominent pas sur les violons, ni les seconds sur les premiers; 2° que les instruments de chaque espèce, excepté les basses, soient rassemblés entre eux, pour qu'ils s'accordent mieux et marchent ensemble avec plus d'exactitude ;

3° que les basses soient dispersées autour des deux clavecins et par tout l'*orchestre*, parce que c'est la basse qui doit régler et soutenir toutes les autres parties, et que tous les musiciens doivent l'entendre également ; 4° que tous les symphonistes aient l'œil sur le maître à son clavecin, et le maître sur chacun d'eux ; que de même chaque violon soit vu de son premier et le voie : c'est pourquoi cet instrument, étant et devant être le plus nombreux, doit être distribué sur deux lignes qui se regardent ; savoir, les premiers assis en face du théâtre, le dos tourné vers les spectateurs ; les seconds vis-à-vis d'eux, le dos tourné vers le théâtre, etc.

Le premier *orchestre* de l'Europe pour le nombre et l'intelligence des symphonistes est celui de Naples ; mais celui qui est le mieux distribué et forme l'ensemble le plus parfait est l'*orchestre* de l'Opéra du roi de Pologne à Dresde, dirigé par l'illustre Hasse. (*Ceci s'écrivoit en* 1754.) Voyez, Pl. 17 ; *fig.* 1, la représentation de cet *orchestre*, où, sans s'attacher aux mesures qu'on n'a pas prises sur les lieux, on pourra mieux juger à l'œil de la distribution totale qu'on ne pourroit faire sur une longue description.

On a remarqué que de tous les *orchestres* de l'Europe, celui de l'Opéra de Paris, quoique un des plus nombreux, étoit celui qui faisoit le moins d'effet. Les raisons en sont faciles à comprendre :

premièrement, la mauvaise construction de *l'orchestre*, enfoncé dans la terre, et clos d'une enceinte de bois lourd, massif, et chargé de fer, étouffe toute résonnance; 2° le mauvais choix des symphonistes, dont le plus grand nombre, reçu par faveur, sait à peine la musique, et n'a nulle intelligence de l'ensemble ; 3° leur assommante habitude de râcler, s'accorder, préluder continuellement à grand bruit, sans jamais pouvoir être d'accord ; 4° le génie françois, qui est en général de négliger et dédaigner tout ce qui devient devoir journalier ; 5° les mauvais instruments des symphonistes, lesquels, restant sur le lieu, sont toujours des instruments de rebut, destinés à mugir durant les représentations, et à pourrir dans les intervalles ; 6° le mauvais emplacement du maître, qui, sur le devant du théâtre, et tout occupé des acteurs, ne peut veiller suffisamment sur son *orchestre*, et l'a derrière lui, au lieu de l'avoir sous ses yeux ; 7° le bruit insupportable de son bâton qui couvre et amortit tout l'effet de la symphonie ; 8° la mauvaise harmonie de leurs compositions, qui, n'étant jamais pure et choisie, ne fait entendre, au lieu de choses d'effet, qu'un remplissage sourd et confus; 9° pas assez de contre-basses et trop de violoncelles, dont les sons, traînés à leur manière, étouffent la mélodie et assomment le spectateur; 10° enfin le défaut de mesure, et le caractère indéterminé de la musique françoise, où c'est toujours l'acteur qui règle l'*orchestre*, au lieu que l'*orchestre* doit régler l'acteur, et où les dessus mènent la basse, au lieu que la basse doit mener les dessus.

Oreille, *s. f.* Ce mot s'emploie figurément en termes de musique. Avoir de l'*oreille* c'est avoir l'ouïe sensible, fine et juste; en sorte que, soit pour l'intonation, soit pour la mesure, on soit choqué du moindre défaut; et qu'aussi l'on soit frappé des beautés de l'art quand on les entend. On a l'*oreille* fausse lorsqu'on chante constamment faux, lorsqu'on ne distingue point les intonations fausses des intonations justes, ou lorsqu'on n'est point sensible à la précision de la mesure, qu'on la bat inégale ou à contre-temps. Ainsi le mot *oreille* se prend toujours pour la finesse de la sensation ou pour le jugement du sens : dans cette acception, le mot *oreille* ne se prend jamais qu'au singulier et avec l'article partitif, *Avoir de l'oreille; Il a peu d'oreille.*

Organique., *adj. pris subst. au féminin.* C'étoit chez les Grecs, cette partie de la musique qui s'exécutoit sur les instruments; et cette partie avoit ses caractères, ses notes particulières, comme on le voit dans les tables de Bacchius et d'Alipius. (Voyez Musique, Notes.)

Organiser le chant, *v. a.* C'étoit, dans le commencement de l'invention du contre-point, insérer quelques tierces dans une suite de plain-chant à l'unisson, de sorte, par exemple, qu'une partie du chœur chantant ces quatre notes *ut re si ut*, l'autre partie chantoit en même temps ces quatre-ci *ut re re ut*. Il paroît par les exemples cités par l'abbé Le Bœuf et par d'autres, que l'*organisation* ne se pratiquoit guère que sur la note sensible à l'approche de la finale ; d'où il suit qu'on n'*organisoit* presque jamais que par une tierce mineure. Pour un accord si facile et si peu varié, les chantres qui *organisoient* ne laissoient pas d'être payés plus cher que les autres.

A l'égard de l'*organum triplum* ou *quadruplum*, qui s'appeloit aussi *triplum* ou *quadruplum* tout simplement, ce n'étoit autre chose que le même chant des parties *organisantes* entonné par des hautes-contre à l'octave des basses ; et par des dessus à l'octave des tailles.

ORTHIEN, *adj*. Le nome *orthien* dans la musique grecque étoit un nome dactylique, inventé, selon les uns, par l'ancien Olympus le Phrygien, et, selon d'autres, par le Mysien. C'est sur ce nome *orthien*, disent Hérodote et Aulu-Gelle, que chantoit Arion quand il se précipita dans la mer.

OUVERTURE, *s. f.* Pièce de symphonie qu'on s'efforce de rendre éclatante, imposante, harmonieuse, et qui sert de début aux opéra et autres drames lyriques d'une certaine étendue.

Les *ouvertures* des opéra françois sont presque toutes calquées sur celles de Lulli. Elles sont composées d'un morceau traînant appelé grave, qu'on joue ordinairement deux fois, et d'une reprise sautillante appelée gaie, laquelle est communément fuguée : plusieurs de ces reprises rentrent encore dans le grave en finissant.

Il a été un temps où les *ouvertures* françoises servoient de modèle dans toute l'Europe. Il n'y a pas soixante ans qu'on faisoit venir en Italie des *ouvertures* de France pour mettre à la tête des opéra : j'ai vu même plusieurs anciens opéra italiens notés avec une *ouverture* de Lulli à la tête. C'est de quoi les Italiens ne conviennent pas aujourd'hui que tout a si fort changé ; mais le fait ne laisse pas d'être très-certain.

La musique instrumentale ayant fait un progrès étonnant depuis une quarantaine d'années, les vieilles *ouvertures* faites pour des symphonistes qui savoient peu tirer parti de leurs instruments ont bientôt été laissées aux François, et l'on s'est d'abord contenté d'en garder à peu près la disposition. Les Italiens n'ont pas même tardé de s'affranchir de cette gêne, et ils distribuent aujourd'hui leurs *ouvertures* d'une autre manière : ils débutent par un morceau saillant et vif, à deux ou à quatre temps; puis ils donnent un *andante* à demi-jeu, dans lequel ils tâchent de déployer toutes les grâces du beau chant, et ils finissent par un brillant *allegro*, ordinairement à trois temps.

La raison qu'ils donnent de cette distribution est que, dans un spectacle nombreux où les spectateurs font beaucoup de bruit, il faut d'abord les porter au silence et fixer leur attention par un début éclatant qui les frappe. Ils disent que le grave de nos *ouvertures* n'est entendu ni écouté de personne, et que notre premier coup d'archet, que nous vantons avec tant d'emphase, moins bruyant que l'accord des instruments qui le précède, et avec lequel il se confond, est plus propre à préparer l'auditeur à l'ennui qu'à l'attention. Ils ajoutent qu'après avoir rendu le spectateur attentif, il convient de l'intéresser avec moins de bruit par un chant agréable et flatteur qui le dispose à l'attendrissement qu'on tâchera bientôt de lui inspirer; et de déterminer enfin l'*ouverture* par un morceau d'un autre caractère, qui, tranchant avec le commencement du drame, marque, en finissant, avec bruit, le silence que l'acteur arrivé sur la scène exige du spectateur.

Notre vieille routine d'*ouvertures* a fait naître en France une plaisante idée. Plusieurs se sont imaginé qu'il y avoit une telle convenance entre la forme des *ouvertures* de Lulli et un opéra quelconque, qu'on ne sauroit la changer sans rompre l'accord du tout; de sorte que d'un début de symphonie qui seroit dans un autre goût, tel, par exemple, qu'une *ouverture* italienne, ils diront avec mépris que c'est une sonate et non pas une *ouverture :* comme si toute *ouverture* n'étoit pas une sonate !

Je sais bien qu'il seroit à désirer qu'il y eût un rapport propre et sensible entre le caractère d'une *ouverture* et celui de l'ouvrage qu'elle annonce; mais, au lieu de dire que toutes les *ouvertures* doivent être jetées au même moule, cela dit précisément le contraire. D'ailleurs, si nos musiciens manquent si souvent de saisir le vrai rapport de la musique aux paroles dans chaque morceau, comment saisiront-ils les rapports plus éloignés et plus fins entre l'ordonnance d'une *ouverture* et celle du corps entier de l'ouvrage? Quelques musiciens se sont imaginé bien saisir ces rapports en rassemblant d'avance dans l'*ouverture* tous les caractères exprimés dans la pièce, comme s'ils vouloient exprimer deux fois la même action, et que ce qui est à venir fût déjà passé. Ce n'est pas cela ; l'*ouverture* la mieux entendue est celle qui dispose tellement les cœurs des spectateurs qu'ils s'ouvrent sans effort à l'intérêt qu'on veut leur donner dès le commencement de la pièce. Voilà le véritable effet que doit produire une bonne *ouverture*, voilà le plan sur lequel il la faut traiter.

OUVERTURE DU LIVRE, A L'OUVERTURE DU LIVRE. (Voyez LIVRE.)

OXIPYCNI, *adj. plu.* C'est le nom que donnoient les anciens dans le genre épais au troisième son en montant de chaque tétracorde.

Ainsi les sons *oxipycni* étoient cinq en nombre. (Voyez Apycni, Épais, Système, Tétracorde.)

P.

P. par abréviation signifie *piano*, c'est-à-dire *doux*. (Voyez Doux.)

Le double *pp* signifie *pianissimo*, c'est-à-dire *très-doux*.

Pantomime, *s. f.* Air sur lequel deux ou plusieurs danseurs exécutent en danse une action qui porte aussi le nom de *pantomime*. Les airs des *pantomimes* ont pour l'ordinaire un couplet principal qui revient souvent dans le cours de la pièce, et qui doit être simple, par la raison dite au mot *contredanse*; mais ce couplet est entremêlé d'autres plus saillants, qui parlent, pour ainsi dire, et font image dans les situations où le danseur doit mettre une expression déterminée.

Papier réglé. On appelle ainsi le papier préparé avec les portées toutes tracées pour y noter la musique. (Voyez Portée.)

Il y a du *papier réglé* de deux espèces; savoir, celui dont le format est plus long que large, tel qu'on l'emploie communément en France; et celui dont le format est plus large que long; ce dernier est le seul dont on se serve en Italie. Cependant, par une bizarrerie dont j'ignore la cause, les papetiers de Paris appellent *papier réglé à la françoise* celui dont on se sert en Italie, et *papier réglé à l'italienne* celui qu'on préfère en France.

Le format plus large que long paroît plus commode, soit parce qu'un livre de cette forme se tient mieux ouvert sur un pupitre, soit parce que, les portées étant plus longues, on en change moins fréquemment : or, c'est dans ces changements que les musiciens sont sujets à prendre une portée pour l'autre, surtout dans les partitions. (Voyez PARTITION.)

Le *papier réglé* en usage en Italie est toujours de dix portées, ni plus ni moins ; et cela fait juste deux lignes ou accolades dans les partitions ordinaires, où l'on a toujours cinq parties ; savoir, deux dessus de violon, la *viola*, la partie chantante, et la basse. Cette division étant toujours la même, et chacun trouvant dans toutes les partitions sa partie semblablement placée, passe toujours d'une accolade à l'autre sans embarras et sans risque de se méprendre. Mais dans les partitions françoises, où le nombre des portées n'est fixe et déterminé ni dans les pages ni dans les accolades, il faut toujours hésiter à la fin de chaque portée pour trouver dans l'accolade qui suit la portée correspondante à celle où l'on est ; ce qui rend le musicien moins sûr, et l'exécution plus sujette à manquer.

PARADIAZEUXIS ou DISJONCTION PROCHAINE, *s. f.* C'étoit dans la musique grecque, au rapport du vieux Bacchius, l'intervalle d'un *ton* seulement entre les cordes de deux tétracordes ; et telle est l'espèce de disjonction qui règne entre le tétracorde synnéménon et le tétracorde diézeugménon. (*Voy.* ces mots.)

PARAMÈSE, *s. f.* C'étoit, dans la musique grecque, le nom de la première corde du tétracorde diézeugménon. Il faut se souvenir que le troisième tétracorde pouvoit être conjoint avec le second ; alors sa première corde étoit la mèse ou la quatrième corde du second, c'est-à-dire que cette mèse étoit commune aux deux.

Mais quand ce troisième tétracorde étoit disjoint, il commençoit par la corde appelée *paramèse*, laquelle, au lieu de se confondre avec la mèse, se trouvoit alors un *ton* plus haut, et ce *ton* faisoit la disjonction ou distance entre la quatrième corde ou la plus aiguë du tétracorde méson, et la première ou la plus grave du tétracorde diézeugménon. (Voyez SYSTÈME, TÉTRACORDE.)

Paramèse signifie proche de la mèse, parce qu'en effet la *paramèse* n'en étoit qu'à un *ton* de distance, quoiqu'il y eût quelquefois une corde entre deux. (Voyez TRITE.)

PARANÈTE, *s. f.* C'est, dans la musique ancienne, le nom donné par plusieurs auteurs à la troisième corde de chacun des trois tétracordes synnéménon, diézeugménon et hyperboléon ; corde que quelques-uns ne distinguoient que par le nom du genre où ces tétracordes étoient employés : ainsi la troisième corde du tétracorde hyperboléon, laquelle est appelée hyperboléon-diatonos par Aristoxène et Alipius, est appelée *paranète*-hyperboléon par Euclide, etc.

PARAPHONIE, *subst. fém.* C'est, dans la musique ancienne, cette espèce de consonnance qui ne résulte pas des mêmes sons, comme l'unisson, qu'on appelle *homophonie*, ni de la réplique des mêmes sons, comme l'octave, qu'on appelle *antiphonie*, mais des sons réellement différents, comme la quinte et la quarte, seules *paraphonies* admises dans cette musique ; car, pour la sixte et la tierce, les Grecs ne les mettoient pas au rang des *paraphonies*, ne les admettant pas même pour consonnances.

PARFAIT, *adj.* Ce mot, dans la musique, a plusieurs sens : joint au mot *accord*, il signifie un accord qui comprend toutes les consonnances sans aucune dissonance ; joint au mot *cadence*, il exprime celle qui porte la note sensible, et de la dominante tombe sur la finale ; joint au mot *consonnance*, il exprime un intervalle juste et déterminé, qui ne peut être ni majeur ni mineur : ainsi l'octave, la quinte et la quarte sont des consonnances parfaites, et ce sont les seules ; joint au mot *mode*, il s'applique à la mesure par une acception qui n'est plus connue, et qu'il faut expliquer pour l'intelligence des anciens auteurs.

Ils divisoient le temps ou le mode par rapport à la mesure en *parfait* ou *imparfait;* et prétendant que le nombre ternaire étoit plus parfait que le binaire, ce qu'ils prouvoient par la Trinité, ils appeloient temps ou mode parfait celui dont la mesure étoit à trois temps; et ils le marquoient par un O ou cercle, quelquefois seul, et quelquefois barré, ⊕. Le temps ou mode *imparfait* formoit une mesure à deux temps, et se marquoit par un O tronqué ou un C, tantôt seul et tantôt barré. (Voy. Mesure, Mode, Prolation, Temps.)

Parhypate, *s. f.* Nom de la corde qui suit immédiatement l'hypate du grave à l'aigu. Il y avoit deux *parhypates* dans le diagramme des Grecs; savoir, la *parhypate-hypaton* et la *parhypate-méson.* Ce mot *parhypate* signifie *sous-principale,* ou *proche la principale:* (Voyez Hypate.)

Parodie, *s. f.* Air de symphonie dont on fait un air chantant en y ajustant des paroles. Dans une musique bien faite le chant est fait sur les paroles, et dans la *parodie* les paroles sont faites sur le chant : tous les couplets d'une chanson, excepté le premier, sont des espèces de *parodies;* et c'est pour l'ordinaire ce que l'on ne sent que trop à la manière dont la prosodie y est estropiée. (Voyez Chanson.)

Paroles, *s. f. plur.* C'est le nom qu'on donne au poème que le compositeur met en musique, soit que ce poëme soit petit ou grand, soit que ce soit un drame ou une chanson. La mode est de dire d'un nouvel opéra que la musique en est passable ou bonne, mais que les *paroles* en sont détestables : on pourroit dire le contraire des vieux opéra de Lulli.

PARTIE, *s. f.* C'est le nom de chaque voix ou mélodie séparée, dont la réunion forme le concert. Pour constituer un accord il faut que deux sons au moins se fassent entendre à la fois, ce qu'une seule voix ne sauroit faire. Pour former en chantant une harmonie ou une suite d'accords, il faut donc plusieurs voix : le chant qui appartient à chacune de ces voix s'appelle *partie*, et la collection de toutes les parties d'un même ouvrage écrites l'une au-dessous de l'autre s'appelle partition. (Voyez PARTITION.)

Comme un accord complet est composé de quatre sons, il y a aussi dans la musique quatre *parties* principales, dont la plus aiguë s'appelle *dessus*, et se chante par des voix de femmes, d'enfants, ou de *musici* ; les trois autres sont, la *haute-contre*, la *taille* et la *basse*, qui toutes appartiennent à des voix d'hommes. On peut voir (*Planche* 16, *fig.* 1) l'étendue de voix de chacune de ces *parties*, et la clef qui lui appartient. Les notes blanches montrent les sons pleins où chaque partie peut arriver tant en haut qu'en bas ; et les croches qui suivent montrent les sons où la voix commenceroit à se forcer, et qu'elle ne doit former qu'en passant. Les voix italiennes excèdent presque toujours cette étendue dans le haut, surtout les dessus; mais la voix devient alors une espèce de *fausset*, et, avec quelque'art que ce défaut se déguise, c'en est certainement un.

Quelqu'une ou chacune de ces *parties* se subdivise, quand on compose à plus de quatre *parties*. (Voyez Dessus, Taille, Basse.)

Dans la première invention du contre-point, il n'eut d'abord que deux *parties*, dont l'une s'appeloit *tenor* et l'autre *discant;* ensuite on en ajouta une troisième qui prit le nom de *triplum;* et enfin une quatrième, qu'on appela quelquefois *quadruplum*, et plus communément *motetus*. Ces *parties* se confondoient et enjamboient très fréquemment les unes sur les autres : ce n'est que peu à peu qu'en s'étendant à l'aigu et au grave elles ont pris avec des diapasons plus séparés et plus fixes les noms qu'elles ont aujourd'hui.

Il y a aussi des *parties* instrumentales. Il y a même des instruments, comme l'orgue, le clavecin, la viole, qui peuvent faire plusieurs *parties* à la fois. On divise aussi la musique instrumentale en quatre *parties*, qui répondent à celles de la musique vocale, et qui s'appellent *dessus*, *quinte*, *taille*, et *basse ;* mais ordinairement le dessus se sépare en deux, et la quinte s'unit avec la taille sous le nom commun de *viole*. On trouvera aussi (*Pl.* 16, *fig.* 2) les clefs et l'étendue des quatre *parties* instrumentales : mais il faut remarquer que la plupart des instruments n'ont pas dans le haut des bornes précises, et qu'on les peut faire démancher autant qu'on veut aux dépens des oreilles des auditeurs ; au lieu que dans le bas ils ont un terme fixe qu'ils ne sauroient passer : ce terme est à la note que j'ai marquée, mais je n'ai marqué dans le haut que celle où l'on peut atteindre sans démancher.

Il y a des *parties* qui ne doivent être chantées que par une seule voix, ou jouées que par un seul instrument ; et celles-là s'appellent *parties récitantes*. D'autres parties s'exécutent par plusieurs personnes chantant ou jouant à l'unisson, et on les appelle *parties concertantes* ou *partie de chœur*.

On appelle encore *partie* le papier de musique sur lequel est écrite la *partie* séparée de chaque musicien. Quelquefois plusieurs chantent ou jouent sur le même papier ; mais quand ils ont chacun le leur, comme cela se pratique ordinairement dans les grandes musiques, alors, quoique en ce sens chaque concertant ait sa *partie*, ce n'est pas à dire dans l'autre sens qu'il y ait autant de *parties* de concertants, attendu que la même *partie* est souvent doublée, triplée et multipliée à proportion du nombre total des exécutants.

PARTITION, *s. f.* Collection de toutes les parties d'une pièce de musique, où l'on voit, par la réunion des portées correspondantes, l'harmonie qu'elles forment entre elles. On écrit pour cela toutes les parties portée à portée, l'une au-dessous de l'autre, avec la clef qui convient à chacune, commençant par les plus aiguës, et plaçant la basse au-dessous du tout; on les arrange, comme j'ai dit au mot Copiste, de manière que chaque mesure d'une portée soit placée perpendiculairement au-dessus et au-dessous de la mesure correspondante des autres parties, et enfermée dans les mêmes barres prolongées de l'une à l'autre, afin que l'on puisse voir d'un coup d'œil tout ce qui doit s'entendre à la fois.

Comme dans cette disposition une seule ligne de musique comprend autant de portées qu'il y a de parties, on embrasse toutes ces portées par un trait de plume qu'on appelle *accolade*, et qui se tire à la marge au commencement de cette ligne ainsi composée; puis on recommence, pour une nouvelle ligne, à tracer une nouvelle accolade qu'on remplit de la suite des mêmes portées écrites dans le même ordre.

Ainsi, quand on veut suivre une partie, après avoir parcouru la portée jusqu'au bout, on ne passe pas à celle qui est immédiatement au-dessous; mais on regarde quel rang la portée que l'on quitte occupe dans son accolade; on va chercher dans l'accolade qui suit la portée correspondante, et l'on y trouve la suite de la même partie.

L'usage des *partitions* est indispensable pour

composer. Il faut aussi que celui qui conduit un concert ait la *partition* sous les yeux pour voir si chacun suit sa partie, et remettre ceux qui peuvent manquer : elle est même utile à l'accompagnateur pour bien suivre l'harmonie; mais, quant aux autres musiciens, on donne ordinairement à chacun sa partie séparée, étant inutile pour lui de voir celle qu'il n'exécute pas.

Il y a pourtant quelques cas où l'on joint dans une partie séparée d'autres parties en *partition* partielle, pour la commodité des exécutants : 1° dans les parties vocales on note ordinairement la basse-continue en *partition* avec chaque partie récitante, soit pour éviter au chanteur la peine de compter ses pauses en suivant la basse, soit pour qu'il se puisse accompagner lui-même en répétant ou récitant sa partie; 2° les deux parties d'un duo chantant se notent en *partition* dans chaque partie séparée, afin que chaque chanteur, ayant sous les yeux tout le dialogue, en saisisse mieux l'esprit, et s'accorde plus aisément avec sa contre-partie; 3° dans les parties instrumentales, on a soin, pour les récitatifs obligés, de noter toujours la partie chantante en *partition* avec celle de l'instrument, afin que, dans ces alternatives de chant non mesuré et de symphonie mesurée, le symphoniste prenne juste le temps des ritournelles sans enjamber et sans retarder.

PARTITION est encore, chez les facteurs d'orgue

et de clavecin, une règle pour accorder l'instrument en commençant par une corde ou un tuyau de chaque touche dans l'étendue d'une octave ou un peu plus, prise vers le milieu du clavier, et sur cette octave ou *partition* l'on accorde après tout le reste. Voici comment on s'y prend pour former la *partition*.

Sur un son donné par un instrument dont je parlerai au mot *ton*, l'on accorde à l'unisson ou à l'octave le C *sol ut* qui appartient à la clef de ce nom, et qui se trouve au milieu du clavier ou à peu près; on accorde ensuite le *sol*, quinte aiguë de cet *ut*; puis le *re*, quinte aiguë de ce *sol*; après quoi l'on redescend à l'octave de ce *re*, à côté du premier *ut*; on remonte à la quinte *la*, puis encore à la quinte *mi*, on redescend à l'octave de ce *mi*, et l'on continue de même, montant de quinte en quinte, et redescendant à l'octave lorsqu'on avance trop à l'aigu. Quand on est parvenu au *sol* dièse, on s'arrête.

Alors on reprend le premier *ut*, et l'on accorde son octave aiguë, puis la quinte grave de cette octave *fa*; l'octave aiguë de ce *fa*; ensuite le *si* bémol, quinte de cette octave; enfin le *mi* bémol, quinte grave de ce *si* bémol; l'octave aiguë duquel *mi* bémol doit faire quinte juste ou à peu près avec le *la* bémol ou *sol* dièse précédemment accordé : quand cela arrive la *partition* est juste; autrement elle est fausse, et cela vient de n'avoir pas bien suivi les règles expliquées au mot TEMPÉRAMENT. Voyez (*Pl.* 16, *fig.* 3) la succession d'accords qui forme la *partition*.

La *partition* bien faite, l'accord du reste est très-facile, puisqu'il n'est plus question que d'unissons et d'octaves pour achever d'accorder tout le clavier.

PASSACAILLE, *s. f.* Espèce de chaconne dont le chant est plus tendre et le mouvement plus lent que dans les chaconnes ordinaires. (Voyez CHACONNE.) Les *passacailles* d'Armide et d'Issé sont célèbres dans l'opéra françois.

PASSAGE, *s. m.* Ornement dont on charge un trait de chant, pour l'ordinaire assez court, lequel est composé de plusieurs notes ou diminutions qui se chantent ou se jouent très-légèrement : c'est ce que les Italiens appellent aussi *passo*. Mais tout chanteur en Italie est obligé de savoir composer des *passi*, au lieu que la plupart des chanteurs françois ne s'écartent jamais de la note et ne font de *passages* que ceux qui sont écrits.

PASSE-PIED, *s. m.* Air d'une danse de même nom, fort commune, dont la mesure est triple, se marque $\frac{3}{8}$, et se bat à un temps : le mouvement en est plus vif que celui du menuet, le caractère de l'air à peu près semblable; excepté que le *passe-pied* admet la syncope, et que le menuet ne l'admet pas : les mesures de chaque reprise y doivent entrer de même en nombre pairement pair ; mais l'air du *passe-pied*, au lieu de commencer sur le *frappé* de la mesure, doit dans chaque reprise commencer sur la croche qui le précède.

PASTORALE, *s. f.* Opéra champêtre dont les personnages sont des bergers, et dont la musique doit être assortie à la simplicité de goût et de mœurs qu'on leur suppose.

Une *pastorale* est aussi une pièce de musique faite sur des paroles relatives à l'état *pastoral*, ou un chant qui imite celui des bergers, qui en a la douceur, la tendresse, et le naturel : l'air d'une danse composée dans le même caractère s'appelle aussi *pastorale*.

PASTORELLE, *s. f.* Air italien dans le genre pastoral. Les airs françois appelés *pastorales* sont ordinairement à deux temps et dans le caractère de musette. Les *pastorelles* italiennes ont plus d'accent, plus de grâce, autant de douceur, et moins de fadeur : leur mesure est toujours le six-huit.

PATHÉTIQUE, *adj.* Genre de musique dramatique et théâtrale, qui tend à peindre et à émouvoir les grandes passions, et plus particulièrement la douleur et la tristesse. Toute l'expression de la musique françoise, dans le genre *pathétique*, consiste dans les sons traînés, renforcés, glapissants, et dans une telle lenteur de mouvement que tout sentiment de la mesure y soit effacé. De là vient que les François croient que tout ce qui est lent est *pathétique*, et que tout ce qui est *pathétique* doit être lent : ils ont même des airs qui deviennent gais et badins, ou tendres et *pathétiques*, selon qu'on les chante vite ou lentement ; tel est un air si connu dans tout Paris, auquel on donne le premier caractère, sur ces paroles, *Il y a trente ans que mon cotillon traîne ;* et le second sur celles-ci, *Quoi ! vous partez sans que rien vous arrête !* etc. C'est l'avantage de la mélodie françoise ; elle sert à tout ce qu'on veut : *Fiet avis, et, cùm volet, arbor.*

Mais la musique italienne n'a pas le même avantage ; chaque chant, chaque mélodie a son caractère tellement propre qu'il est impossible de l'en dépouiller ; son *pathétique* d'accent et de mélodie se fait sentir en toute sorte de mesure, et même dans les mouvements les plus vifs. Les airs françois changent de caractère selon qu'on presse ou qu'on ralentit le mouvement : chaque air italien a son mouvement tellement déterminé, qu'on ne peut l'altérer sans anéantir la mélodie : l'air ainsi défiguré ne change pas son caractère, il le perd ; ce n'est plus du chant, ce n'est rien.

Si le caractère du *pathétique* n'est pas dans le mouvement, on ne peut pas dire non plus qu'il soit dans le genre, ni dans le mode, ni dans l'harmonie, puisqu'il y a des morceaux également *pathétiques* dans les trois genres, dans les deux modes, et dans toutes les harmonies imaginables. Le vrai *pathétique* est dans l'accent passionné, qui ne se détermine point par les règles, mais que le génie trouve et que le cœur sent, sans que l'art puisse en aucune manière en donner la loi.

PATTE A RÉGLER, *s. f.* On appelle ainsi un petit instrument de cuivre, composé de cinq petites rainures également espacées, attachées à un manche commun, par lesquelles on trace à la fois sur le papier, et le long d'une règle, cinq lignes parallèles qui forment une portée. (V. PORTÉE.)

PAVANE, *s. f.* Air d'une danse ancienne de même nom, laquelle depuis long-temps n'est plus en usage. Ce nom de *pavane* lui fut donné parce que les figurants faisoient, en se regardant, une espèce de roue à la manière des paons; l'homme se servoit, pour cette roue, de sa cape et de son épée qu'il gardoit dans cette danse, et c'est par allusion à la vanité de cette attitude qu'on a fait le verbe réciproque *se pavaner*.

PAUSE. *s. f.* Intervalle de temps qui, dans l'exécution, doit se passer en silence par la partie où la *pause* est marquée. (Voyez TACET, SILENCE.)

Le nom de *pause* peut s'appliquer à des silences de différentes durées; mais communément il s'entend d'une mesure pleine. Cette *pause* se marque par un demi-bâton qui, partant d'une des lignes intérieures de la portée, descend jusqu'à la moitié de l'espace compris entre cette ligne et la ligne qui est immédiatement au-dessous. Quand on a plusieurs *pauses* à marquer, alors on doit se servir des figures dont j'ai parlé au mot *bâton*, et qu'on trouve marquées *Planche* 7, *figure* 2.

A l'égard de la *demi-pause*, qui vaut une blanche, ou la moitié d'une mesure à quatre temps, elle se marque comme la *pause* entière, avec cette différence que la *pause* tient à une ligne par le haut, et que la *demi-pause* y tient par le bas. Voyez, dans la même figure 2, la distinction de l'une et de l'autre.

Il faut remarquer que la *pause* vaut toujours une mesure juste, dans quelque espèce de mesure qu'on soit, au lieu que la *demi-pause* a une valeur fixe et invariable; de sorte que, dans toute mesure qui vaut plus ou moins d'une ronde ou de deux blanches, on ne doit point se servir de la *demi-pause* pour marquer une demi-mesure, mais des autres silences qui en expriment la juste valeur.

Quant à cette autre espèce de *pauses* connues dans nos anciennes musiques sous le nom de *pauses-initiales*, parce qu'elles se plaçoient après la clef, et qui servoient, non à exprimer des silences, mais à déterminer le mode, ce nom de *pauses* ne leur fut donné qu'abusivement : c'est pourquoi je renvoie sur cet article aux mots BATON et MODE.

PAUSER, *v. n.* Appuyer sur une syllabe en chantant. On ne doit *pauser* que sur les syllabes longues, et l'on ne *pause* jamais sur les *e* muets.

Péan, *s. m.* Chant de victoire parmi les Grecs, en l'honneur des dieux, et surtout d'Apollon.

Pentacorde, *s. m.* C'étoit, chez les Grecs, tantôt un instrument à cinq cordes, et tantôt un ordre ou système formé de cinq sons; c'est en ce dernier sens que la quinte ou diapenté s'appeloit quelquefois *pentacorde*.

Pentatonon, *s. m.* C'étoit, dans la musique ancienne, le nom d'un intervalle que nous appelons aujourd'hui sixte-superflue. (Voyez Sixte.) Il est composé de quatre tons, d'un semi-ton majeur, et d'un semi-ton mineur; d'où lui vient le nom de *pentatonon*, qui signifie *cinq tons*.

Perfidie, *s. f.* Terme emprunté de la musique italienne, et qui signifie une certaine affectation de faire toujours la même chose, de poursuivre toujours le même dessin, de conserver le même mouvement, le même caractère de chant, les mêmes passages, les mêmes figures de notes (voyez Dessin, Chant, Mouvement); telles sont les basses contraintes, comme celles des anciennes chaconnes, et une infinité de manières d'accompagnement contraint ou *perfidié, perfidiato*, qui dépendent du caprice des compositeurs.

Ce terme n'est point usité en France, et je ne sais s'il a jamais été écrit en ce sens ailleurs que dans le Dictionnaire de Brossard.

Périélèse, *s. f.* Terme de plain-chant. C'est l'interposition d'une ou plusieurs notes dans l'intonation de certaines pièces de chant, pour en assurer la finale, et avertir le chœur que c'est à lui de reprendre et poursuivre ce qui suit.

La *périélèse* s'appelle autrement *cadence* ou *petite neume*, et se fait de trois manières, savoir : 1° par *circonvolution*; 2° par *intercidence* ou *diaptose*, 3° ou par simple *duplication*. (Voyez ces mots.)

PÉRIPHÉRÈSE, *s. f.* Terme de la musique grecque, qui signifie une suite de notes tant ascendantes que descendantes, et qui reviennent, pour ainsi dire, sur elles-mêmes. La *périphérèse* étoit formée de l'*anacamptos* et de l'*euthia*.

PETTEÏA, *s. f.* Mot grec qui n'a point de correspondant dans notre langue, et qui est le nom de la dernière des trois parties dans lesquelles on subdivise la mélopée. (Voyez MÉLOPÉE.)

La *petteïa* est, selon Aristide Quintilien, l'art de discerner les sons dont on doit faire ou ne pas faire usage, ceux qui doivent être plus ou moins fréquents; ceux par où l'on doit commencer, et ceux par où l'on doit finir.

C'est la *petteïa* qui constitue les modes de la musique; elle détermine le compositeur dans le choix du genre de mélodie relatif au mouvement qu'il veut peindre ou exciter dans l'ame, selon les personnes et selon les occasions; en un mot la *petteïa*, partie de l'hermosménon qui regarde la mélodie, est à cet égard ce que les mœurs sont en poésie.

On ne voit pas ce qui a porté les anciens à lui donner ce nom, à moins qu'ils ne l'aient pris de πεττεία, leur jeu d'échecs, la *petteïa*, dans la musique, étant une règle pour combiner et arranger les sons, comme le jeu d'échecs en est une autre pour arranger les pièces appelées πεττοὶ, *calculi*.

Philélie, *s. f.* C'étoit chez les Grecs une sorte d'hymne ou de chanson en l'honneur d'Apollon. (Voyez Chanson.)

Phonique, *s. f.* Art de traiter et combiner les sons sur les principes de l'acoustique. (Voyez Acoustique.)

Phrase, *s. f.* Suite de chant ou d'harmonie qui forme sans interruption un sens plus ou moins achevé, et qui se termine sur un repos par une cadence plus ou moins parfaite.

Il y a deux espèces de *phrases* musicales. En mélodie, la *phrase* est constituée par le chant, c'est-à-dire par une suite de sons tellement disposés, soit par rapport au ton, soit par rapport au mouvement, qu'ils fassent un tout bien lié, lequel aille se résoudre sur une corde essentielle du mode où l'on est.

Dans l'harmonie, la *phrase* est une suite régulière d'accords tous liés entre eux par des dissonances exprimées ou sous-entendues, laquelle se résout sur une cadence absolue; et selon l'espèce de cette cadence, selon que le sens en est plus ou moins achevé, le repos est aussi plus ou moins parfait.

C'est dans l'invention des *phrases* musicales, dans leurs proportions, dans leur entrelacement, que consistent les véritables beautés de la musique : un compositeur qui ponctue et phrase bien est un homme d'esprit ; un chanteur qui sent, marque bien ses *phrases* et leur accent, est un homme de goût ; mais celui qui ne sait voir et rendre que les notes, les tons, les temps, les intervalles, sans entrer dans le sens des *phrases*, quelque sûr, quelque exact d'ailleurs qu'il puisse être, n'est qu'un croque-sol.

PHRYGIEN, *adj.* Le mode *phrygien* est un des quatre principaux et plus anciens modes de la musique des Grecs. Le caractère en étoit ardent, fier, impétueux, véhément, terrible : aussi étoit-ce, selon Athénée, sur le ton ou mode *phrygien* que l'on sonnoit les trompettes et autres instruments militaires.

Ce mode, inventé, dit-on, par Marsyas, Phrygien, occupe le milieu entre le lydien et le dorien, et sa finale est à un *ton* de distance de celles de l'un et de l'autre.

PIÈCE, *s. f.* Ouvrage de musique d'une certaine étendue, quelquefois d'un seul morceau, et quelquefois de plusieurs, formant un ensemble et un tout fait pour être exécuté de suite : ainsi une ouverture est une *pièce*, quoique composée de trois morceaux, et un opéra même est une *pièce*, quoique divisé par actes. Mais, outre cette acception générique, le mot *pièce* en a une plus particulière dans la musique instrumentale, et seulement pour certains instruments, tels que la viole et le clavecin; par exemple, on ne dit point une *pièce de violon*, l'on dit *une sonate;* et l'on ne dit guère une sonate de clavecin, l'on dit une *pièce*.

PIED, s. m. Mesure de temps ou de quantité, distribuée en deux ou plusieurs valeurs égales ou inégales. Il y avoit dans l'ancienne musique cette différence des temps aux *pieds*, que les temps étoient comme les points ou éléments indivisibles, et les *pieds* les premiers composés de ces éléments; les *pieds*, à leur tour, étoient les éléments du mètre ou du rhythme.

Il y avoit des *pieds* simples, qui pouvoient seulement se diviser en temps; et de composés, qui pouvoient se diviser en d'autres pieds, comme le choriambe, qui pouvoit se résoudre en un trochée et un ïambe; l'ionique en un pyrrhique et un spondée, etc.

Il y avoit des *pieds* rhythmiques, dont les quantités relatives et déterminées étoient propres à établir des rapports agréables, comme égales, doubles, sesquialtères, sesquitierces, etc.; et de non rhythmiques, entre lesquels les rapports étoient vagues, incertains, peu sensibles; tels, par exemple, qu'on en pourroit former de mots françois, qui, pour quelques syllabes brèves ou longues, en ont une infinité d'autres sans valeur déterminée, ou qui, brèves ou longues seulement dans les règles des grammairiens, ne sont senties comme telles ni par l'oreille des poètes, ni dans la pratique du peuple.

PINCÉ, *s. m.* Sorte d'agrément propre à certains instruments, et surtout au clavecin : il se fait en battant alternativement le son de la note écrite avec le son de la note inférieure, et observant de commencer et finir par la note qui porte le *pincé*.

Il y a cette différence du *pincé* au tremblement ou trille, que celui-ci se bat avec la note supérieure, et le *pincé* avec la note inférieure; ainsi le trille sur *ut* se bat sur l'*ut* et sur le *re*, et le *pincé* sur le même *ut* se bat sur l'*ut* et sur le *si*. Le *pincé* est marqué, dans les pièces de Couperin, avec une petite croix fort semblable à celle avec laquelle on marque le trille dans la musique ordinaire. Voyez les signes de l'un et de l'autre à la tête des pièces de cet auteur.

PINCER, *v. a.* C'est employer les doigts au lieu de l'archet pour faire sonner les cordes d'un instrument. Il y a des instruments à cordes qui n'ont point d'archet, et dont on ne joue qu'en les *pinçant;* tels sont le sistre, le luth, la guitare : mais on pince aussi quelquefois ceux où l'on se sert ordinairement de l'archet, comme le violon et le violoncelle; et cette manière de jouer, presque inconnue dans la musique françoise, se marque dans l'italienne par le mot *pizzicato*.

Piqué, *adj. pris adverbialement.* Manière de jouer en pointant les notes et marquant fortement le pointé.

Notes *piquées* sont des suites de notes montant ou descendant diatoniquement, ou rebattues sur le même degré, sur chacune desquelles on met un point, quelquefois un peu alongé, pour indiquer qu'elles doivent être marquées égales par des coups de langue ou d'archet secs et détachés, sans retirer ou repousser l'archet, mais en le faisant passer en frappant et sautant sur la corde autant de fois qu'il y a de notes, dans le même sens qu'on a commencé.

Pizzicato. Ce mot écrit dans les musiques italiennes avertit qu'il faut *pincer*. (Voyez Pincer.)

Plagal, *adj.* Ton ou mode *plagal*. Quand l'octave se trouve divisée arithmétiquement, suivant le langage ordinaire, c'est-à-dire quand la quarte est au grave et la quinte à l'aigu, on dit que le ton est *plagal*, pour le distinguer de l'authentique, où la quinte est au grave et la quarte à l'aigu.

Supposons l'octave *A a* divisée en deux parties par la dominante *E*; si vous modulez entre les deux *la*, dans l'espace d'une octave, et que vous fassiez votre finale sur l'un de ces *la*, votre mode est *authentique* ; mais si, modulant de même entre ces deux *la*, vous faites votre finale sur la dominante *mi*, qui est intermédiaire, où que, modulant de la dominante à son octave, vous fassiez la finale sur la tonique intermédiaire, dans ces deux cas le mode est *plagal*.

Voilà toute la différence, par laquelle on voit que tous les tons sont réellement authentiques, et que la distinction n'est que dans le diapason du chant et dans le choix de la note sur laquelle on s'arrête, qui est toujours la tonique dans l'authentique, et le plus souvent la dominante dans le *plagal*.

L'étendue des voix et la division des parties a fait disparoître ces distinctions dans la musique, et on ne les connoît plus que dans le plain-chant. On y compte quatre tons *plagaux* ou collatéraux; savoir, le second, le quatrième, le sixième, et le huitième; tous ceux dont le nombre est pair. (Voyez Tons de l'église.)

Plain-chant, s. m. C'est le nom qu'on donne dans l'Église romaine au chant ecclésiastique. Ce chant, tel qu'il subsiste encore aujourd'hui, est un reste bien défiguré, mais bien précieux de l'ancienne musique grecque, laquelle, après avoir passé par les mains des barbares, n'a pu perdre encore toutes ses premières beautés : il lui en reste assez pour être de beaucoup préférable, même dans l'état où il est actuellement, et pour l'usage auquel il est destiné, à ces musiques efféminées et théâtrales, ou maussades et plates, qu'on y substitue en quelques églises, sans gravité, sans goût, sans convenance, et sans respect pour le lieu qu'on ose ainsi profaner.

Le temps où les chrétiens commencèrent d'avoir des églises et d'y chanter des psaumes et d'autres hymnes fut celui où la musique avoit déjà perdu presque toute son ancienne énergie par un progrès dont j'ai exposé ailleurs les causes. Les chrétiens, s'étant saisis de la musique dans l'état où ils la trouvèrent, lui ôtèrent encore la plus grande force qui lui étoit restée; savoir, celle du rhythme et du mètre, lorsque, des vers auxquels elle avoit toujours été appliquée, ils la transportèrent à la prose des livres sacrés, ou à je ne sais quelle barbare poésie, pire pour la musique que la prose même. Alors l'une des deux parties constitutives s'évanouit; et le chant, se traînant uniformément et sans aucune espèce de mesure de notes en notes presque égales, perdit avec sa marche rhythmique et cadencée toute l'énergie qu'il en recevoit. Il n'y eut plus que quelques hymnes, dans lesquelles, avec la prosodie et la quantité des pieds conservés, on sentit encore un peu la cadence du vers; mais ce ne fut plus là le caractère général du *plain-chant*, dégénéré le plus souvent en une psalmodie toujours monotone, et quelquefois ridicule, sur une langue telle que la latine, beaucoup moins harmonieuse et accentuée que la langue grecque.

Malgré ces pertes si grandes, si essentielles, le

plain-chant, conservé d'ailleurs par les prêtres dans son caractère primitif, ainsi que tout ce qui est extérieur et cérémonie dans leur église, offre encore aux connoisseurs de précieux fragments de l'ancienne mélodie et de ses divers modes, autant qu'elle peut se faire sentir sans mesure et sans rhythme, et dans le seul genre diatonique, qu'on peut dire n'être dans sa pureté que le *plain-chant:* les divers modes y conservent leurs deux distinctions principales; l'une par la différence des fondamentales ou toniques, et l'autre par la différente position des deux semi-tons, selon le degré du système diatonique naturel où se trouve la fondamentale, et selon que le mode authentique ou plagal représente les deux tétracordes conjoints ou disjoints. (Voyez Système, Tétracorde, Tons de l'église.)

Ces modes, tels qu'ils nous ont été transmis dans les anciens chants ecclésiastiques, y conservent une beauté de caractère et une variété d'affections bien sensibles aux connoisseurs non prévenus, et qui ont conservé quelque jugement d'oreille pour les systèmes mélodieux établis sur des principes différents des nôtres : mais on peut dire qu'il n'y a rien de plus ridicule et de plus plat que ces *plains-chants* accommodés à la moderne, pretintaillés des ornements de notre musique, et modulés sur les cordes de nos modes; comme si l'on pouvoit jamais marier notre système harmonique avec celui des modes anciens, qui est établi sur des principes tout différents! On doit savoir gré aux évêques, prévôts et chantres, qui s'opposent à ce barbare mélange, et désirer, pour le progrès et la perfection d'un art qui n'est pas à beaucoup près au point où l'on croit l'avoir mis, que ces précieux restes de l'antiquité soient fidèlement transmis à ceux qui auront assez de talent et d'autorité pour en enrichir le système moderne. Loin qu'on doive porter notre musique dans le *plain-chant*, je suis persuadé qu'on gagneroit à transporter le *plain-chant* dans notre musique; mais il faudroit avoir pour cela beaucoup de goût, encore plus de savoir, et sur-tout être exempt de préjugés.

Le *plain-chant* ne se note que sur quatre lignes, et l'on n'y emploie que deux clefs, savoir la clef d'*ut* et la clef de *fa*; qu'une seule transposition, savoir un bémol; et que deux figures de notes, savoir la longue ou carrée, à laquelle on ajoute quelquefois une queue, et la brève qui est en losange.

Ambroise, archevêque de Milan, fut, à ce qu'on prétend, l'inventeur du *plain-chant*; c'est-à-dire qu'il donna le premier une forme et des règles au chant ecclésiastique pour l'approprier mieux à son objet, et le garantir de la barbarie et du dépérissement où tomboit de son temps la musique. Grégoire, pape, le perfectionna, et lui donna la forme qu'il conserve encore aujourd'hui à Rome et dans les autres églises où se pratique le chant romain. L'Église gallicane n'admit qu'en partie, avec beaucoup de peine et presque par force, le chant grégorien. L'extrait suivant d'un ouvrage du temps même, imprimé à Francfort en 1594, contient le détail d'une ancienne querelle sur le *plain-chant*, qui s'est renouvelée de nos jours sur la musique, mais qui n'a pas eu la même issue. Dieu fasse paix au grand Charlemagne!

« Le très-pieux roi Charles étant retourné célé-
« brer la pâque à Rome avec le seigneur apostoli-
« que, il s'émut durant les fêtes une querelle entre
« les chantres romains et les chantres françois. Les
« François prétendoient chanter mieux et plus
« agréablement que les Romains; les Romains, se
« disant les plus savants dans le chant ecclésiasti-
« que, qu'ils avoient appris du pape saint Grégoire,
« accusoient les François de corrompre, écorcher,
« et défigurer le vrai chant. La dispute ayant été
« portée devant le seigneur roi, les François,
« qui se tenoient forts de son appui, insultoient
« aux chantres romains; les Romains, fiers de leur
« grand savoir, et comparant la doctrine de saint
« Grégoire à la rusticité des autres, les traitoient d'i-
« gnorants, de rustres, de sots, et de grosses bêtes.
« Comme cette altercation ne finissoit point, le très-
« pieux roi Charles dit à ses chantres : Déclarez-
« nous quelle est l'eau la plus pure et la meilleure,
« celle qu'on prend à la source vive d'une fontaine,

« ou celle des rigoles qui n'en découle que de bien
« loin. Ils dirent tous que l'eau de la source étoit la
« plus pure, et celle des rigoles d'autant plus al-
« térée et sale qu'elle venoit de plus loin. Re-
« montez donc, reprit le seigneur roi Charles, à la
« fontaine de saint Grégoire, dont vous avez évi-
« demment corrompu le chant. Ensuite le seigneur
« roi demanda au pape Adrien des chantres pour
« corriger le chant françois, et le pape lui donna
« Théodore et Benoît, deux chantres très-savants
« et instruits par saint Grégoire même; il lui donna
« aussi des antiphoniers de saint Grégoire qu'il
« avoit notés lui-même en note romaine. De ces
« deux chantres le seigneur roi Charles, de retour
« en France, en envoya un à Metz, et l'autre à
« Soissons, ordonnant à tous les maîtres de chant
« des villes de France de leur donner à corriger
« les antiphoniers, et d'apprendre d'eux à chanter.
« Ainsi furent corrigés les antiphoniers françois,
« que chacun avoit altérés par des additions et re-
« tranchements à sa mode, et tous les chantres de
« France apprirent le chant romain, qu'ils appel-
« lent maintenant chant françois; mais, quant aux
« sons tremblants, flattés, battus, coupés dans le
« chant, les François ne purent jamais bien les
« rendre, faisant plutôt des chevrotements que
« des roulements, à cause de la rudesse naturelle
« et barbare de leur gosier. Du reste, la principale
« école de chant demeura toujours à Metz; et au-

« tant le chant romain surpasse celui de Metz, au-
« tant le chant de Metz surpasse celui des autres
« écoles françoises. Les chantres romains apprirent
« de même aux chantres françois à s'accompagner
« des instruments; et le seigneur roi Charles, ayant
« derechef amené avec soi en France des maîtres
« de grammaire et de calcul, ordonna qu'on éta-
« blît par tout l'étude des lettres; car avant ledit
« seigneur roi l'on n'avoit en France aucune con-
« noissance des arts libéraux. »

Ce passage est si curieux que les lecteurs me
sauront gré sans doute d'en transcrire ici l'original.

« Et reversus est rex piissimus Carolus, et cele-
« bravit Romæ pascha cum domno apostolico.
« Ecce orta est contentio per dies festos paschæ
« inter cantores Romanorum et Gallorum : dice-
« bant se Galli meliùs cantare et pulchriùs quàm
« Romani; dicebant se Romani doctissimè canti-
« lenas ecclesiasticas proferre, sicut docti fuerant
« à sancto Gregorio papâ; Gallos corruptè can-
« tare, et cantilenam sanam destruendo dilacerare.
« Quæ contentio ante domnum regem Carolum
« pervenit. Galli verò, propter securitatem domni
« regis Caroli, valdè exprobrabant cantoribus ro-
« manis; Romani verò, propter auctoritatem ma-
« gnæ doctrinæ, eos stultos, rusticos et indoctos
« velut bruta animalia affirmabant, et doctrinam
« sancti Gregorii præferebant rusticitati eorum :

« et cùm altercatio de neutrâ parte finiret, ait
« domnus piissimus rex Carolus ad suos cantores :
« Dicite palàm quis purior est et quis melior, aut
« fons vivus, aut rivuli ejus longè decurrentes. Res-
« ponderunt omnes unâ voce fontem, velut caput
« et originem, puriorem esse; rivulos autem ejus
« quantò longiùs à fonte recesserint, tantò turbu-
« lentos et sordibus ac immunditiis corruptos; et
« ait domnus rex Carolus : Revertimini vos ad
« fontem sancti Gregorii, quia manifestè corru-
« pistis cantilenam ecclesiasticam. Mox petiit dom-
« nus rex Carolus ab Adriano papâ cantores qui
« Franciam corrigerent de cantu : at ille dedit ei
« Theodorum et Benedictum, doctissimos canto-
« res qui à sancto Gregorio eruditi fuerant, tri-
« buitque antiphonarios sancti Gregorii, quos ipse
« notaverat notâ romanâ : domnus verò rex Ca-
« rolus, revertens in Franciam, misit unum can-
« torem in Metis civitate, alterum in Suessonis
« civitate, præcipiens de omnibus civitatibus
« Franciæ magistros scholæ antiphonarios eis ad
« corrigendum tradere, et ab eis discere cantare.
« Correcti sunt ergò antiphonarii Francorum,
« quos unusquique pro suo arbitrio vitiaverat,
« addens vel minuens; et omnes Franciæ cantores
« didicerunt notam romanam, quam nunc vocant
« notam franciscam; excepto quòd tremulas vel
« vinnulas, sive collisibiles vel secabiles voces in
« cantu non poterant perfectè exprimere Franci,

« naturali voce barbaricâ frangentes in gutture
« voces, quàm potiùs exprimentes. Majus autem
« magisterium cantandi in Metis remansit; quan-
« tùmque magisterium romanum superat Metense
« in arte cantandi, tantò superat Metensis canti-
« lena cæteras scholas Gallorum. Similiter erudie-
« runt romani cantores supradictos cantores Fran-
« corum in arte organandi; et domnus rex Carolus
« iterùm à Româ artis grammaticæ et computato-
« riæ magistros secum adduxit, in Franciam, et
« ubique studium litterarum expandere jussit. Ante
« ipsum enim domnum regem Carolum in Galliâ
« nullum studium fuerat liberalium artium. »
*Vide Annal. et Histor. Francor. ab an. 708 ad
an. 990. Scriptores coœtaneos impr. Francofurti
1594* [1], *sub vitâ Caroli Magni.*

PLAINTE, *s. f.* (Voyez ACCENT.)

PLEIN-CHANT. (Voyez PLAIN-CHANT.)

PLEIN-JEU, se dit du jeu de l'orgue lorsqu'on a mis tous les registres, et aussi lorsqu'on remplit toute l'harmonie; il se dit encore des instruments d'archet lorsqu'on en tire tout le son qu'ils peuvent donner.

PLIQUE, *s. f. Plica*, sorte de ligature dans nos anciennes musiques. La *plique* étoit un signe de

---

[1] * C'est une collection publiée par André Duchesne, en 5 volumes in-folio. Le passage rapporté ici est tiré d'une vie de Charlemagne écrite par un moine (*a monacho cœnobii Engolismensis*, Sainte-Éparchie), et qui fait partie du tome II.

retardement ou de lenteur (*signum morositatis*, dit Muris) : elle se faisoit en passant d'un son à un autre, depuis le semi-ton jusqu'à la quinte, soit en montant, soit en descendant ; et il y en avoit de quatre sortes : 1. la *plique* longue ascendante est une figure quadrangulaire avec un seul trait ascendant à droite, ou avec deux traits dont celui de la droite est le plus grand ; 2. la *plique* longue descendante a deux traits descendants, dont celui de la droite est le plus grand ; 3. la *plique* brève ascendante a le trait montant de la gauche plus long que celui de la droite ; 4. et la descendante a le trait descendant de la gauche plus grand que celui de la droite.

Poinct ou Point, *s. m.* Ce mot en musique signifie plusieurs choses différentes.

Il y a dans nos vieilles musiques six sortes de *points;* savoir, *point* de perfection, *point* d'imperfection, *point* d'accroissement, *point* de division, *point* de translation, et *point* d'altération.

I. Le *point* de perfection appartient à la division ternaire ; il rend parfaite toute note suivie d'une autre note moindre de la moitié par sa figure ; alors, par la force du *point* intermédiaire, la note précédente vaut le triple au lieu du double de celle qui suit.

II. Le *point* d'imperfection placé à la gauche de la longue diminue sa valeur, quelquefois d'une ronde ou semi-brève, quelquefois de deux. Dans le premier cas, on met une ronde entre la longue et le *point;* dans le second, on met deux rondes à la droite de la longue.

III. Le *point* d'accroissement appartient à la division binaire, et entre deux notes égales il fait valoir celle qui précède le double de celle qui suit.

IV. Le *point* de division se met avant une semi-brève suivie d'une brève dans le temps parfait : il ôte un temps à cette brève, et fait qu'elle ne vaut plus que deux rondes au lieu de trois.

V. Si une ronde entre deux *points* se trouve suivie de deux ou plusieurs brèves en temps imparfait, le second *point* transfère sa signification à la dernière de ces brèves, la rend parfaite, et la fait valoir trois temps : c'est le *point* de translation.

VI. Un point entre deux rondes, placées elles-mêmes entre deux brèves ou carrées dans le temps parfait, ôte un temps à chacune de ces deux brèves; de sorte que chaque brève ne vaut plus que deux rondes au lieu de trois : c'est le *point* d'altération.

Ce même *point* devant une ronde suivie de deux autres rondes entre deux brèves ou carrées, double la valeur de la dernière de ces rondes.

Comme ces anciennes divisions du temps en parfait et imparfait ne sont plus d'usage dans la musique, toutes ces significations du *point*, qui, à dire vrai, sont fort embrouillées, se sont abolies depuis long-temps.

Aujourd'hui le *point*, pris comme valeur de note, vaut toujours la moitié de celle qui le précède; ainsi après la ronde le *point* vaut une blanche, après la blanche une noire, après la noire une croche, etc. Mais cette manière de fixer la valeur du *point* n'est sûrement pas la meilleure qu'on eût pu imaginer, et cause souvent bien des embarras inutiles.

POINT-D'ORGUE ou POINT-DE-REPOS est une autre espèce de *point* dont j'ai parlé au mot *couronne* : c'est relativement à cette espèce de point qu'on appelle généralement *point-d'orgue* ces sortes de chants, mesurés ou non mesurés, écrits ou non écrits, et toutes ces successions harmoniques qu'on fait passer sur une seule note de basse toujours prolongée. (Voyez CADENZA.)

Quand ce même point surmonté d'une couronne s'écrit sur la dernière note d'un air ou d'un morceau de musique, il s'appelle alors *point final*.

Enfin il y a encore une autre espèce de *points*, appelés *points détachés*, lesquels se placent immédiatement au-dessus ou au-dessous de la tête des notes; on en met presque toujours plusieurs de suite, et cela avertit que les notes ainsi ponctuées doivent être marquées par des coups de langue ou d'archet égaux, secs, et détachés.

POINTER, *v. a.* C'est, au moyen du point, rendre

alternativement longues et brèves des suites de notes naturellement égales, telles, par exemple, qu'une suite de croches : pour les *pointer* sur la note, on ajoute un point après la première, une double-croche sur la seconde, un point après la troisième, puis une double-croche, et ainsi de suite ; de cette manière elles gardent de deux en deux la même valeur qu'elles avoient auparavant ; mais cette valeur se distribue inégalement entre les deux croches, de sorte que la première ou longue en a les trois quarts, et la seconde ou brève l'autre quart.

Pour les pointer dans l'exécution, on les passe inégales selon ces mêmes proportions, quand même elles seroient notées égales.

Dans la musique italienne toutes les croches sont toujours égales, à moins qu'elles ne soient marquées *pointées* : mais, dans la musique françoise, on ne fait les croches exactement égales que dans la mesure à quatre temps ; dans toutes les autres, on les pointe toujours un peu, à moins qu'il ne soit écrit *croches égales*.

Polycéphale, *adj.* Sorte de nome pour les flûtes en l'honneur d'Apollon. Le nome *polycéphale* fut inventé, selon les uns, par le second Olympe, Phrygien, descendant du fils de Marsyas, et, selon d'autres, par Cratès, disciple de ce même Olympe.

Polymnastie, ou Polymnastique, *adj.* Nome pour les flûtes, inventé, selon les uns, par une femme nommée Polymneste, et, selon d'autres, par Polymnestus, fils de Mélès, Colophonien.

Ponctuer, *v. a.* C'est, en termes de composition, marquer les repos plus ou moins parfaits, et diviser tellement les phrases qu'on sente par la modulation et par les cadences leurs commencements, leurs chutes et leurs liaisons plus ou moins grandes, comme on sent tout cela dans le discours à l'aide de la ponctuation.

Port-de-voix, *s. m.* Agrément du chant, lequel se marque par une petite note, appelée en italien *appoggiatura*, et se pratique en montant diatoniquement d'une note à celle qui la suit par un coup de gosier dont l'effet est marqué dans la *Planche* 5, *figure* 5.

Port-de-voix jeté se fait lorsque, montant diatoniquement d'une note à sa tierce, on appuie la troisième note sur le son de la seconde, pour faire sentir seulement cette troisième note par un coup de gosier redoublé, tel qu'il est marqué *Pl.* 5, *figure* 5.

Portée, *s. f.* La *portée* ou ligne de musique est composée de cinq lignes parallèles, sur lesquelles ou entre lesquelles les diverses positions des notes en marquent les intervalles ou degrés. La *portée* du plain-chant n'a que quatre lignes : elle en avoit d'abord huit, selon Kircher, marquées chacune d'une lettre de la gamme, de sorte qu'il n'y avoit qu'un degré conjoint d'une ligne à l'autre. Lorsqu'on doubla les degrés en plaçant aussi des notes dans les intervalles, la *portée* de huit lignes, réduite à quatre, se trouva de la même étendue qu'auparavant.

A ce nombre de cinq lignes dans la musique, et de quatre dans le plain-chant, on en ajoute de postiches ou accidentelles, quand cela est nécessaire et que les notes passent en haut ou en bas l'étendue de la *portée*. Cette étendue, dans une *portée* de musique, est en tout d'onze notes formant dix degrés diatoniques, et, dans le plain-chant, de neuf notes formant huit degrés. (Voyez CLEF, NOTES, LIGNES.)

POSITION, *s. f.* Lieu de la portée où est placée une note pour fixer le degré d'élévation du son qu'elle représente.

Les notes n'ont, par rapport aux lignes, que deux différentes *positions;* savoir, sur une ligne ou dans un espace, et ces *positions* sont toujours alternatives lorsqu'on marche diatoniquement : c'est ensuite le lieu qu'occupe la ligne même ou l'espace dans la portée et par rapport à la clef qui détermine la véritable *position* de la note dans un clavier général.

On appelle aussi *position* dans la mesure le temps qui se marque en frappant, en baissant, ou posant la main, et qu'on nomme plus communément le *frappé*. (Voyez THÉSIS.)

Enfin l'on appelle *position*, dans le jeu des instruments à manche, le lieu où la main se pose sur le manche, selon le ton dans lequel on veut jouer. Quand on a la main tout au haut du manche contre le sillet, en sorte que l'index pose à un ton de la corde-à-jour, c'est la *position* naturelle. Quand on démanche, on compte les *positions* par les degrés diatoniques dont la main s'éloigne du sillet.

PRÉLUDE, *s. m.* Morceau de symphonie qui sert d'introduction et de préparation à une pièce de musique : ainsi les ouvertures d'opéra sont des *préludes;* comme aussi les ritournelles, qui sont assez souvent au commencement des scènes ou monologues.

Prélude est encore un trait de chant qui passe par les principales cordes du ton, pour l'annoncer, pour vérifier si l'instrument est d'accord, etc. (Voyez l'article suivant.)

PRÉLUDER, *v. n.* C'est en général chanter ou jouer quelque trait de fantaisie irrégulier et assez court, mais passant par les cordes essentielles du ton, soit pour l'établir, soit pour disposer sa voix ou bien poser sa main sur un instrument avant de commencer une pièce de musique.

Mais sur l'orgue et sur le clavecin l'art de *préluder* est plus considérable; c'est composer et jouer impromptu des pièces chargées de tout ce que la composition a de plus savant en dessin, en fugue, en imitation, en modulation et en harmonie : c'est surtout en *préludant* que les grands musiciens, exempts de cet extrême asservissement aux règles que l'œil des critiques leur impose sur le papier, font briller ces transitions savantes qui ravissent les auditeurs. C'est là qu'il ne suffit pas d'être bon compositeur, ni de bien posséder son clavier, ni d'avoir la main bonne et bien exercée, mais qu'il faut encore abonder de ce feu de génie et de cet esprit inventif qui font trouver et traiter sur-le-champ les sujets les plus favorables à l'harmonie et les plus flatteurs à l'oreille. C'est par ce grand art de *préluder* que brillent en France les excellents organistes, tels que sont maintenant les sieurs Calvière et Daquin, surpassés toutefois l'un et l'autre par M. le prince d'Ardore, ambassadeur de Naples, lequel, pour la vivacité de l'invention et la force de l'exécution, efface les plus illustres artistes, et fait à Paris l'admiration des connoisseurs.

PRÉPARATION, *s. f.* Acte de préparer la dissonance. (Voyez PRÉPARER.)

PRÉPARER, *v. a. Préparer* la dissonance c'est la traiter dans l'harmonie de manière qu'à la faveur de ce qui précède elle soit moins dure à l'oreille qu'elle ne le seroit sans cette précaution : selon cette définition toute dissonance veut être préparée. Mais, lorsque pour *préparer* une dissonance on exige que le son qui la forme ait fait consonnance auparavant, alors il n'y a fondamentalement qu'une seule dissonance qui se *prépare*, savoir, la septième : encore cette préparation n'est-elle point nécessaire dans l'accord sensible, parce qu'alors la dissonance étant caractéristique, et dans l'accord et dans le mode, est suffisamment annoncée, que l'oreille s'y attend, la reconnoît, et ne se trompe ni sur l'accord ni sur son progrès naturel : mais, lorsque la septième se fait entendre sur un son fondamental qui n'est pas essentiel au mode, on doit la *préparer*, pour prévenir toute équivoque, pour empêcher que l'oreille de l'écoutant ne s'égare ; et, comme cet accord de septième se renverse et se combine de plusieurs manières, de là naissent aussi diverses manières apparentes de *préparer*, qui, dans le fond, reviennent pourtant toujours à la même.

Il faut considérer trois choses dans la pratique des dissonances ; savoir, l'accord qui précède la dissonance, celui où elle se trouve, et celui qui la suit. La préparation ne regarde que les deux premiers ; pour le troisième, voyez SAUVER.

Quand on veut *préparer* régulièrement une dissonance, il faut choisir, pour arriver à son accord, une telle marche de basse-fondamentale, que le son qui forme la dissonance soit un prolongement dans le temps fort d'une consonnance frappée sur le temps foible dans l'accord précédent ; c'est ce qu'on appelle *syncoper*. (Voyez SYNCOPE.)

De cette préparation résultent deux avantages ;

savoir, 1° qu'il y a nécessairement liaison harmonique entre les deux accords, puisque la dissonance elle-même forme cette liaison; et 2° que cette dissonance, n'étant que le prolongement d'un son consonnant, devient beaucoup moins dure à l'oreille qu'elle ne le seroit sur un son nouvellement frappé : or c'est là tout ce qu'on cherche dans la préparation. (Voyez CADENCE, DISSONANCE, HARMONIE.)

On voit, par ce que je viens de dire, qu'il n'y a aucune partie destinée spécialement à *préparer* la dissonance que celle même qui la fait entendre : de sorte que si le dessus sonne la dissonance, c'est à lui de syncoper; mais, si la dissonance est à la basse, il faut que la basse syncope. Quoiqu'il n'y ait rien là que de très-simple, les maîtres de composition ont furieusement embrouillé tout cela.

Il y a des dissonances qui ne se *préparent* jamais; telle est la sixte-ajoutée : d'autres qui se *préparent* fort rarement; telle est la septième diminuée.

PRESTO, *adv.* Ce mot écrit à la tête d'un morceau de musique indique le plus prompt et le plus animé des cinq principaux mouvements établis dans la musique italienne. *Presto* signifie *vite.* Quelquefois on marque un mouvement encore plus pressé par le superlatif *prestissimo.*

PRIMA INTENZIONE. Mot technique italien, qui n'a point de correspondant en françois, et qui n'en a pas besoin, puisque l'idée que ce mot exprime n'est pas connue dans la musique françoise. Un air, un morceau *di prima intenzione*, est celui qui s'est formé tout d'un coup, tout entier et avec toutes ses parties, dans l'esprit du compositeur, comme Pallas sortit tout armée du cerveau de Jupiter. Les morceaux *di prima intenzione* sont de ces rares coups de génie, dont toutes les idées sont si étroitement liées qu'elles n'en font pour ainsi dire qu'une seule, et n'ont pu se présenter à l'esprit l'une sans l'autre : ils sont semblables à ces périodes de Cicéron, longues, mais éloquentes, dont le sens, suspendu pendant toute leur durée, n'est déterminé qu'au dernier mot, et qui, par conséquent, n'ont formé qu'une seule pensée dans l'esprit de l'auteur. Il y a dans les arts des inventions produites par de pareils efforts de génie, et dont tous les raisonnements, intimement unis l'un à l'autre, n'ont pu se faire successivement, mais se sont nécessairement offerts à l'esprit tout à la fois, puisque le premier, sans le dernier, n'auroit eu aucun sens : telle est, par exemple, l'invention de cette prodigieuse machine du métier à bas, qu'on peut regarder, dit le philosophe qui l'a décrite dans l'*Encyclopédie*, comme un seul et unique raisonnement dont la fabrication de l'ouvrage est la conclusion. Ces sortes d'opérations de l'entendement, qu'on explique à peine même par l'analyse, sont des prodiges pour la raison, et ne se conçoivent que par les génies capables de les produire ; l'effet en est toujours proportionné à l'effort de tête qu'ils ont coûté : et, dans la musique, les morceaux *di prima intenzione* sont les seuls qui puissent causer ces extases, ces ravissements, ces élans de l'ame qui transportent les auditeurs hors d'eux-mêmes : on les sent, on les devine à l'instant; les connoisseurs ne s'y trompent jamais. A la suite d'un de ces morceaux sublimes faites passer un de ces airs décousus, dont toutes les phrases ont été composées l'une après l'autre, ou ne sont qu'une même phrase promenée en différents tons, et dont l'accompagnement n'est qu'un remplissage fait après coup; avec quelque goût que ce dernier morceau soit composé, si le souvenir de l'autre vous laisse quelque attention à lui donner, ce ne sera que pour en être glacés, transis, impatientés: après un air *di prima intenzione,* toute autre musique est sans effet.

Prise. *Lepsis.* Une des parties de l'ancienne mélopée. (Voyez Mélopée.)

Progression, *s. f.* Proportion continue prolongée au-delà de trois termes. (Voyez Proportion.) Les suites d'intervalles égaux sont toutes en *progressions,* et c'est en identifiant les termes voisins de différentes *progressions* qu'on parvient à compléter l'échelle diatonique et chromatique au moyen du tempérament. (Voyez Tempérament.)

Prolation, *s. f.* C'est, dans nos anciennes musiques, une manière de déterminer la valeur des notes semi-brèves sur celle de la brève, ou des minimes sur celle de la semi-brève : cette *prolation* se marquoit après la clef, et quelquefois après le signe du mode, par un cercle ou un demi-cercle, ponctué ou non ponctué, selon les règles suivantes.

Considérant toujours la division sous-triple comme la plus excellente, ils divisoient la *prolation* en parfaite et imparfaite, et l'une et l'autre en majeure et mineure, de même que pour le mode.

La *prolation* parfaite étoit pour la mesure ternaire, et se marquoit par un point dans le cercle, quand elle étoit majeure, c'est-à-dire quand elle indiquoit le rapport de la brève à la semi-brève; ou par un point dans un demi-cercle, quand elle étoit mineure, c'est-à-dire quand elle indiquoit le rapport de la semi-brève à la minime. (Voyez *Planche* 4, *figures* 6 et 8.)

La *prolation* imparfaite étoit pour la mesure binaire, et se marquoit, comme le temps, par un simple cercle, quand elle étoit majeure, ou par un demi-cercle, quand elle étoit mineure. (*Même Planche*, *figures* 7 et 9.)

Depuis on ajouta quelques autres signes à la *prolation* parfaite; outre le cercle et le demi-cercle on se servit du chiffre $\frac{3}{1}$ pour exprimer la valeur de trois rondes ou semi-brèves, pour celle de la brève ou carrée; et du chiffre $\frac{3}{2}$ pour exprimer la valeur de trois minimes ou blanches, pour la ronde ou semi-brève.

Aujourd'hui toutes les *prolations* sont abolies; la division sous-double l'a emporté sur la sous-ternaire, et il faut avoir recours à des exceptions et à des signes particuliers pour exprimer le partage d'une note quelconque en trois autres notes égales. (Voyez Valeur des notes.)

On lit dans le *Dictionnaire de l'académie* que *prolation* signifie *roulement*. Je n'ai point lu ailleurs ni ouï dire que ce mot ait jamais eu ce sens-là.

Prologue, *s. m.* Sorte de petit opéra qui précède le grand, l'annonce, et lui sert d'introduction. Comme le sujet des *prologues* est ordinairement élevé, merveilleux, ampoulé, magnifique et plein de louanges, la musique en doit être brillante, harmonieuse, et plus imposante que tendre et pathétique. On ne doit point épuiser sur le *prologue* les grands mouvements qu'on veut exciter dans la pièce, et il faut que le musicien, sans être maussade et plat dans le début, sache pourtant s'y ménager de manière à se montrer encore intéressant et neuf dans le corps de l'ouvrage. Cette gradation n'est ni sentie ni rendue par la plupart des compositeurs; mais elle est pourtant nécessaire quoique difficile. Le mieux seroit de n'en avoir pas besoin, et de supprimer tout-à-fait les *prologues*, qui ne font guère qu'ennuyer et impatienter les spectateurs, ou nuire à l'intérêt de la pièce, en usant d'avance les moyens de plaire et d'intéresser. Aussi les opéra françois sont-ils les seuls où l'on ait conservé des *prologues;* encore ne les y souffre-t-on que parce qu'on n'ose murmurer contre les fadeurs dont ils sont pleins.

PROPORTION, *s. f.* Égalité entre deux rapports. Il y a quatre sortes de *proportions;* savoir la *proportion* arithmétique, la géométrique, l'harmonique, et la contre-harmonique. Il faut avoir l'idée de ces diverses *proportions* pour entendre les calculs dont les auteurs ont chargé la théorie de la musique.

Soient quatre termes ou quantités *a b c d;* si la différence du premier terme *a* au second *b* est égale à la différence du troisième *c* au quatrième *d,* ces quatre termes sont en *proportion* arithmétique : tels sont, par exemple, les nombres suivants, 2. 4 : 8 . 10.

Que si, au lieu d'avoir égard à la différence, on compare ces termes par la manière de contenir ou d'être contenus; si, par exemple, le premier *a* est au second *b* comme le troisième *c* est au quatrième *d,* la *proportion* est géométrique : telle est celle que forment ces quatre nombres 2 : 4 : : 8 : 16.

Dans le premier exemple, l'excès dont le premier terme 2 est surpassé par le second 4 est 2; et l'excès dont le troisième 8 est surpassé par le quatrième 10 est aussi 2. Ces quatre termes sont donc en *proportion* arithmétique.

Dans le second exemple, le premier terme 2 est la moitié du second 4, et le troisième terme 8 est aussi la moitié du quatrième 16. Ces quatre termes sont donc en *proportion* géométrique.

Une *proportion*, soit arithmétique, soit géométrique, est dite inverse ou réciproque, lorsqu'après avoir comparé le premier terme au second, l'on compare, non le troisième au quatrième, comme dans la *proportion* directe, mais à rebours le quatrième au troisième, et que les rapports ainsi pris se trouvent egaux. Ces quatre nombres 2 . 4 : 8 . 6 sont en *proportion* arithmétique réciproque; et ces quatre 2 : 4 : : 6 : 3 sont en *proportion* géométrique réciproque.

Lorsque, dans une *proportion* directe, le second terme ou le conséquent du premier rapport est égal au premier terme, ou à l'antécédent du second rapport, ces deux termes, étant égaux, sont pris pour le même, et ne s'écrivent qu'une fois au lieu de deux : ainsi, dans cette *proportion* arithmétique 2 . 4 : 4 . 6, au lieu d'écrire deux fois le nombre 4, on ne l'écrit qu'une fois; et la *proportion* se pose ainsi, $\div$ 2 . 4 . 6.

De même, dans cette *proportion* géométrique 2 : 4 : : 4 : 8, au lieu d'écrire 4 deux fois, on ne l'écrit qu'une, de cette manière $\div$ 2 : 4 : 8.

Lorsque le conséquent du premier rapport sert ainsi d'antécédent au second rapport, et que la *proportion* se pose avec trois termes, cette *pro-*

portion s'appelle continue, parce qu'il n'y a plus entre les deux rapports qui la forment l'interruption qui s'y trouve quand on la pose en quatre termes.

Ces trois termes ÷ 2 . 4 . 6 sont donc en *proportion* arithmétique continue ; et ces trois-ci, ÷ 2 : 4 : 8, sont en *proportion* géométrique continue.

Lorsqu'une *proportion* continue se prolonge, c'est-à-dire lorsqu'elle a plus de trois termes ou de deux rapports égaux, elle s'appelle *progression*.

Ainsi ces quatre termes 2, 4, 6, 8 forment une progression arithmétique qu'on peut prolonger autant qu'on veut en ajoutant la différence au dernier terme.

Et ces quatre termes 2, 4, 8, 16 forment une progression géométrique qu'on peut de même prolonger autant qu'on veut en doublant le dernier terme, ou, en général, en le multipliant par le quotient du second terme divisé par le premier, lequel quotient s'appelle l'*exposant* du rapport ou de la progression.

Lorsque trois termes sont tels que le premier est au troisième comme la différence du premier au second est à la différence du second au troisième, ces trois termes forment une sorte de *proportion* appelée *harmonique*; tels sont, par exemple, ces trois nombres 3, 4, 6 : car, comme le premier 3 est la moitié du troisième 6, de même l'excès 1 du second sur le premier est la moitié de l'excès 2 du troisième sur le second.

Enfin, lorsque trois termes sont tels que la différence du premier au second est à la différence du second au troisième, non comme le premier est au troisième, ainsi que dans la *proportion* harmonique, mais au contraire comme le troisième est au premier ; alors ces trois termes forment entre eux une sorte de *proportion* appelée *proportion contre-harmonique* : ainsi ces trois nombres 3, 5, 6 sont en *proportion* contre-harmonique.

L'expérience a fait connoître que les rapports de trois cordes sonnant ensemble l'accord parfait tierce majeure formoient entre elles la sorte de *proportion* qu'à cause de cela on a nommée harmonique : mais c'est là une pure propriété de nombres qui n'a nulle affinité avec les sons, ni avec leur effet sur l'organe auditif ; ainsi la *proportion* harmonique et la *proportion* contre-harmonique n'appartiennent pas plus à l'art que la *proportion* arithmétique et la *proportion* géométrique, qui même y sont beaucoup plus utiles. Il faut toujours penser que les propriétés des quantités abstraites ne sont point des propriétés des sons, et ne pas chercher, à l'exemple des pythagoriciens, je ne sais quelles chimériques analogies entre choses de différente nature, qui n'ont entre elles que des rapports de convention.

PROPREMENT, *adv.* Chanter ou jouer *propre-*

ment c'est exécuter la mélodie françoise, avec les ornements qui lui conviennent. Cette mélodie n'étant rien par la seule force des sons, et n'ayant par elle-même aucun caractère, n'en prend un que par les tournures affectées qu'on lui donne en l'exécutant. Ces tournures, enseignées par les maîtres de *goût du chant*, font ce qu'on appelle les agréments du chant françois. (Voyez AGRÉMENTS.)

PROPRETÉ, *s. f.* Exécution du chant françois avec les ornements qui lui sont propres, et qu'on appelle agréments du chant. (Voyez AGRÉMENTS.)

PROSLAMBANOMÉNOS. C'étoit, dans la musique ancienne, le son le plus grave de tout le système, un ton au-dessous de l'hypate-hypaton.

Son nom signifie *surnuméraire, acquise,* ou *ajoutée,* parce que la corde qui rend ce son-là fut ajoutée au-dessous de tous les tétracordes pour achever le diapason ou l'octave avec la mèse, et le diapason ou la double octave avec la nète-hyperboléon, qui étoit la corde la plus aiguë de tout le système. (Voyez SYSTÈME.)

PROSODIAQUE, *adj.* Le nome *prosodiaque* se chantoit en l'honneur de Mars, et fut, dit-on, inventé par Olympus.

PROSODIE, *s. f.* Sorte de nome pour les flûtes, et propre aux cantiques que l'on chantoit chez les Grecs à l'entrée des sacrifices. Plutarque attribue l'invention des *prosodies* à Clonas, de Tégée selon les Arcadiens, et de Thèbes selon les Béotiens.

Protésies, *s. f.* Pause d'un temps long dans la musique ancienne, à la différence du *lemme*, qui étoit la pause d'un temps bref.

Psalmodier, *v. n.* C'est, chez les catholiques, chanter ou réciter les psaumes et l'office d'une manière particulière, qui tient le milieu entre le chant et la parole : c'est du chant, parce que la voix est soutenue ; c'est de la parole, parce qu'on garde presque toujours le même ton.

Pycni, Pycnoi. (Voyez Épais.)

Pythagoriciens, *subst. masc. plur.* Nom d'une des deux sectes dans lesquelles se divisoient les théoriciens dans la musique grecque : elle portoit le nom de Pythagore, son chef, comme l'autre secte portoit le nom d'Aristoxène. (Voyez Aristoxéniens.)

Les *pythagoriciens* fixoient tous les intervalles tant consonnants que dissonants par le calcul des rapports ; les aristoxéniens, au contraire, disoient s'en tenir au jugement de l'oreille. Mais au fond leur dispute n'étoit qu'une dispute de mots, et, sous des dénominations plus simples, les moitiés ou les quarts de *ton* des aristoxéniens, ou ne signifioient rien, ou n'exigeoient pas de calculs moins composés que ceux des limma, des comma, des apotomes fixés par les *pythagoriciens*. En proposant, par exemple, de prendre la moitié d'un *ton*, que proposoit un aristoxénien ? rien sur quoi l'oreille pût porter un jugement fixe : ou il ne savoit ce qu'il vouloit dire, ou il proposoit de trouver une moyenne proportionnelle entre 8 et 9 : or cette moyenne proportionnelle est la racine carrée de 72, et cette racine carrée est un nombre irrationnel. Il n'y avoit aucun autre moyen possible d'assigner cette moitié de-*ton* que par la géométrie, et cette méthode géométrique n'étoit pas plus simple que les rapports de nombre à nombre calculés par les *pythagoriciens*. La simplicité des aristoxéniens n'étoit donc qu'apparente; c'étoit une simplicité semblable à celle du système de M. de Boisgelou, dont il sera parlé ci-après. (Voyez Intervalle, Système.)

Q.

Quadruple-croche, *s. f.* Note de musique valant le quart d'une double-croche ou la moitié d'une triple-croche. Il faut soixante-quatre *quadruples-croches* pour une mesure à quatre temps; mais on remplit rarement une mesure et même un temps de cette espèce de notes. (Voyez Valeur des notes.)

La *quadruple-croche* est presque toujours liée avec d'autres notes de pareille ou de différente valeur, et se figure ainsi. 𝄿𝄿𝄿𝄿 ou 𝄿𝄿 ; elle tire son nom des quatre traits ou crochets qu'elle porte.

Quantité. Ce mot, en musique, de même qu'en

prosodie, ne signifie pas le nombre des notes ou des syllables, mais la durée relative qu'elles doivent avoir. La *quantité* produit le rhythme, comme l'accent produit l'intonation : du rhythme et de l'intonation résulte la mélodie. (Voyez Mélodie.)

Quarré, *adj.* On appeloit autrefois B *quarré*, ou B *dur*, le signe qu'on appelle aujourd'hui *bécarre*. (Voyez B.)

Quarrée ou Brève, *adj. pris substantivement.* Sorte de note faite ainsi ≡, et qui tire son nom de sa figure. Dans nos anciennes musiques elle valoit tantôt trois rondes ou semi-brèves, et tantôt deux, selon que la prolation étoit parfaite ou imparfaite. (Voyez Prolation.)

Maintenant la *carrée* vaut toujours deux rondes, mais on l'emploie fort rarement.

Quart-de-soupir, *s. m.* Valeur de silence qui, dans la musique italienne, se figure ainsi ⅄ ; dans la françoise ainsi ⌐|, et qui marque, comme le porte son nom, la quatrième partie d'un soupir, c'est-à-dire l'équivalent d'une double-croche. (Voyez Soupir, Valeur des notes.)

Quart-de-ton, *s. m.* Intervalle introduit dans le genre enharmonique par Aristoxène, et duquel la raison est sourde. (Voyez Échelle, Enharmonique, Intervalle, Pythagoriciens.)

Nous n'avons ni dans l'oreille ni dans les calculs harmoniques aucun principe qui nous puisse fournir l'intervalle exact d'un *quart-de-ton;* et, quand on considère quelles opérations géométriques sont nécessaires pour le déterminer sur le monocorde, on est bien tenté de soupçonner qu'on n'a peut-être jamais entonné et qu'on n'entonnera peut-être jamais de *quart-de-ton* juste ni par la voix ni sur aucun instrument.

Les musiciens appellent aussi *quart-de-ton* l'intervalle qui, de deux notes à un *ton* l'une de l'autre, se trouve entre le bémol de la supérieure et le dièse de l'inférieure ; intervalle que le tempérament fait évanouir, mais que le calcul peut déterminer.

Ce *quart-de-ton* est de deux espèces ; savoir, l'enharmonique majeur, dans le rapport de 576 à 625, qui est le complément de deux semi-tons mineurs au *ton* majeur ; et l'enharmonique mineur, dans la raison de 125 à 128, qui est le complément de deux mêmes semi-tons mineurs au *ton* mineur.

QUARTE, *s. f.* La troisième des consonnances dans l'ordre de leur génération. La *quarte* est une consonnance parfaite ; son rapport est de 3 à 4 ; elle est composée de trois degrés diatoniques formés par quatre sons, d'où lui vient le nom de *quarte ;* son intervalle est de deux *tons* et demi ; savoir, un *ton* majeur, un *ton* mineur, et un semi-ton majeur.

La *quarte* peut s'altérer de deux manières ; savoir, en diminuant son intervalle d'un semi-ton, et alors elle s'appelle *quarte-diminuée* ou *fausse-quarte*; ou en augmentant d'un semi-ton ce même intervalle, et alors elle s'appelle *quarte-superflue* ou *triton*, parce que l'intervalle en est de trois *tons* pleins : il n'est que de deux *tons*, c'est-à-dire d'un *ton* et deux semi-tons dans la *quarte-diminuée*; mais ce dernier intervalle est banni de l'harmonie, et pratiqué seulement dans le chant.

Il y a un accord qui porte le nom de *quarte*, ou *quarte* et *quinte*; quelques-uns l'appellent accord de onzième : c'est celui où, sous un accord de septième, on suppose à la basse un cinquième son, une quinte au-dessous du fondamental; car alors ce fondamental fait quinte, et sa septième fait onzième avec le son supposé. (Voyez Supposition.)

Un autre accord s'appelle *quarte-superflue* ou *triton*. C'est un accord sensible dont la dissonance est portée à la basse; car alors la note sensible fait triton sur cette dissonance. (Voyez Accord.)

Deux *quartes* justes de suite sont permises en composition, même par mouvement semblable, pourvu qu'on y ajoute la sixte; mais ce sont des passages dont on ne doit pas abuser, et que la basse-fondamentale n'autorise pas extrêmement.

Quarter, *v. n.* C'étoit, chez nos anciens musiciens, une manière de procéder dans le déchant ou contre-point plutôt par quartes que par quintes; c'étoit ce qu'ils appeloient aussi par un mot latin; plus barbare encore que le françois, *dia-tesseronare*.

Quatorzième, *s. f.* Réplique ou octave de la septième. Cet intervalle s'appelle *quatorzième*, parce qu'il faut former quatorze sons pour passer diatoniquement d'un de ses termes à l'autre.

Quatuor, *s. m.* C'est le nom qu'on donne aux morceaux de musique vocale ou instrumentale qui sont à quatre parties récitantes. (Voyez Partie.) Il n'y a point de vrais *quatuor*, ou ils ne valent rien. Il faut que dans un bon *quatuor* les parties soient presque toujours alternatives, parce que dans tout accord il n'y a que deux parties tout au plus qui fassent chant et que l'oreille puisse distinguer à la fois; les deux autres ne sont qu'un pur remplissage, et l'on ne doit point mettre de remplissage dans un *quatuor*.

Queue, *s. f.* On distingue dans les notes la tête et la *queue*. La tête est le corps même de la note; la *queue* est ce trait perpendiculaire qui tient à la tête et qui monte ou descend indifféremment à travers la portée. Dans le plain-chant la plupart des notes n'ont pas de *queue*; mais dans la musique il n'y a que la ronde qui n'en ait point. Autrefois la brève ou carrée n'en avoit pas non plus; mais les différentes positions de la *queue* servoient à distinguer les valeurs des autres notes, et surtout de la Plique. (Voyez Plique.)

Aujourd'hui la *queue* ajoutée aux notes du

plain-chant prolonge leur durée : elle l'abrège au contraire dans la musique, puisqu'une blanche ne vaut que la moitié d'une ronde.

Quinque, *s. m.* Nom qu'on donne aux morceaux de musique vocale ou instrumentale qui sont à cinq parties récitantes. Puisqu'il n'y a pas de vrai *quatuor*, à plus forte raison n'y a-t-il pas de véritable *quinque*. L'un et l'autre de ces mots, quoique passés de la langue latine dans la françoise, se prononcent comme en latin.

Quinte, *s. f.* La seconde des consonnances dans l'ordre de leur génération. La *quinte* est une consonnance parfaite (voyez Consonnance); son rapport est de 2 à 3 : elle est composée de quatre degrés diatoniques, arrivant au cinquième son, d'où lui vient le nom de *quinte* : son intervalle est de trois *tons* et demi ; savoir, deux *tons* majeurs, un *ton* mineur, et un semi-ton majeur.

La *quinte* peut s'altérer de deux manières ; savoir, en diminuant son intervalle d'un semi-ton, et alors elle s'appelle *fausse-quinte*, et devroit s'appeler *quinte* diminuée ; ou en augmentant d'un semi-ton le même intervalle, et alors elle s'appelle *quinte-superflue*. De sorte que la *quinte-superflue* a quatre *tons*, et la *fausse-quinte* trois seulement, comme le triton, dont elle ne diffère dans nos systèmes que par le nombre des degrés. (Voyez Fausse-quinte.)

Il y a deux accords qui portent le nom de *quinte*,

savoir, l'accord de *quinte* et *sixte*, qu'on appelle aussi *grande-sixte* ou *sixte-ajoutée*, et l'accord de *quinte-superflue*.

Le premier de ces deux accords se considère en deux manières; savoir, comme un renversement de l'accord de septième, la tierce du son fondamental étant portée au grave; c'est l'accord de *grande-sixte* (voyez Sixte); ou bien comme un accord direct dont le son fondamental est au grave; et c'est alors l'accord de *sixte-ajoutée*. (Voyez Double emploi.)

Le second se considère aussi de deux manières, l'une par les François, l'autre par les Italiens. Dans l'harmonie françoise la *quinte-superflue* est l'accord dominant en mode mineur, au-dessous duquel on fait entendre la médiante qui fait *quinte-superflue* avec la note sensible. Dans l'harmonie italienne, la *quinte-superflue* ne se pratique que sur la tonique en mode majeur, lorsque, par accident, sa *quinte* est diésée, faisant alors tierce majeure sur la médiante, et par conséquent *quinte-superflue* sur la tonique. Le principe de cet accord, qui paroît sortir du mode, se trouvera dans l'exposition du système de M. Tartini. (V. Système.)

Il est défendu en composition de faire deux *quintes* de suite par mouvement semblable entre les mêmes parties; cela choqueroit l'oreille en formant une double modulation.

M. Rameau prétend rendre raison de cette règle par le défaut de liaison entre les accords: il se trompe. Premièrement on peut former ces deux *quintes* et conserver la liaison harmonique. Secondement, avec cette liaison, les deux *quintes* sont encore mauvaises. Troisièmement, il faudroit, par le même principe, étendre, comme autrefois, la règle aux tierces majeures; ce qui n'est pas et ne doit pas être. Il n'appartient pas à nos hypothèses de contrarier le jugement de l'oreille, mais seulement d'en rendre raison.

Quinte-fausse est une *quinte* réputée juste dans l'harmonie, mais qui, par la force de la modulation, se trouve affoiblie d'un semi-ton ; telle est ordinairement la *quinte* de l'accord de septième sur la seconde note du ton en mode majeur.

La *fausse-quinte* est une dissonance qu'il faut sauver; mais la *quinte-fausse* peut passer pour consonnance et être traitée comme telle quand on compose à quatre parties. (Voy. FAUSSE-QUINTE.)

QUINTE est aussi le nom qu'on donne en France à cette partie instrumentale de remplissage qu'en Italie on appelle *viola*. Le nom de cette partie a passé à l'instrument qui la joue.

QUINTER, *v. n.* C'étoit, chez nos anciens musiciens, une manière de procéder dans le déchant ou contre-point plutôt par *quintes* que par quartes; c'est ce qu'ils appeloient aussi dans leur latin *diapentissare*. Muris s'étend fort au long sur les règles convenables pour *quinter* ou *quarter* à propos.

Quinzième, *s. f.* Intervalle de deux octaves. (Voyez Double octave.)

R.

Rans-des-vaches. Air célèbre parmi les Suisses, et que leurs jeunes bouviers jouent sur la cornemuse en gardant le bétail dans les montagnes. Voyez l'air noté, *Planche* 26, *fig.* 2; voyez aussi l'article Musique, où il est fait mention des étranges effets de cet air.

Ravalement. Le clavier ou système à *ravalement* est celui qui, au lieu de se borner à quatre octaves, comme le clavier ordinaire, s'étend à cinq, ajoutant une quinte au-dessous de l'*ut* d'en bas, une quarte au-dessous de l'*ut* d'en haut, et embrassant ainsi cinq octaves entre deux *fa*. Le mot *ravalement* vient des facteurs d'orgue et de clavecin, et il n'y a guère que ces instruments sur lesquels on puisse embrasser cinq octaves. Les instruments aigus passent même rarement l'*ut* d'en haut sans jouer faux, et l'accord des basses ne leur permet point de passer l'*ut* d'en bas.

Re. Syllabe par laquelle on solfie la seconde note de la gamme. Cette note au naturel s'exprime par la lettre D. (Voyez D et Gamme.)

Recherche, *s. f.* Espèce de prélude ou de fantaisie sur l'orgue ou sur le clavecin, dans laquelle le musicien affecte de rechercher et de rassembler les principaux traits d'harmonie et de chant qui viennent d'être exécutés, ou qui vont l'être dans un concert; cela se fait ordinairement sur-le-champ, sans préparation, et demande par conséquent beaucoup d'habileté.

Les Italiens appellent encore *recherches*, ou *cadences*, ces *arbitrii* ou points-d'orgue que le chanteur se donne la liberté de faire sur certaines notes de sa partie, suspendant la mesure, parcourant les diverses cordes du mode, et même en sortant quelquefois, selon les idées de son génie et les routes de son gosier, tandis que tout l'accompagnement s'arrête jusqu'à ce qu'il lui plaise de finir.

Récit, *s. m.* Nom générique de tout ce qui se chante à voix seule: on dit un *récit* de basse, un *récit* de haute-contre. Ce mot s'applique même en ce sens aux instruments: on dit un *récit* de violon, de flûte, de hautbois. En un mot, *réciter* c'est chanter ou jouer seul une partie quelconque, par opposition au chœur et à la symphonie en général, où plusieurs chantent ou jouent la même partie à l'unisson.

On peut encore appeler *récit* la partie où règne le sujet principal, et dont toutes les autres ne sont que l'accompagnement. On a mis dans le Dictionnaire de l'académie françoise: *Les récits ne sont point assujettis à la mesure comme les airs.* Un ré-

cit est souvent un air, et par conséquent mesuré. L'académie auroit-elle confondu le *récit* avec le *récitatif*?

Récitant, *partic.* Partie *récitante* est celle qui se chante par une seule voix, ou se joue par un seul instrument, par opposition aux parties de symphonie et de chœur qui sont exécutées à l'unisson par plusieurs concertants. (Voyez Récit.)

Récitation, *s. f.* Action de réciter la musique. (Voyez Réciter.)

Récitatif, *s. m.* Discours récité d'un ton musical et harmonieux. C'est une manière de chant qui approche beaucoup de la parole, une déclamation en musique, dans laquelle le musicien doit imiter, autant qu'il est possible, les inflexions de voix du déclamateur. Ce chant est nommé *récitatif*, parce qu'il s'applique à la narration, au récit, et qu'on s'en sert dans le dialogue dramatique. On a mis dans le Dictionnaire de l'académie que le *récitatif* doit être débité : il y a des *récitatifs* qui doivent être débités, d'autres qui doivent être soutenus.

La perfection du *récitatif* dépend beaucoup du caractère de la langue; plus la langue est accentuée et mélodieuse, plus le *récitatif* est naturel et approche du vrai discours : il n'est que l'accent noté dans une langue vraiment musicale ; mais, dans une langue pesante, sourde et sans accent, le *récitatif* n'est que du chant, des cris, de la psalmodie; on n'y reconnoît plus la parole : ainsi le meilleur *récitatif* est celui où l'on chante le moins. Voilà, ce me semble, le seul vrai principe tiré de la nature de la chose sur lequel on doive se fonder pour juger du *récitatif*, et comparer celui d'une langue à celui d'une autre.

Chez les Grecs, toute la poésie étoit en *récitatif*, parce que la langue étant mélodieuse il suffisoit d'y ajouter la cadence du mètre et la récitation soutenue pour rendre cette récitation tout-à-fait musicale; d'où vient que ceux qui versifioient appeloient cela *chanter* : cet usage, passé ridiculement dans les autres langues, fait dire encore aux poètes, *je chante*, lorsqu'ils ne font aucune sorte de chant. Les Grecs pouvoient chanter en parlant; mais chez nous il faut parler ou chanter; on ne sauroit faire à la fois l'un et l'autre. C'est cette distinction même qui nous a rendu le *récitatif* nécessaire. La musique domine trop dans nos airs, la poésie y est presque oubliée. Nos drames lyriques sont trop chantés pour pouvoir l'être toujours. Un opéra qui ne seroit qu'une suite d'airs ennuieroit presque autant qu'un seul air de la même étendue. Il faut couper et séparer les chants par de la parole; mais il faut que cette parole soit modifiée par la musique. Les idées doivent changer, mais la langue doit rester la même. Cette langue une fois donnée, en changer dans le cours d'une pièce seroit vouloir parler moitié françois, moitié allemand. Le passage du discours au chant, et réciproquement, est trop disparate ; il choque à la fois l'oreille et la vraisemblance: deux interlocuteurs doivent parler ou chanter ; ils ne sauroient faire alternativement l'un et l'autre. Or le *récitatif* est le moyen d'union du chant et de la parole ; c'est lui qui sépare et distingue les airs, qui repose l'oreille étonnée de celui qui précède, et la dispose à goûter celui qui suit: enfin c'est à l'aide du *récitatif* que ce qui n'est que dialogue, récit, narration dans le drame, peut se rendre sans sortir de la langue donnée, et sans déplacer l'éloquence des airs.

On ne mesure point le *récitatif* en chantant; cette mesure, qui caractérise les airs, gâteroit la déclamation récitative : c'est l'accent, soit grammatical, soit oratoire, qui doit seul diriger la lenteur ou la rapidité des sons, de même que leur élévation ou leur abaissement. Le compositeur, en notant le *récitatif* sur quelque mesure déterminée, n'a en vue que de fixer la correspondance de la basse-continue et du chant, et d'indiquer à peu près comment on doit marquer la quantité des syllabes, cadencer et scander les vers. Les Italiens ne se servent jamais pour leur *récitatif* que de la mesure à quatre temps, mais les François entremêlent le leur de toutes sortes de mesures.

Ces derniers arment aussi la clef de toutes sortes de transpositions, tant pour le *récitatif* que pour les airs : ce que ne font pas les Italiens ; mais ils notent toujours le *récitatif* au naturel : la quantité de modulations dont ils le chargent, et la promptitude des transitions faisant que la transposition convenable à un ton ne l'est plus à ceux dans lesquels on passe, multiplieroit trop les accidents sur les mêmes notes, et rendroit le *récitatif* presque impossible à suivre, et très-difficile à noter.

En effet, c'est dans le *récitatif* qu'on doit faire usage des transitions harmoniques les plus recherchées, et des plus savantes modulations. Les airs n'offrant qu'un sentiment, qu'une image, renfermés enfin dans quelque unité d'expression, ne permettent guère au compositeur de s'éloigner du ton principal ; et, s'il vouloit moduler beaucoup dans un si court espace, il n'offriroit que des phrases étranglées, entassées, et qui n'auroient ni liaison, ni goût, ni chant ; défaut très-ordinaire dans la musique françoise, et même dans l'allemande.

Mais dans le *récitatif*, où les expressions, les sentiments, les idées varient à chaque instant, on doit employer des modulations également variées, qui puissent représenter, par leur contexture, les successions exprimées par le discours du récitant. Les inflexions de la voix parlante ne sont pas bornées aux intervalles musicaux ; elles sont infinies et impossibles à déterminer. Ne pouvant donc les fixer avec une certaine précision, le musicien, pour suivre la parole, doit au moins les imiter le plus qu'il est possible; et, afin de porter dans l'esprit des auditeurs l'idée des intervalles et des accents qu'il ne peut exprimer en notes, il a recours à des transitions qui les supposent; si, par exemple, l'intervalle du semi-ton majeur au mineur lui est nécessaire, il ne le notera pas, il ne sauroit; mais il vous en donnera l'idée à l'aide d'un passage enharmonique. Une marche de basse suffit souvent pour changer toutes les idées, et donner au *récitatif* l'accent et l'inflexion que l'acteur ne peut exécuter.

Au reste, comme il importe que l'auditeur soit attentif au *récitatif*, et non pas à la basse, qui doit faire son effet sans être écoutée, il suit de là que la basse doit rester sur la même note autant qu'il est possible; car c'est au moment qu'elle change de note et frappe une autre corde qu'elle se fait écouter. Ces moments étant rares et bien choisis n'usent point les grands effets; ils distraient moins fréquemment le spectateur, et le laissent plus aisément dans la persuasion qu'il n'entend que parler, quoique l'harmonie agisse continuellement sur son oreille. Rien ne marque un plus mauvais *récitatif* que ces basses perpétuellement sautillantes, qui courent de croche en croche après la succession harmonique, et font, sous la mélodie de la voix, une autre manière de mélodie fort plate et fort ennuyeuse. Le compositeur doit savoir prolonger et varier ses accords sur la même note de basse, et n'en changer qu'au moment où l'inflexion du *récitatif*, devenant plus vive, reçoit plus d'effet par ce changement de basse, et empêche l'auditeur de le remarquer.

Le *récitatif* ne doit servir qu'à lier la contexture du drame, à séparer et faire valoir les airs, à prévenir l'étourdissement que donneroit la continuité du grand bruit; mais, quelque éloquent que soit le dialogue, quelque énergique et savant que puisse être le *récitatif*, il ne doit durer qu'autant qu'il est necessaire à son objet, parce que ce n'est point dans le *récitatif* qu'agit le charme de la musique, et que ce n'est cependant que pour déployer ce charme qu'est institué l'opéra. Or c'est en ceci qu'est le tort des Italiens, qui, par l'extrême longueur de leurs scènes, abusent du *récitatif*. Quelque beau qu'il soit en lui-même, il ennuie, parce qu'il dure trop, et que ce n'est pas pour entendre du *récitatif* que l'on va à l'opéra. Démosthène parlant tout le jour ennuieroit à la fin; mais il ne s'ensuivroit pas de là que Démosthène fût un orateur ennuyeux. Ceux qui disent que les Italiens eux-mêmes trouvent leur *récitatif* mauvais le disent bien gratuitement, puisqu'au contraire il n'y a point de partie dans la musique dont les connoisseurs fassent tant de cas et sur laquelle ils soient aussi difficiles; il suffit même d'exceller dans cette seule partie, fût-on médiocre dans toutes les autres, pour s'élever chez eux au rang des plus illustres artistes; et le célèbre *Porpora* ne s'est immortalisé que par là.

J'ajoute que, quoiqu'on ne cherche pas communément dans le *récitatif* la même énergie d'expression que dans les airs, elle s'y trouve pourtant quelquefois; et, quand elle s'y trouve, elle y fait plus d'effet que dans les airs mêmes. Il y a peu de bons opéra où quelque grand morceau de *récitatif* n'excite l'admiration des connoisseurs, et l'intérêt dans tout le spectacle; l'effet de ces morceaux montre assez que le défaut qu'on impute au genre n'est que dans la manière de le traiter.

M. Tartini rapporte avoir entendu, en 1714, à l'Opéra d'Ancône, un morceau de *récitatif* d'une seule ligne, et sans autre accompagnement que la basse, faire un effet prodigieux, non seulement sur les professeurs de l'art, mais sur tous les spectateurs. « C'étoit, dit-il, au commencement du troi-
« sième acte. A chaque représentation un silence
« profond dans tout le spectacle annonçoit les ap-
« proches de ce terrible morceau ; on voyoit les
« visages pâlir, on se sentoit frissonner, et l'on se
« regardoit l'un l'autre avec une sorte d'effroi ; car
« ce n'étoient ni des pleurs, ni des plaintes; c'étoit
« un certain sentiment de rigueur âpre et dédai-
« gneuse qui troubloit l'ame, serroit le cœur, et
« glaçoit le sang. » Il faut transcrire le passage

original : ces effets sont si peu connus sur nos théâtres que notre langue est peu exercée à les exprimer.

« L'anno quatordecimo del secolo presente, nel
« dramma che si rapresentava in Ancona, v'era
« su'l principio dell'. atto terzo una riga di recita-
« tivo non accompagnato da altri stromenti che
« dal basso; per cui, tanto in noi professori, quanto
« negli ascoltanti, si destava una tale e tanta com-
« mozione di animo, che tutti si guardavano in
« faccia l'un l'altro, per la evidente mutazione di
« colore che si faceva in ciascheduno di noi. L'ef-
« fetto non era di pianto (mi ricordo benissimo
« che le parole erano di sdegno), ma di un certo
« rigore e freddo nel sangue, che di fatto turbava
« l'animo. Tredeci volte si recitò il dramma, e
« sempre segui l'effetto stesso universalmente ; di
« che era segno palpabile il sommo previo silen-
« zio, con cui l'uditorio tutto si apparecchiava a
« goderne l'effetto. »

RÉCITATIF ACCOMPAGNÉ est celui auquel, outre la basse-continue, on ajoute un accompagnement de violons. Cet accompagnement, qui ne peut guère être syllabique, vu la rapidité du débit, est ordinairement formé de longues notes soutenues sur des mesures entières ; et l'on écrit pour cela sur toutes les parties de symphonie le mot *sostenuto*, principalement à la basse, qui, sans cela, ne frapperoit que des coups secs et détachés à chaque changement de note, comme dans le *récitatif* ordinaire; au lieu qu'il faut alors filer et soutenir les sons selon toute la valeur des notes. Quand l'accompagnement est mesuré, cela force de mesurer aussi le *récitatif*, lequel alors suit et accompagne en quelque sorte l'accompagnement.

Récitatif mesuré. Ces deux mots sont contradictoires : tout *récitatif* où l'on sent quelque autre mesure que celle des vers n'est plus du *récitatif*. Mais souvent un *récitatif* ordinaire se change tout d'un coup en chant, et prend de la mesure et de la mélodie ; ce qui se marque en écrivant sur les parties *a tempo* ou *a battuta*. Ce contraste, ce changement bien ménagé produit des effets surprenants. Dans le cours d'un *récitatif* débité, une réflexion tendre et plaintive prend l'accent musical et se développe à l'instant par les plus douces inflexions du chant ; puis, coupée de la même manière par quelque autre réflexion vive et impétueuse, elle s'interrompt brusquement pour reprendre à l'instant tout le débit de la parole. Ces morceaux courts et mesurés, accompagnés pour l'ordinaire de flûtes et de cors de chasse, ne sont pas rares dans les grands *récitatifs* italiens.

On mesure encore le *récitatif*, lorsque l'accompagnement dont on le charge, étant chantant et mesuré lui-même, oblige le *récitant* d'y conformer son débit. C'est moins alors un *récitatif me-*

suré que, comme je l'ai dit plus haut, un *récitatif* accompagnant l'accompagnement.

RÉCITATIF OBLIGÉ. C'est celui qui, entremêlé de ritournelles et de traits de symphonie, *oblige* pour ainsi dire le récitant et l'orchestre l'un envers l'autre, en sorte qu'ils doivent être attentifs et s'attendre mutuellement. Ces passages alternatifs de récitatifs et de mélodie revêtue de tout l'éclat de l'orchestre sont ce qu'il y a de plus touchant, de plus ravissant, de plus énergique dans toute la musique moderne. L'acteur, agité, transporté d'une passion qui ne lui permet pas de tout dire, s'interrompt, s'arrête, fait des réticences, durant lesquelles l'orchestre parle pour lui, et ces silences ainsi remplis affectent infiniment plus l'auditeur que si l'acteur disoit lui-même tout ce que la musique fait entendre. Jusqu'ici la musique françoise n'a su faire aucun usage du *récitatif obligé*. L'on a tâché d'en donner quelque idée dans une scène du *Devin du village*; et il paroît que le public a trouvé qu'une situation vive ainsi traitée en devenoit plus intéressante. Que ne feroit point le *récitatif obligé* dans des scènes grandes et pathétiques, si l'on en peut tirer ce parti dans un genre rustique et badin !

RÉCITER, *v. a.* et *n.* C'est chanter ou jouer seul dans une musique, c'est exécuter un *récit*. (Voyez RÉCIT.)

RÉCLAME, *s. f.* C'est dans le plain-chant la partie du répons que l'on reprend après le verset. (Voyez Répons.)

Redoublé, *adj.* On appelle *intervalle redoublé* tout intervalle simple porté à son octave : ainsi la treizième, composée d'une sixte et de l'octave, est une *sixte redoublée ;* et la quinzième, qui est une octave ajoutée à l'octave, est une octave *redoublée :* quand au lieu d'une octave on en ajoute deux, l'intervalle est triplé ; quadruplé, quand on ajoute trois octaves.

Tout intervalle dont le nom passe sept en nombre est tout au moins *redoublé.* Pour trouver le simple d'un intervalle *redoublé* quelconque, rejetez sept autant de fois que vous le pourrez du nom de cet intervalle, et le reste sera le nom de l'intervalle simple : de treize rejetez sept, il reste six ; ainsi la treizième est une sixte *redoublée :* de quinze ôtez deux fois sept ou quatorze, il reste un : ainsi la quinzième est un unisson triplé, ou une octave *redoublée.*

Réciproquement, pour *redoubler* un intervalle simple quelconque, ajoutez-y sept, et vous aurez le nom du même intervalle *redoublé.* Pour tripler un intervalle simple, ajoutez-y quatorze, etc. (Voyez Intervalle.)

Réduction, *s. f.* Suite de notes descendant diatoniquement. Ce terme, non plus que son opposé, *déduction,* n'est guère en usage que dans le plain-chant.

Refrain. Terminaison de tous les couplets d'une chanson par les mêmes paroles et par le même chant, qui se dit ordinairement deux fois.

Règle de l'octave. Formule harmonique, publiée la première fois par le sieur Delair en 1700, laquelle détermine, sur la marche diatonique de la basse, l'accord convenable à chaque degré du ton, tant en mode majeur qu'en mode mineur, et tant en montant qu'en descendant.

On trouve, *Pl.* 22, *fig.* 1, cette formule chiffrée sur l'octave du mode majeur, et *fig.* 2, sur l'octave du mode mineur.

Pourvu que le ton soit bien déterminé, on ne se trompera pas en accompagnant sur cette *règle*, tant que l'auteur sera resté dans l'harmonie simple et naturelle que comporte le mode : s'il sort de cette simplicité par des accords par supposition ou d'autres licences, c'est à lui d'en avertir par des chiffres convenables ; ce qu'il doit faire aussi à chaque changement de ton : mais tout ce qui n'est point chiffré doit s'accompagner selon la *règle de l'octave*, et cette *règle* doit s'étudier sur la basse-fondamentale pour en bien comprendre le sens.

Il est cependant fâcheux qu'une formule destinée à la pratique des *règles* élémentaires de l'harmonie contienne une faute contre ces mêmes *règles* ; c'est apprendre de bonne heure aux commençants à transgresser les lois qu'on leur donne : cette faute est dans l'accompagnement de la sixième note, dont l'accord, chiffré d'un 6, pèche contre les *règles*, car il ne s'y trouve aucune liaison, et la basse-fondamentale descend diatoniquement d'un accord parfait sur un autre accord parfait; licence trop grande pour pouvoir faire *règle*.

On pourroit faire qu'il y eût liaison en ajoutant une septième à l'accord parfait de la dominante; mais alors cette septième, devenue octave sur la note suivante, ne seroit point sauvée, et la basse-fondamentale, descendant diatoniquement sur un accord parfait après un accord de septième, feroit une marche entièrement intolérable.

On pourroit aussi donner à cette sixième note l'accord de petite-sixte, dont la quarte feroit liaison; mais ce seroit fondamentalement un accord de septième avec tierce mineure, où la dissonance ne seroit pas préparée; ce qui est encore contre les *règles*. (Voyez Préparer.)

On pourroit chiffrer sixte-quarte sur cette sixième note, et ce seroit alors l'accord parfait de la seconde; mais je doute que les musiciens approuvassent un renversement aussi mal entendu que celui-là; renversement que l'oreille n'adopte point, et sur un accord qui éloigne trop l'idée de la modulation principale.

On pourroit changer l'accord de la dominante en lui donnant la sixte-quarte au lieu de la septième, et alors la sixte simple iroit très-bien sur la sixième note qui suit ; mais la sixte-quarte iroit très-mal sur la dominante, à moins qu'elle n'y fût suivie de l'accord parfait ou de la septième ; ce qui ramèneroit la difficulté. Une *règle* qui sert non seulement dans la pratique, mais de modèle pour la pratique, ne doit point se tirer de ces combinaisons théoriques rejetées par l'oreille, et chaque note, surtout la dominante, y doit porter son accord propre, lorsqu'elle peut en avoir un.

Je tiens donc pour une chose certaine que nos *règles* sont mauvaises, ou que l'accord de sixte, dont on accompagne la sixième note en montant, est une faute qu'on doit corriger ; et que, pour accompagner régulièrement cette note comme il convient dans une formule, il n'y a qu'un seul accord à lui donner; savoir, celui de septième, non une septième fondamentale, qui, ne pouvant dans cette marche se sauver que d'une autre septième, seroit une faute, mais une septième renversée d'un accord de sixte-ajoutée sur la tonique. Il est clair que l'accord de la tonique est le seul qu'on puisse insérer régulièrement entre l'accord parfait ou de septième sur la dominante, et le même accord sur la note sensible qui suit immédiatement. Je souhaite que les gens de l'art trouvent cette correction bonne ; je suis sûr au moins qu'ils la trouveront régulière.

RÉGLER LE PAPIER. C'est marquer sur un papier

blanc les portées pour y noter la musique. (Voyez
Papier réglé.)

Régleur, *s. m.* Ouvrier qui fait profession de
régler les papiers de musique. (Voyez Copiste.)

Réglure, *s. f.* Manière dont est réglé le papier.
*Cette réglure est trop noire. Il y a plaisir de
noter sur une* réglure *bien nette.* (Voyez Papier
réglé.)

Relation, *s. f.* Rapport qu'ont entre eux les
deux sons qui forment un intervalle, considéré
par le genre de cet intervalle. La *relation* est
juste quand l'intervalle est juste, majeur ou mineur; elle est *fausse* quand il est superflu ou diminué. (Voyez Intervalle.)

Parmi les *fausses relations* on ne considère
comme telles dans l'harmonie que celles dont les
deux sons ne peuvent entrer dans le même mode :
ainsi le triton, qui dans la mélodie est une *fausse
relation*, n'en est une dans l'harmonie que lorsqu'un des deux sons qui le forment est une corde
étrangère au mode. La quarte diminuée, quoique
bannie de l'harmonie, n'est pas toujours une *fausse
relation.* Les octaves diminuée et superflue, étant
non seulement des intervalles bannis de l'harmonie, mais impraticables dans le même mode,
sont toujours de *fausses relations;* il en est de
même des tierces et des sixtes diminuée et superflue, quoique la dernière soit admise aujour-
d'hui.

Autrefois les *fausses relations* étoient toutes défendues; à présent elles sont presque toutes permises dans la mélodie, mais non dans l'harmonie : on peut pourtant les y faire entendre, pourvu qu'un des deux sons qui forment la *fausse relation* ne soit admis que comme note de goût, et non comme partie constitutive de l'accord.

On appelle encore *relation enharmonique*, entre deux cordes qui sont à un *ton* d'intervalle, le rapport qui se trouve entre le dièse de l'inférieure et le bémol de la supérieure : c'est, par le tempérament, la même touche sur l'orgue et sur le clavecin; mais en rigueur ce n'est pas le même son, et il y a entre eux un intervalle enharmonique. (Voyez ENHARMONIQUE.)

REMISSE, *adj.* Les sons *remisses* sont ceux qui ont peu de force, ceux qui, étant fort graves, ne peuvent être rendus que par des cordes extrêmement lâches, ni entendus que de fort près. *Remisse* est l'opposé d'*intense*; et il y a cette différence entre *remisse* et *bas* ou *foible*, de même qu'entre *intense* et *haut* ou *fort*, que *bas* et *haut* se disent de la sensation que le son porte à l'oreille, au lieu qu'*intense* et *remisse* se rapportent plutôt à la cause qui le produit.

RENFORCER, *v. a. pris en sens neutre.* C'est passer du *doux* au *fort*, ou du *fort* au *très-fort*, non tout d'un coup, mais par une gradation continue en renflant et augmentant les sons, soit sur une tenue, soit sur une suite de notes, jusqu'à ce qu'ayant atteint celle qui sert de terme au *renforcé*, l'on reprenne ensuite le jeu ordinaire. Les Italiens indiquent le *renforcé* dans leur musique par le mot *crescendo*, ou par le mot *rinforzando* indifféremment.

Rentrée, *s. f.* Retour du sujet, surtout après quelques pauses de silence, dans une fugue, une imitation, ou dans quelque autre dessin.

Renversé. En fait d'intervalles, *renversé* est opposé à *direct* (voyez Direct); et, en fait d'accords, il est opposé à *fondamental*. (Voyez Fondamental.)

Renversement, *s. m.* Changement d'ordre dans les sons qui composent les accords, et dans les parties qui composent l'harmonie; ce qui se fait en substituant à la basse, par des octaves, les sons qui doivent être au-dessus, ou aux extrémités ceux qui doivent occuper le milieu, et réciproquement.

Il est certain que dans tout accord il y a un ordre fondamental et naturel, qui est celui de la génération de l'accord même : mais les circonstances d'une succession, le goût, l'expression, le beau chant, la variété, le rapprochement de l'harmonie, obligent souvent le compositeur de changer cet ordre en renversant les accords, et par conséquent la disposition des parties.

Comme trois choses peuvent être ordonnées

en six manières, et quatre choses en vingt-quatre
manières, il semble d'abord qu'un accord parfait
devroit être susceptible de six *renversements*; et
un accord dissonant de vingt-quatre; puisque celui-
ci est composé de quatre sons, l'autre de trois,
et que le *renversement* ne consiste qu'en des transpositions d'octaves. Mais il faut observer que dans
l'harmonie on ne compte point pour des *renversements* toutes les dispositions différentes des sons
supérieurs tant que le même son demeure au grave:
ainsi ces deux ordres de l'accord parfait, *ut mi sol*,
et *ut sol mi*, ne sont pris que pour un même *renversement*, et ne portent qu'un même nom, ce qui
réduit à trois tous les *renversements* de l'accord
parfait, et à quatre tous ceux de l'accord dissonant, c'est-à-dire à autant de *renversements* qu'il
entre de différents sons dans l'accord; car les répliques des mêmes sons ne sont ici comptées pour
rien.

Toutes les fois donc que la basse-fondamentale
se fait entendre dans la partie la plus grave, ou,
si la basse-fondamentale est retranchée, toutes les
fois que l'ordre naturel est gardé dans les accords,
l'harmonie est directe. Dès que cet ordre est
changé, ou que les sons fondamentaux, sans être
au grave, se font entendre dans quelque autre
partie, l'harmonie est *renversée*. *Renversement*
de l'accord quand le son fondamental est transposé;
renversement de l'harmonie quand le dessus ou

quelque autre partie marche comme devroit faire la basse.

Partout où un accord direct sera bien placé, ses *renversements* seront bien placés aussi quant à l'harmonie; car c'est toujours la même succession fondamentale : ainsi à chaque note de basse-fondamentale on est maître de disposer l'accord à sa volonté, et par conséquent de faire à tout moment des *renversements* différents, pourvu qu'on ne change point la succession régulière et fondamentale, que les dissonances soient toujours preparées et sauvées par les parties qui les font entendre, que la note sensible monte toujours, et qu'on évite les fausses relations trop dures dans une même partie. Voilà la clef de ces différences mystérieuses que mettent les compositeurs entre les accords ou le dessus syncope, et ceux où la basse doit syncoper; comme, par exemple, entre la neuvième et la seconde: c'est que dans les premiers l'accord est direct et la dissonance dans le dessus; dans les autres, l'accord est *renversé*, et la dissonance est à la basse.

A l'égard des accords par supposition, il faut plus de précautions pour les *renverser*. Comme le son qu'on ajoute à la basse est entièrement étranger à l'harmonie, souvent il n'y est souffert qu'à cause de son grand éloignement des autres sons, qui rend la dissonance moins dure : que si ce son ajouté vient à être transposé dans les parties supérieures, comme il l'est quelquefois; si cette transposition n'est faite avec beaucoup d'art, elle y peut produire un très-mauvais effet, et jamais cela ne sauroit se pratiquer heureusement sans retrancher quelque autre son de l'accord. Voyez au mot Accord les cas et le choix de ces retranchements.

L'intelligence parfaite du *renversement* ne dépend que de l'étude et de l'art : le choix est autre chose ; il faut de l'oreille et du goût, il y faut l'expérience des effets divers; et, quoique le choix du *renversement* soit indifférent pour le fond de l'harmonie, il ne l'est pas pour l'effet et l'expression. Il est certain que la basse-fondamentale est faite pour soutenir l'harmonie et régner au-dessous d'elle. Toutes les fois donc qu'on change l'ordre et qu'on *renverse* l'harmonie, on doit avoir de bonnes raisons pour cela, sans quoi l'on tombera dans le défaut de nos musiques récentes, où les dessus chantent quelquefois comme des basses, et les basses toujours comme des dessus, où tout est confus, *renversé*, mal ordonné, sans autre raison que de pervertir l'ordre établi et de gâter l'harmonie.

Sur l'orgue et le clavecin les divers *renversements* d'un accord, autant qu'une seule main peut les faire, s'appellent *faces*. (Voyez Face.)

Renvoi, *s. m.* Signe figuré à volonté, placé communément au-dessus de la portée, lequel, correspondant à un autre signe semblable, marque qu'il faut, d'où est le second, retourner où est le premier, et de là suivre jusqu'à ce qu'on trouve le point final. (Voyez Point.)

Répercussion, *s. f.* Répétition fréquente des mêmes sons. C'est ce qui arrive dans toute modulation bien déterminée, où les cordes essentielles du mode, celles qui composent la triade harmonique, doivent être rebattues plus souvent qu'aucune des autres. Entre les trois cordes de cette triade, les deux extrêmes, c'est-à-dire la finale et la dominante, qui sont proprement la répercussion du ton, doivent être plus souvent rebattues que celle du milieu, qui n'est que la répercussion du mode. (Voyez Ton et Mode.)

Répétition, *s. f.* Essai que l'on fait en particulier d'une pièce de musique que l'on veut exécuter en public. Les *répétitions* sont nécessaires pour s'assurer que les copies sont exactes, pour que les acteurs puissent prévoir leurs parties, pour qu'ils se concertent et s'accordent bien ensemble, pour qu'ils saisissent l'esprit de l'ouvrage, et rendent fidèlement ce qu'ils ont à exprimer. Les *répétitions* servent au compositeur même pour juger de l'effet de sa pièce, et faire les changements dont elle peut avoir besoin.

Réplique, *s. f.* Ce terme en musique signifie la même chose qu'*octave*. (V. Octave.) Quelquefois en composition l'on appelle aussi *réplique* l'unisson de la même note dans deux parties différentes.

Il y a nécessairement des *répliques* à chaque accord dans toute musique à plus de quatre parties. (Voyez Unisson.)

Répons, *s. m.* Espèce d'antienne redoublée qu'on chante dans l'Église romaine après les leçons de matines ou les capitules, et qui finit en manière de rondeau par une reprise appelée *réclame*.

Le chant du *répons* doit être plus orné que celui d'une antienne ordinaire, sans sortir pourtant d'une mélodie mâle et grave, ni de celle qu'exige le mode qu'on a choisi. Il n'est cependant pas nécessaire que le verset d'un *répons* se termine par la note finale du mode; il suffit que cette finale termine le *répons* même.

Réponse, *s. f.* C'est, dans une fugue, la rentrée du sujet par une autre partie, après que la première l'a fait entendre; mais c'est surtout, dans une contre-fugue, la rentrée du sujet renversé de celui qu'on vient d'entendre. (V. Fugue, Contre-Fugue.)

Repos, *s. m.* C'est la terminaison de la phrase, sur laquelle terminaison le chant se repose plus ou moins parfaitement. Le *repos* ne peut s'établir que par une cadence pleine : si la cadence est évitée, il ne peut y avoir de vrai *repos*; car il est impossible à l'oreille de se reposer sur une dissonance. On voit par là qu'il y a précisément autant d'espèces de *repos* que de sortes de cadences pleines (voyez Cadence); et ces différents *repos* produisent dans la musique l'effet de la ponctuation dans le discours.

Quelques-uns confondent mal à propos les *repos* avec les silences, quoique ces choses soient fort différentes. (Voyez Silence.)

Reprise, *s. f.* Toute partie d'un air, laquelle se répète deux fois, sans être écrite deux fois, s'appelle *reprise* : c'est en ce sens qu'on dit que la première *reprise* d'une ouverture est grave, et la seconde, gaie. Quelquefois aussi l'on n'entend par *reprise* que la seconde partie d'un air : on dit ainsi que la *reprise* du joli menuet de *Dardanus* ne vaut rien du tout. Enfin *reprise* est encore chacune des parties d'un rondeau, qui souvent en a trois, et quelquefois davantage, dont on ne répète que la première.

Dans la note on appelle *reprise* un signe qui marque que l'on doit répéter la partie de l'air qui précède; ce qui évite la peine de la noter deux fois. En ce sens on distingue deux *reprises*, la grande et la petite. La grande *reprise* se figure, à l'italienne, par une double barre perpendiculaire avec deux points en dehors de chaque côté, ou à la françoise, par deux barres perpendiculaires un peu plus écartées, qui traversent toute la portée, et entre lesquelles on insère un point dans chaque espace : mais cette seconde manière s'abolit peu à peu; car, ne pouvant imiter tout-à-fait la musique italienne, nous en prenons du moins les mots et les signes; comme ces jeunes gens qui croient prendre le style de M. de Voltaire en suivant son orthographe.

Cette *reprise*, ainsi ponctuée à droite et à gauche, marque ordinairement qu'il faut recommencer deux fois, tant la partie qui précède que celle qui suit; c'est pourquoi on la trouve ordinairement vers le milieu des passe-pieds, menuets, gavottes, etc.

Lorsque la *reprise* a seulement des points à sa gauche, c'est pour la répétition de ce qui précède; et lorsqu'elle a des points à sa droite, c'est pour la répétition de ce qui suit. Il seroit du moins à souhaiter que cette convention, adoptée par quelques-uns, fût tout-à-fait établie; car elle me paroît fort commode. Voyez (*Pl.* 20, *figure* 5.) la figure de ces différentes *reprises*.

La petite *reprise* est lorsque, après une grande *reprise*, on recommence encore quelques-unes des dernières mesures avant de finir. Il n'y a point de signes particuliers pour la petite *reprise*, mais on se sert ordinairement de quelque signe de renvoi figuré au-dessus de la portée. (Voyez Renvoi.)

Il faut observer que ceux qui notent correctement ont toujours soin que la dernière note d'une *reprise* se rapporte exactement, pour la mesure, et à celle qui commence la même *reprise*, et à celle qui commence la *reprise* qui suit, quand il y en a une. Que si le rapport de ces notes ne remplit pas exactement la mesure, après la note qui termine une *reprise*, on ajoute deux ou trois notes de ce qui doit être recommencé, jusqu'à ce qu'on ait suffisamment indiqué comment il faut remplir la mesure : or, comme à la fin d'une première partie on a premièrement la première partie à reprendre, puis la seconde partie à commencer, et que cela ne se fait pas toujours dans des temps ou parties de temps semblables, on est souvent obligé de noter deux fois la finale de la première *reprise*, l'une avant le signe de *reprise*, avec les premières notes de la première partie, l'autre après le même signe pour commencer la seconde partie ; alors on trace un demi-cercle ou chapeau depuis cette première finale jusqu'à sa répétition, pour marquer qu'à la seconde fois il faut passer comme nul tout ce qui est compris sous le demi-cercle. Il m'est impossible de rendre cette explication plus courte, plus claire, ni plus exacte ; mais la *figure 7 de la Planche* 20 suffira pour la faire entendre parfaitement.

Résonnance, *s. f.* Prolongement ou réflexion du son, soit par les vibrations continuées des cordes d'un instrument, soit par les parois d'un corps sonore, soit par la collision de l'air renfermé dans un instrument à vent. (Voyez Son, Musique, Instrument.)

Les voûtes elliptiques et paraboliques résonnent, c'est-à-dire réfléchissent le son. (Voyez Écho.)

Selon M. Dodart, le nez, la bouche, ni ses parties, comme le palais, la langue, les dents, les lèvres, ne contribuent en rien au ton de la voix; mais leur effet est bien grand pour la *résonnance*. (Voyez Voix.) Un exemple bien sensible de cela se tire d'un instrument d'acier appelé trompe de Béarn ou guimbarde, lequel, si on le tient avec les doigts et qu'on frappe sur la languette, ne rendra aucun son; mais si, le tenant entre les dents, on frappe de même, il rendra un son qu'on varie en serrant plus ou moins, et qu'on entend d'assez loin, surtout dans le bas.

Dans les instruments à cordes, tels que le clavecin, le violon, le violoncelle, le son vient uniquement de la corde; mais la *résonnance* dépend de la caisse de l'instrument.

Resserrer l'harmonie. C'est rapprocher les parties les unes des autres dans les moindres intervalles qu'il est possible : ainsi, pour resserrer cet accord *ut sol mi*, qui comprend une dixième, il faut renverser ainsi *ut mi sol*, et alors il ne comprend qu'une quinte. (Voyez Accord, Renversement.)

Rester, *v. n. Rester* sur une syllabe c'est la prolonger plus que n'exige la prosodie, comme on fait sous les roulades; et *rester* sur une note c'est y faire une tenue, ou la prolonger jusqu'à ce que le sentiment de la mesure soit oublié.

Rhythme, *s. m.* C'est, dans sa définition la plus

générale, la proportion qu'ont entre elles les parties d'un même tout : c'est, en musique, la différence du mouvement qui résulte de la vitesse ou de la lenteur, de la longueur ou de la brièveté des temps.

Aristide Quintilien divise le *rhythme* en trois espèces; savoir, le *rhythme* des corps immobiles, lequel résulte de la juste proportion de leurs parties, comme dans une statue bien faite; le *rhythme* du mouvement local; comme dans la danse, la démarche bien composée, les attitudes des pantomimes; et le *rhythme* des mouvements de la voix ou de la durée relative des sons, dans une telle proportion, que, soit qu'on frappe toujours la même corde, soit qu'on varie les sons du grave à l'aigu, l'on fasse toujours résulter de leur succession des effets agréables par la durée et la quantité. Cette dernière espèce de *rhythme* est la seule dont j'ai à parler ici.

Le *rhythme* appliqué à la voix peut encore s'entendre de la parole ou du chant. Dans le premier sens, c'est du *rhythme* que naissent le nombre et l'harmonie dans l'éloquence, la mesure et la cadence dans la poésie : dans le second, le *rhythme* s'applique proprement à la valeur des notes, et s'appelle aujourd'hui *mesure*. (Voyez MESURE.) C'est encore à cette seconde acception que doit se borner ce que j'ai à dire ici sur le *rhythme* des anciens.

Comme les syllabes de la langue grecque avoient

une quantité et des valeurs plus sensibles, plus déterminées que celles de notre langue, et que les vers qu'on chantoit étoient composés d'un certain nombre de pieds que formoient ces syllabes, longues ou brèves, différemment combinées, le *rhythme* du chant suivoit régulièrement la marche de ces pieds, et n'en étoit proprement que l'expression : il se divisoit, ainsi qu'eux, en deux temps, l'un frappé, l'autre levé; l'on en comptoit trois genres, même quatre, et plus, selon les divers rapports de ces temps; ces genres étoient l'*égal*, qu'ils appeloient aussi dactylique, où le *rhythme* étoit divisé en deux temps égaux; le *double*, trochaïque ou iambique, dans lequel la durée de l'un des deux temps étoit double de celle de l'autre; le *sesqui-altère*, qu'ils appeloient aussi *péonique*, dont la durée de l'un des deux temps étoit à celle de l'autre en rapport de 3 à 2; et enfin l'*épitrite*, moins usité, où le rapport des deux temps étoit de 3 à 4.

Les temps de ces *rhythmes* étoient susceptibles de plus ou moins de lenteur, par un plus grand ou moindre nombre de syllabes ou de notes longues ou brèves, selon le mouvement; et dans ce sens un temps pouvoit recevoir jusqu'à huit degrés différents de mouvement par le nombre des syllabes qui le composoient; mais les deux temps conservoient toujours entre eux le rapport déterminé par le genre du *rhythme*.

Outre cela, le mouvement et la marche des syllabes, et par conséquent des temps et du *rhythme* qui en résultoit, étoit susceptible d'accélération et de ralentissement, à la volonté du poète, selon l'expression des paroles et le caractère des passions qu'il falloit exprimer : ainsi de ces deux moyens combinés naissoient des foules de modifications possibles dans le mouvement d'un même *rhythme*, qui n'avoient d'autres bornes que celles au-deçà ou au-delà desquelles l'oreille n'est plus à la portée d'apercevoir les proportions.

Le *rhythme*, par rapport aux pieds qui entroient dans la poésie, se partageoit en trois autres genres : le *simple*, qui n'admettoit qu'une sorte de pieds ; le *composé*, qui résultoit de deux ou plusieurs espèces de pieds ; et le *mixte*, qui pouvoit se résoudre en deux ou plusieurs *rhythmes* égaux ou inégaux, selon les diverses combinaisons dont il étoit susceptible.

Une autre source de variété dans le *rhythme* étoit la différence des marches ou successions de ce même *rhythme*, selon l'entrelacement des différents vers. Le *rhythme* pouvoit être toujours uniforme, c'est-à-dire se battre à deux temps toujours égaux, comme dans les vers hexamètres, pentamètres, adoniens anapestiques, etc. ; ou toujours inégaux, comme dans les vers purs iambiques ; ou diversifié, c'est-à-dire mêlé de pieds égaux et d'inégaux, comme dans les scazons, les choriambiques, etc. : mais dans tous ces cas, les *rhythmes*, même semblables ou égaux, pouvoient, comme je l'ai dit, être fort différents en vitesse selon la nature des pieds; ainsi de deux *rhythmes* de même genre, résultant l'un de deux spondées, l'autre de deux pyrrhiques, le premier auroit été double de l'autre en durée.

Les silences se trouvoient aussi dans le *rhythme* ancien, non pas, à la vérité, comme les nôtres, pour faire taire seulement quelqu'une des parties, ou pour donner certains caractères au chant, mais seulement pour remplir la mesure de ces vers appelés catalectiques, qui manquoient d'une syllabe : ainsi le silence ne pouvoit jamais se trouver qu'à la fin du vers, pour suppléer à cette syllabe.

A l'égard des tenues, ils les connoissoient sans doute, puisqu'ils avoient un mot pour les exprimer : la pratique en devoit cependant être fort rare parmi eux; du moins cela peut-il s'inférer de la nature de leur *rhythme*, qui n'étoit que l'expression de la mesure et de l'harmonie des vers. Il ne paroît pas non plus qu'ils pratiquassent les roulades, les syncopes, ni les points, à moins que les instruments ne fissent quelque chose de semblable en accompagnant la voix; de quoi nous n'avons nul indice.

Vossius, dans son livre *de poëmatum Cantu, et Viribus rhythmi*, relève beaucoup le *rhythme* ancien; et il lui attribue toute la force de l'ancienne musique : il dit qu'un *rhythme* détaché comme le nôtre, qui ne représente aucune image des choses, ne peut avoir aucun effet, et que les anciens nombres poétiques n'avoient été inventés que pour cette fin que nous négligeons; il ajoute que le langage et la poésie modernes sont peu propres pour la musique, et que nous n'aurons jamais de bonne musique vocale jusqu'à ce que nous fassions des vers favorables pour le chant; c'est-à-dire jusqu'à ce que nous réformions notre langage, et que nous lui donnions, à l'exemple des anciens, la quantité et les pieds mesurés, en proscrivant pour jamais l'invention barbare de la rime.

Nos vers, dit-il, sont précisément comme s'ils n'avoient qu'un seul pied; de sorte que nous n'avons dans notre poésie aucun *rhythme* véritable, et qu'en fabriquant nos vers nous ne pensons qu'à y faire entrer un certain nombre de syllabes, sans presque nous embarrasser de quelle nature elles sont : ce n'est sûrement pas là de l'étoffe pour la musique.

Le *rhythme* est une partie essentielle de la musique, et surtout de l'imitative; sans lui la mélodie n'est rien, et par lui-même il est quelque chose, comme on le sent par l'effet des tambours. Mais d'où vient l'impression que font sur nous la mesure et la cadence? Quel est le principe par lequel ces retours, tantôt égaux et tantôt variés, affectent nos âmes, et peuvent y porter le sentiment des passions? Demandez-le au métaphysicien : tout ce que nous pouvons dire ici est que, comme la mélodie tire son caractère des accents de la langue, le *rhythme* tire le sien du caractère de la prosodie, et alors il agit comme image de la parole : à quoi nous ajouterons que certaines passions ont dans la nature un caractère *rhythmique* aussi-bien qu'un caractère mélodieux, absolu, et indépendant de la langue; comme la tristesse, qui marche par temps égaux et lents, de même que par tons remisses et bas; la joie, par temps sautillants et vites, de même que par tons aigus et intenses : d'où je présume qu'on pourroit observer dans toutes les autres passions un caractère propre, mais plus difficile à saisir, à cause que la plupart de ces autres passions, étant composées, participent plus ou moins tant des précédentes que l'une de l'autre.

RHYTHMIQUE, *s. f.* Partie de l'art musical qui enseignoit à pratiquer les règles du mouvement et du *rhythme* selon les lois de la rhythmopée.

La *rhythmique*, pour le dire un peu plus en détail, consistoit à savoir choisir entre les trois modes établis par la rhythmopée le plus propre au caractère dont il s'agissoit, à connoître et posséder à fond toutes les sortes de rhythmes, à discerner et employer les plus convenables en chaque occasion, à les entrelacer de la manière à la fois la plus expressive et la plus agréable, et enfin à distinguer l'*arsis* et la *thésis* par la marche la plus sensible et la mieux cadencée.

RHYTHMOPÉE, ῥυθμοποιία, *s. f.* Partie de la science musicale qui prescrivoit à l'art rhythmique les lois du rhythme et de tout ce qui lui appartient. (Voyez RHYTHME.) La *rhythmopée* étoit à la rhythmique ce qu'étoit la mélopée à la mélodie.

La *rhythmopée* avoit pour objet le mouvement ou le temps dont elle marquoit la mesure, les divisions, l'ordre et le mélange, soit pour émouvoir les passions, soit pour les changer, soit pour les calmer : elle renfermoit aussi la science des mouvements muets, appelés *orchesis*, et en général de tous les mouvements réguliers; mais elle se rapportoit principalement à la poésie, parce qu'alors la poésie régloit seule les mouvements de la musique, et qu'il n'y avoit point de musique purement instrumentale qui eût un rhythme indépendant.

On sait que la *rhythmopée* se partageoit en trois modes ou tropes principaux, l'un bas et serré, un autre élevé et grand, et le moyen paisible et tranquille; mais du reste les anciens ne nous ont laissé que des préceptes fort généraux sur cette partie de leur musique, et ce qu'ils en ont dit se rapporte toujours aux vers ou aux paroles destinées pour le chant.

RIGAUDON, *s. m.* Sorte de danse dont l'air se bat à deux temps, d'un mouvement gai, et se divise ordinairement en deux reprises phrasées de quatre en quatre mesures, et commençant par la dernière note du second temps.

On trouve *rigodon* dans le *Dictionnaire de l'académie*; mais cette orthographe n'est pas usitée. J'ai ouï dire à un maître à danser que le nom de cette danse venoit de celui de l'inventeur, lequel s'appeloit *Rigaud*.

Rippieno; *s. m.* Mot italien qui se trouve assez fréquemment dans les musiques d'église, et qui équivaut au mot *chœur* ou *tous*.

Ritournelle, *s. f.* Trait de symphonie qui s'emploie en manière de prélude à la tête d'un air dont ordinairement il annonce le chant; ou à la fin, pour imiter et assurer la fin du même chant ; ou dans le milieu, pour reposer la voix, pour renforcer l'expression, ou simplement pour embellir la pièce.

Dans les recueils ou partitions de vieille musique italienne, les *ritournelles* sont souvent désignées par les mots *si suona*, qui signifient que l'instrument qui accompagne doit répéter ce que la voix a chanté.

Ritournelle vient de l'italien *ritornello*, et signifie *petit retour*. Aujourd'hui que la symphonie a pris un caractère plus brillant, et presque indépendant de la vocale, on ne s'en tient plus guère à de simples répétitions : aussi le mot *ritournelle* a-t-il vieilli.

Rolle, *s. m.* Le papier séparé qui contient la musique que doit exécuter un concertant, et qui s'appelle *partie* dans un concert, s'appelle *rolle* à l'Opéra : ainsi l'on doit distribuer une *partie* à chaque musicien, et un *rolle* à chaque acteur.

Romance, *s. f.* Air sur lequel on chante un petit poème du même nom, divisé par couplets, duquel le sujet est pour l'ordinaire quelque histoire amoureuse, et souvent tragique. Comme la *romance* doit être écrite d'un style simple, touchant, et d'un goût un peu antique, l'air doit répondre au caractère des paroles; point d'ornement, rien de maniéré, une mélodie douce, naturelle, champêtre, et qui produise son effet par elle-même, indépendamment de la manière de la chanter : il n'est pas nécessaire que le chant soit piquant, il suffit qu'il soit naïf, qu'il n'offusque point la parole, qu'il la fasse bien entendre, et qu'il n'exige pas une grande étendue de voix. Une *romance* bien faite, n'ayant rien de saillant, n'affecte pas d'abord; mais chaque couplet ajoute quelque chose à l'effet des précédents, l'intérêt augmente insensiblement, et quelquefois on se trouve attendri jusqu'aux larmes, sans pouvoir dire où est le charme qui a produit cet effet. C'est une expérience certaine que tout accompagnement d'instrument affoiblit cette impression ; il ne faut, pour le chant de la *romance*, qu'une voix juste, nette, qui prononce bien, et qui chante simplement.

Romanesque, *s. f.* Air à danser. (Voyez Gaillarde.)

Ronde, *adj. pris subst.* Note blanche et ronde, sans queue, laquelle vaut une mesure entière à quatre temps, c'est-à-dire deux blanches ou quatre noires. La *ronde* est de toutes les notes restées en usage celle qui a le plus de valeur ; autrefois, au contraire, elle étoit celle qui en avoit le moins, et elle s'appeloit semi-brève. (Voyez Semi-brève et Valeur des notes.)

Ronde de table. Sorte de chanson à boire, et pour l'ordinaire mêlée de galanterie, composée de divers couplets qu'on chante à table chacun à son tour, et sur lesquels tous les convives font chorus en reprenant le refrain.

Rondeau, *s. m.* Sorte d'air à deux ou plusieurs reprises, et dont la forme est telle qu'après avoir fini la seconde reprise on reprend la première ; et ainsi de suite, revenant toujours et finissant par cette même première reprise par laquelle on a commencé. Pour cela on doit tellement conduire la modulation, que la fin de la première reprise convienne au commencement de toutes les autres, et que la fin de toutes les autres convienne au commencement de la première.

Les grands airs italiens et toutes nos ariettes sont en *rondeau*, de même que la plus grande partie des pièces de clavecin françoises.

Les routines sont des magasins de contre-sens

pour ceux qui les suivent sans réflexion : telle est pour les musiciens celle des *rondeaux*. Il faut bien du discernement pour faire un choix de paroles qui leur soient propres. Il est ridicule de mettre en *rondeau* une pensée complète, divisée en deux membres, en reprenant la première incise et finissant par là. Il est ridicule de mettre en *rondeau* une comparaison dont l'application ne se fait que dans le second membre, en reprenant le premier et finissant par là. Enfin il est ridicule de mettre en *rondeau* une pensée générale limitée par une exception relative à l'état de celui qui parle, en sorte qu'oubliant derechef l'exception qui se rapporte à lui il finisse en reprenant la pensée générale.

Mais toutes les fois qu'un sentiment exprimé dans le premier membre amène une réflexion qui le renforce et l'appuie dans le second ; toutes les fois qu'une description de l'état de celui qui parle, emplissant le premier membre, éclaircit une comparaison dans le second ; toutes les fois qu'une affirmation dans le premier membre contient sa preuve et sa confirmation dans le second ; toutes les fois enfin que le premier membre contient la proposition de faire une chose, et le second la raison de la proposition, dans ces divers cas et dans les semblables le *rondeau* est toujours bien placé.

Roulade, *s. f.* Passage dans le chant de plusieurs notes sur une même syllabe.

La *roulade* n'est qu'une imitation de la mélodie

instrumentale dans les occasions où, soit pour les
grâces du chant, soit pour la vérité de l'image,
soit pour la force de l'expression, il est à propos
de suspendre le discours et de prolonger la mélodie ; mais il faut de plus que la syllabe soit longue, que la voix en soit éclatante et propre à laisser
au gosier la facilité d'entonner nettement et légèrement les notes de la *roulade* sans fatiguer l'organe du chanteur, ni par conséquent l'oreille des
écoutants.

Les voyelles les plus favorables pour faire sortir
la voix sont les *a;* ensuite les *o*, les *è* ouverts : l'*i*
et l'*u* sont peu sonores ; encore moins les diphthongues. Quant aux voyelles nasales, on n'y doit
jamais faire de *roulades*. La langue italienne,
pleine d'*o*, et d'*a*, est beaucoup plus propre pour
les inflexions de voix que n'est la françoise ; aussi
les musiciens italiens ne les épargnent-ils pas :
au contraire, les François, obligés de composer
presque toute leur musique syllabique, à cause des
voyelles peu favorables, sont contraints de donner
aux notes une marche lente et posée, ou de faire
heurter les consonnes en faisant courir les syllabes, ce qui rend nécessairement le chant languissant ou dur. Je ne vois pas comment la musique
françoise pourroit jamais surmonter cet inconvénient.

C'est un préjugé populaire de penser qu'une
roulade soit toujours hors de place dans un chant

triste et pathétique ; au contraire, quand le cœur est le plus vivement ému, la voix trouve plus aisément des accents que l'esprit ne peut trouver des paroles, et de là vient l'usage des interjections dans toutes les langues. (Voyez Neume.) Ce n'est pas une moindre erreur de croire qu'une *roulade* est toujours bien placée sur une syllabe ou dans un mot qui la comporte, sans considérer si la situation du chanteur, si le sentiment qu'il doit éprouver la comporte aussi.

La *roulade* est une invention de la musique moderne. Il ne paroît pas que les anciens en aient fait aucun usage, ni jamais battu plus de deux notes sur la même syllabe. Cette différence est un effet de celle des deux musiques, dont l'une étoit asservie à la langue, et dont l'autre lui donne la loi.

Roulement, *s. m.* (Voyez Roulade.)

S.

S. Cette lettre écrite seule dans la partie récitante d'un concerto signifie *solo*, et alors elle est alternative avec le T, qui signifie *tutti*.

Sarabande, *s. f.* Air d'une danse grave, portant le même nom, laquelle paroît nous être venue d'Espagne, et se dansoit autrefois avec des castagnettes. Cette danse n'est plus en usage, si ce n'est dans quelques vieux opéra françois. L'air de la sarabande est à trois temps lents.

SAUT, *s. m.* Tout passage d'un son à un autre par degrés disjoints est un *saut*. Il y a *saut régulier*, qui se fait toujours sur un intervalle consonnant, et *saut irrégulier*, qui se fait sur un intervalle dissonant. Cette distinction vient de ce que toutes les dissonances, excepté la seconde, qui n'est pas un *saut*, sont plus difficiles à entonner que les consonnances; observation nécessaire dans la mélodie pour composer des chants faciles et agréables.

SAUTER, *v. n.* On fait *sauter* le ton, lorsque, donnant trop de vent dans une flûte, ou dans un tuyau d'un instrument à vent, on force l'air à se diviser et à faire résonner, au lieu du ton plein de la flûte ou du tuyau, quelqu'un seulement de ses harmoniques. Quand le *saut* est d'une octave entière, cela s'appelle *octavier*. (Voyez OCTAVIER.) Il est clair que, pour varier les sons de la trompette et du cor de chasse, il faut nécessairement *sauter*, et ce n'est encore qu'en *sautant* qu'on fait des octaves sur la flûte.

SAUVER, *v. a. Sauver* une dissonance c'est la résoudre, selon les règles, sur une consonnance de l'accord suivant. Il y a sur cela une marche prescrite, et à la basse-fondamentale de l'accord dissonant, et à la partie qui forme la dissonance.

Il n'y a aucune manière de *sauver* qui ne dérive d'un acte de cadence; c'est donc par l'espèce de la cadence qu'on veut faire, qu'est déterminé le mouvement de la basse-fondamentale. (Voyez CAdence.) A l'égard de la partie qui forme la dissonance, elle ne doit ni rester en place, ni marcher par degrés disjoints, mais elle doit monter ou descendre diatoniquement selon la nature de la dissonance. Les maîtres disent que les dissonances majeures doivent monter et les mineures descendre; ce qui n'est pas sans exception, puisque, dans certaines cordes d'harmonie, une septième, bien que majeure, ne doit pas monter, mais descendre, si ce n'est dans l'accord appelé fort incorrectement accord de septième superflue. Il vaut donc mieux dire que la septième, et toute dissonance qui en dérive, doit descendre; et que la sixte-ajoutée, et toute dissonance qui en dérive, doit monter : c'est là une règle vraiment générale et sans aucune exception; il en est de même de la loi de *sauver* la dissonance. Il y a des dissonances qu'on ne peut préparer; mais il n'y en a aucune qu'on ne doive *sauver.*

A l'égard de la note sensible appelée improprement dissonance majeure, si elle doit monter, c'est moins par la règle de *sauver* la dissonance, que par celle de la marche diatonique, et de préférer le plus court chemin ; et en effet il y a des cas, comme celui de la cadence interrompue, où cette note sensible ne monte point.

Dans les accords par supposition, un même accord fournit souvent deux dissonances, comme la septième et la neuvième, la neuvième et la quarte, etc. Alors ces dissonances ont dû se préparer et doivent se *sauver* toutes deux : c'est qu'il faut avoir égard à tout ce qui dissone, non seulement sur la basse-fondamentale, mais aussi sur la basse-continue.

Scène, *s. f.* On distingue en musique lyrique la *scène* du monologue, en ce qu'il n'y a qu'un seul acteur dans le monologue, et qu'il y a dans la *scène* au moins deux interlocuteurs : par conséquent dans le monologue le caractère du chant doit être un, du moins quant à la personne ; mais dans les *scènes* le chant doit avoir autant de caractères différents qu'il y a d'interlocuteurs. En effet, comme en parlant, chacun garde toujours la même voix, le même accent, le même timbre, et communément le même style dans toutes les choses qu'il dit, chaque acteur, dans les diverses passions qu'il exprime, doit toujours garder un caractère qui lui soit propre, et qui le distingue d'un autre acteur : la douleur d'un vieillard n'a pas le même ton que celle d'un jeune homme ; la colère d'une femme a d'autres accents que celle d'un guerrier : un barbare ne dira point *je vous aime* comme un galant de profession. Il faut donc rendre dans les *scènes*, non seulement le caractère de la passion qu'on veut peindre, mais celui de la personne qu'on fait parler : ce caractère s'indique en partie par la sorte de voix qu'on approprie à chaque rôle ; car le tour de chant d'une haute-contre est différent de celui d'une basse-taille; on met plus de gravité dans les chants des bas-dessus, et plus de légèreté dans ceux des voix plus aiguës. Mais, outre ces différences, l'habile compositeur en trouve d'individuelles qui caractérisent ses personnages, en sorte qu'on connoîtra bientôt à l'accent particulier du récitatif et du chant si c'est Mandane ou Émire, si c'est Olinte ou Alceste qu'on entend. Je conviens qu'il n'y a que les hommes de génie qui sentent et marquent ces différences; mais je dis cependant que ce n'est qu'en les observant et d'autres semblables qu'on parvient à produire l'illusion.

Schisma, *s. m.* Petit intervalle qui vaut la moitié du comma, et dont par conséquent la raison est sourde, puisque pour l'exprimer en nombre il faudroit trouver une moyenne proportionnelle entre 80 et 81.

Schoenion. Sorte de nome pour les flûtes dans l'ancienne musique des Grecs.

Scholie ou Scolie, *s. f.* Sorte de chansons chez les anciens Grecs, dont les caractères étoient extrêmement diversifiés selon les sujets et les personnes. (Voyez Chanson.)

Seconde, *adj. pris substantiv.* Intervalle d'un degré conjoint. Ainsi les marches diatoniques se font toutes sur les intervalles de *seconde*.

Il y a quatre sortes de *secondes*. La première, appelée *seconde diminuée*, se fait sur un *ton* majeur, dont la note inférieure est rapprochée par un dièse, et la supérieure par un bémol; tel est, par exemple, l'intervalle du *re* bémol à l'*ut* dièse. Le rapport de cette *seconde* est de 375 à 384; mais elle n'est d'aucun usage si ce n'est dans le genre enharmonique; encore l'intervalle s'y trouve-t-il nul en vertu du tempérament. A l'égard de l'intervalle d'une note à son dièse, que Brossard appelle *seconde diminuée*, ce n'est pas une *seconde*, c'est un unisson altéré.

La deuxième, qu'on appelle *seconde mineure*, est constituée par le *semi-ton* majeur; comme du *si* à l'*ut* ou du *mi* au *fa*. Son rapport est de 15 à 16.

La troisième est la *seconde majeure*, laquelle forme l'intervalle d'un *ton*. Comme ce ton peut être majeur ou mineur, le rapport de cette seconde est de 8 à 9 dans le premier cas, et de 9 à 10 dans le second : mais cette différence s'évanouit dans notre musique.

Enfin la quatrième est la *seconde-superflue*, composée d'un *ton* majeur et d'un *semi-ton* mineur, comme du *fa* au *sol* dièse : son rapport est de 64 à 75.

Il a dans l'harmonie deux accords qui portent le nom de *seconde* : le premier s'appelle simplement accord de *seconde*; c'est un accord de septième renversée, dont la dissonance est à la basse; d'où il s'ensuit bien clairement qu'il faut que la basse syncope pour la préparer. (Voy. Préparer.) Quand l'accord de septième est dominant, c'est-à-dire quand la tierce est majeure, l'accord de *seconde* s'appelle accord de triton, et la syncope n'est pas nécessaire, parce que la préparation ne l'est pas.

L'autre s'appelle accord de *seconde-superflue;* c'est un accord renversé de celui de septième diminuée, dont la septième elle-même est portée à la basse : cet accord est également bon avec ou sans syncope. (Voyez Syncope.)

Semi. Mot emprunté du latin et qui signifie *demi* : on s'en sert en musique au lieu du *hemi* des Grecs, pour composer très-barbarement plusieurs mots techniques moitié grecs et moitié latins.

Ce mot, au-devant du nom grec de quelque intervalle que ce soit, signifie toujours une diminution, non pas de la moitié de cet intervalle, mais seulement d'un *semi-ton* mineur; ainsi *semi-diton* est la tierce mineure, *semi-diapenté* est la fausse-quinte, *semi-diatessaron* la quarte diminuée, etc.

Semi-brève, *s. f.* C'est, dans nos anciennes musiques, une valeur de note ou une mesure de temps, qui comprend l'intervalle de deux minimes ou blanches, c'est-à-dire la moitié d'une brève. La *semi-brève* s'appelle maintenant ronde, parce qu'elle a cette figure, mais autrefois elle étoit en losange.

Anciennement la *semi-brève* se divisoit en majeure et mineure. La majeure vaut deux tiers de la brève parfaite, et la mineure vaut l'autre tiers de la même brève : ainsi la *semi-brève* majeure en contient deux mineures.

La *semi-brève*, avant qu'on eût inventé la minime, étant la note de moindre valeur, ne se subdivisoit plus : cette indivisibilité, disoit-on, est en quelque manière indiquée par sa figure en losange, terminée en haut en bas, et des deux côtés par des points : or, Muris prouve, par l'autorité d'Aristote et d'Euclide, que le point est indivisible ; d'où il conclut que la *semi-brève* enfermée entre quatre points est indivisible comme eux.

SEMI-TON, *s. m.* C'est le moindre de tous les intervalles admis dans la musique moderne : il vaut à peu près la moitié d'un *ton*.

Il y a plusieurs espèces de *semi-tons* : on en peut distinguer deux dans la pratique ; le *semi-ton* majeur et le *semi-ton* mineur : trois autres sont connus dans les calculs harmoniques ; savoir, le *semi-ton* maxime, le minime et le moyen.

Le *semi-ton* majeur est la différence de la tierce majeure à la quarte, comme *mi fa* ; son rapport est de 15 à 16, et il forme le plus petit de tous les intervalles diatoniques.

Le *semi-ton* mineur est la différence de la tierce majeure à la tierce mineure : il se marque sur le même degré par un dièse ou par un bémol ; il ne forme qu'un intervalle chromatique, et son rapport est de 24 à 25.

Quoiqu'on mette de la différence entre ces deux *semi-tons* par la manière de les noter, il n'y en a pourtant aucune sur l'orgue et le clavecin, et le même *semi-ton* est tantôt majeur et tantôt mineur, tantôt diatonique et tantôt chromatique, selon le mode où l'on est. Cependant on appelle, dans la pratique, *semi-tons* mineurs ceux qui, se marquant par bémol ou par dièse, ne changent point le degré, et *semi-tons* majeurs ceux qui forment un intervalle de seconde.

Quant aux trois autres *semi-tons* admis seulement dans la théorie, le *semi-ton* maxime est la différence du *ton* majeur au *semi-ton* mineur, et son rapport est de 25 à 27. Le *semi-ton* moyen est la différence du *semi-ton* majeur au *ton* majeur, et son rapport est de 128 à 135. Enfin le *semi-ton* minime est la différence du *semi-ton* maxime au *semi-ton* moyen, et son rapport est de 125 à 128.

De tous ces intervalles il n'y a que le *semi-ton* majeur qui, en qualité de seconde, soit quelquefois admis dans l'harmonie.

Semi-tonique, *adj.* Échelle *semi-tonique* ou *chromatique*. (Voyez Échelle.)

Sensibilité, *s. f.* Disposition de l'âme qui inspire au compositeur les idées vives dont il a besoin; à l'exécutant la vive expression de ces mêmes idées, et à l'auditeur la vive impression des beautés et des défauts de la musique qu'on lui fait entendre. (Voyez Goût.)

Sensible, *adj. Accord sensible* est celui qu'on appelle autrement *accord dominant.* (V. Accord.) Il se pratique uniquement sur la dominante du ton ; de là lui vient le nom d'*accord dominant*, et il porte toujours la note *sensible* pour tierce de cette dominante; d'où lui vient le nom d'*accord sensible*. (Voyez Accord.) A l'égard de la *note sensible*, voyez Note.

Septième, *adj. pris subst.* Intervalle dissonant renversé de la seconde, et appelé par les Grecs *hepta-chordon*, parce qu'il est formé de sept sons ou de six degrés diatoniques. Il y en a de quatre sortes.

La première est la *septième mineure*, composée de quatre *tons*, trois majeurs et un mineur, et de deux *semi-tons* majeurs, comme de *mi* à *re* ; et chromatiquement de dix *semi-tons*, dont six majeurs et quatre mineurs. Son rapport est de 5 à 9.

La deuxième est la *septième majeure*, composée diatoniquement de cinq *tons*, trois majeurs et deux mineurs, et d'un *semi-ton* majeur; de sorte qu'il ne faut plus qu'un *semi-ton* majeur pour faire une octave, comme d'*ut* à *si* : et chromatiquement d'onze *semi-tons*, dont six majeurs et cinq mineurs. Son rapport est de 8 à 15.

La troisième est la *septième diminuée* : elle est composée de trois *tons*, deux mineurs et un majeur ; et de trois *semi-tons* majeurs, comme de l'*ut* dièse au *si* bémol. Son rapport est de 75 à 128.

La quatrième est la *septième superflue* : elle est composée de cinq *tons*, trois mineurs et deux majeurs, un *semi-ton* majeur et un *semi-ton* mineur, comme du *si* bémol au *la* dièse ; de sorte qu'il ne lui manque qu'un comma pour faire une octave. Son rapport est de 81 à 160. Mais cette dernière espèce n'est point usitée en musique, si ce n'est dans quelques transitions enharmoniques.

Il y a trois accords de *septième*.

Le premier est fondamental, et porte simplement le nom de *septième* ; mais quand la tierce est majeure et la *septième* mineure, il s'appelle accord sensible ou dominant. Il se compose de la tierce, de la quinte, et de la septième.

Le second est encore fondamental, et s'appelle accord de *septième diminuée ;* il est composé de la tierce mineure, de la fausse-quinte et de la *septième diminuée* dont il prend le nom ; c'est-à-dire de trois tierces mineures consécutives, et c'est le seul accord qui soit ainsi formé d'intervalles égaux ; il ne se fait que sur la note sensible. (Voyez Enharmonique.)

Le troisième s'appelle accord de *septième superflue* : c'est un accord par supposition formé par l'accord dominant au-dessous duquel la basse fait entendre la tonique.

Il y a encore un accord de *septième-et-sixte*,

qui n'est qu'un renversement de l'accord de neuvième : il ne se pratique guère que dans les points-d'orgue à cause de sa dureté. (Voyez Accord.)

Sérénade, *s. f.* Concert qui se donne la nuit sous les fenêtres de quelqu'un. Il n'est ordinairement composé que de musique instrumentale ; quelquefois cependant on y ajoute des voix. On appelle aussi *sérénades* les pièces que l'on compose ou que l'on exécute dans ces occasions. La mode des *sérénades* est passée depuis long-temps, ou ne dure plus que parmi le peuple ; et c'est grand dommage : le silence de la nuit, qui bannit toute distraction, fait mieux valoir la musique et la rend plus délicieuse.

Ce mot, italien d'origine, vient sans doute de *sereno*, ou du latin *serum*, le soir. Quand le concert se fait sur le matin ou à l'aube du jour, il s'appelle *aubade*.

Serré, *adj.* Les intervalles *serrés* dans les genres épais de la musique grecque sont le premier et le second de chaque tétracorde. (Voyez Épais.)

Sesqui. Particule souvent employée par nos anciens musiciens dans la composition des mots servant à exprimer différentes sortes de mesures.

Ils appeloient donc *sesqui-altères* les mesures dont la principale note valoit une moitié en sus de plus que sa valeur ordinaire, c'est-à-dire trois des notes dont elle n'auroit autrement valu que deux ;

ce qui avoit lieu dans toutes les mesures triples, soit dans les majeures, où la brève même sans point valoit trois semi-brèves, soit dans les mineures, où la semi-brève valoit trois minimes, etc.

Ils appeloient encore *sesqui-octave* le triple, marqué par ce signe C$\frac{8}{3}$; double *sesqui-quarte*, le triple marqué C$\frac{9}{4}$, et ainsi des autres. *Sesqui-diton* ou *hémi-diton*, dans la musique grecque, est l'intervalle d'une tierce majeure diminuée d'un semiton, c'est-à-dire une tierce mineure.

Sextuple, *adj.* Nom donné assez improprement aux mesures à deux temps, composées de six notes égales, trois pour chaque temps : ces sortes de mesures ont été appelées encore plus mal à propos par quelques-uns *mesures à six temps*.

On peut compter cinq espèces de ces mesures *sextuples*, c'est-à-dire autant qu'il y a de différentes valeurs de notes, depuis celle qui est composée de six rondes ou semi-brèves, appelée en France *triple de six pour un*, et qui s'exprime par ce chiffre $\frac{6}{1}$, jusqu'à celle appelée *triple de six pour seize*, composée de six doubles-croches seulement, et qui se marquent ainsi $\frac{6}{16}$.

La plupart de ces distinctions sont abolies; et en effet elles sont assez inutiles, puisque toutes ces différentes figures de notes sont moins des mesures différentes que des modifications de mouvements dans la même espèce de mesure : ce qui se marque encore mieux avec un seul mot écrit à la tête de l'air, qu'avec tout ce fatras de chiffres et de notes, qui ne servent qu'à embrouiller un art déjà assez difficile en lui-même. (Voyez DOUBLE, TRIPLE, TEMPS, MESURE, VALEUR DES NOTES.)

SI. Une des sept syllabes dont on se sert en France pour solfier les notes. Gui Arétin, en composant sa gamme, n'inventa que six de ces syllabes, parce qu'il ne fit que changer en hexacordes les tétracordes des Grecs, quoique au fond sa gamme fût, ainsi que la nôtre, composée de sept notes. Il arriva de là que, pour nommer la septième, il falloit à chaque instant changer les noms des autres et les nommer de diverses manières; embarras que nous n'avons plus depuis l'invention du *si*, sur la gamme duquel un musicien, nommé *de Nivers*, fit au commencement du siècle un ouvrage exprès.

Brossard, et ceux qui l'ont suivi, attribuent l'invention du *si* à un autre musicien nommé *Le Maire*, entre le milieu et la fin du dernier siècle; d'autres en font honneur à un certain *Van-der-Putten*; d'autres remontent jusqu'à Jean de Muris, vers l'an 1330; et le cardinal Bona dit que dès l'onzième siècle, qui étoit celui de l'Arétin, Ericius Dupuis ajouta une note aux six de Gui, pour éviter les difficultés des muances et faciliter l'étude du chant.

Mais, sans s'arrêter à l'invention d'Ericius Dupuis, morte sans doute avec lui, ou sur laquelle

Bona, plus récent de cinq siècles, à pu se tromper, il est même aisé de prouver que l'invention du *si* est de beaucoup postérieure à Jean de Muris, dans les écrits duquel on ne voit rien de semblable. A l'égard de Van-der-Putten, je n'en puis rien dire, parce que je ne le connois point. Reste Le Maire, en faveur duquel les voix semblent se réunir. Si l'invention consiste à avoir introduit dans la pratique l'usage de cette syllabe *si*, je ne vois pas beaucoup de raisons pour lui en disputer l'honneur; mais si le véritable inventeur est celui qui a vu le premier la nécessité d'une septième syllabe, et qui en a ajouté une en conséquence, il ne faut pas avoir fait beaucoup de recherches pour voir que Le Maire ne mérite nullement ce titre; car on trouve, en plusieurs endroits des écrits du P. Mersenne, la nécessité de cette septième syllabe, pour éviter les muances; et il témoigne que plusieurs avoient inventé ou mis en pratique cette septième syllabe à peu près dans le même temps, et entre autres Gilles Grand-Jean, maître écrivain de Sens; mais que les uns nommoient cette syllabe *ci*, d'autres *di*, d'autres *ni*, d'autres *si*, d'autres *za*, etc. Même, avant le P. Mersenne, on trouve dans un ouvrage de Banchieri, moine olivétan, imprimé en 1614, et intitulé *Cartella di musica*, l'addition de la même septième syllabe; il l'appelle *bi* par bécarre, *ba* par bémol, et il assure que cette addition a été fort approuvée à Rome : de sorte que toute la prétendue invention de Le Maire consiste tout au plus à avoir écrit ou prononcé *si*, au lieu d'écrire ou prononcer *bi* ou *ba*, *ni* ou *di*; et voilà avec quoi un homme est immortalisé. Du reste l'usage du *si* n'est connu qu'en France, et, malgré ce qu'en dit le moine Banchieri, il ne s'est pas même conservé en Italie.

SICILIENNE, *s. f.* Sorte d'air à danser, dans la mesure à six-quatre ou six-huit, d'un mouvement beaucoup plus lent, mais encore plus marqué que celui de la gigue.

SIGNES, *s. m.* Ce sont en général tous les divers caractères dont on se sert pour noter la musique : mais ce mot s'entend plus particulièrement des dièses, bémols, bécarres, points, reprises, pauses, guidons, et autres petits caractères détachés, qui, sans être de véritables notes, sont des modifications des notes et de la manière de les exécuter.

SILENCES, *s. m.* Signes répondant aux diverses valeurs des notes, lesquels, mis à la place de ces notes, marquent que tout le temps de la valeur doit être passé en silence.

Quoiqu'il y ait dix valeurs de notes différentes depuis la maxime jusqu'à la quadruple-croche, il n'y a cependant que neuf caractères différents pour les *silences*; car celui qui doit correspondre à la maxime a toujours manqué, et, pour en exprimer la durée, on double le bâton de quatre mesures équivalant à la longue.

Ces divers *silences* sont donc, 1° le bâton de quatre mesures, qui vaut une longue; 2° le bâton de deux mesures, qui vaut une brève ou carrée; 3° la pause, qui vaut une semi-brève ou ronde; 4° la demi-pause, qui vaut une minime ou blanche; 5° le soupir, qui vaut une noire; 6° le demi-soupir, qui vaut une croche; 7° le quart-de-soupir, qui vaut une double-croche; 8° le demi-quart de soupir, qui vaut une triple-croche; 9° et enfin le seizième de soupir, qui vaut une quadruple-croche. Voyez les figures de tous ces silences, *Pl.* 7, *figure* 2.

Il faut remarquer que le point n'a pas lieu parmi les *silences* comme parmi les notes; car, bien qu'une noire et un soupir soient d'égale valeur, il n'est pas d'usage de pointer le soupir pour exprimer la valeur d'une noire pointée; mais on doit, après le soupir, écrire encore un demi-soupir; cependant, comme quelques-uns pointent aussi les *silences*, il faut que l'exécutant soit prêt à tout.

SIMPLE, *s. m.* Dans les doubles et dans les variations, le premier couplet ou l'air original, tel qu'il est d'abord noté, s'appelle le *simple*. (Voyez DOUBLE, VARIATIONS.)

SIXTE, *s. f.* La seconde des deux consonnances imparfaites, appelée par les Grecs *hexacorde*, parce que son intervalle est formé de six sons ou de cinq degrés diatoniques. La *sixte* est bien une consonnance naturelle, mais seulement par combinaison; car il n'y a point dans l'ordre des consonnances de *sixte* simple et directe.

A ne considérer les *sixtes* que par leurs intervalles, on en trouve de quatre sortes : deux consonnantes et deux dissonantes.

Les consonnantes sont, 1° la *sixte mineure*, composée de trois *tons* et de deux semi-tons majeurs, comme *mi ut*: son rapport est de 5 à 8; 2° la *sixte majeure*, composée de quatre *tons* et un semi-ton majeur, comme *sol mi*: son rapport est de 3 à 5.

Les *sixtes* dissonantes sont, 1° la *sixte diminuée*, composée de deux *tons* et trois semi-tons majeurs, comme *ut* dièse, *la* bémol, et dont le rapport est de 125 à 192; 2° la *sixte-superflue*, composée de quatre *tons*, un semi-ton majeur et un semi-ton mineur, comme *si* bémol et *sol* dièse. Le rapport de cette *sixte* est de 72 à 125.

Ces deux derniers intervalles ne s'emploient jamais dans la mélodie, et la *sixte diminuée* ne s'emploie point non plus dans l'harmonie.

Il y a sept accords qui portent le nom de *sixte*: le premier s'appelle simplement accord de *sixte*; c'est l'accord parfait, dont la tierce est portée à la basse : sa place est sur la médiante du ton, ou sur la note sensible, ou sur la sixième note.

Le second s'appelle accord de *sixte-quarte*; c'est encore l'accord parfait, dont la quinte est portée à la basse; il ne se fait guère que sur la dominante, ou sur la tonique.

Le troisième est appelé accord de *petite-sixte*; c'est un accord de septième, dont la quinte est portée à la basse. La *petite-sixte* se met ordinairement sur la seconde note du ton, ou sur la sixième.

Le quatrième est l'accord de *sixte-et-quinte* ou *grande-sixte*; c'est encore un accord de septième, mais dont la tierce est portée à la basse. Si l'accord fondamental est dominant, alors l'accord de *grande-sixte* perd ce nom et s'appelle accord de *fausse-quinte*. (Voyez FAUSSE-QUINTE.) La *grande-sixte* ne se met communément que sur la quatrième note du ton.

Le cinquième est l'accord de *sixte-ajoutée*; accord fondamental, composé, ainsi que celui de *grande-sixte*, de tierce, de quinte, *sixte* majeure, et qui se place de même sur la tonique ou sur la quatrième note. On ne peut donc distinguer ces deux accords que par la manière de les sauver; car si la quinte descend et que la *sixte* reste, c'est l'accord de *grande-sixte*, et la basse fait une cadence parfaite; mais si la quinte reste et que la sixte monte, c'est l'accord de *sixte-ajoutée*; et la basse-fondamentale fait une cadence irrégulière; or, comme après avoir frappé cet accord on est maître de le sauver de l'une de ces deux manières, cela tient l'auditeur en suspens sur le vrai fondement de l'accord jusqu'à ce que la suite l'ait déterminé ; et c'est cette liberté de choisir que M. Rameau appelle *double-emploi*. (Voyez Double-emploi.)

Le sixième accord est celui de *sixte-majeure* et *fausse-quinte*, lequel n'est autre chose qu'un accord de *petite-sixte* en mode mineur, dans lequel la *fausse-quinte* est substituée à la quarte : c'est, pour m'exprimer autrement, un accord de *septième diminuée*, dans lequel la tierce est portée à la basse : il ne se place que sur la seconde note du ton.

Enfin le septième accord de *sixte* est celui de *sixte-superflue* ; c'est une espèce de *petite-sixte* qui ne se pratique jamais que sur la sixième note d'un ton mineur descendant sur la dominante ; comme alors la sixte de cette sixième note est naturellement majeure, on la rend quelquefois superflue en y ajoutant encore un dièse : alors cette *sixte-superflue* devient un accord original, lequel ne se renverse point. (Voyez Accord.)

Sol. La cinquième des six syllabes inventées par l'Arétin pour prononcer les notes de la gamme. Le *sol* naturel répond à la lettre G. (V. Gamme.)

Solfier, *v. n.* C'est, en entonnant des sons, prononcer en même temps les syllabes de la gamme qui leur correspondent. Cet exercice est celui par lequel on fait toujours commencer ceux qui apprennent la musique, afin que l'idée de ces différentes syllabes s'unissant dans leur esprit à celle des intervalles qui s'y rapportent; ces syllabes leur aident à se rappeler ces intervalles.

Aristide Quintilien nous apprend que les Grecs avoient pour *solfier* quatre syllabes ou dénominations des notes, qu'ils répétoient à chaque tétracorde, comme nous en répétons sept à chaque octave; ces quatre syllabes étoient les suivantes, *te, ta, thè, tho*. La première répondoit au premier son ou à l'hypate du premier tétracorde et des suivants; la seconde, à la parhypate; la troisième, au lichanos; la quatrième, à la nète; et ainsi de suite en recommençant: manière de *solfier* qui, nous montrant clairement que leur modulation étoit renfermée dans l'étendue du tétracorde, et que les sons homologues, gardant et les mêmes rapports et les mêmes noms d'un tétracorde à l'autre, étoient censés répétés de quarte en quarte, comme chez nous d'octave en octave, prouvé en même temps que leur génération harmonique n'avoit aucun rapport à la nôtre, et s'établissoit sur des principes tout différents.

Gui d'Arezzo, ayant substitué son hexacorde au tétracorde ancien, substitua aussi, pour le *solfier*, six autres syllabes aux quatre que les Grecs employoient autrefois; ces six syllabes sont les suivantes, *ut ré mi fa sol la*, tirées, comme chacun sait, de l'hymne de saint Jean-Baptiste. Mais chacun ne sait pas que l'air de cette hymne, tel qu'on le chante aujourd'hui dans l'Église romaine, n'est pas exactement celui dont l'Arétin tira ses syllabes, puisque les sons qui les portent dans cette hymne ne sont pas ceux qui les portent dans sa gamme. On trouve, dans un ancien manuscrit conservé dans la bibliothèque du chapitre de Sens, cette hymne telle probablement qu'on la chantoit du temps de l'Arétin, et dans laquelle chacune des six syllabes est exactement appliquée au son correspondant de la gamme, comme on peut le voir *Planche* 17., *fig.* 2, où j'ai transcrit cette hymne en notes de plain-chant.

Il paroît que l'usage des six syllabes de Gui ne s'étendit pas bien promptement hors de l'Italie, puisque Muris témoigne avoir entendu employer dans Paris les syllabes *pro to do no tu a*, au lieu de celles-là; mais enfin celles de Gui l'emportèrent, et furent admises généralement en France comme dans le reste de l'Europe. Il n'y a plus aujourd'hui que l'Allemagne où l'on *solfie* seulement par les lettres de la gamme, et non par les syllabes : en sorte que la note qu'en *solfiant* nous appelons *la*, ils l'appellent A; celle que nous appelons *ut*, ils l'appellent C. Pour les notes diésées ils ajoutent un *s* à la lettre et prononcent cet *s*, *is*; en sorte, par exemple, que pour *solfier re* dièse ils prononcent *dis*. Ils ont aussi ajouté la lettre H pour ôter l'équivoque du *si*, qui n'est B qu'étant bémol; lorsqu'il est bécarre, il est H : ils ne connoissent, en *solfiant*, de bémol que celui-là seul; au lieu du bémol de toute autre note, ils prennent le dièse de celle qui est au-dessous; ainsi pour *la* bémol ils solfient *G s*, pour *mi* bémol *D s*, etc. Cette manière de *solfier* est si dure et si embrouillée, qu'il faut être Allemand pour s'en servir et devenir toutefois grand musicien.

Depuis l'établissement de la gamme de l'Arétin on a essayé en différents temps de substituer d'autres syllabes aux siennes. Comme la voix des trois premières est assez sourde, M. Sauveur, en changeant la manière de noter, avoit aussi changé celle de *solfier*, et il nommoit les huit notes de l'octave par les huit syllabes suivantes, *pa ra ga da so bo lo do*. Ces noms n'ont pas plus passé que les notes; mais, pour la syllabe *do*, elle étoit antérieure à M. Sauveur; les Italiens l'ont toujours employée au lieu d'*ut* pour *solfier*, quoiqu'ils nomment *ut* et non pas *do* dans la gamme. Quant à l'addition du *si*, voyez SI.

A l'égard des notes altérées par dièse ou par bémol, elles portent le nom de la note au naturel, et cela cause dans la manière de *solfier* bien des embarras auxquels M. de Boisgelou s'est proposé de remédier en ajoutant cinq notes pour compléter le système chromatique et donner un nom particulier à chaque note. Ces noms avec les anciens sont, en tout, au nombre de douze, autant qu'il y a de cordes dans ce système; savoir, *ut de re ma mi fa si sol be la sa si* : au moyen de ces cinq notes ajoutées, et des noms qu'elles portent, tous les bémols et les dièses sont anéantis, comme on le pourra voir au mot Système dans l'exposition de celui de M. de Boisgelou.

Il y a diverses manières de *solfier*; savoir, par muances, par transposition, et au naturel. (Voyez Muances, Naturel, et Transposition.) La première méthode est la plus ancienne; la seconde est la meilleure; la troisième est la plus commune en France. Plusieurs nations ont gardé dans les muances l'ancienne nomenclature des six syllabes de l'Arétin. D'autres en ont encore retranché, comme les Anglois, qui *solfient* sur ces quatre syllabes seulement, *mi fa sol la*. Les François, au contraire, ont ajouté une syllabe pour renfermer sous des noms différents tous les sept sons diatoniques de l'octave.

Les inconvénients de la méthode de l'Arétin sont considérables; car, faute d'avoir rendu complète la gamme de l'octave, les syllabes de cette gamme ne signifient ni des touches fixes du clavier, ni des degrés du ton, ni même des intervalles déterminés. Par les muances, *la fa* peut former un intervalle de tierce majeure en descendant, ou de tierce mineure en montant, ou d'un semi-ton encore en montant; comme il est aisé de voir par la gamme, etc. (Voyez Gamme, Muances.) C'est encore pis par la méthode angloise : on trouve à chaque instant différents intervalles qu'on ne peut exprimer que par les mêmes syllabes, et les mêmes noms des notes y reviennent à toutes les quartes, comme parmi les Grecs, au lieu de n'y revenir qu'à toutes les octaves, selon le système moderne.

La manière de *solfier* établie en France par l'addition du *si* vaut assurément mieux que tout cela; car, la gamme se trouvant complète, les muances deviennent inutiles, et l'analogie des octaves est parfaitement observée : mais les musiciens ont encore gâté cette méthode par la bizarre imagination de rendre les noms des notes toujours fixes et déterminés sur les touches du clavier, en sorte que ces touches ont toutes un double nom, tandis que les degrés d'un ton transposé n'en ont point; défaut qui charge inutilement la mémoire de tous les dièses ou bémols de la clef, qui ôte aux noms des notes l'expression des intervalles qui leur sont propres, et qui efface enfin autant qu'il est possible toutes les traces de la modulation.

Ut ou *re* ne sont point ou ne doivent point être telle ou telle touche du clavier, mais telle ou telle corde du ton. Quant aux touches fixes, c'est par des lettres de l'alphabet qu'elles s'expriment. La touche que vous appelez *ut*, je l'appelle C; celle que vous appelez *re*, je l'appelle D. Ce ne sont pas des signes que j'invente, ce sont des signes tout établis, par lesquels je détermine très-nettement la fondamentale d'un ton : mais, ce ton une fois déterminé, dites-moi de grâce à votre tour comment vous nommez la tonique que je nomme *ut*, et la seconde note que je nomme *re*, et la médiante que je nomme *mi;* car ces noms relatifs au ton et au mode sont essentiels pour la détermination des idées, et pour la justesse des intonations. Qu'on y réfléchisse bien, et l'on trouvera que ce que les musiciens françois appellent *solfier au naturel* est tout-à-fait hors de la nature. Cette méthode est inconnue chez toute autre nation, et sûrement ne fera jamais fortune dans aucune : chacun doit sentir, au contraire, que rien n'est plus naturel que de *solfier* par transposition lorsque le mode est transposé.

On a en Italie un recueil de leçons à *solfier*, appelé *solfeggi;* ce recueil, composé par le célèbre Léo, pour l'usage des commençants, est très-estimé.

SOLO, *adj. pris subst.* Ce mot italien s'est francisé dans la musique, et s'applique à une pièce ou à un morceau qui se chante à voix seule ou qui se joue sur un seul instrument avec un simple accompagnement de basse ou de clavecin; et c'est ce qui distingue le *solo* du *récit,* qui peut être accompagné de tout l'orchestre. Dans les pièces appelées *concerto,* on écrit toujours le mot *solo* sur la partie principale, quand elle récite.

SON, *s. m.* Quand l'agitation communiquée à l'air par la collision d'un corps frappé par un autre parvient jusqu'à l'organe auditif, elle y produit une sensation qu'on appelle *bruit*. (Voyez Bruit.) Mais il y a un bruit résonnant et appréciable qu'on appelle *son*. Les recherches sur le *son* absolu appartiennent au physicien : le musicien n'examine que le *son* relatif; il l'examine seulement par ses modifications sensibles; et c'est selon cette dernière idée que nous l'envisageons dans cet article.

Il y a trois objets principaux à considérer dans le *son*; le ton, la force, et le timbre; sous chacun de ces rapports le son se conçoit comme modifiable, 1° du grave à l'aigu; 2° du fort au foible; 3° de l'aigre au doux, ou du sourd à l'éclatant, et réciproquement.

Je suppose d'abord, quelle que soit la nature du *son*, que son véhicule n'est autre chose que l'air même, premièrement, parce que l'air est le seul corps intermédiaire de l'existence duquel on soit parfaitement assuré, entre le corps sonore et l'organe auditif; qu'il ne faut pas multiplier les êtres sans nécessité, que l'air suffit pour expliquer la formation du *son*; et de plus parce que l'expérience nous apprend qu'un corps sonore ne rend pas de *son* dans un lieu tout-à-fait privé d'air. Si l'on veut imaginer un autre fluide, on peut aisément lui appliquer tout ce que je dis de l'air dans cet article.

La résonnance du son, ou pour mieux dire, sa permanence et son prolongement, ne peut naître que de la durée de l'agitation de l'air; tant que cette agitation dure, l'air ébranlé vient sans cesse frapper l'organe auditif, et prolonge ainsi la sensation du *son* : mais il n'y a point de manière plus simple de concevoir cette durée qu'en supposant dans l'air des vibrations qui se succèdent, et qui renouvellent ainsi à chaque instant l'impression; de plus cette agitation de l'air, de quelque espèce qu'elle soit, ne peut être produite que par une agitation semblable dans les parties du corps sonore : or c'est un fait certain que les parties du corps sonore éprouvent de telles vibrations. Si l'on touche le corps d'un violoncelle dans le temps qu'on en tire du *son*, on le sent frémir sous la main, et l'on voit bien sensiblement durer les vibrations de la corde jusqu'à ce que le *son* s'éteigne. Il en est de même d'une cloche qu'on fait sonner en la frappant du batail; on la sent, on la voit même frémir, et l'on voit sautiller les grains de sable qu'on jette sur la surface. Si la corde se détend ou que la cloche se fende, plus de frémissement, plus de *son*. Si donc cette cloche ni cette corde ne peuvent communiquer à l'air que les mouvements qu'elles ont elles-mêmes, on ne sauroit douter que le *son* produit par les vibrations du corps sonore ne se propage par des vibrations semblables que ce corps communique à l'air.

Tout ceci supposé, examinons premièrement ce qui constitue le rapport des *sons* du grave à l'aigu.

I. Théon de Smyrne dit que Lazus d'Hermione, de même que le pythagoricien Hyppase de Métapont, pour calculer les rapports des consonnances, s'étoient servis de deux vases semblables et résonnants à l'unisson; que laissant vide l'un des deux, et remplissant l'autre jusqu'au quart, la percussion de l'un et de l'autre avoit fait entendre la consonnance de la quarte; que remplissant ensuite le second jusqu'au tiers, puis jusqu'à la moitié, la percussion des deux avoit produit la consonnance de la quinte, puis de l'octave.

Pythagore, au rapport de Nicomaque et de Censorin, s'y étoit pris d'une autre manière pour calculer les mêmes rapports; il suspendit, disent-ils, aux mêmes cordes sonores différents poids, et détermina les rapports des divers *sons* sur ceux qu'il trouva entre les poids tendants : mais les calculs de Pythagore sont trop justes pour avoir été faits de cette manière, puisque chacun sait aujourd'hui, sur les expériences de Vincent Galilée, que les *sons* sont entre eux, non comme les poids tendants, mais en raison sous-double de ces mêmes poids.

Enfin l'on inventa le monocorde, appelé par les anciens *canon harmonicus*, parce qu'il donnoit la règle des divisions harmoniques. Il faut en expliquer le principe.

Deux cordes de même métal égales et également tendues forment un unisson parfait en tous sens : si les longueurs sont inégales, la plus courte donnera un *son* plus aigu, et fera aussi plus de vibrations dans un temps donné ; d'où l'on conclut que la différence des *sons* du grave à l'aigu ne procède que de celle des vibrations faites dans un même espace de temps par les cordes, ou corps sonores qui les font entendre ; ainsi l'on exprime les rapports des *sons* par les nombres des vibrations qui les donnent.

On sait encore, par des expériences non moins certaines, que les vibrations des cordes, toutes choses d'ailleurs égales, sont toujours réciproques aux longueurs : ainsi une corde double d'une autre ne fera, dans le même temps, que la moitié du nombre des vibrations de celle-ci ; et le rapport des *sons* qu'elles feront entendre s'appelle *octave*. Si les cordes sont comme 3 et 2, les vibrations seront comme 2 et 3 ; et le rapport des *sons* s'appellera *quinte*, etc. (Voyez Intervalle.)

On voit par là qu'avec des chevalets mobiles il est aisé de former sur une seule corde des divisions qui donnent des *sons* dans tous les rapports possibles, soit entre eux, soit avec la corde entière : c'est le monocorde dont je viens de parler. (Voyez Monocorde.)

On peut rendre des *sons* aigus ou graves par d'autres moyens. Deux cordes de longueur égale ne forment pas toujours l'unisson ; car si l'une est plus grosse ou moins tendue que l'autre, elle fera moins de vibrations en temps égaux, et conséquemment donnera un *son* plus grave. (Voyez Corde.)

Il est aisé d'expliquer sur ces principes la construction des instruments à cordes, tels que le clavecin, le tympanon, et le jeu des violons et basses qui, par différents accourcissements des cordes sous les doigts ou chevalets mobiles, produit la diversité des *sons* qu'on tire de ces instruments. Il faut raisonner de même pour les instruments à vent; les plus longs forment des *sons* plus graves, si le vent est égal. Les trous, comme dans les flûtes et hautbois, servent à les raccourcir pour rendre les *sons* plus aigus : en donnant plus de vent on les fait octavier, et les *sons* deviennent plus aigus encore; la colonne d'air forme alors le corps sonore, et les divers tons de la trompette et du cor de chasse ont les mêmes principes que les *sons* harmoniques du violoncelle et du violon, etc. (Voyez Sons harmoniques.)

Si l'on fait résonner avec quelque force une des grosses cordes d'une viole ou d'un violoncelle, en passant l'archet un peu plus près du chevalet qu'à l'ordinaire, on entendra distinctement, pour peu qu'on ait l'oreille exercée et attentive, outre le *son* de la corde entière, au moins celui de son octave, celui de l'octave de sa quinte, et celui de la double octave de sa tierce : on verra même frémir et l'on entendra résonner toutes les cordes montées à l'unisson de ces *sons*-là : ces *sons* accessoires accompagnent toujours un *son* principal quelconque; mais, quand ce *son* principal est aigu, les autres y sont moins sensibles : on appelle ceux-ci les harmoniques du *son* principal; c'est par eux, selon M. Rameau, que tout *son* est appréciable, et c'est en eux que lui et M. Tartini ont cherché le principe de toute harmonie, mais par des rouets directement contraires. (V. HARMONIE, SYSTÈME.)

Une difficulté qui reste à expliquer dans la théorie du *son* est de savoir comment deux ou plusieurs *sons* peuvent se faire entendre à la fois. Lorsqu'on entend, par exemple, les deux *sons* de la quinte, dont l'un fait deux vibrations, tandis que l'autre en fait trois, on ne conçoit pas bien comment la même masse d'air peut fournir dans un même temps ces différents nombres de vibrations distincts l'un de l'autre, et bien moins encore lorsqu'il se fait ensemble plus de deux sons et qu'ils sont tous dissonants entre eux. Mengoli et les autres se tirent d'affaire par des comparaisons : il en est, disent-ils, comme de deux pierres qu'on jette à la fois dans l'eau, et dont les différents cercles qu'elles produisent se croisent sans se confondre. M. de Mairan donne une explication plus philosophique : l'air, selon lui, est divisé en particules de diverses grandeurs, dont chacune est capable d'un ton particulier, et n'est susceptible d'aucun autre; de sorte qu'à chaque son qui se forme, les particules d'air qui lui sont analogues s'ébranlent seules, elles et leurs harmoniques, tandis que toutes les autres restent tranquilles jusqu'à ce qu'elles soient émues à leur tour par les *sons* qui leur correspondent; de sorte qu'on entend à la fois deux *sons*, comme on voit à la fois deux couleurs, parce qu'étant produits par différentes parties, ils affectent l'organe en différents points.

Ce système est ingénieux; mais l'imagination se prête avec peine à l'infinité de particules d'air différentes en grandeur et en mobilité, qui devroient être répandues dans chaque point de l'espace, pour être toujours prêtes au besoin à rendre en tout lieu l'infinité de tous les *sons* possibles : quand elles sont une fois arrivées au tympan de l'oreille, on conçoit encore moins comment, en le frappant plusieurs ensemble, elles peuvent y produire un ébranlement capable d'envoyer au cerveau la sensation de chacune en particulier. Il semble qu'on a éloigné la difficulté plutôt que de la résoudre : on allègue en vain l'exemple de la lumière dont les rayons se croisent dans un point sans confondre les objets; car, outre qu'une difficulté n'en résout pas une autre, la parité n'est pas exacte, puisque l'objet est vu sans exciter dans l'air un mouvement semblable à celui qu'y doit exciter le corps sonore pour être ouï.

Mengoli sembloit vouloir prévenir cette objection en disant que les masses d'air, chargées, pour ainsi dire, de différents *sons*, ne frappent le tympan que successivement, alternativement, et chacune à son tour; sans trop songer à quoi il occuperoit celles qui sont obligées d'attendre que les premières aient achevé leur office, ou sans expliquer comment l'oreille, frappée de tant de coups successifs, peut distinguer ceux qui appartiennent à chaque *son*.

A l'égard des harmoniques qui accompagnent un *son* quelconque, ils offrent moins une nouvelle difficulté qu'un nouveau cas de la précédente; car, sitôt qu'on expliquera comment plusieurs *sons* peuvent être entendus à la fois, on expliquera facilement le phénomène des harmoniques. En effet, supposons qu'un *son* mette en mouvement les particules d'air susceptibles du même *son*, et les particules susceptibles de *sons* plus aigus à l'infini; de ces diverses particules, il y en aura dont les vibrations, commençant et finissant exactement avec celles du corps sonore, seront sans cesse aidées et renouvelées par les siennes; ces particules seront celles qui donneront l'unisson : vient ensuite l'octave, dont deux vibrations s'accordant avec une du *son* principal, en sont aidées et renforcées seulement de deux en deux; par conséquent l'octave sera sensible, mais moins que l'unisson : vient ensuite la douzième ou l'octave de la quinte, qui fait trois vibrations précises pendant que le *son* fondamental en fait une ; ainsi, ne recevant un nouveau coup qu'à chaque troisième vibration, la douzième sera moins sensible que l'octave, qui reçoit ce nouveau coup dès la seconde. En suivant cette même gradation, l'on trouve le concours des vibrations plus tardif, les coups moins renouvelés, et par conséquent les harmoniques toujours moins sensibles, jusqu'à ce que les rapports se composent au point que l'idée du concours trop rare s'efface, et que, les vibrations ayant le temps de s'éteindre avant d'être renouvelées, l'harmonique ne s'entend plus du tout. Enfin quand le rapport cesse d'être rationnel, les vibrations ne concourent jamais ; celles du *son* plus aigu, toujours contrariées, sont bientôt étouffées par celles de la corde, et ce *son* aigu est absolument dissonant et nul : telle est la raison pourquoi les premiers harmoniques s'entendent, et pourquoi tous les autres *sons* ne s'entendent pas : mais en voilà trop sur la première qualité du *son* ; passons aux deux autres.

II. La force du *son* dépend de celle des vibrations du corps sonore ; plus ces vibrations sont grandes et fortes, plus le *son* est fort et vigoureux et s'entend de loin. Quand la corde est assez tendue, et qu'on ne force pas trop la voix ou l'instrument, les vibrations restent toujours isochrones, et par conséquent le ton demeure le même, soit qu'on renfle ou qu'on affoiblisse le *son*; mais en raclant trop fort de l'archet, en relâchant trop la corde, en soufflant ou criant trop, on peut faire perdre aux vibrations l'isochronisme nécessaire pour l'identité du ton; et c'est une des raisons pourquoi, dans la musique françoise, où le premier mérite est de bien crier, on est plus sujet à chanter faux que dans l'italienne, où la voix se modère avec plus de douceur.

La vitesse du *son* qui sembleroit dépendre de sa force n'en dépend point. Cette vitesse est toujours égale et constante, si elle n'est accélérée ou retardée par le vent; c'est-à-dire que le *son* fort ou foible s'étendra toujours uniformément, et qu'il fera toujours dans deux secondes le double du chemin qu'il aura fait dans une. Au rapport de Halley et de Flamsteed, le *son* parcourt en Angleterre 1070 pieds de France en une seconde, et au Pérou 174 toises, selon M. de La Condamine; le P. Mersenne et Gassendi ont assuré que le vent favorable ou contraire n'accéléroit ni ne retardoit le *son*; depuis les expériences que Derham et l'académie des sciences ont faites sur ce sujet, cela passe pour une erreur.

Sans ralentir sa marche, le *son* s'affoiblit en s'étendant; et cet affoiblissement, si la propagation est libre, qu'elle ne soit gênée par aucun obstacle ni ralentie par le vent, suit ordinairement la raison du carré des distances.

III. Quant à la différence qui se trouve encore entre les *sons* par la qualité du timbre, il est évident qu'elle ne tient ni au degré d'élévation, ni même à celui de force. Un hautbois aura beau se mettre à l'unisson d'une flûte, il aura beau radoucir le *son* au même degré, le *son* de la flûte aura toujours je ne sais quoi de moelleux et de doux, celui du hautbois je ne sais quoi de rude et d'aigre, qui empêchera que l'oreille ne les confonde, sans parler de la diversité du timbre des voix. (Voyez Voix.) Il n'y a pas un instrument qui n'ait le sien particulier, qui n'est point celui de l'autre; et l'orgue seul a une vingtaine de jeux tous de timbre différent : cependant personne, que je sache, n'a examiné le *son* dans cette partie, laquelle, aussi-bien que les autres, se trouvera peut-être avoir ses difficultés ; car la qualité du timbre ne peut dépendre ni du nombre des vibrations, qui fait le degré du grave à l'aigu, ni de la grandeur ou de la force de ces mêmes vibrations, qui fait le degré du fort au foible. Il faudra donc trouver dans le corps sonore une troisième cause différente de ces deux pour expliquer cette troisième qualité du *son* et ses différences ; ce qui peut-être n'est pas trop aisé.

Les trois qualités principales dont je viens de parler entrent toutes, quoique en différentes proportions, dans l'objet de la musique, qui est le *son* en général.

En effet le compositeur ne considère pas seulement si les *sons* qu'il emploie doivent être hauts ou bas, graves ou aigus, mais s'ils doivent être forts ou foibles, aigres ou doux, sourds ou éclatants, et il les distribue à différents instruments, à diverses voix, en récits ou en chœurs, aux extrémités ou dans le *medium* des instruments ou des voix, avec des *doux* ou des *forts*, selon les convenances de tout cela.

Mais il est vrai que c'est uniquement dans la comparaison des sons du grave à l'aigu que consiste toute la science harmonique ; de sorte que, comme le nombre des *sons* est infini, l'on peut dire dans le même sens que cette science est infinie dans son objet. On ne conçoit point de bornes précises à l'étendue des *sons* du grave à l'aigu, et, quelque petit que puisse être l'intervalle qui est entre deux *sons*, on le concevra toujours divisible par un troisième *son* : mais la nature et l'art ont limité cette infinité dans la pratique de la musique. On trouve bientôt dans les instruments les bornes des *sons* praticables, tant au grave qu'à l'aigu : alongez ou raccourcissez jusqu'à un certain point une corde sonore, elle n'aura plus de *son*. L'on ne peut pas non plus augmenter ou diminuer à volonté la capacité d'une flûte ou d'un tuyau d'orgue, ni sa longueur ; il y a des bornes, passé lesquelles ni l'un ni l'autre ne résonne plus. L'inspiration a aussi sa mesure et ses lois : trop foible, elle ne rend point de *son* ; trop forte, elle ne produit qu'un cri perçant qu'il est impossible d'apprécier. Enfin il est constaté par mille expériences que tous les *sons* sensibles sont renfermés dans une certaine latitude, passé laquelle, ou trop graves ou trop aigus, ils ne sont plus aperçus ou deviennent inappréciables à l'oreille. M. Euler en a même en quelque sorte fixé les limites, et, selon ses observations, rapportées par M. Diderot, dans ses *Principes d'acoustique*, tous les *sons* sensibles sont compris entre les nombres 30 et 7552 ; c'est-à-dire que, selon ce grand géomètre, le *son* le plus grave appréciable à notre oreille fait 30 vibrations par seconde, et le plus aigu 7552 vibrations dans le même temps ; intervalle qui renferme à peu près 8 octaves.

D'un autre côté l'on voit, par la génération harmonique des *sons*, qu'il n'y en a, dans leur infinité possible, qu'un très-petit nombre qui puissent être admis dans le système harmonieux ; car tous ceux qui ne forment pas des consonnances avec les *sons* fondamentaux, ou qui ne naissent pas médiatement ou immédiatement des différences de ces consonnances, doivent être proscrits du système. Voilà pourquoi, quelque parfait qu'on suppose aujourd'hui le nôtre, il est pourtant borné à douze *sons* seulement dans l'étendue d'une octave, desquels douze toutes les autres octaves ne contiennent que des répliques.

Que si l'on veut compter toutes ces répliques pour autant de *sons* différents, en les multipliant par le nombre des octaves auquel est bornée l'étendue des *sons* appréciables, on trouvera 96 en tout pour le plus grand nombre de *sons* praticables dans notre musique sur un même *son* fondamental.

On ne pourroit pas évaluer avec la même précision le nombre des *sons* praticables dans l'ancienne musique : car les Grecs formoient, pour ainsi dire, autant de systèmes de musique qu'ils avoient de manières différentes d'accorder leurs tétracordes. Il paroît, par la lecture de leurs traités de musique, que le nombre de ces manières étoit grand et peut-être indéterminé ; or, chaque accord particulier changeoit les *sons* de la moitié du système, c'est-à-dire des deux cordes mobiles de chaque tétracorde : ainsi l'on voit bien ce qu'ils avoient de *sons* dans une seule manière d'accords ; mais on ne peut calculer au juste combien ce nombre se multiplioit dans tous les changements de genre et de mode qui introduisoient de nouveaux *sons*.

Par rapport à leurs tétracordes, ils distinguoient les *sons* en deux classes générales ; savoir, les *sons* stables et fixes dont l'accord ne changeoit jamais, et les *sons* mobiles dont l'accord changeoit avec l'espèce du genre : les premiers étoient huit en tout ; savoir, les deux extrêmes de chaque tétracorde et la corde proslambanomène; les seconds étoient aussi tout au moins au nombre de huit, quelquefois de neuf ou de dix, parce que deux *sons* voisins quelquefois se confondoient en un, et quelquefois se séparoient.

Ils divisoient derechef, dans les genres épais, les *sons* stables en deux espèces, dont l'une contenoit trois *sons*, appelés *apycni* ou *non-serrés*, parce qu'ils ne formoient au grave ni semi-tons ni moindres intervalles; ces trois *sons apycni* étoient la proslambanomène, la nète-synnéménon, et la nète-hyperboléon. L'autre espèce portoit le nom de *sons barypycni* ou *sons serrés*, parce qu'ils formoient le grave des petits intervalles : les *sons barypycni* étoient au nombre de cinq; savoir, l'hypate-hypaton, l'hypate-méson, la mèse, la para-mèse, et la nète-diézeugménon.

Les *sons* mobiles se subdivisoient pareillement en *sons mésopycni* ou moyens dans le serré, lesquels étoient aussi cinq en nombre; savoir, le second, en montant de chaque tétracorde; et en cinq autres *sons*, appelés *oxipycni* ou sur-aigus, qui étoient le troisième, en montant de chaque tétracorde. (Voyez Tétracorde.)

A l'égard des douze *sons* du système moderne, l'accord n'en change jamais, et ils sont tous immobiles. Brossard prétend qu'ils sont tous mobiles, fondé sur ce qu'ils peuvent être altérés par dièse ou par bémol : mais autre chose est de changer de corde, et autre chose de changer l'accord d'une corde.

Son fixe, *s. m.* Pour avoir ce qu'on appelle un *son fixe*, il faudroit s'assurer que ce son seroit toujours le même dans tous les temps et dans tous les lieux : or, il ne faut pas croire qu'il suffise pour cela d'avoir un tuyau, par exemple, d'une longueur déterminée; car, premièrement, le tuyau restant toujours le même, la pesanteur de l'air ne restera pas pour cela toujours la même; le *son* changera, et deviendra plus grave ou plus aigu, selon que l'air deviendra plus léger ou plus pesant; par la même raison le *son* du même tuyau changera encore avec la colonne de l'atmosphère, selon que ce même tuyau sera porté plus haut ou plus bas, dans les montagnes ou dans les vallées.

En second lieu, ce même tuyau, quelle qu'en soit la matière, sera sujet aux variations que le chaud ou le froid cause dans les dimensions de tous les corps; le tuyau se raccourcissant ou s'alongeant deviendra proportionnellement plus aigu ou plus grave, et de ces deux causes combinées vient la difficulté d'avoir un *son fixe*, et presque l'impossibilité de s'assurer du même *son* dans deux lieux en même temps, ni dans deux temps en même lieu.

Si l'on pouvoit compter exactement les vibrations que fait un *son* dans un temps donné, l'on pourroit, par le même nombre de vibrations, s'assurer de l'identité du *son*; mais ce calcul étant impossible, on ne peut s'assurer de cette identité du *son* que par celle des instruments qui le donnent; savoir, le tuyau, quant à ses dimensions, et l'air, quant à sa pesanteur. M. Sauveur proposa pour cela des moyens qui ne réussirent pas à l'expérience. M. Diderot en a proposé depuis de plus praticables, et qui consistent à graduer un tuyau d'une longueur suffisante pour que les divisions y soient justes et sensibles, en le composant de deux parties mobiles par lesquelles on puisse l'alonger et l'accourcir selon les dimensions proportionnelles aux altérations de l'air, indiquées par le thermomètre quant à la température, et par le baromètre quant à la pesanteur. Voyez là-dessus les *Principes d'acoustique* de cet auteur.

Son fondamental. (Voyez Fondamental.)

Sons flutés. (Voyez Sons harmoniques.)

Sons harmoniques ou Sons flutés. Espèce singulière de *sons* qu'on tire de certains instruments, tels que le violon et le violoncelle, par un mouvement particulier de l'archet, qu'on approche davantage du chevalet; et en posant légèrement le doigt sur certaines divisions de la corde. Ces *sons* sont fort différents, pour le timbre et pour le ton, de ce qu'ils seroient si l'on appuyoit tout-à-fait le doigt. Quant au ton, par exemple, ils donneront la quinte quand ils donneroient la tierce, la tierce quand ils donneroient la sixte, etc.

Quant au timbre, ils sont beaucoup plus doux que ceux qu'on tire pleins de la même division, en faisant porter la corde sur le manche ; et c'est à cause de cette douceur qu'on les appelle *sons flûtés*. Il faut, pour en bien juger, avoir entendu M. Mondonville tirer sur son violon, ou M. Bertaud sur son violoncelle, des suites de ces beaux *sons*. En glissant légèrement le doigt de l'aigu au gravé depuis le milieu d'une corde qu'on touche en même temps de l'archet en la manière susdite, on entend distinctement une succession de *sons harmoniques* du grave à l'aigu, qui étonne fort ceux qui n'en connoissent pas la théorie.

Le principe sur lequel cette théorie est fondée est qu'une corde étant divisée en deux parties commensurables entre elles, et par conséquent avec la corde entière, si l'obstacle qu'on met au point de division n'empêche qu'imparfaitement la communication des vibrations d'une partie à l'autre, toutes les fois qu'on fera sonner la corde dans cet état, elle rendra, non le *son* de la corde entière, ni celui de sa grande partie, mais celui de la plus petite partie, si elle mesure exactement l'autre ; ou, si elle ne la mesure pas, le *son* de la plus grande aliquote commune à ces deux parties.

Qu'on divise une corde 6 en deux parties 4 et 2, le *son harmonique* résonnera par la longueur de la petite partie 2, qui est aliquote de la grande partie 4; mais si la corde 5 est divisée par 2 et 3, alors; comme la petite partie ne mesure pas la grande, le *son harmonique* ne résonnera que selon la moitié 1 de cette même petite partie, laquelle moitié est la plus grande commune mesure des deux parties 3 et 2, et de toute la corde 5.

Au moyen de cette loi tirée de l'observation et conforme aux expériences faites par M. Sauveur à l'académie des sciences, tout le merveilleux disparoît; avec un calcul très-simple on assigne pour chaque degré le *son harmonique* qui lui répond. Quant au doigt glissé le long de la corde, il ne donne qu'une suite de *sons harmoniques* qui se succèdent rapidement dans l'ordre qu'ils doivent avoir selon celui des divisions sur lesquelles on passe successivement le doigt : et les points qui ne forment pas des divisions exactes, ou qui en forment de trop composées, ne donnent aucun *son* sensible ou appréciable.

On trouvera (*Planche* 16, *figure* 4) une table des *sons harmoniques*, qui peut en faciliter la recherche à ceux qui désirent de les pratiquer. La première colonne indique les *sons* que rendroient les divisions de l'instrument touchées en plein, et la seconde colonne montre les *sons flûtés* correspondants quand la corde est touchée harmoniquement.

Après la première octave, c'est-à-dire depuis le milieu de la corde en avançant vers le chevalet, on retrouve les mêmes *sons harmoniques* dans le même ordre, sur les mêmes divisions de l'octave aiguë, c'est-à-dire la dix-neuvième sur la dixième mineure, la dix-septième sur la dixième majeure, etc.

Je n'ai fait, dans cette table, aucune mention des *sons harmoniques* relatifs à la seconde et à la septième : premièrement, parce que les divisions qui les forment n'ayant entre elles que des aliquotes fort petites, en rendroient les *sons* trop aigus pour être agréables, et trop difficiles à tirer par le coup d'archet, et de plus parce qu'il faudroit entrer dans des sous-divisions trop étendues, qui ne peuvent s'admettre dans la pratique ; car le *son harmonique* du *ton* majeur seroit la vingt-troisième, ou la triple octave de la seconde, et l'harmonique du *ton* mineur seroit la vingt-quatrième, ou la triple octave de la tierce mineure : mais quelle est l'oreille assez fine et la main assez juste pour distinguer et toucher à sa volonté un *ton* majeur ou un *ton* mineur ?

Tout le jeu de la trompette marine est en *sons harmoniques* ; ce qui fait qu'on n'en tire pas aisément toute sorte de *sons*.

SONATE, *s. f.* Pièce de musique instrumentale composée de trois ou quatre morceaux consécutifs de caractères différents. La *sonate* est à peu près pour les instruments ce qu'est la cantate pour les voix.

La *sonate* est faite ordinairement pour un seul instrument qui récite accompagné d'une basse-continue; et dans une telle composition l'on s'attache à tout ce qu'il y a de plus favorable pour faire briller l'instrument pour lequel on travaille, soit par le tour des chants, soit par le choix des sons qui conviennent le mieux à cette espèce d'instrument, soit par la hardiesse de l'exécution. Il y a aussi des *sonates* en trio, que les Italiens appellent plus communément *sinfonie;* mais, quand elles passent trois parties, ou qu'il y en a quelqu'une récitante, elles prennent le nom de concerto. (Voyez Concerto.).

Il y a plusieurs sortes de *sonates*. Les Italiens les réduisent à deux espèces principales: l'une, qu'ils appellent *sonate da camera*, sonates de chambre, lesquelles sont composées de plusieurs airs familiers ou à danser, tels à peu près que ces recueils qu'on appelle en France des *suites;* l'autre espèce est appelée *sonate da chiesa*, sonates d'église, dans la composition desquelles il doit entrer plus de recherche, de travail, d'harmonie, et des chants plus convenables à la dignité du lieu. De quelque espèce que soient les *sonates*, elles commencent d'ordinaire par un adagio, et, après avoir passé par deux ou trois mouvements différents, finissent par un allegro ou un presto.

Aujourd'hui que les instruments sont la partie la plus importante de la musique, les *sonates* sont extrêmement à la mode, de même que toute espèce de symphonie ; le vocal n'en est guère que l'accessoire, et le chant accompagne l'accompagnement. Nous tenons ce mauvais goût de ceux qui, voulant introduire le tour de la musique italienne dans une langue qui n'en est pas susceptible, nous ont obligés de chercher à faire avec les instruments ce qu'il nous est impossible de faire avec nos voix. J'ose prédire qu'un goût si peu naturel ne durera pas. La musique purement harmonique est peu de chose : pour plaire constamment, et prévenir l'ennui, elle doit s'élever au rang des arts d'imitation ; mais son imitation n'est pas toujours immédiate comme celle de la poésie et de la peinture ; la parole est le moyen par lequel la musique détermine le plus souvent l'objet dont elle nous offre l'image ; et c'est par les sons touchants de la voix humaine, que cette image éveille au fond du cœur le sentiment qu'elle y doit produire. Qui ne sent combien la pure symphonie, dans laquelle on ne cherche qu'à faire briller l'instrument, est loin de cette énergie? Toutes les folies du violon de M. Mondonville m'attendriront-elles comme deux sons de la voix de mademoiselle Le Maure ? La symphonie anime le chant et ajoute à son expression, mais elle n'y supplée pas. Pour savoir ce que veulent dire tous ces fatras de *sonates* dont on est accablé, il faudroit faire comme ce peintre grossier, qui étoit obligé d'écrire au-dessous de ses figures : *C'est un arbre, c'est un homme, c'est un cheval.* Je n'oublierai jamais la saillie du célèbre Fontenelle, qui, se trouvant excédé de ces éternelles symphonies, s'écria tout haut dans un transport d'impatience : *Sonate, que me veux-tu ?*

SONNER, *v. a.* et *n.* On dit en composition qu'une note *sonne* sur la basse, lorsqu'elle entre dans l'accord et fait harmonie ; à la différence des notes qui ne sont que de goût, et ne servent qu'à figurer, lesquelles ne *sonnent* point : on dit aussi *sonner* une note, un accord, pour dire, frapper ou faire entendre le son, l'harmonie de cette note ou de cet accord.

SONORE, *adj.* Qui rend du son. *Un métal sonore :* de là, *corps sonore.* (Voyez CORPS SONORE.)

Sonore se dit particulièrement et par excellence de tout ce qui rend des sons moelleux, forts, nets, justes, et bien timbrés : *une cloche sonore, une voix sonore,* etc.

SOTTO-VOCE, *adv.* Ce mot italien marque, dans les lieux où il est écrit, qu'il ne faut chanter qu'à demi-voix, ou jouer qu'à demi-jeu : *mezzo forte* et *mezza-voce* signifient la même chose.

SOUPIR. Silence équivalant à une noire, et qui se marque par un trait courbe approchant de la figure du 7 de chiffre, mais tourné en sens contraire, en cette sorte ⸲. (Voyez SILENCE, NOTES.)

SOURDINE, *s. f.* Petit instrument de cuivre ou

d'argent, qu'on applique au chevalet du violon ou du violoncelle, pour rendre les sons plus sourds et plus foibles, en interceptant et gênant les vibrations du corps entier de l'instrument. La *sourdine*, en affoiblissant les sons, change leur timbre et leur donne un caractère extrêmement attendrissant et triste. Les musiciens françois, qui pensent qu'un jeu doux produit le même effet que la *sourdine*, et qui n'aiment pas l'embarras de la placer et déplacer, ne s'en servent point; mais on en fait usage avec un grand effet dans tous les orchestres de l'Italie, et c'est parce qu'on trouve souvent ce mot *sordini* écrit dans les symphonies, que j'en ai dû faire un article.

Il y a des *sourdines* aussi pour les cors de chasse, pour le clavecin, etc.

Sous-dominante ou Soudominante. Nom donné par M. Rameau à la quatrième note du ton, laquelle est par conséquent au même intervalle de la tonique en descendant, qu'est la dominante en montant : cette dénomination vient de l'affinité que cet auteur trouve par renversement entre le mode mineur de la *sous-dominante* et le mode majeur de la tonique. (Voyez Harmonie.) Voyez aussi l'article qui suit.

Sous-médiante ou Soumédiante. C'est aussi, dans le vocabulaire de M. Rameau, le nom de la sixième note du ton; mais cette *sous-médiante* devant être au même intervalle de la tonique en dessous, qu'en est la médiante en dessus; doit faire tierce majeure sous cette tonique, et par conséquent tierce mineure sur la sous-dominante, et c'est sur cette analogie que le même M. Rameau établit le principe du mode mineur; mais il s'ensuivroit de là que le mode majeur d'une tonique, et le mode mineur de sa sous-dominante, devroient avoir une grande affinité, ce qui n'est pas, puisqu'au contraire il est très-rare qu'on passe d'un de ces deux modes à l'autre, et que l'échelle presque entière est altérée par une telle modulation.

Je puis me tromper dans l'acception des deux mots précédents, n'ayant pas sous les yeux, en écrivant cet article, les écrits de M. Rameau. Peut-être entend-il simplement par *sous-dominante* la note qui est un degré au-dessous de la dominante, et par *sous-médiante* la note qui est un degré au-dessous de la médiante. Ce qui me tient en suspens entre ces deux sens est que, dans l'un et dans l'autre, la sous-dominante est la même note *fa* pour le ton d'*ut* : mais il n'en seroit pas ainsi de la *sous-médiante* ; elle seroit *la* dans le premier sens, et *re* dans le second. Le lecteur pourra vérifier lequel des deux est celui de M. Rameau; ce qu'il y a de sûr est que celui que je donne est préférable pour l'usage de la composition.

SOUTENIR, *v. a. pris en sens neut.* C'est faire exactement durer les sons toute leur valeur sans les laisser éteindre avant la fin, comme font très-souvent les musiciens, et surtout les symphonistes.

Spiccato, *adj.* Mot italien, lequel, écrit sur la musique, indique des sons secs et bien détachés.

Spondaula, *s. m.* C'étoit, chez les anciens, un joueur de flûte ou autre semblable instrument, qui, pendant qu'on offroit le sacrifice, jouoit à l'oreille du prêtre quelque air convenable pour l'empêcher de rien écouter qui pût le distraire.

Ce mot est formé du grec σπονδὶς, *libation*, et αὐλὸς, *flûte*.

Spondéasme, *s. m.* C'étoit, dans les plus anciennes musiques grecques, une altération dans le genre harmonique, lorsqu'une corde étoit accidentellement élevée de trois dièses au-dessus de son accord ordinaire ; de sorte que le *spondéasme* étoit précisément le contraire de l'*éclyse*.

Stables, *adj.* Sons ou cordes *stables* : c'étoient, outre la corde proslambanomène, les deux extrêmes de chaque tétracorde, desquels extrêmes sonnant ensemble le diatessaron ou la quarte, l'accord ne changeoit jamais, comme faisoit celui des cordes du milieu, qu'on tendoit ou relâchoit suivant les genres, et qu'on appeloit pour cela *sons* ou *cordes mobiles*.

Style, *s. m.* Caractère distinctif de composition ou d'exécution. Ce caractère varie beaucoup selon les pays, le goût des peuples, le génie des auteurs; selon les matières, les lieux, les temps, les sujets, les expressions, etc.

On dit en France le *style* de Lulli, de Rameau, de Mondonville, etc.; en Allemagne, on dit le *style* de Hasse, de Gluck, de Graum; en Italie, on dit le *style* de Léo, de Pergolèse, de Jomelli, de Buranello. Le *style* des musiques d'église n'est pas le même que celui des musiques pour le théâtre ou pour la chambre. Le *style* des compositions allemandes est sautillant, coupé, mais harmonieux. Le *style* des compositions françoises est fade, plat ou dur, mal cadencé, monotone; celui des compositions italiennes est fleuri, piquant, énergique.

Style dramatique ou imitatif est un *style* propre à exciter ou peindre les passions; *style* d'église est un *style* sérieux, majestueux, grave; *style* de motet, où l'artiste affecte de se montrer tel, est plutôt classique et savant qu'énergique ou affectueux; *style* hyporchématique, propre à la joie, au plaisir, à la danse, et plein de mouvements vifs, gais et bien marqués; *style* symphonique ou instrumental. Comme chaque instrument a sa touche, son doigter, son caractère particulier, il a aussi son *style*. *Style* mélismatique ou naturel, et qui se présente le premier aux gens qui n'ont point appris; *style* de fantaisie, peu lié, plein d'idées, libre de toute contrainte; *style* choraïque ou dansant, lequel se divise en autant de branches différentes qu'il y a de caractères dans la danse, etc.

Les anciens avoient aussi leurs *styles* différents. (Voyez Mode et Mélopée.)

Sujet, *s. m.* Terme de composition ; c'est la partie principale du dessin, l'idée qui sert de fondement à toutes les autres. (Voyez Dessin.) Toutes les autres parties ne demandent que de l'art et du travail ; celle-ci seule dépend du génie, et c'est en elle que consiste l'invention.

Les principaux *sujets* en musique produisent des rondeaux, des imitations, des fugues, etc. (Voyez ces mots.) Un compositeur stérile et froid, après avoir avec peine trouvé quelque mince *sujet*, ne fait que le retourner, et le promener de modulation en modulation ; mais l'artiste qui a de la chaleur et de l'imagination sait, sans laisser oublier son *sujet*, lui donner un air neuf chaque fois qu'il le représente.

Suite, *s. f.* (Voyez Sonate.)

Super-sús, *s. m.* Nom qu'on donnoit jadis aux dessus quand ils étoient très-aigus.

Supposition, *s. f.* Ce mot a deux sens en musique.

1° Lorsque plusieurs notes montent ou descendent diatoniquement dans une partie sur une même note d'une autre partie ; alors ces notes diatoniques ne sauroient toutes faire harmonie, ni entrer à la fois dans le même accord : il y en a donc qu'on y compte pour rien, et ce sont ces notes étrangères à l'harmonie qu'on appelle notes par *supposition*.

La règle générale est, quand les notes sont égales, que toutes celles qui frappent sur le temps fort portent harmonie ; celles qui passent sur le temps foible ont des notes de *supposition*, qui ne sont mises que pour le chant et pour former des degrés conjoints. Remarquez que, par *temps fort* et *temps foible*, j'entends moins ici les principaux temps de la mesure que les parties mêmes de chaque temps : ainsi, s'il y a deux notes égales dans un même temps, c'est la première qui porte harmonie, la seconde est de *supposition* : si le temps est composé de quatre notes égales, la première et la troisième portent harmonie, la seconde et la quatrième sont des notes de *supposition*, etc.

Quelquefois on pervertit cet ordre, on passe la première note par *supposition*, et l'on fait porter la seconde ; mais alors la valeur de cette seconde note est ordinairement augmentée par un point aux dépens de la première.

Tout ceci suppose toujours une marche diatonique par degrés conjoints ; car quand les degrés sont disjoints il n'y a point de *supposition*, et toutes les notes doivent entrer dans l'accord.

2° On appelle accords par *supposition* ceux où la basse-continue ajoute ou suppose un nouveau son au-dessous de la basse-fondamentale ; ce qui fait que de tels accords excèdent toujours l'étendue de l'octave.

Les dissonances des accords par *supposition* doivent toujours être préparées par des syncopes, et sauvées en descendant diatoniquement sur des sons d'un accord sous lequel la même basse *supposée* puisse tenir comme basse-fondamentale, ou du moins comme basse-continue : c'est ce qui fait que les accords par *supposition*, bien examinés, peuvent tous passer pour de pures suspensions. (Voyez Suspension.)

Il y a trois sortes d'accords par *supposition*: tous sont des accords de septième. La première, quand le son ajouté est une tierce au-dessous du son fondamental ; tel est l'accord de neuvième : si l'accord de neuvième est formé par la médiante ajoutée au-dessous de l'accord sensible en mode mineur, alors l'accord prend le nom de quinte superflue. La seconde espèce est quand le son supposé est une quinte au-dessous du fondamental, comme dans l'accord de quarte ou onzième : si l'accord est sensible et qu'on suppose la tonique, l'accord prend le nom de septième superflue. La troisième espèce est celle où le son supposé est au-dessous d'un accord de septième diminuée ; s'il est une tierce au-dessous, c'est-à-dire que le son supposé soit la dominante, l'accord s'appelle accord de seconde mineure et tierce majeure ; il est fort peu usité : si le son ajouté est une quinte au-dessous, ou que ce son soit la médiante, l'accord s'appelle accord de quarte et quinte superflue ; et s'il est une septième au-dessous, c'est-à-dire la tonique elle-même, l'accord prend le nom de sixte mineure et septième superflue. A l'égard des renversements de ces divers accords, où le son supposé se transporte dans les parties supérieures, n'étant admis que par licence, ils ne doivent être pratiqués qu'avec choix et circonspection. L'on trouvera au mot Accord tous ceux qui peuvent se tolérer.

Suraigues. Tétracorde des *suraiguës* ajouté par l'Arétin. (Voyez Système.)

Surnuméraire ou Ajoutée, *s. f.* C'étoit le nom de la plus basse corde du système des Grecs ; ils l'appeloient en leur langue proslambanoménos. (Voyez ce mot.)

Suspension, *s. f.* Il y a *suspension* dans tout accord sur la basse duquel on soutient un ou plusieurs sons de l'accord précédent avant que de passer à ceux qui lui appartiennent ; comme si, la basse passant de la tonique à la dominante, je prolonge encore quelques instants sur cette dominante l'accord de la tonique qui la précède avant de le résoudre sur le sien, c'est une *suspension*.

Il y a des *suspensions* qui se chiffrent et entrent dans l'harmonie : quand elles sont dissonantes, ce sont toujours des accords par supposition. (Voyez

SUPPOSITION.) D'autres *suspensions* ne sont que de goût; mais, de quelque nature qu'elles soient, on doit toujours les assujettir aux trois règles suivantes.

I. La *suspension* doit toujours se faire sur le frappé de la mesure, ou du moins sur un temps fort.

II. Elle doit toujours se résoudre diatoniquement, soit en montant, soit en descendant, c'est-à-dire que chaque partie qui a suspendu ne doit ensuite monter ou descendre que d'un degré pour arriver à l'accord naturel de la note de basse qui a porté la *suspension*.

III. Toute *suspension* chiffrée doit se sauver en descendant, excepté la seule note sensible qui se sauve en montant.

Moyennant ces précautions, il n'y a point de *suspension* qu'on ne puisse pratiquer avec succès, parce qu'alors l'oreille, pressentant sur la basse la marche des parties, suppose d'avance l'accord qui suit. Mais c'est au goût seul qu'il appartient de choisir et distribuer à propos les *suspensions* dans le chant et dans l'harmonie.

SYLLABE, *s. f.* Ce nom a été donné par quelques anciens, et, entre autres, par Nicomaque, à la consonnance de la quarte, qu'ils appeloient communément diatessaron : ce qui prouve encore par l'étymologie qu'ils regardoient le tétracorde ainsi que nous regardons l'octave, comme comprenant tous les sons radicaux ou composants.

Symphoniaste, *s. m.* Compositeur de plain-chant. Ce terme est devenu technique depuis qu'il a été employé par M. l'abbé Le Beuf.

Symphonie, *s. f.* Ce mot, formé du grec σὺν, *avec*, et ϕωνὴ, *son*, signifie dans la musique ancienne, cette union des sons qui forment un concert. C'est un sentiment reçu, et, je crois, démontré, que les Grecs ne connoissoient pas l'harmonie dans le sens que nous donnons aujourd'hui à ce mot : ainsi leur *symphonie* ne formoit pas des accords, mais elle résultoit du concours de plusieurs voix ou de plusieurs instruments, ou d'instruments mêlés aux voix chantant ou jouant la même partie : cela se faisoit de deux manières : ou tout concertoit à l'unisson, et alors la symphonie s'appeloit plus particulièrement *homophonie*; ou la moitié des concertants étoit à l'octave ou même à la double octave de l'autre, et cela se nommoit *antiphonie*.

On trouve la preuve de ces distinctions dans les problèmes d'Aristote, section 19.

Aujourd'hui le mot de *symphonie* s'applique à toute musique instrumentale, tant des pièces qui ne sont destinées que pour les instruments, comme les sonates et les concerto, que de celles où les instruments se trouvent mêlés avec les voix, comme dans nos opéra et dans plusieurs autres sortes de musique : on distingue la musique vocale en musique sans *symphonie*, qui n'a d'autre accompagnement que la basse-continue; et musique avec *symphonie*, qui a au moins un dessus d'instruments, violons, flûtes, ou hautbois : on dit d'une pièce qu'elle est en grande *symphonie*, quand, outre la basse et les dessus, elle a encore deux autres parties instrumentales; savoir, taille et quinte de violon. La musique de la chapelle du roi, celle de plusieurs églises, et celle des opéra, sont presque toujours en grande *symphonie*.

SYNAPHE, *s. f.* Conjonction de deux tétracordes, ou, plus précisément, résonnance de quarte ou diatessaron, qui se fait entre les cordes homologues de deux tétracordes conjoints : ainsi il y a trois *synaphes* dans le système des Grecs : l'une entre le tétracorde des hypates et celui des mèses; l'autre, entre le tétracorde des mèses et celui des conjointes; et la troisième, entre le tétracorde des disjointes et celui des hyperbolées. (Voyez SYSTÈME, TÉTRACORDE.)

SYNAULIE, *s. f.* Concert de plusieurs musiciens, qui, dans la musique ancienne, jouoient et se répondoient alternativement sur des flûtes, sans aucun mélange de voix.

M. Malcolm, qui doute que les anciens eussent une musique composée uniquement pour les instruments, ne laisse pas de citer cette *synaulie* après Athénée; et il a raison, car ces *synaulies* n'étoient autre chose qu'une musique vocale jouée par des instruments.

SYNCOPE, *s. f.* Prolongement sur le temps fort

d'un son commencé sur le temps foible ; ainsi toute note *syncopée* est à contre-temps, et toute suite de notes *syncopées* est une marche à contre-temps.

Il faut remarquer que la *syncope* n'existe pas moins dans l'harmonie, quoique le son qui la forme, au lieu d'être continu, soit refrappé par deux ou plusieurs notes, pourvu que la disposition de ces notes qui répètent le même son soit conforme à la définition.

La *syncope* a ses usages dans la mélodie pour l'expression et le goût du chant ; mais sa principale utilité est dans l'harmonie pour la pratique des dissonances. La première partie de la *syncope* sert à la préparation : la dissonance se frappe sur la seconde ; et, dans une succession de dissonances, la première partie de la *syncope* suivante sert en même temps à sauver la dissonance qui précède, et à préparer celle qui suit.

Syncope de σὺν, *avec*, et de κόπτω, *je coupe*, je bats ; parce que la *syncope* retranche de chaque temps, heurtant, pour ainsi dire, l'un avec l'autre. M. Rameau veut que ce mot vienne du choc des sons qui s'entre-heurtent en quelque sorte dans la dissonance ; mais les *syncopes* sont antérieures à notre harmonie, et il y a souvent des *syncopes* sans dissonances.

SYNNÉMÉNON, *gén. plur. fém.* Tétracorde *synnéménon* ou des conjointes. C'est le nom que donnoient les Grecs à leur troisième tétracorde, quand il étoit conjoint avec le second et divisé d'avec le quatrième. Quand au contraire il étoit conjoint au quatrième et divisé du second, ce même tétracorde prenoit le nom de *diézeugménon* ou des divisées. Voyez ce mot. (Voyez aussi Tétracorde, Système.)

Synnéménon diatonos étoit, dans l'ancienne musique, la troisième corde du tétracorde *synnéménon* dans le genre diatonique; et comme cette troisième corde étoit la même que la seconde corde du tétracorde des disjointes, elle portoit aussi dans ce tétracorde le nom de *trite diézeugménon*. (Voyez Trite, Système, Tétracorde.)

Cette même corde dans les deux autres genres portoit le nom du genre où elle étoit employée; mais alors elle ne se confondoit pas avec la trite diézeugménon. (Voyez Genre.)

Syntonique ou dur, *adj.* C'est l'épithète par laquelle Aristoxène distingue celle des deux espèces du genre diatonique ordinaire, dont le tétracorde est divisé en un semi-*ton* et deux *tons* égaux; au lieu que dans le diatonique mol, après le semi-*ton*, le premier intervalle est de trois quarts de *ton*, et le second de cinq. (Voyez Genre, Tétracorde.)

Outre le genre *syntonique* d'Aristoxène, appelé aussi *diatono-diatonique*, Ptolomée en établit un autre par lequel il divise le tétracorde en trois intervalles: le premier, d'un semi-ton majeur; le second, d'un *ton* majeur; et le troisième d'un *ton* mineur. Ce diatonique dur ou *syntonique* de Ptolomée nous est resté; et c'est aussi la diatonique unique de Dydime; à cette différence près que Dydime ayant mis ce *ton* mineur au grave, et le *ton* majeur à l'aigu, Ptolomée renversa cet ordre.

On verra d'un coup d'œil la différence de ces deux genres *syntoniques* par les rapports des intervalles qui composent le tétracorde dans l'un et dans l'autre.

$$\text{Syntonique d'Aristoxène,} \quad \frac{3}{20} + \frac{6}{20} + \frac{6}{20} = \frac{3}{4}$$

$$\text{Syntonique de Ptoloméc,} \quad \frac{15}{16} + \frac{8}{9} + \frac{9}{10} = \frac{3}{4}$$

Il y avoit d'autres *syntoniques* encore, et l'on en comptoit quatre espèces principales; savoir, l'ancien, le réformé, le tempéré, et l'égal: mais c'est perdre son temps et abuser de celui du lecteur que de le promener par toutes ces divisions.

SYNTONO-LYDIEN, *adj.* Nom d'un des modes de l'ancienne musique. Platon dit que les modes mixo-lydien et syntono-lydien sont propres aux larmes.

On voit dans le premier livre d'Aristide Quintilien une liste des divers modes, qu'il ne faut pas confondre avec les tons qui portent le même nom, et dont j'ai parlé sous le mot *mode*, pour me conformer à l'usage moderne, introduit fort mal à propos par Glaréan. Les modes étoient des manières différentes de varier l'ordre des intervalles. Les tons différoient, comme aujourd'hui, par leurs cordes fondamentales. C'est dans le premier sens qu'il faut entendre le mode syntono-lydien, dont parle Platon, et duquel nous n'avons, au reste, aucune explication.

Système, *s. m.* Ce mot, ayant plusieurs acceptions dont je ne puis parler que successivement, me forcera d'en faire un très-long article.

Pour commencer par le sens propre et technique, je dirai d'abord qu'on donne le nom de *système* à tout intervalle composé ou conçu comme composé d'autres intervalles plus petits, lesquels, considérés comme les éléments du *système*, s'appellent *diastème*. (Voyez Diastème.)

Il y a une infinité d'intervalles différents, et par conséquent aussi une infinité de *systèmes* possibles. Pour me borner ici à quelque chose de réel, je parlerai seulement des *systèmes* harmoniques, c'est-à-dire de ceux dont les éléments sont ou des consonnances, ou des différences des consonnances, ou des différences de ces différences. (Voyez Intervalle.)

Les anciens divisoient les *systèmes* en généraux et particuliers : ils appeloient *système particulier* tout composé d'au moins deux intervalles ; tels que sont ou peuvent être conçues l'octave, la quinte, la quarte, la sixte, et même la tierce. J'ai parlé des *systèmes* particuliers au mot INTERVALLE.

Les *systèmes* généraux, qu'ils appeloient plus communément *diagrammes*, étoient formés par la somme de tous les *systèmes* particuliers, et comprenoient par conséquent tous les sons employés dans la musique. Je me borne ici à l'examen de leur *système* dans le genre diatonique, les différences du chromatique et de l'enharmonique étant suffisamment expliquées à leurs mots.

On doit juger de l'état et des progrès de l'ancien *système* par ceux des instruments destinés à l'exécution ; car ces instruments accompagnant à l'unisson les voix, et jouant tout ce qu'elles chantoient, devoient former autant de sons différents qu'il en entroit dans le *système* : or les cordes de ces premiers instruments se touchoient toujours à vide ; il y falloit donc autant de cordes que le *système* renfermoit de sons ; et c'est ainsi que, dès l'origine de la musique, on peut, sur le nombre des cordes de l'instrument, déterminer le nombre des sons du *système*. Tout le *système* des Grecs ne fut donc d'abord composé que de quatre sons tout au plus, qui formoient l'accord de leur lyre ou cithare : ces quatre sons, selon quelques uns, étoient par degrés conjoints ; selon d'autres, ils n'étoient pas diatoniques, mais les deux extrêmes sonnoient l'octave, et les deux moyens la partageoient en une quarte de chaque côté et un *ton* dans le milieu, de la manière suivante :

Ut — trite diézeugménon.
Sol — lichanos méson.
Fa — parhypate méson.
Ut — parhypate hypaton.

C'est ce que Boëce appelle le tétracorde de Mercure, quoique Diodore avance que la lyre de Mercure n'avoit que trois cordes. Ce *système* ne demeura pas long-temps borné à si peu de sons ; Chorèbe, fils d'Athis, roi de Lydie, y ajouta une cinquième corde ; Hyagnis, une sixième ; Terpandre, une septième, pour égaler le nombre des planètes ; et enfin Lichaon de Samos, la huitième.

Voilà ce que dit Boëce : mais Pline dit que Terpandre, ayant ajouté trois cordes aux quatre anciennes, joua le premier de la cithare à sept cordes ; que Simonide y en joignit une huitième, et Timothée une neuvième. Nicomaque le Gérasénien attribue cette huitième corde à Pythagore, la neuvième à Théophraste de Piérie, puis une dixième à Hystiée de Colophon, et une onzième à Timothée de Milet. Phérécrate, dans Plutarque, fait faire au *système* un progrès plus rapide ; il donne douze cordes à la cithare de Ménalippide, et autant à celle de Timothée. Et comme Phérécrate étoit contemporain de ces musiciens, en supposant qu'il a dit en effet ce que Plutarque lui fait dire, son témoignage est d'un grand poids sur un fait qu'il avoit sous les yeux.

Mais comment s'assurer de la vérité parmi tant de contradictions, soit dans la doctrine des auteurs, soit dans l'ordre des faits qu'ils rapportent? Par exemple, le tétracorde de Mercure donne évidemment l'octave ou le diapason : comment donc s'est-il pu faire qu'après l'addition de trois cordes, tout le diagramme se soit trouvé diminué d'un degré et réduit à un intervalle de septième? C'est pourtant ce que font entendre la plupart des auteurs, et, entre autres, Nicomaque, qui dit que Pythagore trouvant tout le *système* composé seulement de deux tétracordes conjoints, qui formoient entre leurs extrémités un intervalle dissonant, il le rendit consonnant en divisant ces deux tétracordes par l'intervalle d'un ton, ce qui produisit l'octave.

Quoi qu'il en soit, c'est du moins une chose certaine que le *système* des Grecs s'étendit insensiblement tant en haut qu'en bas, et qu'il atteignit et passa même l'étendue du dis-diapason ou de la double octave ; étendue qu'ils appelèrent *systema perfectum, maximum, immutatum*, le grand *système*, le *système* parfait, immuable par excellence, à cause qu'entre ses extrémités, qui formoient entre elles une consonnance parfaite, étoient contenues toutes les consonnances simples, doubles, directes et renversées, tous les *systèmes* particuliers, et, selon eux, les plus grands intervalles qui puissent avoir lieu dans la mélodie.

Ce *système* entier étoit composé de quatre tétracordes, trois conjoints et un disjoint, et d'un *ton* de plus, qui fut ajouté au-dessous du tout pour achever la double octave ; d'où la corde qui le formoit prit le nom de *proslambanomène* ou d'*ajoutée*. Cela n'auroit dû, ce semble, produire que quinze sons dans le genre diatonique ; il y en avoit pourtant seize : c'est que la disjonction se faisant sentir, tantôt entre le second et le troisième tétracorde, tantôt entre le troisième et le quatrième, il arrivoit, dans le premier cas, qu'après le son *la*, le plus aigu du second tétracorde suivoit en montant le *si* naturel, qui commençoit le troisième tétracorde ; ou bien, dans le second cas, que ce même son *la*, commençant lui-même le troisième tétracorde, étoit immédiatement suivi du *si* bémol ; car le premier degré de chaque tétracorde dans le genre diatonique étoit toujours d'un semi-ton : cette différence produisoit donc un seizième son, à cause du *si* qu'on avoit naturel d'un côté et bémol de l'autre. Les seize sons étoient représentés par dix-huit noms : c'est-à-dire que l'*ut* et le *re* étant ou les sons aigus ou les sons moyens du troisième tétracorde, selon ces deux cas de disjonction, l'on donnoit à chacun de ces deux sons un nom qui déterminoit sa position.

Mais, comme le son fondamental varioit selon le mode, il s'ensuivoit, pour le lieu qu'occupoit chaque mode dans le *système* total, une différence du grave à l'aigu qui multiplioit beaucoup les sons; car si les divers modes avoient plusieurs sons communs, ils en avoient aussi de particuliers à chacun ou à quelques-uns seulement: ainsi, dans le seul genre diatonique, l'étendue de tous les sons admis dans les quinze modes dénombrés par Alipius est de trois octaves; et comme la différence du son fondamental de chaque mode à celui de son voisin étoit seulement d'un semi-ton, il est évident que tout cet espace gradué de semi-ton en semi-ton produisoit, dans le diagramme général, la quantité de 34 sons pratiqués dans la musique ancienne. Que si, déduisant toutes les répliques des mêmes sons, on se renferme dans les bornes d'une octave, on la trouvera divisée chromatiquement en douze sons différents, comme dans la musique moderne : ce qui est manifeste par l'inspection des tables mises par Meibomius à la tête de l'ouvrage d'Alipius. Ces remarques sont nécessaires pour guérir l'erreur de ceux qui croient, sur la foi de quelques modernes, que la musique ancienne n'étoit composée en tout que de seize sons.

On trouvera (*Planche* 13, *figure* 1.) une table

du *système* général des Grecs pris dans un seul mode et dans le genre diatonique. A l'égard des genres enharmonique et chromatique, les tétracordes s'y trouvoient bien divisés selon d'autres proportions; mais, comme ils contenoient toujours également quatre sons et trois intervalles consécutifs, de même que le genre diatonique, ces sons portoient chacun dans leur genre le même nom qui leur correspondoit dans celui-ci : c'est pourquoi je ne donne point de tables particulières pour chacun de ces genres; les curieux pourront consulter celles que Meibomius a mises à la tête de l'ouvrage d'Aristoxène : on y en trouvera six; une pour le genre enharmonique, trois pour le chromatique, et deux pour le diatonique, selon les dispositions de chacun de ces genres dans le *système* aristoxénien.

Tel fut, dans sa perfection, le *système* général des Grecs, lequel demeura à peu près dans cet état jusqu'à l'onzième siècle, temps où Gui d'Arezzo y fit des changements considérables : il ajouta dans le bas une nouvelle corde qu'il appela *hypo-proslambanomène*, ou *sous-ajoutée*, et dans le haut un cinquième tétracorde, qu'il appela le tétracorde des suraiguës : outre cela, il inventa, dit-on, le bémol, nécessaire pour distinguer la deuxième corde d'un tétracorde conjoint d'avec la première corde du même tétracorde disjoint; c'est-à-dire qu'il fixa cette double signification de la lettre B, que saint Grégoire, avant lui, avoit déjà assignée à la note *si;* car, puisqu'il est certain que les Grecs avoient depuis long-temps ces mêmes conjonctions et disjonctions de tétracordes, et par conséquent des signes pour en exprimer chaque degré dans ces deux différents cas, il s'ensuit que ce n'étoit pas un nouveau son introduit dans le *système* par Gui, mais seulement un nouveau nom qu'il donnoit à ce son, réduisant ainsi à un même degré ce qui en faisoit deux chez les Grecs. Il faut dire aussi de ces hexacordes, substitués à leurs tétracordes, que ce fut moins un changement au *système* qu'à la méthode, et que tout celui qui en résultoit étoit une autre manière de solfier les mêmes sons. (Voyez Gamme, Muance, Solfier.)

On conçoit aisément que l'invention du contrepoint, à quelque auteur qu'elle soit due, dut bientôt reculer encore les bornes de ce *système*. Quatre parties doivent avoir plus d'étendue qu'une seule. Le *système* fut fixé à quatre octaves; et c'est l'étendue du clavier de toutes les anciennes orgues. Mais on s'est enfin trouvé gêné par des limites, quelque espace qu'elles pussent contenir; on les a franchies, on s'est étendu en haut et en bas; on a fait des claviers à ravalement; on a démanché sans cesse; on a forcé les voix; et enfin l'on s'est tant donné de carrière à cet égard que le *système* moderne n'a plus d'autres bornes dans le haut que le chevalet du violon. Comme on ne peut pas de même démancher pour descendre, la plus basse corde des basses ordinaires ne passe pas encore le C *sol ut* : mais on trouvera également le moyen de gagner de ce côté-là en baissant le ton du *système général* : c'est même ce qu'on a déjà commencé de faire ; et je tiens pour certain qu'en France le ton de l'Opéra est plus bas aujourd'hui qu'il ne l'étoit du temps de Lulli : au contraire, celui de la musique instrumentale est monté comme en Italie, et ces différences commencent même à devenir assez sensibles pour qu'on s'en aperçoive dans la pratique.

Voyez (*Planche* 24, *figure* 1) une table générale du grand clavier à ravalement, et de tous les sons qui y sont contenus dans l'étendue de cinq octaves.

Système est encore ou une méthode de calcul pour déterminer les rapports des sons admis dans la musique, ou un ordre de signes établis pour les exprimer : c'est dans le premier sens que les anciens distinguoient le *système* pythagoricien et le *système* aristoxénien. (Voyez ces mots.) C'est dans le second que nous distinguons aujourd'hui le *système* de Gui, le *système* de Sauveur, de Démos, du P. Souhaitti, etc., desquels il a été parlé au mot Note.

Il faut remarquer que quelques-uns de ces *systèmes* portent ce nom dans l'une et dans l'autre acception, comme celui de M. Sauveur, qui donne à la fois des règles pour déterminer les rapports des sons, et des notes pour les exprimer, comme on peut le voir dans les mémoires de cet auteur, répandus dans ceux de l'académie des sciences. (Voyez aussi les mots Méride, Eptaméride, Décaméride.)

Tel est encore un autre *système* plus nouveau, lequel étant demeuré manuscrit, et destiné peut-être à n'être jamais vu du public en entier, vaut la peine que nous en donnions ici l'extrait, qui nous a été communiqué par l'auteur, M. Roualle de Boisgelou, conseiller au grand-conseil, déjà cité dans quelques articles de ce dictionnaire [*].

Il s'agit premièrement de déterminer le rapport exact des sons dans le genre diatonique et dans le chromatique, ce qui, se faisant d'une manière uniforme pour tous les tons, fait par conséquent évanouir le tempérament.

Tout le *système* de M. de Boisgelou est sommairement renfermé dans les quatre formules que je

---

[*] M. de Boisgelou, disent les auteurs du *Dictionnaire des musiciens* (art. *Boisgelou*), est l'auteur d'une théorie musicale dont le but étoit de trouver entre les intervalles, en y appliquant le calcul, des rapports qui fussent symétriques. Rousseau, ajoutent les mêmes auteurs, a dénaturé le système de M. de Boisgelou, parce qu'il ne l'entendoit pas; mais il a été rétabli depuis par M. Surremain-Missery, qui est arrivé aux mêmes résultats par des voies différentes, et en a étendu les applications théoriques. Voyez dans le même Dictionnaire l'article *Surremain-Missery*. — Le célèbre Dionis du Séjour fut à la fois l'élève et l'ami de M. de Boisgelou.

vais transcrire, après avoir rappelé au lecteur les règles établies en divers endroits de ce dictionnaire sur la manière de comparer et composer les intervalles ou les rapports qui les expriment. On se souviendra donc :

1. Que pour ajouter un intervalle à un autre, il faut en composer les rapports; ainsi, par exemple, ajoutant la quinte $\frac{3}{2}$ à la quarte $\frac{4}{3}$ on a $\frac{6}{4}$ ou $\frac{2}{1}$; savoir, l'octave.

2. Que, pour ajouter un intervalle à lui-même, il ne faut qu'en doubler le rapport : ainsi, pour ajouter une quinte à une autre quinte, il ne faut qu'élever le rapport de la quinte à sa seconde puissance $\frac{2^2}{3^2} = \frac{4}{9}$.

3. Que, pour rapprocher ou simplifier un intervalle redoublé, tel que celui-ci $\frac{4}{9}$, il suffit d'ajouter le petit nombre à lui-même une ou plusieurs fois, c'est-à-dire d'abaisser les octaves jusqu'à ce que les deux termes, étant aussi rapprochés qu'il est possible, donnent un intervalle simple ; ainsi, de $\frac{4}{9}$ faisant $\frac{8}{9}$, on a pour le produit de la quinte redoublée le rapport du *ton* majeur.

J'ajouterai que dans ce dictionnaire j'ai toujours exprimé les rapports des intervalles par ceux des vibrations, au lieu que M. de Boisgelou les exprime par les longueurs des cordes ; ce qui rend ses expressions inverses des miennes : ainsi le rapport de la quinte par les vibrations étant $\frac{3}{2}$ est $\frac{2}{3}$ par les longueurs des cordes. Mais on va voir que ce rapport n'est qu'approché dans le *système* de M. de Boisgelou.

Voici maintenant les quatre formules de cet auteur avec leur explication.

FORMULES.

A. $\quad 12s - 7r \pm t = 0.$
B. $\quad 12x - 5t \pm r = 0.$
C. $\quad 7s - 4r \pm x = 0.$
D. $\quad 7x - 4t \pm s = 0.$

EXPLICATION.

Rapport de l'octave . . . . . . 2 : 1.
Rapport de la quinte . . . . . n : 1.
Rapport de la quarte . . . . . 2 : n.
Rapport de l'intervalle qui vient de quinte $n^r : 2^s$.
Rapport de l'intervalle qui vient de quarte $2^s : n^r$.

r. Nombre de quintes ou de quartes de l'intervalle.
s. Nombre d'octaves combinées de l'intervalle.
t. Nombre de semi-tons de l'intervalle.
x. Gradation diatonique de l'intervalle, c'est-à-dire nombre des secondes diatoniques majeures et mineures de l'intervalle.
$x \pm 1$. Gradation des termes d'où l'intervalle tire son nom.

Le premier cas de chaque formule a lieu lorsque l'intervalle vient de quintes.

Le second cas de chaque formule a lieu lorsque l'intervalle vient de quartes.

Pour rendre ceci plus clair par des exemples, commençons par donner des noms à chacune des douze touches du clavier.

Ces noms, dans l'arrangement du clavier proposé par M. de Boisgelou (*Planche* 24, *figure* 3), sont les suivants :

Ut de re ma mi fa fi sol be la sa si.

Tout intervalle est formé par la progression de quintes ou par celle de quartes, ramenées à l'octave : par exemple, l'intervalle *si ut* est formé par cette progression de 5 quartes *si mi la re sol ut*, ou par cette progression de 7 quintes *si fi de be ma sa fa ut*.

De même l'intervalle *fa la* est formé par cette progression de 4 quintes *fa ut sol re la*, ou par cette progression de 8 quartes *fa sa ma be de fi si mi la*.

De ce que le rapport de tout intervalle qui vient de quintes est $n^r : 2^i$, et que celui qui vient de quartes est $2^i : n^r$, il s'ensuit qu'on a pour le rapport de l'intervalle *si ut*, quand il vient de quartes, cette proportion de $2^i : n^r :: 2^3 : n^5$. Et si l'intervalle *si ut* vient des quintes, on a cette proportion $n^r : 2^i :: n^7 : 2^4$. Voici comment on prouve cette analogie.

Le nombre de quartes, d'où vient l'intervalle *si ut*, étant de 5, le rapport de cet intervalle est de $2^5 : n^5$, puisque le rapport de la quarte est $2 : n$.

Mais ce rapport $2^s : n^s$ désigneroit un intervalle de 2^s semi-tons, puisque chaque quarte a 5 semi-tons, et que cet intervalle a 5 quartes : ainsi, l'octave n'ayant que 12 semi-tons, l'intervalle *si ut* passeroit deux octaves.

Donc, pour que l'intervalle *si ut* soit moindre que l'octave, il faut diminuer ce rapport $2^s : n^s$ de deux octaves, c'est-à-dire du rapport de $2^2 : 1$; ce qui se fait par un rapport composé du rapport direct $2^s : n^s$, et du rapport $1 : 2^2$, inverse de celui $2^2 : 1$, en cette sorte : $2^s \times 1 : n^s \times 2^2 :: 2^s : 2^2 n^s :: 2^s : n^s$.

Or, l'intervalle *si ut* venant de quartes, son rapport, comme il a été dit ci-devant, est $2^s : n^r$; donc $2^s : n^r :: 2^s : n^s$; donc $s = 3$, et $r = 5$.

Ainsi, réduisant les lettres du second cas de chaque formule aux nombres correspondants, on a pour C, $7s - 4r - x = 21 - 20 - 1 = 0$, et pour D, $7x - 4t - s = 7 - 4 - 3 = 0$.

Lorsque le même intervalle *si ut* vient de quintes, il donne cette proportion $n^r : 2^s :: n^7 : 2^4$: ainsi l'on a $r = 7$, $s = 4$, et par conséquent pour A de la première formule $12s - 7r \pm t = 48 - 49 + 1 = 0$; et pour B, $12x - 5t \pm r = 12 - 5 - 7 = 0$.

De même l'intervalle *fa la* venant de quintes donne cette proportion $n^r : 2^s :: n^4 : 2^2$, et par conséquent on a $r = 4$ et $s = 2$. Le même intervalle venant de quartes donne cette proportion $2^s : n^r ::$

$2^s : n^8$, etc. Il seroit trop long d'expliquer ici comment on peut trouver les rapports et tout ce qui regarde les intervalles par le moyen des formules. Ce sera mettre un lecteur attentif sur la route que de lui donner les valeurs de n et de ses puissances.

Valeurs des puissances de n :

$n^4 = 5$, c'est un fait d'expérience,
Donc $n^8 = 25$. $n^{12} = 125$, etc.

Valeurs précises des trois premières puissances de n :

$$n = \sqrt[4]{5},\ n^2 = \sqrt[2]{5},\ n^3 = \sqrt[4]{125}.$$

Valeurs approchées des trois premières puissances de n :

$$n = \frac{3}{2};\ n^2 = \frac{3^2}{2^2};\ n^3 = \frac{3^3}{2^3}$$

Donc le rapport $\frac{3}{2}$, qu'on a cru jusqu'ici être celui de la quinte juste, n'est qu'un rapport d'approximation, et donne une quinte trop forte ; et de là le véritable principe du tempérament, qu'on ne peut appeler ainsi que par abus, puisque la quinte doit être foible pour être juste.

REMARQUES SUR LES INTERVALLES.

Un intervalle d'un nombre donné de semi-tons

a toujours deux rapports différents, l'un comme venant de quintes, et l'autre comme venant de quartes. La somme des deux valeurs de r dans ces deux rapports égale 12, et la somme des deux valeurs de s égale 7. Celui des deux rapports de quintes ou de quartes, dans lequel r est le plus petit, est l'intervalle diatonique, l'autre est l'intervalle chromatique : ainsi l'intervalle *si ut*, qui a ces deux rapports $2^5 : n^5$ et $n^7 : 2^4$, est un intervalle diatonique comme venant de quartes, et son rapport est de $2^5 : n^5$; mais ce même intervalle *si ut* est chromatique comme venant de quintes, et son rapport est $n^7 : 2^4$, parce que dans le premier cas $r = 5$ est moindre que $r = 7$ du second cas.

Au contraire, l'intervalle *fa la*, qui a ces deux rapports $n^4 : 2^2$ et $2^5 : n^8$, est diatonique dans le premier cas où il vient de quintes, et chromatique dans le second où il vient de quartes.

L'intervalle *si ut*, diatonique, est une seconde mineure ; l'intervalle *si ut*, chromatique, ou plutôt l'intervalle *si si* dièse (car alors *ut* est pris pour *si* dièse) est un unisson superflu.

L'intervalle *fa la*, diatonique, est une tierce majeure ; l'intervalle *fa la*, chromatique, ou plutôt l'intervalle *mi* dièse *la* (car alors *fa* est pris comme *mi* dièse) est une quarte diminuée ; ainsi des autres.

Il est évident, 1° qu'à chaque intervalle diatonique correspond un intervalle chromatique d'un même nombre de semi-tons, et *vice versâ*. Ces deux intervalles de même nombre de semi-tons, l'un diatonique et l'autre chromatique, sont appelés intervalles correspondants.

2° Que quand la valeur de r est égale à un de ces nombres 0, 1, 2, 3, 4, 5, 6, l'intervalle est diatonique, soit que cet intervalle vienne de quintes ou de quartes; mais que si r est égal à un de ces nombres, 6, 7, 8, 9, 10, 11, 12, l'intervalle est chromatique.

3° Que lorsque $r=6$, l'intervalle est en même temps diatonique et chromatique, soit qu'il vienne de quintes, ou de quartes; tels sont les deux intervalles *fa si*, appelé triton, et *si fa*, appelé fausse-quinte; le triton *fa si* est dans le rapport $n^6 : 2^5$, et vient de six quintes; la fausse-quinte *si fa* est dans le rapport $2^4 : n^6$, et vient de six quartes: où l'on voit que dans les deux cas on a $r=6$; ainsi le triton, comme intervalle diatonique, est une quarte majeure; et, comme intervalle chromatique, une quarte superflue: la fausse-quinte *si fa*, comme intervalle diatonique, est une quinte mineure; comme intervalle chromatique, une quinte diminuée. Il n'y a que ces deux intervalles et leurs répliques qui soient dans le cas d'être en même temps diatoniques et chromatiques.

Les intervalles diatoniques du même nom, et conséquemment de même gradation, se divisent en majeurs et mineurs. Les intervalles chromatiques se divisent en diminués et superflus. A chaque intervalle diatonique mineur correspond un intervalle chromatique superflu, et à chaque intervalle diatonique majeur correspond un intervalle chromatique diminué.

Tout intervalle en montant, qui vient de quintes, est majeur ou diminué, selon que cet intervalle est diatonique ou chromatique; et réciproquement tout intervalle majeur ou diminué vient de quintes.

Tout intervalle en montant, qui vient de quartes, est mineur ou superflu, selon que cet intervalle est diatonique ou chromatique; et *vice versâ* tout intervalle mineur ou superflu vient de quartes.

Ce seroit le contraire si l'intervalle étoit pris en descendant.

De deux intervalles correspondants, c'est-à-dire l'un diatonique et l'autre chromatique, et qui par conséquent viennent, l'un de quintes et l'autre de quartes, le plus grand est celui qui vient de quartes, et il surpasse celui qui vient de quintes, quant à la gradation, d'une unité, et, quant à l'intonation, d'un intervalle dont le rapport est $2^7 : n^{11}$; c'est-à-dire 128, 125. Cet intervalle est la seconde diminuée, appelée communément grand comma ou quart de ton; et voilà la porte ouverte au genre enharmonique.

Pour achever de mettre les lecteurs sur la voie des formules propres à perfectionner la théorie de la musique, je transcrirai (*Planche* 24, *figure* 4) les deux tables de progressions dressées par M. de

Boisgelou, par lesquelles on voit d'un coup d'œil les rapports de chaque intervalle, et les puissances des termes de ces rapports selon le nombre de quartes ou de quintes qui les composent.

On voit dans ces formules que les semi-tons sont réellement les intervalles primitifs et élémentaires qui composent tous les autres; ce qui a engagé l'auteur à faire, pour ce même *système*, un changement considérable dans les caractères, en divisant chromatiquement la portée par intervalles ou degrés égaux et tous d'un semi-ton; au lieu que, dans la musique ordinaire, chacun de ces degrés est tantôt un comma, tantôt un semi-ton, tantôt un *ton*, et tantôt un *ton* et demi; ce qui laisse à l'œil l'équivoque et à l'esprit le doute de l'intervalle, puisque, les degrés étant les mêmes, les intervalles sont tantôt les mêmes et tantôt différents.

Pour cette réforme, il suffit de faire la portée de dix lignes au lieu de cinq, et d'assigner à chaque position une des douze notes du clavier chromatique, ci-devant indiqué, selon l'ordre de ces notes, lesquelles, restant ainsi toujours les mêmes, déterminent leurs intervalles avec la dernière précision, et rendent absolument inutiles tous les dièses, bémols ou bécarres, dans quelque ton qu'on puisse être, et tant à la clef qu'accidentellement. Voyez la *Planche* 25, où vous trouverez, *figure* 1, l'échelle chromatique sans dièse ni bémol, et *figure* 2 l'échelle diatonique. Pour peu qu'on s'exerce sur cette nouvelle manière de noter et de lire la musique, on sera surpris de la netteté, de la simplicité qu'elle donne à la note, et de la facilité qu'elle apporte dans l'exécution, sans qu'il soit possible d'y voir aucun autre inconvénient que de remplir un peu plus d'espace sur le papier, et peut-être de papilloter un peu aux yeux dans les vitesses par la multitude des lignes, surtout dans la symphonie.

Mais comme ce *système* de notes est absolument chromatique, il me paroît que c'est un inconvénient d'y laisser subsister les dénominations des degrés diatoniques, et que, selon M. de Boisgelou, *ut re* ne devroit pas être une seconde, mais une tierce; ni *ut mi* une tierce, mais une quinte; ni *ut ut* une octave, mais un douzième, puisque chaque semi-ton, formant réellement un degré sur la note, devroit en prendre aussi la dénomination; alors $x + 1$ étant toujours égal à t dans les formules de cet auteur, ces formules se trouveroient extrêmement simplifiées. Du reste, ce *système* me paroît également profond et avantageux; il seroit à désirer qu'il fût developpé et publié par l'auteur, ou par quelque habile théoricien.

Système enfin est l'assemblage des règles de l'harmonie, tirées de quelques principes communs qui les rassemblent, qui forment leur liaison, desquels elles découlent, et par lesquels on en rend raison.

Jusqu'à notre siècle l'harmonie, née successivement et comme par hasard, n'a eu que des règles éparses, établies par l'oreille, confirmées par l'usage, et qui paroissoient absolument arbitraires. M. Rameau est le premier qui, par le *système* de la basse-fondamentale, a donné des principes à ces règles. Son *système,* sur lequel ce dictionnaire a été composé, s'y trouvant suffisamment developpé dans les principaux articles, ne sera point exposé dans celui-ci, qui n'est déjà que trop long, et que ces répétitions superflues alongeroient encore à l'excès : d'ailleurs l'objet de cet ouvrage ne m'oblige pas d'exposer tous les *systèmes,* mais seulement de bien expliquer ce que c'est qu'un *système,* et d'éclaircir au besoin cette explication par des exemples. Ceux qui voudront voir le *système* de M. Rameau, si obscur, si diffus dans ses écrits, exposé avec une clarté dont on ne l'auroit pas cru susceptible, pourront recourir aux *Éléments de Musique* de M. d'Alembert.

M. Serre, de Genève, ayant trouvé les principes de M. Rameau insuffisants à bien des égards, imagina un autre *système* sur le sien, dans lequel il prétend montrer que toute l'harmonie porte sur une double basse-fondamentale ; et comme cet auteur, ayant voyagé en Italie, n'ignoroit pas les expériences de M. Tartini, il en composa, en les joignant avec celles de M. Rameau, un *système* mixte, qu'il fit imprimer à Paris, en 1753, sous ce titre: *Essais sur les principes de l'harmonie*[1], etc. La facilité que chacun a de consulter cet ouvrage, et l'avantage qu'on trouve à le lire en entier, me dispensent aussi d'en rendre compte au public.

Il n'en est pas de même de celui de l'illustre M. Tartini, dont il me reste à parler, lequel étant écrit en langue étrangère, souvent profond, et toujours diffus, n'est à portée d'être consulté que de peu de gens, dont même la plupart sont rebutés par l'obscurité du livre avant d'en pouvoir sentir les beautés. Je ferai le plus brièvement qu'il me sera possible l'extrait de ce nouveau *système*, qui, s'il n'est pas celui de la nature, est au moins de tous ceux qu'on a publiés jusqu'ici celui dont le principe est le plus simple, et duquel toutes les lois de l'harmonie paroissent naître le moins arbitrairement.

SYSTÈME DE M. TARTINI.

Il y a trois manières de calculer les rapports des sons.

---

[1] * M. Serre a réclamé contre ces assertions dans une Lettre aux éditeurs de Genève, où il assure n'avoir jamais été en Italie, et n'avoir eu aucune connoissance ni des expériences, ni de la théorie musicale de M. Tartini avant l'année 1756. Cette Lettre de M. Serre a été insérée dans le tome II du *Supplément* de l'édition de Genève. On y apprend qu'indépendamment de ses *Essais* il a publié des *Observations sur le principe de l'Harmonie*, imprimées à Genève en 1763, et que la seconde partie de cet ouvrage est consacrée à l'*Analyse critique* du *Traité de Musique* de M. Tartini.

I. En coupant sur le monocorde la corde entière en ses parties par des chevalets mobiles, les vibrations ou les sons seront en raison inverse des longueurs de la corde et de ses parties.

II. En tendant par des poids inégaux des cordes égales, les sons seront comme les racines carrées des poids.

III. En tendant par des poids égaux des cordes égales en grosseur et inégales en longueur, ou égales en longueur et inégales en grosseur ; les sons seront en raison inverse des racines carrées de la dimension où se trouve la différence.

En général les sons sont toujours entre eux en raison inverse des racines cubiques des corps sonores. Or, les sons des cordes s'altèrent de trois manières ; savoir, en altérant ou la grosseur, c'est-à-dire le diamètre de la grosseur, ou la longueur, ou la tension : si tout cela est égal, les cordes sont à l'unisson ; si l'une de ces choses seulement est altérée, les sons suivent en raison inverse les rapports des altérations ; si deux ou toutes les trois sont altérées, les sons sont en raison inverse comme les racines des rapports composés des altérations. Tels sont les principes de tous les phénomènes qu'on observe en comparant les rapports des sons et ceux des dimensions des corps sonores.

Ceci compris, ayant mis les registres convenables, touchez sur l'orgue la pédale qui rend la plus basse note marquée dans la *Planche 25, figure 4*, toutes les autres notes marquées au-dessus résonneront en même temps, et cependant vous n'entendrez que le son le plus grave.

Les sons de cette série confondus dans le son grave formeront dans leurs rapports la suite naturelle des fractions $\frac{1}{1}, \frac{1}{2}, \frac{1}{3}, \frac{1}{4}, \frac{1}{5}, \frac{1}{6}$, etc., laquelle suite est en progression harmonique.

Cette même série sera celle de cordes égales tendues par des poids qui seroient comme les carrés $\frac{1}{1}, \frac{1}{4}, \frac{1}{9}, \frac{1}{16}, \frac{1}{25}, \frac{1}{36}$, etc., des mêmes fractions susdites.

Et les sons que rendroient ces cordes sont les mêmes exprimés en notes dans l'exemple.

Ainsi donc tous les sons qui sont en progression harmonique depuis l'unité se réunissent pour n'en former qu'un sensible à l'oreille, et tout le *système* harmonique se trouve dans l'unité.

Il n'y a dans un son quelconque que ces aliquotes qu'il fasse résonner, parce que dans toute autre fraction, comme seroit celle-ci $\frac{3}{5}$, il se trouve, après la division de la corde en parties égales, un reste dont les vibrations heurtent, arrêtent les vibrations des parties égales, et en sont réciproquement heurtées ; de sorte que, des deux sons qui en résulteroient, le plus foible est détruit par le choc de tous les autres.

Or, les aliquotes étant toutes comprises dans la série des fractions $\frac{1}{1}, \frac{1}{2}, \frac{1}{3}, \frac{1}{4}$, etc., ci-devant donnée, chacune de ces aliquotes est ce que M. Tartini appelle unité ou monade harmonique, du concours desquelles résulte un son : ainsi, toute l'harmonie étant nécessairement comprise entre la monade ou l'unité composante et le son plein ou l'unité composée, il s'ensuit que l'harmonie a, des deux côtés, l'unité pour terme, et consiste essentiellement dans l'unité.

L'expérience suivante, qui sert de principe à toute l'harmonie artificielle, met encore cette vérité dans un plus grand jour.

Toutes les fois que deux sons forts, justes et soutenus se font entendre au même instant, il résulte de leur choc un troisième son, plus ou moins sensible, à proportion de la simplicité du rapport des deux premiers et de la finesse d'oreille des écoutants.

Pour rendre cette expérience aussi sensible qu'il est possible, il faut placer deux hautbois bien d'accord à quelques pas d'intervalle, et se mettre entre deux à égale distance de l'un et de l'autre; à défaut de hautbois on peut prendre deux violons, qui, bien que le son en soit moins fort, peuvent, en touchant avec force et justesse, suffire pour faire distinguer le troisième son.

La production de ce troisième son par chacune de nos consonnances est telle que la montre la table (*Planche* 25, *figure* 3), et l'on peut la poursuivre au-delà des consonnances par tous les intervalles représentés par les aliquotes de l'unité.

L'octave n'en donne aucun, et c'est le seul intervalle excepté.

La quinte donne l'unisson du son grave, unisson qu'avec de l'attention l'on ne laisse pas de distinguer.

Les troisièmes sons produits par les autres intervalles sont tous au grave.

La quarte donne l'octave du son aigu.

La tierce majeure donne l'octave du son grave; et la sixte mineure, qui en est renversée, donne la double octave du son aigu.

La tierce mineure donne la dixième majeure du son grave; mais la sixte majeure, qui en est renversée, ne donne que la dixième majeure du son aigu.

Le *ton* majeur donne la quinzième ou double octave du son grave.

Le *ton* mineur donne la dix-septième, ou la double octave de la tierce majeure du son aigu.

Le *semi-ton* majeur donne la vingt-deuxième, ou triple octave du son aigu.

Enfin le *semi-ton* mineur donne la vingt-sixième du son grave.

On voit, par la comparaison des quatre derniers intervalles, qu'un changement peu sensible dans l'intervalle change très sensiblement le son produit ou fondamental : ainsi, dans le *ton* majeur, rapprochez l'intervalle en abaissant le ton supérieur, ou élevant l'inférieur seulement d'un aussitôt le son produit montera d'un ton. Faites la même opération sur le *semi-ton* majeur, et le son produit descendra d'une quinte.

Quoique la production du troisième son ne se borne pas à ces intervalles, nos notes n'en pouvant exprimer de plus composé, il est pour le présent inutile d'aller au-delà de ceux-ci.

On voit dans la suite régulière des consonnances qui composent cette table qu'elles se rapportent toutes à une basse commune, et produisent toutes exactement le même troisième son.

Voilà donc, par ce nouveau phénomène, une démonstration physique de l'unité du principe de l'harmonie.

Dans les sciences physico-mathématiques, telles que la musique, les démonstrations doivent bien être géométriques, mais déduites physiquement de la chose démontrée : c'est alors seulement que l'union du calcul à la physique fournit, dans les vérités établies sur l'expérience et démontrées géométriquement, les vrais principes de l'art; autrement la géométrie seule donnera des théorèmes certains, mais sans usage dans la pratique; la physique donnera des faits particuliers, mais isolés, sans liaison entre eux et sans aucune loi générale.

Le principe physique de l'harmonie est un, comme nous venons de le voir, et se résout dans la proportion harmonique : or ces deux propriétés conviennent au cercle ; car nous verrons bientôt qu'on y retrouve les deux unités extrêmes de la monade et du son ; et, quant à la proportion harmonique, elle s'y trouve aussi, puisque dans quelque point C (*Planche* 25 *figure* 6) que l'on coupe inégalement le diamètre A B, le carré de l'ordonnée CD sera moyen proportionnel harmonique entre les deux rectangles des parties AC et CB du diamètre par le rayon, propriété qui suffit pour établir la nature harmonique du cercle : car, bien que les ordonnées soient moyennes géométriques entre les parties du diamètre, les carrés de ces ordonnées étant moyens harmoniques entre les rectangles, leurs rapports représentent d'autant plus exactement ceux des cordes sonores, que les rapports de ces cordes ou des poids tendants sont aussi comme les carrés, tandis que les sons sont comme les racines.

Maintenant, du diamètre AB (*Pl.* 25, *fig.* 7), divisé selon la série des fractions $\frac{1}{2}\frac{1}{3}\frac{1}{4}\frac{1}{5}\frac{1}{6}$, lesquelles sont en progression harmonique, soient tirées les ordonnées C, CC ; G, GG ; c, cc ; e, ee ; et g, gg.

Le diamètre représente une corde sonore, qui, divisée en mêmes raisons, donne les sons indiqués dans l'exemple O de la même *Planche, figure* 8.

Pour éviter les fractions, donnons 60 parties au diamètre, les sections contiendront ces nombres entiers BC $=\frac{1}{2}=$ 30; BG $=\frac{1}{3}=$ 20; Bc $=\frac{1}{4}=$ 15; Be $=\frac{1}{5}=$ 12; Bg $=\frac{1}{6}=$ 10.

Des points où les ordonnées coupent le cercle tirons de part et d'autre des cordes aux deux extrémités du diamètre; la somme du carré de chaque corde, et du carré de la corde correspondante, que j'appelle son complément, sera toujours égale au carré du diamètre; les carrés des cordes seront entre eux comme les abscisses correspondantes, par conséquent aussi en progression harmonique, et représenteront de même l'exemple O, à l'exception du premier son.

Les carrés des compléments de ces mêmes cordes seront entre eux comme les compléments des abscisses au diamètre, par conséquent dans les raisons suivantes,

$$\overline{AC}^2 = \tfrac{1}{2} = 30$$

$$\overline{AG}^2 = \tfrac{2}{3} = 40$$

$$\overline{Ac}^2 = \tfrac{3}{4} = 45$$

$$\overline{Ae}^2 = \tfrac{4}{5} = 48$$

$$\overline{Ag}^2 = \tfrac{5}{6} = 50$$

et représenteront les sons de l'exemple P, sur lequel on doit remarquer en passant que cet exemple, comparé au suivant Q et au précédent O, donne le fondement naturel de la règle des mouvements contraires.

Les carrés des ordonnées seront au carré 3600 du diamètre dans les raisons suivantes,

$$\overline{AB}^2 = 1 = 3600$$
$$\overline{C, CC}^2 = \tfrac{1}{4} = 900$$
$$\overline{G, GG}^2 = \tfrac{2}{9} = 800$$
$$\overline{c, cc}^2 = \tfrac{3}{16} = 675$$
$$\overline{e, ee}^2 = \tfrac{4}{25} = 576$$
$$\overline{g, gg}^2 = \tfrac{5}{36} = 500$$

et représenteront les sons de l'exemple Q.

Or cette dernière série, qui n'a point d'homologue dans les divisions du diamètre, et sans laquelle on ne sauroit pourtant compléter le *système* harmonique, montre la nécessité de chercher dans les propriétés du cercle les vrais fondements du *système,* qu'on ne peut trouver ni dans la ligne droite ni dans les seuls nombres abstraits.

Je passe à dessein toutes les autres propositions de M. Tartini sur la nature arithmétique, harmonique, et géométrique du cercle, de même que sur les bornes de la série harmonique donnée par la raison sextuple, parce que ces preuves, énoncées seulement en chiffres, n'établissent aucune démonstration générale; que, de plus, comparant souvent des grandeurs hétérogènes, il trouve des proportions où l'on ne sauroit même voir de rapport; ainsi, quand il croit prouver que le carré d'une ligne est moyen proportionnel d'une telle raison, il ne prouve autre chose sinon que tel nombre est moyen proportionnel entre deux tels autres nombres; car les surfaces et les nombres abstraits n'étant point de même nature ne peuvent se comparer. M. Tartini sent cette difficulté, et s'efforce de la prévenir : on peut voir ses raisonnements dans son livre.

Cette théorie établie, il s'agit maintenant d'en déduire les faits donnés, et les règles de l'art harmonique.

L'octave qui n'engendre aucun son fondamental, n'étant point essentielle à l'harmonie, peut être retranchée des parties constitutives de l'accord : ainsi l'accord, réduit à sa plus grande simplicité, doit être considéré sans elle ; alors il est composé seulement de ces trois termes $1, \frac{1}{3}, \frac{1}{5}$, lesquels sont en proportion harmonique, et où les deux monades $\frac{1}{3}, \frac{1}{5}$ sont les seuls vrais éléments de l'unité sonore, qui porte le nom d'accord parfait ; car la fraction $\frac{1}{4}$ est élément de l'octave $\frac{1}{2}$, et la fraction $\frac{1}{6}$ est octave de la monade $\frac{1}{3}$.

Cet accord parfait, $1, \frac{1}{3}, \frac{1}{5}$, produit par une seule corde et dont les termes sont en proportion harmonique, est la loi générale de la nature, qui sert de base à toute la science des sons ; loi que la physique peut tenter d'expliquer, mais dont l'explication est inutile aux règles de l'harmonie.

Les calculs des cordes et des poids tendants servent à donner en nombre les rapports des sons, qu'on ne peut considérer comme des quantités qu'à la faveur de ces calculs.

Le troisième son, engendré par le concours de deux autres, est comme le produit de leurs quantités; et quand, dans une catégorie commune, ce troisième son se trouve toujours le même, quoique engendré par des intervalles différents, c'est que les produits des générateurs sont égaux entre eux.

Ceci se déduit manifestement des propositions précédentes.

Quel est, par exemple, le troisième son qui résulte de CB et de GB (*Planche* 25; *figure* 7)? C'est l'unisson de CB. Pourquoi? Parce que, dans les deux proportions harmoniques dont les carrés des deux ordonnées C, CC, et G, GG, sont moyens proportionnels, les sommes des extrêmes sont égales entre elles, et par conséquent produisent le même son commun CB, ou C, CC.

En effet la somme des deux rectangles de BC par C, CC, et de AC par C, CC, est égale à la somme des deux rectangles de BG par C, CC, et de GA par C, CC; car chacune de ces deux sommes est égale à deux fois le carré du rayon : d'où il suit que le son C, CC ou CB, doit être commun aux deux cordes : or ce son est précisément la note Q de l'exemple O.

Quelques ordonnées que vous puissiez prendre dans le cercle pour les comparer deux à deux, ou même trois à trois, elles engendreront toujours le même troisième son représenté par la note Q, parce que les rectangles des deux parties du diamètre par le rayon donneront toujours des sommes égales.

Mais l'octave XQ n'engendre que des harmoniques à l'aigu, et point de son fondamental, parce qu'on ne peut élever d'ordonnée sur l'extrémité du diamètre, et que par conséquent le diamètre et le rayon ne sauroient, dans leurs proportions harmoniques, avoir aucun produit commun.

Au lieu de diviser harmoniquement le diamètre par les fractions $\frac{1}{2}, \frac{1}{3}, \frac{1}{4}, \frac{1}{5}, \frac{1}{6}$, qui donnent le *système* naturel de l'accord majeur, si on le divise arithmétiquement en six parties égales, on aura le *système* de l'accord majeur renversé, et ce renversement donne exactement l'accord mineur ; car (*Pl.* 25, *fig.* 5) une de ces parties donnera la dix-neuvième, c'est-à-dire la double octave de la quinte ; deux donneront la douzième ou l'octave de la quinte ; trois donneront l'octave ; quatre la quinte ; et cinq, la tierce mineure.

Mais sitôt qu'unissant deux de ces sons, on cherchera le troisième son qu'ils engendrent, ces deux sons simultanés, au lieu du son C (*fig.* 9), ne produiront jamais pour fondamental que le son Eb; ce qui prouve que ni l'accord mineur ni son mode ne sont donnés par la nature : que si l'on fait consonner deux ou plusieurs intervalles de l'accord mineur, les sons fondamentaux se multiplieront, et, relativement à ces sons, on entendra plusieurs accords majeurs à la fois, sans aucun accord mineur.

Ainsi, par expérience faite en présence de huit célèbres professeurs de musique, deux hautbois et un violon sonnant ensemble les notes blanches marquées dans la portée A (*Planche* 18, *figure* 4), on entendoit distinctement les sons marqués en noir dans la même figure; savoir, ceux qui sont marqués à part dans la portée B pour les intervalles qui sont au-dessus, et ceux marqués dans la portée C, aussi pour les intervalles qui sont au-dessus.

En jugeant de l'horrible cacophonie qui devoit resulter de cet ensemble, on doit conclure que toute musique en mode mineur seroit insupportable à l'oreille si les intervalles étoient assez justes et les instruments assez forts pour rendre les sons engendrés aussi sensibles que les générateurs.

On me permettra de remarquer, en passant, que l'inverse de deux modes, marquée dans la *Pl.* 20, *figure* 3, ne se borne pas à l'accord fondamental qui les constitue, mais qu'on peut l'étendre à toute la suite d'un chant et d'une harmonie qui, notée en sens direct dans le mode majeur, lorsqu'on renverse le papier et qu'on met des clefs à la fin des lignes devenues le commencement, présente à rebours une autre suite de chant et d'harmonie en mode mineur, exactement inverse de la première, où les basses deviennent les dessus, et *vice versâ.* C'est ici la clef de la manière de composer ces doubles canons dont j'ai parlé au mot Canon. M. Serre, ci-devant cité, lequel a très-bien exposé dans son livre cette curiosité harmonique, annonce une symphonie de cette espèce composée par M. de Morambert, qui avoit dû la faire graver : c'étoit mieux fait assurément que de la faire exécuter ; une composition de cette nature doit être meilleure à présenter aux yeux qu'aux oreilles.

Nous venons de voir que de la division harmonique du diamètre résulte le mode majeur, et de la division arithmétique le mode mineur : c'est d'ailleurs un fait connu de tous les théoriciens que les rapports de l'accord mineur se trouvent dans la division arithmétique de la quinte. Pour trouver le premier fondement du mode mineur dans le *système* harmonique, il suffit donc de montrer dans ce *système* la division arithmétique de la quinte.

Tout le *système* harmonique est fondé sur la raison double, rapport de la corde entière à son octave, ou du diamètre au rayon, et sur la raison sesquialtère, qui donne le premier son harmonique ou fondamental auquel se rapportent tous les autres.

Or si (*Planche* 25, *figure* 8), dans la raison double, on compare successivement la deuxième note G, et la troisième F de la série P au son fondamental Q, et à son octave grave, qui est la corde entière, on trouvera que la première est moyenne harmonique, et la seconde moyenne arithmétique entre ces deux termes.

De même, si dans la raison sesquialtère on compare successivement la quatrième note *e*, et la cinquième *eb* de la même série à la corde entière et à sa quinte G, on trouvera que la quatrième *e* est moyenne harmonique, et la cinquième *eb* moyenne arithmétique entre les deux termes de cette quinte : donc le mode mineur étant fondé sur la division arithmétique de la quinte, et la note *eb*, prise dans la série des compléments du *système* harmonique, donnant cette division, le mode mineur est fondé sur cette note dans le *système* harmonique.

Après avoir trouvé toutes les consonnances dans la division harmonique du diamètre donnée par l'exemple O, le mode majeur dans l'ordre direct de ces consonnances, le mode mineur dans leur ordre rétrograde, et dans leurs compléments représentés par l'exemple P, il nous reste à examiner le troisième exemple Q, qui exprime en notes les rapports des carrés des ordonnées, et qui donne le *système* des dissonances.

Si l'on joint par accords simultanés, c'est-à-dire par consonnances, les intervalles successifs de l'exemple O, comme on a fait dans la *figure* 3, *même Planche*, l'on trouvera que carrer les ordonnées c'est doubler l'intervalle qu'elles représentent : ainsi, ajoutant un troisième son qui représente le carré, ce son ajouté doublera toujours l'intervalle de la consonnance ; comme on le voit *figure* 1 de la *Planche* 18.

Ainsi (*Planche* 25, *figure* 8) la première note K de l'exemple Q double l'octave, premier intervalle de l'exemple O ; la deuxième note L double la quinte, second intervalle ; la troisième note M double la quarte, troisième intervalle, etc. ; et c'est ce doublement d'intervalles qu'exprime la *figure* 1 de la *Planche* 18.

Laissant à part l'octave du premier intervalle, qui, n'engendrant aucun son fondamental, ne doit point passer pour harmonique, la note ajoutée L forme, avec les deux qui sont au-dessous d'elle, une proportion continue géométrique en raison sesquialtère ; et les suivantes, doublant toujours les intervalles, forment aussi toujours des proportions géométriques.

Mais les proportions et progressions harmonique et arithmétique, qui constituent le *système* consonnant majeur et mineur, sont opposées par leur nature à la progression géométrique, puisque celle-ci résulte essentiellement des mêmes rapports, et les autres de rapports toujours différents : donc, si les deux proportions harmonique et arithmétique sont consonnantes, la proportion géométrique sera dissonante nécessairement, et par conséquent le *système* qui résulte de l'exemple Q sera le *système* des dissonances : mais ce *système*, tiré des carrés des ordonnées, est lié aux deux précédents, tirés des carrés des cordes; donc le *système* dissonant est lié de même au *système* universel harmonique.

Il suit de là, 1° que tout accord sera dissonant lorsqu'il contiendra deux intervalles semblables autres que l'octave, soit que ces deux intervalles se trouvent conjoints ou séparés dans l'accord; 2° que, de ces deux intervalles, celui qui appartiendra au *système* harmonique ou arithmétique sera consonnant, et l'autre dissonant : ainsi, dans les deux exemples ST d'accords dissonants (*Planche* 18, *figure* 2), les intervalles G C et *c e* sont consonnants, et les intervalles C F et *e g* dissonants.

En rapportant maintenant chaque terme de la série dissonante au son fondamental ou engendré C de la série harmonique, on trouvera que les dissonances qui résulteront de ce rapport seront les suivantes, et les seules directes qu'on puisse établir sur le *système* harmonique.

I. La première est la neuvième ou double quinte L. (*Figure* 1.)

II. La seconde est l'onzième, qu'il ne faut pas confondre avec la simple quarte, attendu que la première quarte ou quarte simple G C, étant dans le *système* harmonique particulier, est consonnante; ce que n'est pas la deuxième quarte ou onzième C M, étrangère à ce même *système*.

III. La troisième est la douzième ou quinte superflue, que M. Tartini appelle *accord de nouvelle invention*, ou parce qu'il en a le premier trouvé le principe, ou parce que l'accord sensible sur la médiante en mode mineur, que nous appelons quinte superflue, n'a jamais été admis en Italie à cause de son horrible dureté. Voyez (*Planche* 19, *figure* 1) la pratique de cet accord à la françoise, et (*figure* 2) la pratique du même accord à l'italienne.

Avant que d'achever l'énumération commencée, je dois remarquer que la même distinction des deux quartes, consonnante et dissonante, que j'ai faite ci-devant, se doit entendre de même des deux tierces majeures de cet accord et des deux tierces mineures de l'accord suivant.

IV. La quatrième et dernière dissonance donnée par la série est la quatorzième H (*Planche* 18, *figure* 1), c'est-à-dire l'octave de la septième; quatorzième qu'on ne réduit au simple que par licence et selon le droit qu'on s'est attribué dans l'usage de confondre indifféremment les octaves.

Si le *système* dissonant se déduit du *système* harmonique, les règles de préparer et sauver les dissonances ne s'en déduisent pas moins, et l'on voit, dans la série harmonique et consonnante, la préparation de tous les sons de la série arithmétique. En effet, comparant les trois séries O P Q, on trouve toujours dans la progression successive des sons de la série O, non seulement comme on vient de voir, les raisons simples, qui, doublées, donnent les sons de la série Q, mais encore les mêmes intervalles que forment entre eux les sons des deux P et Q; de sorte que la série O prépare toujours antérieurement ce que donnent ensuite les deux séries P et Q.

Ainsi le premier intervalle de la série O est celui de la corde à vide à son octave, et l'octave est aussi l'intervalle ou accord que donne le premier son de la série Q, comparé au premier son de la série P.

De même le second intervalle de la série O (comptant toujours de la corde entière) est une douzième; l'intervalle ou accord du second son de la série Q, comparé au second son de la série P, est aussi une douzième; le troisième, de part et d'autre, est une double octave, et ainsi de suite.

De plus, si l'on compare la série P à la corde entière (*Planche* 18, *figure* 9), on trouvera exactement les mêmes intervalles que donne antérieurement la série O; savoir, octave, quinte, quarte, tierce majeure et tierce mineure.

D'où il suit que la série harmonique particulière donne avec précision non seulement l'exemplaire et le modèle des deux séries arithmétique et géométrique, qu'elle engendre et qui complètent avec elle le système harmonique universel, mais aussi prescrit à l'une l'ordre de ses sons, et prépare à l'autre l'emploi de ses dissonances.

Cette préparation, donnée par la série harmonique, est exactement la même qui est établie dans la pratique; car la neuvième, doublée de la quinte, se prépare aussi par un mouvement de quinte; l'onzième, doublée de la quarte, se prépare par un mouvement de quarte; la douzième ou quinte superflue, doublée de la tierce majeure, se prépare par un mouvement de tierce majeure; enfin la quatorzième ou la fausse-quinte, doublée de la tierce mineure, se prépare aussi par un mouvement de tierce mineure.

Il est vrai qu'il ne faut pas chercher ces préparations dans des marches appelées fondamentales dans le système de M. Rameau, mais qui ne sont pas telles dans celui de M. Tartini; et il est vrai encore qu'on prépare les mêmes dissonances de beaucoup d'autres manières; soit par des renversements d'harmonie, soit par des basses substituées; mais tout découle toujours du même principe, et ce n'est pas ici le lieu d'entrer dans le détail des règles.

Celle de résoudre et sauver les dissonances naît

du même principe que leur préparation ; car comme chaque dissonance est préparée par le rapport antécédent du *système* harmonique, de même elle est sauvée par le rapport conséquent du même *système*.

Ainsi, dans la série harmonique, le rapport $\frac{2}{3}$ ou le progrès de quinte étant celui dont la neuvième est préparée et doublée, le rapport suivant $\frac{3}{4}$ ou progrès de quarte est celui dont cette même neuvième doit être sauvée : la neuvième doit donc descendre d'un degré pour venir chercher dans la série harmonique l'unisson de ce deuxième progrès, et par conséquent l'octave du son fondamental. (*Planche* 18, *figure* 5.)

En suivant la même méthode, on trouvera que l'onzième F doit descendre de même d'un degré sur l'unisson E de la série harmonique selon le rapport correspondant $\frac{4}{5}$; que la douzième ou quinte superflue G dièse doit redescendre sur le même G naturel selon le rapport $\frac{5}{6}$: où l'on voit la raison, jusqu'ici tout-à-fait ignorée, pourquoi la basse doit monter pour préparer les dissonances, et pourquoi le dessus doit descendre pour les sauver. On peut remarquer aussi que la septième, qui, dans le *système* de M. Rameau, est la première et presque l'unique dissonance, est la dernière en rang dans celui de M. Tartini, tant il faut que ces deux auteurs soient opposés en toutes choses !

Si l'on a bien compris les générations et analogies des trois ordres ou systèmes, tous fondés sur le premier, donné par la nature, et tous représentés par les parties du cercle ou par leurs puissances, on trouvera, 1° que le *système* harmonique particulier, qui donne le mode majeur, est produit par la division sextuple en progression harmonique du diamètre ou de la corde entière, considérée comme l'unité ; 2° que le *système* arithmétique, d'où résulte le mode mineur, est produit par la série arithmétique des compléments, prenant le moindre terme pour l'unité, et l'élevant de terme en terme jusqu'à la raison sextuple, qui donne enfin le diamètre ou la corde entière ; 3° que le *système* géométrique ou dissonant est aussi tiré du *système* harmonique particulier, en doublant la raison de chaque intervalle; d'où il suit que le *système* harmonique du mode majeur, le seul immédiatement donné par la nature, sert de principe et de fondement aux deux autres.

Par ce qui a été dit jusqu'ici, on voit que le *système* harmonique n'est point composé de parties qui se réunissent pour former un tout, mais qu'au contraire c'est de la division du tout ou de l'unité intégrale que se tirent les parties; que l'accord ne se forme point des sons, mais qu'il les donne; et qu'enfin partout où le système harmonique a lieu, l'harmonie ne dérive point de la mélodie, mais la mélodie de l'harmonie.

Les éléments de la mélodie diatonique sont

contenus dans les degrés successifs de l'échelle ou octave commune du mode majeur commençant par C, de laquelle se tire aussi l'échelle du mode mineur commençant par A.

Cette échelle, n'étant pas exactement dans l'ordre des aliquotes, n'est pas non plus celle que donnent les divisions naturelles des cors, trompettes marines, et autres instruments semblables, comme on peut le voir dans la *figure* 1 de la *Planche* K par la comparaison de ces deux échelles, comparaison qui montre en même temps la cause des tons faux donnés par ces instruments : cependant l'échelle commune, pour n'être pas d'accord avec la série des aliquotes, n'en a pas moins une origine physique et naturelle qu'il faut développer.

La portion de la première série O (*Planche* 18, *figure* 6), qui termine le *système* harmonique, est la sesquialtère ou quinte C G, c'est-à-dire l'octave harmoniquement divisée : or les deux termes qui correspondent à ceux-là dans la série P des compléments (*Pl.* 25, *fig.* 8), sont les notes G F ; ces deux cordes sont moyennes, l'une harmonique, et l'autre arithmétique, entre la corde entière et sa moitié, ou entre le diamètre et le rayon ; et ces deux moyennes G et F, se rapportant toutes deux à la même fondamentale, déterminent le ton et même le mode, puisque la proportion harmonique y domine et qu'elles paroissent avant la génération du mode mineur : n'ayant donc d'autre loi que celle qui est déterminée par la série harmonique dont elles dérivent, elles doivent en porter l'une et l'autre le caractère ; savoir, l'accord parfait majeur, composé de tierce majeure et de quinte.

Si donc on rapporte et range successivement selon l'ordre le plus rapproché les notes qui constituent ces trois accords, on aura très-exactement, tant en notes musicales qu'en rapports numériques, l'octave ou échelle diatonique ordinaire rigoureusement établie.

En notes, la chose est évidente par la seule opération.

En rapports numériques, cela se prouve presque aussi facilement : car, supposant 360 pour la longueur de la corde entière, ces trois notes C, G, F seront comme 180, 240, 270 ; leurs accords seront comme dans la *figure* 3, *Planche* 18 ; l'échelle entière qui s'en déduit sera dans les rapports marqués même *Planche*, *figure* 7 : où l'on voit que tous les intervalles sont justes, excepté l'accord parfait D F A, dans lequel la quinte D A est foible d'un comma, de même que la tierce mineure D F, à cause du *ton* mineur D E ; mais dans tout *système* ce défaut ou l'équivalent est inévitable.

Quant aux autres altérations que la nécessité d'employer les mêmes touches en divers tons introduit dans notre échelle, voyez Tempérament.

L'échelle une fois établie, le principal usage des trois notes C, G, F, dont elle est tirée, est la formation des cadences, qui, donnant un progrès de notes fondamentales de l'une à l'autre, sont la base de toute la modulation : G étant moyen harmonique et F moyen arithmétique entre les deux termes de l'octave, le passage du moyen à l'extrême forme une cadence qui tire son nom du moyen qui la produit : G C est donc une cadence harmonique, F C une cadence arithmétique; et l'on appelle cadence mixte celle qui, du moyen arithmétique passant au moyen harmonique, se compose des deux avant de se résoudre sur l'extrême. (*Planche* 18, *figure* 8.)

De ces trois cadences, l'harmonique est la principale et la première en ordre; son effet est d'une harmonie mâle, forte, et terminant un sens absolu; l'arithmétique est foible, douce, et laisse encore quelque chose à désirer; la cadence mixte suspend le sens et produit à peu près l'effet du point interrogatif et admiratif.

De la succession naturelle de ces trois cadences, telle qu'on la voit *Planche* 19, *figure* 3, résulte exactement la basse-fondamentale de l'échelle, et de leurs divers entrelacements se tire la manière de traiter un ton quelconque, et d'y moduler une suite de chants; car chaque note de la cadence est supposée porter l'accord parfait, comme il a été dit ci-devant.

A l'égard de ce qu'on appelle la *règle de l'octave* (voyez ce mot), il est évident que, quand même on admettroit l'harmonie qu'elle indique pour pure et régulière, comme on ne la trouve qu'à force d'art et de déductions, elle ne peut jamais être proposée en qualité de principe et de loi générale.

Les compositeurs du quinzième siècle, excellents harmonistes, pour la plupart, employoient toute l'échelle comme basse-fondamentale d'autant d'accords parfaits qu'elle avoit de notes, excepté la septième, à cause de la quinte fausse ; et cette harmonie bien conduite eût fait un fort grand effet si l'accord sur la médiante n'eût été rendu trop dur par ses deux fausses relations avec l'accord qui le précède et avec celui qui le suit. Pour rendre cette suite d'accords parfaits aussi pure et douce qu'il est possible, il faut la réduire à cette autre basse-fondamentale (*figure* 4) qui fournit avec la précédente une nouvelle source de variétés.

Comme on trouve dans cette formule deux accords parfaits en tierce mineure, savoir D et A, il est bon de chercher l'analogie que doivent avoir entre eux les tons majeurs et mineurs dans une modulation régulière.

Considérons (*Planche* 25, *figure* 8) la note *e.b* de l'exemple P, unie aux deux notes correspondantes des exemples O et Q : prise pour fondamentale, elle se trouve ainsi base ou fondement d'un accord en tierce majeure ; mais, prise pour moyen arithmétique entre la corde entière et sa quinte, comme dans l'exemple X (*figure* 9), elle se trouve alors médiante ou seconde base du mode mineur. Ainsi cette même note, considérée sous deux rapports différents, et tous deux déduits du *système*, donne deux harmonies ; d'où il suit que l'échelle du mode majeur est d'une tierce mineure au-dessus de l'échelle analogue du mode mineur : ainsi le mode mineur analogue à l'échelle d'*ut* est celui de *la*, et le mode mineur analogue à celui de *fa* est celui de *re* : or *la* et *re* donnent exactement, dans la basse-fondamentale de l'échelle diatonique, les deux accords mineurs analogues aux deux tons d'*ut* et de *fa* déterminés par les deux cadences harmoniques d'*ut* à *fa* et de *sol* à *ut* ; la basse-fondamentale où l'on fait entrer ces deux accords est donc aussi régulière et plus variée que la précédente, qui ne renferme que l'harmonie du mode majeur.

A l'égard des deux dernières dissonances N et R de l'exemple Q, comme elles sortent du genre diatonique nous n'en parlerons que ci-après.

L'origine de la mesure, des périodes, des phrases, et de tout rhythme musical, se trouve aussi dans la génération des cadences, dans leur suite naturelle, et dans leurs diverses combinaisons. Premièrement, le moyen étant homogène à son extrême, les deux membres d'une cadence doivent, dans leur première simplicité, être de même nature et de valeurs égales ; par conséquent les huit notes qui forment les quatre cadences, basse-fondamentale de l'échelle, sont égales entre elles ;

et formant aussi quatre mesures égales, une pour chaque cadence, le tout donne un sens complet et une période harmonique : de plus, comme tout le *système* harmonique est fondé sur la raison double et sur la sesquialtère, qui, à cause de l'octave, se confond avec la raison triple, de même toute mesure bonne et sensible se résout en celle à deux temps ou en celle à trois ; tout ce qui est au-delà, souvent tenté et toujours sans succès, ne pouvant produire aucun bon effet.

Des divers fondements d'harmonie donnés par les trois sortes de cadences, et des diverses manières de les entrelacer, naît la variété des sens, des phrases, et de toute la mélodie, dont l'habile musicien exprime toute celle des phrases du discours, et ponctue les sons aussi correctement que le grammairien les paroles. De la mesure donnée par les cadences résulte aussi l'exacte expression de la prosodie et du rhythme ; car comme la syllabe brève s'appuie sur la longue, de même la note qui prépare la cadence en levant s'appuie et pose sur la note qui la résout en frappant ; ce qui divise les temps en forts et en foibles, comme les syllabes en longues et en brèves : cela montre comment on peut, même en observant les quantités, renverser la prosodie, et tout mesurer à contre-temps, lorsqu'on frappe les syllabes brèves et qu'on lève les longues, quoiqu'on croie observer leurs durées relatives et leurs valeurs musicales.

L'usage des notes dissonantes par degrés conjoints dans les temps foibles de la mesure se déduit aussi des principes établis ci-dessus; car, supposons l'échelle diatonique et mesurée, marquée *figure* 5, *Planche* 19, il est évident que la note soutenue ou rebattue dans la basse X, au lieu des notes de la basse Z, n'est ainsi tolérée que parce que, revenant toujours dans les temps forts, elle échappe aisément à notre attention dans les temps foibles, et que les cadences dont elle tient lieu n'en sont pas moins supposées; ce qui ne pourroit être si les notes dissonantes changeoient le lieu et se frappoient sur les temps forts.

Voyons maintenant quels sons peuvent être ajoutés ou substitués à ceux de l'échelle diatonique pour la formation des genres chromatique et enharmonique.

En insérant dans leur ordre naturel les sons donnés par la série des dissonances, on aura premièrement la note *sol* dièse N (*Planche* 25, *figure* 8), qui donne le genre chromatique et le passage régulier du ton majeur d'*ut* à son mineur correspondant *la*. (Voyez *Planche* 20, *figure* 1.)

Puis on a la note R ou *si* bémol, laquelle, avec celle dont je viens de parler, donne le genre enharmonique. (*Figure* 2.)

Quoique, eu égard au diatonique, tout le *système* harmonique soit, comme on a vu, renfermé dans la raison sextuple, cependant les divisions ne sont pas tellement bornées à cette étendue qu'entre la dix-neuvième ou triple quinte $\frac{1}{6}$, et la vingt-deuxième ou quadruple octave $\frac{1}{8}$, on ne puisse encore insérer une moyenne harmonique $\frac{1}{7}$, prise dans l'ordre des aliquotes, donnée d'ailleurs par la nature dans les cors de chasse et trompettes marines, et d'une intonation très-facile sur le violon.

Ce terme $\frac{1}{7}$, qui divise harmoniquement l'intervalle de la quarte *sol ut* ou $\frac{6}{8}$, ne forme pas avec le *sol* une tierce mineure juste, dont le rapport seroit $\frac{5}{6}$, mais un intervalle un peu moindre, dont le rapport est $\frac{6}{7}$; de sorte qu'on ne sauroit exactement l'exprimer en note, car le *la* dièse est déjà trop fort : nous le représenterons par la note *si* précédée du signe |♭, un peu différent du bémol ordinaire.

L'échelle augmentée, ou, comme disoient les Grecs, le genre épaissi de ces trois nouveaux sons placés dans leur rang, sera donc comme l'exemple 6, *Planche* 19, le tout pour le même ton, ou du moins pour les tons naturellement analogues.

De ces trois sons ajoutés, dont, comme le fait voir M. Tartini, le premier constitue le genre chromatique, et le troisième l'enharmonique, le *sol* dièse et le *si* bémol sont dans l'ordre des dissonances; mais le *si* |♭ ne laisse pas d'être consonnant, quoiqu'il n'appartienne pas au genre diatonique, étant hors de la progression sextuple qui renferme et détermine ce genre; car, puisqu'il est immédiatement donné par la série harmonique des aliquotes, puisqu'il est moyen harmonique entre la quinte et l'octave du son fondamental, il s'ensuit qu'il est consonnant comme eux, et n'a besoin d'être ni préparé ni sauvé; c'est aussi ce que l'oreille confirme parfaitement dans l'emploi régulier de cette espèce de septième.

A l'aide de ce nouveau son, la basse de l'échelle diatonique retourne exactement sur elle-même, en descendant, selon la nature du cercle qui la représente; et la quatorzième ou septième redoublée se trouve alors sauvée régulièrement par cette note sur la basse-tonique ou fondamentale, comme toutes les autres dissonances.

Voulez-vous, des principes ci-devant posés, déduire les règles de la modulation, prenez les trois tons majeurs relatifs, *ut, sol, fa*, et les trois tons mineurs analogues, *la, mi, re;* vous aurez six toniques, et ce sont les seules sur lesquelles on puisse moduler en sortant du ton principal; modulations qu'on entrelace à son choix, selon le caractère du chant et l'expression des paroles : non cependant qu'entre ces modulations il n'y en ait de préférables à d'autres; même ces préférences, trouvées d'abord par le sentiment, ont aussi leurs raisons dans les principes, et leurs exceptions, soit dans les impressions diverses que veut faire le compositeur, soit dans la liaison plus ou moins grande qu'il veut donner à ses phrases. Par exemple, la plus naturelle et la plus agréable de toutes les modulations en mode majeur est celle qui passe de la tonique *ut* au ton de sa dominante *sol;* parce que le mode majeur étant fondé sur des divisions harmoniques, et la dominante divisant l'octave harmoniquement, le passage du premier terme au moyen est le plus naturel : au contraire, dans le mode mineur *la*, fondé sur la proportion arithmétique, le passage au ton de la quatrième note *re*, qui divise l'octave arithmétiquement, est beaucoup plus naturel que le passage au ton *mi* de la dominante, qui divise harmoniquement la même octave; et, si l'on y regarde attentivement, on trouvera que les modulations plus ou moins agréables dépendent toutes des plus grands ou moindres rapports établis dans ce *système*.

Examinons maintenant les accords ou intervalles particuliers au mode mineur, qui se déduisent des sons ajoutés à l'échelle. (*Planche* 25, *figure* 5.)

L'analogie entre les deux modes donne les trois accords marqués *figure* 4 de la *Planche* 20, dont tous les sons ont été trouvés consonnants dans l'établissement du mode majeur. Il n'y a que le son ajouté *g* 𝕏 dont la consonnance puisse être disputée.

Il faut remarquer d'abord que cet accord ne se résout point en l'accord dissonant de septième diminuée qui auroit *sol* dièse pour base, parce que, outre la septième diminuée *sol* dièse et *fa* naturel, il s'y trouve encore une tierce diminuée *sol* dièse et *si* bémol, qui rompt toute proportion; ce que l'expérience confirme par l'insurmontable rudesse de cet accord: au contraire, outre que cet arrangement de sixte-superflue plaît à l'oreille et se résout très harmonieusement, M. Tartini prétend que l'intervalle est réellement bon, régulier, et même consonnant: 1° parce que cette sixte est à très-peu près quatrième harmonique aux trois notes B♭, *d*, *f*, représentées par les fractions $\frac{1}{4} \frac{1}{5} \frac{1}{6}$, dont $\frac{1}{5}$ est la quatrième proportionnelle harmonique exacte; 2° parce que cette même sixte est à très-peu près moyenne harmonique de la quarte *fa*, *si* bémol, formée par la quinte du son fondamental et par son octave: que si l'on emploie en cette occasion la note marquée *sol* dièse plutôt que la note marquée *la* bémol, qui semble être le vrai moyen harmonique, c'est non seulement que cette division nous rejetteroit fort loin du mode, mais encore que cette même note *la* bémol n'est moyenne harmonique qu'en apparence, attendu que la quarte *fa*, *si* bémol, est altérée et trop foible d'un comma; de sorte que *sol* dièse, qui a un moindre rapport à *fa*, approche plus du vrai moyen harmonique que *la* bémol, qui a un plus grand rapport au même *fa*.

Au reste, on doit observer que tous les sons de

cet accord qui se réunissent ainsi en une harmonie régulière et simultanée, sont exactement les quatre mêmes sons fournis ci-devant dans la série dissonante Q par les compléments des divisions de la sextuple harmonique; ce qui ferme, en quelque manière, le cercle harmonieux, et confirme la liaison de toutes les parties du *système*.

A l'aide de cette sixte et de tous les autres sons que la proportion harmonique et l'analogie fournissent dans le mode mineur, on a un moyen facile de prolonger et varier assez long-temps l'harmonie sans sortir du mode, ni même employer aucune véritable dissonance, comme on peut le voir dans l'exemple de contre-point donné par M. Tartini, et dans lequel il prétend n'avoir employé aucune dissonance, si ce n'est la quarte-et-quinte finale.

Cette même sixte-superflue a encore des usages plus importants et plus fins dans les modulations détournées par des passages enharmoniques, en ce qu'elle peut se prendre indifféremment dans la pratique pour la septième bémolisée par le signe ♭, de laquelle cette sixte diésée diffère très peu dans le calcul et point du tout sur le clavier : alors cette septième ou cette sixte, toujours consonnante, mais marquée tantôt par dièse et tantôt par bémol, selon le ton d'où l'on sort et celui où l'on entre, produit dans l'harmonie d'apparentes et subites métamorphoses, dont, quoique régulières dans ce *système*, le compositeur auroit bien de la peine à rendre raison dans tout autre, comme on peut le voir dans les exemples 3, 4, 5 de la *Planche* 22, surtout dans celui marqué +, où le *fa*, pris pour naturel, et formant une septième apparente qu'on ne sauve point, n'est au fond qu'une sixte-superflue formée par un *mi* dièse sur le *sol* de la basse; ce qui rentre dans la rigueur des règles. Mais il est superflu de s'étendre sur ces finesses de l'art, qui n'échappent pas aux grands harmonistes, et dont les autres ne feroient qu'abuser en les employant mal à propos. Il suffit d'avoir montré que tout se tient par quelque côté, et que le vrai *système* de la nature mène aux plus cachés détours de l'art.

T.

T. Cette lettre s'écrit quelquefois dans les partitions pour désigner la partie de la taille, lorsque cette taille prend la place de la basse et qu'elle est écrite sur la même portée, la basse gardant le tacet.

Quelquefois, dans les parties de symphonie, le T signifie *tous* ou *tutti*, et est opposé à la lettre S, ou au mot *seul* ou *solo*, qui alors doit nécessairement avoir été écrit auparavant dans la même partie.

TA. L'une des quatre syllabes avec lesquelles

les Grecs solfioient la musique. (Voyez SOLFIER.)

TABLATURE. Ce mot signifioit autrefois la totalité des signes de la musique ; de sorte que qui connoissoit bien la note et pouvoit chanter à livre ouvert étoit dit savoir la *tablature*.

Aujourd'hui le mot *tablature* se restreint à une certaine manière de noter par lettres, qu'on emploie pour les instruments à cordes, qui se touchent avec les doigts, tels que le luth, la guitare, le cistre ; et autrefois le téorbe et la viole.

Pour noter en *tablature* on tire autant de lignes parallèles que l'instrument a de cordes ; on écrit ensuite sur ces lignes des lettres de l'alphabet qui indiquent les diverses positions des doigts sur la corde, de semi-ton en semi-ton : la lettre *a* indique la corde à vide, *b* indique la première position, *c* la seconde, *d* la troisième, etc.

A l'égard des valeurs des notes, on les marque par des notes ordinaires de valeurs semblables, toutes placées sur une même ligne, parce que ces notes ne servent qu'à marquer la valeur et non le degré : quand les valeurs sont toujours semblables, c'est-à-dire que la manière de scander les notes est la même dans toutes les mesures, on se contente de la marquer dans la première, et l'on suit.

Voilà tout le mystère de la *tablature*, lequel achèvera de s'éclaircir par l'inspection de la *figure* 6, *Planche* 22, où j'ai noté le premier couplet des

Folies d'Espagne en *tablature* pour la guitare.

Comme les instruments pour lesquels on employoit la *tablature* sont la plupart hors d'usage, et que, pour ceux dont on joue encore, on a trouvé la note ordinaire plus commode, la *tablature* est presque entièrement abandonnée, ou ne sert qu'aux premières leçons des écoliers.

TABLEAU. Ce mot s'emploie souvent en musique pour désigner la réunion de plusieurs objets formant un tout peint par la musique imitative : *Le* tableau *de cet air est bien dessiné ; ce chœur fait* tableau *; cet opéra est plein de* tableaux *admirables*.

TACET. Mot latin qu'on emploie dans la musique pour indiquer le silence d'une partie. Quand, dans le cours d'un morceau de musique, on veut marquer un silence d'un certain temps, on l'écrit avec des *bâtons* ou des *pauses* (voyez ces mots;) mais quand quelque partie doit garder le silence durant un morceau entier, on exprime cela par le mot *tacet* écrit dans cette partie au-dessous du nom de l'air ou des premières notes du chant.

TAILLE, anciennement TENOR. La seconde des quatre parties de la musique, en comptant du grave à l'aigu. C'est la partie qui convient le mieux à la voix d'homme la plus commune ; ce qui fait qu'on l'appelle aussi *voix humaine* par excellence.

La *taille* se divise quelquefois en deux autres

parties : l'une plus élevée, qu'on appelle *première* ou *haute taille ;* l'autre plus basse, qu'on appelle *seconde* ou *basse-taille* : cette dernière est en quelque manière une partie mitoyenne ou commune entre la *taille* et la basse, et s'appelle aussi, à cause de cela, *concordant.* (Voyez PARTIES.)

On n'emploie presque aucun rolle de *taille* dans les opéra françois; au contraire, les Italiens préfèrent dans les leurs le *tenor* à la basse, comme une voix plus flexible, aussi sonore, et beaucoup moins dure.

TAMBOURIN, sorte de danse fort à la mode aujourd'hui sur les théâtres françois. L'air en est très-gai et se bat à deux temps vifs. Il doit être sautillant et bien cadencé, à l'imitation du flûtet des Provençaux; et la basse doit refrapper la même note, à l'imitation du *tambourin* ou *galoubé*, dont celui qui joue du flûtet s'accompagne ordinairement.

TASTO SOLO. Ces deux mots italiens écrits dans une basse-continue, et d'ordinaire sous quelque point-d'orgue, marquent que l'accompagnateur ne doit faire aucun accord de la main droite, mais seulement frapper de la gauche la note marquée, et tout au plus son octave, sans y rien ajouter, attendu qu'il lui seroit presque impossible de deviner et suivre la tournure d'harmonie ou les notes de goût que le compositeur fait passer sur la basse pendant ce temps-là.

Té. L'une des quatre syllabes par lesquelles les Grecs solfioient la musique. (Voyez Solfier.)

Tempérament. Opération par laquelle, au moyen d'une légère altération dans les intervalles, faisant évanouir la différence des deux sons voisins, on les confond en un, qui, sans choquer l'oreille, forme les intervalles respectifs de l'un et de l'autre. Par cette opération l'on simplifie l'échelle en diminuant le nombre des sons nécessaires. Sans le *tempérament*, au lieu de douze sons seulement que contient l'octave, il en faudroit plus de soixante pour moduler dans tous les tons.

Sur l'orgue, sur le clavecin, sur tout autre instrument à clavier, il n'y a, et il ne peut guère y avoir d'intervalle parfaitement d'accord que la seule octave. La raison en est que trois tierces majeures ou quatre tierces mineures devant faire une octave juste, celles-ci la passent, et les autres n'y arrivent pas; car $\frac{5}{4} \times \frac{5}{4} \times \frac{5}{4} = \frac{125}{64} < \frac{128}{64} = \frac{2}{1}$; et $\frac{6}{5} \times \frac{6}{5} \times \frac{6}{5} \times \frac{6}{5} = \frac{1296}{625} > \frac{1296}{648} = \frac{2}{1}$: ainsi l'on est contraint de renforcer les tierces majeures et d'affoiblir les mineures pour que les octaves et tous les autres intervalles se correspondent exactement, et que les mêmes touches puissent être employées sous leurs divers rapports. Dans un moment je dirai comment cela se fait.

Cette nécessité ne se fit pas sentir tout d'un coup; on ne la reconnut qu'en perfectionnant le système musical. Pythagore, qui trouva le premier les rapports des intervalles harmoniques, prétendoit que ces rapports fussent observés dans toute la rigueur mathématique, sans rien accorder à la tolérance de l'oreille : cette sévérité pouvoit être bonne pour son temps où toute l'étendue du système se bornoit encore à un si petit nombre de cordes ; mais comme la plupart des instruments des anciens étoient composés de cordes qui se touchoient à vide, et qu'il leur falloit par conséquent une corde pour chaque son, à mesure que le système s'étendit, ils s'aperçurent que la règle de Pythagore, en trop multipliant les cordes, empêchoit d'en tirer les usages convenables.

Aristoxène, disciple d'Aristote, voyant combien l'exactitude des calculs nuisoit aux progrès de la musique et et à la facilité de l'exécution, prit tout d'un coup l'autre extrémité ; abandonnant presque entièrement le calcul, il s'en remit au seul jugement de l'oreille, et rejeta comme inutile tout ce que Pythagore avoit établi.

Cela forma dans la musique deux sectes qui ont long-temps divisé les Grecs, l'une, des aristoxéniens, qui étoient les musiciens de pratique ; l'autre, des pythagoriciens, qui étoient les philosophes. (Voyez ARISTOXÉNIENS et PYTHAGORICIENS.)

Dans la suite, Ptolomée et Dydyme, trouvant avec raison que Pythagore et Aristoxène avoient donné dans deux excès également vicieux, et consultant à la fois les sens et la raison, travaillèrent chacun de leur côté à la réforme de l'ancien système diatonique : mais comme ils ne s'éloignèrent pas des principes établis pour la division du tétracorde, et que reconnoissant enfin la différence du *ton* majeur au *ton* mineur, ils n'osèrent toucher à celui-ci pour le partager comme l'autre par une corde chromatique en deux parties réputées égales, le système demeura encore long-temps dans un état d'imperfection qui ne permettoit pas d'apercevoir le vrai principe du *tempérament*.

Enfin vint Gui d'Arezzo, qui refondit en quelque manière la musique, et inventa, dit-on, le clavecin. Or il est certain que cet instrument n'a pu exister, non plus que l'orgue, que l'on n'ait en même temps trouvé le *tempérament*, sans lequel il est impossible de les accorder : et il est impossible au moins que la première invention ait de beaucoup précédé la seconde : c'est à peu près tout ce que nous en savons.

Mais, quoique la nécessité du *tempérament* soit connue depuis long-temps, il n'en est pas de même de la meilleure règle à suivre pour le déterminer. Le siècle dernier, qui fut le siècle des découvertes en tout genre, est le premier qui nous ait donné des lumières bien nettes sur ce chapitre. Le P. Mersenne et M. Loulié ont fait des calculs ; M. Sauveur a trouvé des divisions qui fournissent tous les *tempéraments* possibles ; enfin M. Rameau, après tous les autres, a cru développer le premier la véritable théorie du *tempérament*, et a même prétendu sur cette théorie établir comme neuve une pratique très-ancienne, dont je parlerai dans un moment. J'ai dit qu'il s'agissoit, pour tempérer les sons du clavier, de renforcer les tierces majeures, d'affoiblir les mineures, et de distribuer ces altérations de manière à les rendre le moins sensibles qu'il étoit possible : il faut pour cela répartir sur l'accord de l'instrument, et cet accord se fait ordinairement par quintes; c'est donc par son effet sur les quintes que nous avons à considérer le *tempérament*.

Si l'on accorde bien juste quatre quintes de suite, comme *ut sol re la mi*, on trouvera que cette quatrième quinte *mi* fera avec l'*ut*, d'où l'on est parti, une tierce majeure discordante, et de beaucoup trop forte ; et en effet ce *mi*, produit comme quinte de *la*, n'est pas le même son qui doit faire la tierce majeure d'*ut*. En voici la preuve.

Le rapport de la quinte est $\frac{3}{2}$ ou $\frac{3}{1}$, à cause des octaves 1 et 2 prises l'une pour l'autre indifféremment : ainsi la succession des quintes, formant une progression triple, donnera *ut* 1, *sol* 3, *re* 9, *la* 27, et *mi* 81.

Considérons à présent ce *mi* comme tierce majeure d'*ut*; son rapport est $\frac{5}{4}$ ou $\frac{5}{1}$, 4 n'étant que la double octave de 1 : si d'octave en octave nous rapprochons ce *mi* du précédent, nous trouverons *mi* 5, *mi* 10, *mi* 20, *mi* 40, et *mi* 80 ; ainsi la quinte de *la* étant *mi* 81, et la tierce majeure d'*ut* étant *mi* 80, ces deux *mi* ne sont pas le même, et leur rapport est de $\frac{80}{81}$, qui fait précisément le comma majeur.

Que si nous poursuivons la progression des quintes jusqu'à la douzième puissance, qui arrive au *si* dièse, nous trouverons que ce *si* excède l'*ut* dont il devroit faire l'unisson, et qu'il est avec lui dans le rapport de 531441 à 524288, rapport qui donne le comma de Pythagore : de sorte que par le calcul précédent le *si* dièse devroit excéder l'*ut* de trois comma majeurs; et par celui-ci il l'excède seulement du comma de Pythagore.

Mais il faut que le même son *mi* qui fait la quinte de *la* serve encore à faire la tierce majeure d'*ut*; il faut que le même *si* dièse, qui forme la douzième quinte de ce même *ut*, en fasse aussi l'octave ; et il faut enfin que ces différents accords concourent à constituer le système général sans multiplier les cordes. Voilà ce qui s'exécute au moyen du *tempérament*.

Pour cela, 1° on commence par l'*ut* du milieu du clavier, et l'on affoiblit les quatre premières quintes en montant jusqu'à ce que la quatrième *mi* fasse la tierce majeure bien juste avec le premier son *ut*; ce qu'on appelle la première preuve. 2° En continuant d'accorder par quintes, dès qu'on est arrivé sur les dièses, on renforce un peu les quintes, quoique les tierces en souffrent; et, quand on est arivé au *sol* dièse, on s'arrête : ce *sol* dièse doit faire avec le *mi* une tierce majeure juste ou du moins souffrable ; c'est la seconde preuve. 3° On reprend l'*ut* et l'on accorde les quintes au grave; savoir, *fa, si* bémol, etc., foibles d'abord ; puis les renforçant par degrés, c'est-à-dire affoiblissant les sons jusqu'à ce qu'on soit parvenu au *re* bémol, lequel, pris comme *ut* dièse, doit se trouver d'accord et faire quinte avec le *sol* dièse, auquel on s'étoit ci-devant arrêté ; c'est la troisième preuve. Les dernières quintes se trouveront un peu fortes, de même que les tierces majeures ; c'est ce qui rend les tons majeurs de *si* bémol et de *mi* bémol sombres et même un peu durs ; mais cette dureté sera supportable si la partition est bien faite ; et d'ailleurs ces tierces, par leur situation, sont moins employées que les premières, et ne doivent l'être que par choix.

Les organistes et les facteurs regardent ce *tempérament* comme le plus parfait que l'on puisse employer ; en effet les tons naturels jouissent par cette méthode de toute la pureté de l'harmonie, et les tons transposés, qui forment des modulations moins fréquentes, offrent de grandes ressources au musicien, quand il a besoin d'expressions plus marquées ; car il est bon d'observer, dit M. Rameau, que nous recevons des impressions différentes des intervalles à proportion de leurs différentes altérations : par exemple, la tierce majeure, qui nous excite naturellement à la joie, nous imprime jusqu'à des idées de fureur, quand elle est trop forte, et la tierce mineure, qui nous porte à la tendresse et à la douceur, nous attriste, lorsqu'elle est trop foible.

Les habiles musiciens, continue le même auteur, savent profiter à propos de ces différents effets des intervalles, et font valoir par l'expression qu'ils en tirent l'altération qu'on y pourroit condamner.

Mais, dans sa *génération harmonique,* le même M. Rameau tient un tout autre langage. Il se reproche sa condescendance pour l'usage actuel ; et, détruisant tout ce qu'il avoit établi auparavant, il donne une formule d'onze moyennes proportionnelles entre les deux termes de l'octave, sur laquelle formule il veut qu'on règle toute la succession du système chromatique ; de sorte que, ce système résultant de douze semi-tons parfaitement égaux, c'est une nécessité que tous les intervalles semblables qui en seront formés soient aussi parfaitement égaux entre eux.

Pour la pratique, prenez, dit-il, telle touche du clavecin qu'il vous plaira ; accordez-en d'abord la quinte juste, puis diminuez-la si peu que rien ; procédez ainsi d'une quinte à l'autre, toujours en montant, c'est-à-dire du grave à l'aigu, jusqu'à la dernière dont le son aigu aura été le grave de la première; vous pouvez être certain que le clavecin sera bien d'accord.

Cette méthode, que nous propose aujourd'hui M. Rameau, avoit déjà été proposée et abandonnée par le fameux Couperin : on la trouve aussi tout au long dans le P. Mersenne, qui en fait auteur un nommé Gallé, et qui a même pris la peine de calculer les onze moyennes proportionnelles dont M. Rameau nous donne la formule algébrique.

Malgré l'air scientifique de cette formule, il ne paroît pas que la pratique qui en résulte ait été jusqu'ici goûtée des musiciens ni des facteurs : les premiers ne peuvent se résoudre à se priver de l'énergique variété qu'ils trouvent dans les diverses affections des sons qu'occasione le *tempérament* établi : M. Rameau leur dit en vain qu'ils se trompent, que la variété se trouve dans l'entrelacement des modes ou dans les divers degrés des toniques, et nullement dans l'altération des intervalles; le musicien répond que l'un n'exclut pas l'autre, qu'il ne se tient pas convaincu par une assertion, et que les diverses affections des tons ne sont nullement proportionnelles aux différents degrés de leurs finales : car, disent-ils, quoiqu'il n'y ait qu'un semiton de distance entre la finale *re* et celle de *mi* bémol, comme entre la finale de *la* et celle de *si* bémol, cependant la même musique nous affectera très différemment en A *la mi re* qu'en B *fa*, et en D *sol re* qu'en E *la fa ;* et l'oreille attentive du musicien ne s'y trompera jamais, quand même le ton général seroit haussé ou baissé d'un semi-ton et plus : preuve évidente que la variété vient d'ailleurs que de la simple différente élévation de la tonique.

À l'égard des facteurs, ils trouvent qu'un clavecin accordé de cette manière n'est point aussi bien d'accord que l'assure M. Rameau : les tierces majeures leur paroissent dures et choquantes ; et quand on leur dit qu'ils n'ont qu'à se faire à l'altération des tierces comme ils s'étoient faits ci-devant à celle des quintes, ils répliquent qu'ils ne conçoivent pas comment l'orgue pourra se faire à supprimer les battements qu'on y entend par cette manière de l'accorder, ou comment l'oreille cessera d'en être offensée : puisque par la nature des consonnances la quinte peut être plus altérée que la tierce sans choquer l'oreille et sans faire des battements, n'est-il pas convenable de jeter l'altération du côté où elle est le moins choquante, et de laisser plus justes, par préférence, les intervalles qu'on ne peut altérer sans les rendre discordants ?

Le P. Mersenne assuroit qu'on disoit de son temps que les premiers qui pratiquèrent sur le clavier les semi-tons, qu'il appelle *feintes*, accordèrent d'abord toutes les quintes à peu près selon l'accord égal proposé par M. Rameau ; mais que leur oreille ne pouvant souffrir la discordance des tierces majeures nécessairement trop fortes, ils tempérèrent l'accord en affoiblissant les premières quintes pour baisser les tierces majeures. Il paroît donc que s'accoutumer à cette manière d'accord n'est pas pour une oreille exercée et sensible une habitude aisée à prendre.

Au reste, je ne puis m'empêcher de rappeler ici ce que j'ai dit au mot Consonnance sur la raison du plaisir que les consonnances font à l'oreille, tirée de la simplicité des rapports. Le rapport d'une quinte tempérée selon la méthode de M. Rameau est celui-ci $\frac{\sqrt[4]{80} + \sqrt[4]{81}}{120}$; ce rapport cependant plaît à l'oreille; je demande si c'est par sa simplicité.

Temps. Mesure du son, quant à la durée.

Une succession de sons, quelque bien dirigée qu'elle puisse être dans sa marche, dans ses degrés du grave à l'aigu ou de l'aigu au grave, ne produit, pour ainsi dire, que des effets indéterminés : ce sont les durées relatives et proportionnelles de ces mêmes sons qui fixent le vrai caractère d'une musique, et lui donnent sa plus grande énergie. Le *temps* est l'ame du chant; les airs dont la mesure est lente nous attristent naturellement; mais un air gai, vif, et bien cadencé, nous excite à la joie, et à peine les pieds peuvent-ils se retenir de danser. Otez la mesure, détruisez la proportion des *temps*, les mêmes airs que cette proportion vous rendoit agréables, restés sans charme et sans force, deviendront incapables de plaire et d'intéresser. Le *temps*, au contraire, a sa force en lui-même; elle dépend de lui seul, et peut subsister sans la diversité des sons. Le tambour nous en offre un exemple, grossier toutefois et très-imparfait, parce que le son ne s'y peut soutenir.

On considère le *temps* en musique, ou par rapport au mouvement général d'un air, et, dans ce sens, on dit qu'il est lent ou vite (voyez Mesure, Mouvement); ou selon les parties aliquotes de chaque mesure, parties qui se marquent par des mouvements de la main ou du pied, et qu'on appelle particulièrement des *temps*; ou enfin selon la valeur propre de chaque note. (Voyez Valeur des notes.)

J'ai suffisamment parlé au mot Rhythme des *temps* de la musique grecque; il me reste à parler ici des *temps* de la musique moderne.

Nos anciens musiciens ne reconnoissoient que deux espèces de mesure ou de *temps* : l'une à trois *temps*, qu'ils appeloient mesure parfaite; l'autre à deux, qu'ils traitoient de mesure imparfaite; et ils appeloient *temps*, *modes* ou *prolations*, les signes qu'ils ajoutoient à la clef pour déterminer l'une ou l'autre de ces mesures: ces signes ne servoient pas à cet unique usage, comme ils font aujourd'hui, mais ils fixoient aussi la valeur rela-

tive des notes, comme on a déjà pu voir aux mots
MODE et PROLATION, par rapport à la maxime, à
la longue, et à la semi-brève. A l'égard de la brève,
la manière de la diviser étoit ce qu'ils appeloient
plus précisément *temps*, et ce *temps* étoit parfait
ou imparfait.

Quand le *temps* étoit parfait, la brève ou carrée
valoit trois rondes ou semi-brèves; et ils indi-
quoient cela par un cercle entier, barré ou non
barré, et quelquefois encore par ce chiffre composé $\frac{3}{4}$.

Quand le *temps* étoit imparfait, la brève ne
valoit que deux rondes; et cela se marquoit par
un demi-cercle ou C: quelquefois ils tournoient
le C à rebours, et cela marquoit une diminution
de moitié sur la valeur de chaque note. Nous indi-
quons aujourd'hui la même chose en barrant le C.
Quelques-uns ont aussi appelé *temps mineur* cette
mesure du C barré où les notes ne durent que la
moitié de leur valeur ordinaire, et *temps majeur*
celle du C plein ou de la mesure ordinaire à quatre
temps.

Nous avons bien retenu la mesure triple des
anciens de même que la double; mais, par la plus
étrange bizarrerie, de leurs deux manières de diviser les notes, nous n'avons retenu que la sous-
double, quoique nous n'ayons pas moins besoin
de l'autre; de sorte que, pour diviser une mesure
ou un *temps* en trois parties égales, les signes

nous manquent, et à peine sait-on comment s'y prendre : il vous faut recourir au chiffre 3 et à d'autres expédients qui montrent l'insuffisance des signes. (Voyez TRIPLE.)

Nous avons ajouté aux anciennes musiques une combinaison de *temps*, qui est la mesure à quatre; mais, comme elle se peut toujours résoudre en deux mesures à deux, on peut dire que nous n'avons absolument que deux *temps* et trois *temps* pour parties aliquotes de toutes nos différentes mesures.

Il y a autant de différentes valeurs de *temps* qu'il y a de sortes de mesures et de modifications de mouvement; mais, quand une fois la mesure et le mouvement sont déterminés, toutes les mesures doivent être parfaitement égales, et tous les *temps* de chaque mesure parfaitement égaux entre eux : or, pour rendre sensible cette égalité, on frappe chaque mesure et l'on marque chaque *temps* par un mouvement de la main ou du pied, et sur ces mouvements on règle exactement les différentes valeurs des notes selon le caractère de la mesure. C'est une chose étonnante de voir avec quelle précision l'on vient à bout, à l'aide d'un peu d'habitude, de marquer et de suivre tous les *temps* avec une si parfaite égalité, qu'il n'y a point de pendule qui surpasse en justesse la main ou le pied d'un bon musicien, et qu'enfin le sentiment seul de cette égalité suffit pour le guider, et supplée à tout mouvement sensible ; en sorte que dans un concert chacun suit la même mesure avec la dernière précision, sans qu'un autre la marque et sans la marquer soi-même.

Des divers *temps* d'une mesure, il y en a de plus sensibles, de plus marqués que d'autres, quoique de valeurs égales : le *temps* qui marque davantage s'appelle *temps fort;* celui qui marque moins s'appelle *temps foible :* c'est ce que M. Rameau, dans son *Traité d'Harmonie,* appelle *temps bons* et *temps mauvais.* Les *temps* forts sont, le premier dans la mesure à deux *temps*; le premier et le troisième dans les mesures à trois et quatre : à l'égard du second *temps*, il est toujours foible dans toutes les mesures, et il en est de même du quatrième dans la mesure à quatre *temps*.

Si l'on subdivise chaque *temps* en deux autres parties égales qu'on peut encore appeler *temps* ou *demi-temps,* on aura derechef *temps fort* pour la première moitié, *temps foible* pour la seconde ; et il n'y a point de partie d'un *temps* qu'on ne puisse subdiviser de la même manière. Toute note qui commence sur le *temps foible* et finit sur le *temps fort* est une note à *contre-temps*; et, parce qu'elle heurte et choque en quelque façon la mesure, on l'appelle *syncope*. (Voyez Syncope.)

Ces observations sont nécessaires pour apprendre à bien traiter les dissonances : car toute dissonance bien préparée doit l'être sur le *temps foible*, et frappée sur le *temps fort*, excepté cependant dans des suites de cadences évitées, où cette règle, quoique applicable à la première dissonance, ne l'est pas également aux autres. (Voy. Dissonance, Préparer.)

Tendrement. Cet adverbe écrit à la tête d'un air indique un mouvement lent et doux, des sons filés gracieusement et animés d'une expression tendre et touchante : les Italiens se servent du mot *amoroso* pour exprimer à peu près la même chose ; mais le caractère de l'*amoroso* a plus d'accent, et respire je ne sais quoi de moins fade et de plus passionné.

Tenedius. Sorte de nome pour les flûtes dans l'ancienne musique des Grecs.

Teneur, *s. f.* Terme de plain-chant qui marque dans la psalmodie la partie qui règne depuis la fin de l'intonation jusqu'à la médiation, et depuis la médiation jusqu'à la terminaison. Cette *teneur*, qu'on peut appeler la dominante de la psalmodie, est presque toujours sur le même ton.

Tenor. (Voyez Taille.) Dans les commencements du contre-point on donnoit le nom de *tenor* à la partie la plus basse.

Tenue, *s. f.* Son soutenu par une partie durant deux ou plusieurs mesures, tandis que d'autres parties travaillent. (Voy. Mesure, Travailler.) Il arrive quelquefois, mais rarement, que toutes les parties font des *tenues* à la fois; et alors il ne faut pas que la *tenue* soit si longue que le sentiment de la mesure s'y laisse oublier.

Tête. La *tête* ou le corps d'une note est cette partie qui en détermine la position, et à laquelle tient la queue quand elle en a une. (Voy. Queue.)

Avant l'invention de l'imprimerie, les notes n'avoient que des *têtes* noires ; car, la plupart des notes étant carrées, il eût été trop long de les faire blanches en écrivant : dans l'impression l'on forma des *têtes* de notes blanches, c'est-à-dire vides dans le milieu : aujourd'hui les unes et les autres sont en usage ; et, tout le reste égal, une *tête* blanche marque toujours une valeur double de celle d'une *tête* noire. (Voyez Notes, Valeur des notes.)

Tétracorde, *s. m.* C'étoit, dans la musique ancienne, un ordre ou système particulier de sons dont les cordes extrêmes sonnoient la quarte : ce système s'appeloit *tétracorde*, parce que les sons qui le composoient étoient ordinairement au nombre de quatre ; ce qui pourtant n'étoit pas toujours vrai.

Nicomaque, au rapport de Boëce, dit que la musique, dans sa première simplicité, n'avoit que quatre sons, où cordes, dont les deux extrêmes sonnoient le diapason entre elles, tandis que les deux moyennes, distantes d'un ton l'une de l'autre, sonnoient chacune la quarte avec l'extrême dont elle étoit le plus proche, et la quinte avec celle dont elle étoit le plus éloignée ; il appelle cela le *tétracorde* de Mercure, du nom de celui qu'on en disoit l'inventeur.

Boëce dit encore qu'après l'addition de trois cordes faite par différents auteurs, Lychaon, Samien, en ajouta une huitième, qu'il plaça entre la trite et la paramèse, qui étoient auparavant la même corde; ce qui rendit l'octacorde complet et composé de deux *tétracordes* disjoints, de conjoints qu'ils étoient auparavant dans l'eptacorde.

J'ai consulté l'ouvrage de Nicomaque, et il me semble qu'il ne dit point cela; il dit au contraire que Pythagore ayant remarqué que, bien que le son moyen des deux *tétracordes* conjoints sonnât la consonnance de la quarte avec chacun des extrêmes, ces extrêmes comparés entre eux étoient toutefois dissonants, il inséra entre les deux *tétracordes* une huitième corde, qui, les divisant par un *ton* d'intervalle, substitua le diapason ou l'octave à la septième entre leurs extrêmes, et produisit encore une nouvelle consonnance entre chacune des deux cordes moyennes et l'extrême qui lui étoit opposée.

Sur la manière dont se fit cette addition, Nicomaque et Boëce sont tous deux également embrouillés; et, non contents de se contredire entre eux, chacun d'eux se contredit encore lui-même. (Voyez Système, Trite, Paramèse.)

Si l'on avoit égard à ce que disent Boëce et d'autres plus anciens écrivains, on ne pourroit donner de bornes fixes à l'étendue du *tétracorde*; mais, soit que l'on compte ou que l'on pèse les voix, on trouvera que la définition la plus exacte est celle du vieux Bacchius, et c'est aussi celle que j'ai préférée.

En effet, cet intervalle de quarte est essentiel au *tétracorde*; c'est pourquoi les sons extrêmes qui forment cet intervalle sont appelés *immuables* ou *fixes* par les anciens, au lieu qu'ils appellent *mobiles* ou *changeants* les sons moyens, parce qu'ils peuvent s'accorder de plusieurs manières.

Au contraire, le nombre de quatre cordes, d'où le *tétracorde* a pris son nom, lui est si peu essentiel, qu'on voit, dans l'ancienne musique, des *tétracordes* qui n'en avoient que trois : tels furent, durant un temps, les *tétracordes* enharmoniques; tel étoit, selon Meibomius, le second *tétracorde* du système ancien avant qu'on y eût inséré une nouvelle corde.

Quant au premier *tétracorde*, il étoit certainement complet avant Pythagore, ainsi qu'on le voit dans le pythagoricien Nicomaque ; ce qui n'empêche pas M. Rameau d'affirmer que, selon le rapport unanime, Pythagore trouva le *ton*, le diton, le semi-ton, et que du tout il forma le *tétracorde* diatonique (notez que cela feroit un pentacorde): au lieu de dire que Pythagore trouva seulement les raisons de ces intervalles, lesquels, selon un rapport plus unanime, étoient connus long-temps avant lui.

Les *tétracordes* ne restèrent pas long-temps bornés au nombre de deux ; il s'en forma bientôt un troisième, puis un quatrième, nombre auquel le système des Grecs demeura fixé.

Tous ces *tétracordes* étoient conjoints, c'est-à-dire que la dernière corde du premier servoit toujours de première corde au second, et ainsi de suite, excepté un seul lieu à l'aigu ou au grave du troisième *tétracorde*, où il y avoit *disjonction*; laquelle (voyez ce mot) mettoit un ton d'intervalle entre la plus haute corde du *tétracorde* inférieur et la plus basse du *tétracorde* supérieur. (Voyez Synaphe, Diazeuxis.) Or, comme cette disjonction du troisième *tétracorde* se faisoit tantôt avec le second, tantôt avec le quatrième, cela fit approprier à ce troisième *tétracorde* un nom particulier pour chacun de ces deux cas ; de sorte que, quoiqu'il n'y eût proprement que quatre *tétracordes*, il y avoit pourtant cinq dénominations. (Voyez *Planche* 13.)

Voici les noms de ces *tétracordes* : le plus grave des quatre, et qui se trouvoit placé un *ton* au-dessus de la corde proslambanomène, s'appeloit le *tétracorde hypaton*, ou des principales ; le second en montant, lequel étoit toujours conjoint au premier, s'appeloit le *tétracorde méson*, ou des moyennes ; le troisième, quand il étoit conjoint au second et séparé du quatrième, s'appeloit le *tétracorde synnéménon*, ou des conjointes ; mais quand il étoit séparé du second et conjoint au quatrième, alors ce troisième *tétracorde* prenoit le nom de *diézeugménon*, ou des divisées; enfin le quatrième s'appeloit le *tétracorde hyperboléon*, ou des excellentes. L'Arétin ajouta à ce système un cinquième *tétracorde*, que Meibomius prétend qu'il ne fit que rétablir. Quoi qu'il en soit, les systèmes particuliers des *tétracordes* firent enfin place à celui de l'octave, qui les fournit tous.

Les deux cordes extrêmes de chacun de ces *tétracordes* étoient appelées *immuables*, parce que leur accord ne changeoit jamais; mais ils contenoient aussi chacun deux cordes moyennes, qui, bien qu'accordées semblablement dans tous les *tétracordes*, étoient pourtant sujettes, comme je l'ai dit, à être haussées ou baissées selon le genre, et même selon l'espèce du genre, ce qui se faisoit dans tous les *tétracordes* également; c'est pour cela que ces cordes étoient appelées *mobiles*.

Il y avoit six espèces principales d'accord, selon les aristoxéniens; savoir, deux pour le genre diatonique, trois pour le chromatique, et une seulement pour l'enharmonique. (Voyez ces mots.) Ptolomée réduit ces six espèces à cinq. (Voyez *Planche* 23, *figure* 1.)

Ces diverses espèces, ramenées à la pratique la plus commune, n'en formoient que trois, une par genre:

I. L'accord diatonique ordinaire du *tétracorde*

formoit trois intervalles, dont le premier étoit toujours d'un semi-ton, et les deux autres d'un *ton* chacun, de cette manière, *mi*, *fa*, *sol*, *la*.

Pour le genre chromatique, il falloit baisser d'un semi-ton la troisième corde, et l'on avoit deux semi-tons consécutifs, puis une tierce mineure, *mi*, *fa*, *fa* dièse, *la*.

Enfin, pour le genre enharmonique, il falloit baisser les deux cordes du milieu jusqu'à ce qu'on eût deux quarts-de-ton consécutifs, puis une tierce majeure, *mi*, *mi* demi-dièse, *fa*, *la*; ce qui donnoit entre le *mi* dièse et le *fa* un véritable intervalle enharmonique.

Les cordes semblables, quoiqu'elles se solfiassent par les mêmes syllabes, ne portoient pas les mêmes noms dans tous les *tétracordes*; mais elles avoient dans les *tétracordes* graves des dénominations différentes de celles qu'elles avoient dans les *tétracordes* aigus. On trouvera toutes ces différentes dénominations dans la *Planche* 13.

Les cordes homologues, considérées comme telles, portoient des noms génériques qui exprimoient le rapport de leur position dans leurs *tétracordes* respectifs: ainsi l'on donnoit le nom de *barypycni* aux premiers sons de l'intervalle serré, c'est-à-dire au son le plus grave de chaque *tétracorde*; de *mésopycni* aux seconds ou moyens; d'*oxypycni* aux troisièmes ou aigus; et d'*apycni* à ceux qui ne touchoient d'aucun côté aux intervalles serrés. (Voyez Système.)

Cette division du système des Grecs par *tétracordes* semblables, comme nous divisons le nôtre par octaves semblablement divisées, prouve, ce me semble, que ce système n'avoit été produit par aucun sentiment d'harmonie, mais qu'ils avoient tâché d'y rendre par des intervalles plus serrés les inflexions de voix que leur langue sonore et harmonieuse donnoit à leur récitation soutenue, et surtout à celle de leur poésie, qui d'abord fut un véritable chant; de sorte que la musique n'étoit alors que l'accent de la parole, et ne devint un art séparé qu'après un long trait de temps. Quoi qu'il en soit, il est certain qu'ils bornoient leurs divisions primitives à quatre cordes, dont toutes les autres n'étoient que les répliques, et qu'ils ne regardoient tous les autres *tétracordes* que comme autant de répétitions du premier.

D'où je conclus qu'il n'y a pas plus d'analogie entre leur système et le nôtre qu'entre un *tétracorde* et une octave, et que la marche fondamentale à notre mode, que nous donnons pour base à leur système, ne s'y rapporte en aucune façon :

1° Parce qu'un *tétracorde* formoit pour eux un tout aussi complet que le forme pour nous une octave.

2° Parce qu'ils n'avoient que quatre syllabes pour solfier, au lieu que nous en avons sept.

3° Parce que leurs *tétracordes* étoient conjoints

ou disjoints à volonté; ce qui marquoit leur entière indépendance respective.

4° Enfin, parce que les divisions y étoient exactement semblables dans chaque genre, et se pratiquoient dans le même mode; ce qui ne pouvoit se faire dans nos idées par aucune modulation véritablement harmonique.

Tétradiapason. C'est le nom grec de la quadruple octave, qu'on appelle aussi vingt-neuvième. Les Grecs ne connoissoient que le nom de cet intervalle; car leur système de musique n'y arrivoit pas. (Voyez Système.)

Tétratonon. C'est le nom grec d'un intervalle de quatre *tons*, qu'on appelle aujourd'hui *quinte-superflue*. (Voyez Quinte.)

Texte. C'est le poëme, ou ce sont les paroles qu'on met en musique. Mais ce mot est vieilli dans ce sens, et l'on ne dit plus le *texte* chez les musiciens; on dit les paroles. (Voyez Paroles.)

The. L'une des quatre syllabes dont les Grecs se servoient pour solfier. (Voyez Solfier.)

Thésis, s. f. Abaissement ou position. C'est ainsi qu'on appeloit autrefois le temps fort ou frappé de la mesure.

Tho. L'une des quatre syllabes dont les Grecs se servoient pour solfier. (Voyez Solfier.)

Tierce. La dernière des consonnances simples et directes dans l'ordre de leur génération, et la première des deux consonnances imparfaites.

(Voyez CONSONNANCE.) Comme les Grecs ne l'admettoient pas pour consonnante, elle n'avoit point parmi eux de nom générique, mais elle prenoit seulement le nom de l'intervalle plus ou moins grand dont elle étoit formée : nous l'appelons *tierce*, parce que son intervalle est toujours composé de deux degrés ou de trois sons diatoniques. A ne considérer les *tierces* que dans ce dernier sens, c'est-à-dire par leurs degrés, on en trouve de quatre sortes, deux consonnantes, et deux dissonantes.

Les consonnantes sont, 1° la *tierce majeure*, que les Grecs appeloient *diton*, composée de deux *tons*, comme d'*ut* à *mi* : son rapport est de 4 à 5 ; 2° la *tierce mineure*, appelée par les Grecs *hémiditon*, et composée d'un *ton* et demi, comme *mi sol* : son rapport est de 5 à 6.

Les *tierces* dissonantes sont, 1° la *tierce* diminuée, composée de deux semi-tons majeurs, comme *si re* bémol, dont le rapport est de 125 à 144 ; 2° la *tierce* superflue, composée de deux *tons* et demi, comme *fa la* dièse ; son rapport est 87 à 125.

Ce dernier intervalle, ne pouvant avoir lieu dans un même mode, ne s'emploie jamais ni dans l'harmonie ni dans la mélodie. Les Italiens pratiquent quelquefois, dans le chant, la *tierce* diminuée ; mais elle n'a lieu dans aucune harmonie, et voilà pourquoi l'accord de sixte-superflue ne se renverse pas.

Les *tierces* consonnantes sont l'ame de l'harmonie, surtout la *tierce* majeure, qui est sonore et brillante : la *tierce* mineure est plus tendre et plus triste ; elle a beaucoup de douceur, quand l'intervalle en est redoublé, c'est-à-dire qu'elle fait la dixième. En général les *tierces* veulent être portées dans le haut : dans le bas, elles sont sourdes et peu harmonieuses ; c'est pourquoi jamais *duo* de basses n'a fait un bon effet.

Nos anciens musiciens avoient sur les *tierces* des lois presque aussi sévères que sur les quintes ; il étoit défendu d'en faire deux de suite, même d'espèces différentes, surtout par mouvements semblables : aujourd'hui qu'on a généralisé par les bonnes lois du mode les règles particulières des accords, on fait, sans faute, par mouvements semblables ou contraires, par degrés conjoints ou disjoints, autant de *tierces* majeures ou mineures consécutives que la modulation en peut comporter, et l'on a des *duo* fort agréables qui, du commencement à la fin, ne procèdent que par *tierces*.

Quoique la *tierce* entre dans la plupart des accords, elle ne donne son nom à aucun, si ce n'est à celui que quelques-uns appellent accord de *tierce-quarte*, et que nous connoissons plus communément sous le nom de petite-sixte. (Voyez Accord, Sixte.)

Tierce *de Picardie*. Les musiciens appellent

ainsi, par plaisanterie, la *tierce* majeure donnée, au lieu de la mineure, à la finale d'un morceau composé en mode mineur. Comme l'accord parfait majeur est plus harmonieux que le mineur, on se faisoit autrefois une loi de finir toujours sur ce premier; mais cette finale, bien qu'harmonieuse, avoit quelque chose de niais et de malchantant qui l'a fait abandonner: on finit toujours aujourd'hui par l'accord qui convient au mode de la pièce, si ce n'est lorsqu'on veut passer du mineur au majeur; car alors la finale du premier mode porte élégamment la *tierce* majeure pour annoncer le second.

Tierce de Picardie, parce que l'usage de cette finale est resté plus long-temps dans la musique d'église, et par conséquent en Picardie, où il y a musique dans un grand nombre de cathédrales et d'autres églises.

Timbre. On appelle ainsi, par métaphore, cette qualité du son par laquelle il est aigre ou doux, sourd ou éclatant, sec ou moelleux. Les sons doux ont ordinairement peu d'éclat, comme ceux de la flûte et du luth; les sons éclatants sont sujets à l'aigreur, comme ceux de la vielle ou du hautbois: il y a même des instruments, tels que le clavecin, qui sont à la fois sourds et aigres; et c'est le plus mauvais *timbre* : le beau *timbre* est celui qui réunit la douceur à l'éclat ; tel est le *timbre* du violon. (Voyez Son.)

TIRADE, *s. f.*—Lorsque deux notes sont séparées par un intervalle disjoint, et qu'on remplit cet intervalle de toutes ses notes diatoniques, cela s'appelle une *tirade*. La *tirade* diffère de la fusée en ce que les sons intermédiaires qui lient les deux extrémités de la fusée sont très-rapides, et ne sont pas sensibles dans la mesure, au lieu que ceux de la *tirade*, ayant une valeur sensible, peuvent être lents et même inégaux.

Les anciens nommoient en grec ἀγωγή, et en latin *ductus*, ce que nous appelons aujourd'hui *tirade*; et ils en distinguoient de trois sortes : 1.° si les sons se suivoient en montant, ils appeloient cela εὐθεῖα, *ductus rectus*; 2.° s'ils se suivoient en descendant, c'étoit ἀνακάμπτουσα, *ductus revertens*; 3.° que si, après avoir monté par bémol, ils redescendoient par bécarre, ou réciproquement, cela s'appeloit περιφερής, *ductus circumcurrens*. (Voyez EUTHIA, ANACAMPTOS, PÉRIPHÉRÈS.)

On auroit beaucoup à faire aujourd'hui, que la musique est si travaillée, si l'on vouloit donner des noms à tous ces différents passages.

TON. Ce mot a plusieurs sens en musique.

1.° Il se prend d'abord pour un intervalle qui caractérise le système et le genre diatonique : dans cette acception il y a deux sortes de *tons*; savoir, le *ton majeur*, dont le rapport est de 8 à 9, et qui résulte de la différence de la quarte à la quinte ; et le *ton mineur*, dont le rapport est de 9 à 10, et qui résulte de la différence de la tierce mineure à la quarte.

La génération du *ton* majeur et celle du *ton* mineur se trouvent également à la deuxième quinte *re* commençant par *ut*; car la quantité dont ce *re* surpasse l'octave du premier *ut* est justement dans le rapport de 8 à 9, et celle dont ce même *re* est surpassé par *mi*, tierce majeure dans cette octave, est dans le rapport de 9 à 10.

2° On appelle *ton* le degré d'élévation que prennent les voix, ou sur lequel sont montés les instruments, pour exécuter la musique ; c'est en ce sens qu'on dit dans un concert que le *ton* est trop haut ou trop bas : dans les églises, il y a le *ton* du chœur pour le plain-chant. Il y a, pour la musique, *ton* de chapelle et *ton* d'opéra. Ce dernier n'a rien de fixé ; mais en France il est ordinairement plus bas que l'autre.

3° On donne encore le même nom à un instrument qui sert à donner le *ton* de l'accord à tout un orchestre : cet instrument, que quelques-uns appellent aussi choriste, est un sifflet, qui, au moyen d'une espèce de piston gradué, par lequel on alonge ou raccourcit le tuyau à volonté, donne toujours à peu près le même son sous la même division : mais cet à peu près, qui dépend des variations de l'air, empêche qu'on ne puisse s'assurer d'un son fixe qui soit toujours exactement le même. Peut-être, depuis qu'il existe de la musique, n'a-t-on jamais concerté deux fois sur le même *ton*. M. Diderot a donné, dans ses *Principes d'Acoustique*, les moyens de fixer le *ton* avec beaucoup plus de précision, en rémédiant aux effets des variations de l'air.

4° Enfin *ton* se prend pour une règle de modulation relative à une note ou corde principale, qu'on appelle *tonique*. (Voyez Tonique.)

Sur les *tons* des anciens, voyez Mode.

Comme notre système moderne est composé de douze cordes ou sons différents, chacun de ces sons peut servir de fondement à un *ton*, c'est-à-dire en être la tonique : ce sont déjà douze *tons*; et comme le mode majeur et le mode mineur sont applicables à chaque *ton*, ce sont vingt-quatre modulations dont notre musique est susceptible sur ces douze *tons*. (Voyez Modulation.)

Ces tons diffèrent entre eux par les divers degrés d'élevation entre le grave et l'aigu qu'occupent les toniques : ils diffèrent encore par les diverses altérations des sons et des intervalles, produites en chaque *ton* par le tempérament ; de sorte que, sur un clavecin bien d'accord, une oreille exercée reconnoît sans peine un *ton* quelconque, dont on lui fait entendre la modulation ; et ces *tons* se reconnoissent également sur des clavecins accordés plus haut ou plus bas les uns que les autres : ce qui montre que cette connoissance vient du moins autant des diverses modifications que chaque *ton* reçoit de l'accord total que du degré d'élévation que la tonique occupe dans le clavier.

De là naît une source de variétés et de beautés dans la modulation ; de là naît une diversité et une énergie admirables dans l'expression ; de là naît enfin la faculté d'exciter des sentiments différents avec des accords semblables frappés en différents *tons*. Faut-il du majestueux, du grave, l'F *ut fa* et les tons majeurs par bémol exprimeront noblement. Faut-il du gai, du brillant, prenez A *mi la*, D *la re*, les *tons* majeurs par dièse. Faut-il du touchant, du tendre, prenez les *tons* mineurs par bémol. C *sol ut* mineur porte la tendresse dans l'ame ; F *ut fa* mineur va jusqu'au lugubre et à la douleur : en un mot, chaque *ton*, chaque mode a son expression propre qu'il faut savoir connoître ; et c'est là un des moyens qui rendent un habile compositeur maître, en quelque manière, des affections de ceux qui l'écoutent; c'est une espèce d'équivalent aux modes anciens, quoique fort éloigné de leur variété et de leur énergie.

C'est pourtant de cette agréable et riche diversité que M. Rameau voudroit priver la musique, en ramenant une égalité et une monotonie entière dans l'harmonie de chaque mode, par sa règle du tempérament, règle déjà si souvent proposée et abandonnée avant lui. Selon cet auteur, toute l'harmonie en seroit plus parfaite. Il est certain cependant qu'on ne peut rien gagner en ceci d'un côté qu'on ne perde autant de l'autre ; et quand on supposeroit (ce qui n'est pas) que l'harmonie en général en seroit plus pure, cela dédommageroit-il de ce qu'on y perdroit du côté de l'expression ? (Voyez TEMPÉRAMENT.)

TON DU QUART. C'est ainsi que les organistes et musiciens d'église ont appelé le plagal du mode mineur qui s'arrête et finit sur la dominante au lieu de tomber sur la tonique : ce nom de *ton du quart* lui vient de ce que telle est spécialement la modulation du quatrième *ton* dans le plain-chant.

TONS DE L'ÉGLISE. Ce sont des manières de moduler le plain-chant sur telle ou telle finale prise dans le nombre prescrit, en suivant certaines règles admises dans toutes les églises où l'on pratique le chant grégorien.

On compte huit *tons* réguliers, dont quatre authentiques ou principaux, et quatre plagaux ou collatéraux. On appelle *tons* authentiques ceux où la tonique occupe à peu près le plus bas degré du chant ; mais si le chant descend jusqu'à trois degrés plus bas que la tonique, alors le *ton* est plagal.

Les quatre *tons* authentiques ont leurs finales à un degré l'une de l'autre selon l'ordre de ces quatre notes, *re mi fa sol*: ainsi le premier de ces *tons* répondant au mode dorien des Grecs, le second répond au phrygien, le troisième à l'éolien (et non pas au lydien, comme disent les symphoniastes), et le dernier au mixo-lydien. C'est saint Miroclet, évêque de Milan, où, selon d'autres, saint Ambroise, qui, vers l'an 370, choisit ces quatre *tons* pour en composer le chant de l'église de Milan; et c'est, à ce qu'on dit, le choix et l'approbation de ces deux évêques qui ont fait donner à ces quatre *tons* le nom d'authentiques.

Comme les sons employés dans ces quatre *tons* n'occupoient pas tout le disdiapason ou les quinze cordes de l'ancien système, saint Grégoire forma le projet de les employer tous par l'addition de quatre nouveaux *tons*, qu'on appelle plagaux, lesquels ayant les mêmes diapasons que les précédents, mais leur finale plus élevée d'une quarte, reviennent proprement à l'hyper-dorien, à l'hyper-phrygien, à l'hyper-éolien, et à l'hyper-mixo-lydien; d'autres attribuent à Gui d'Arezzo l'invention de ce dernier.

C'est de là que les quatre *tons* authentiques ont chacun un plagal pour collatéral ou supplément; de sorte qu'après le premier *ton*, qui est authentique, vient le second *ton*, qui est son plagal; le troisième authentique, le quatrième plagal, et ainsi de suite : ce qui fait que les modes ou *tons* authentiques s'appellent aussi impairs, et les plagaux pairs, eu égard à leur place dans l'ordre des *tons*.

Le discernement des *tons* authentiques ou plagaux est indispensable à celui qui donne le *ton* du chœur; car si le chant est dans un *ton* plagal, il doit prendre la finale à peu près dans le *medium* de la voix; et si le *ton* est authentique, il doit la prendre dans le bas; faute de cette observation, on expose les voix à se forcer ou à n'être pas entendues.

Il y a encore des *tons* qu'on appelle *mixtes*, c'est-à-dire mêlés de l'authente et du plagal, ou qui sont en partie principaux et en partie collatéraux; on les appelle aussi *tons* ou modes communs : en ces cas, le nom numéral de la dénomination du *ton* se prend de celui des deux qui domine ou qui se fait sentir le plus, surtout à la fin de la pièce.

Quelquefois on fait dans un *ton* des transpositions à la quinte; ainsi, au lieu de *re* dans le premier *ton*, l'on aura *la* pour finale, *si* pour *mi*, *ut* pour *fa*, et ainsi de suite : mais si l'ordre et la modulation ne changent pas, le *ton* ne change pas non plus, quoique, pour la commodité des voix, la finale soit transposée. Ce sont des observations à faire pour le chantre ou l'organiste qui donne l'intonation.

Pour approprier, autant qu'il est possible, l'étendue de tous ces *tons* à celle d'une seule voix, les organistes ont cherché les *tons* de la musique les plus correspondants à ceux-là. Voici ceux qu'ils ont établis :

Premier ton. . . . . . *Ré* mineur.
Second ton. . . . . . . *Sol* mineur.

Troisième ton. . . . . *Là mineur ou sol.*
Quatrième ton. . . . . . . *La mineur, finissant sur la dominante.*
Cinquième ton. . . . . *Ut majeur ou re.*
Sixième ton. . . . . *Fa majeur.*
Septième ton. . . . . *Re majeur.*
Huitième ton. . . . . . . *Sol majeur, en faisant sentir le ton d'ut.*

On auroit pu réduire ces huit *tons* encore à une moindre étendue, en mettant à l'unisson la plus haute note de chaque *ton*, ou, si l'on veut, celle qu'on rebat le plus, et qui s'appelle, en termes de plain-chant, *dominante* : mais, comme on n'a pas trouvé que l'étendue de tous ces *tons* ainsi réglés excédât celle de la voix humaine, on n'a pas jugé à propos de diminuer encore cette étendue par des transpositions plus difficiles et moins harmonieuses que celles qui sont en usage.

Au reste, les *tons de l'église* ne sont point asservis aux lois des *tons* de la musique; il n'y est point question de médiante ni de note sensible; le mode y est peu déterminé, et on y laisse les semi-tons où ils se trouvent dans l'ordre naturel de l'échelle, pourvu seulement qu'ils ne produisent ni triton ni fausse-quinte sur la tonique.

Tonique, *s. f.* Nom de la corde principale sur laquelle le ton est établi. Tous les airs finissent communément par cette note, surtout à la basse; c'est l'espèce de tierce que porte la *tonique*, qui détermine le mode; ainsi l'on peut composer dans les deux modes sur la même *tonique*. Enfin les musiciens reconnoissent cette propriété dans la *tonique*, que l'accord parfait n'appartient rigoureusement qu'à elle seule : lorsqu'on frappe cet accord sur une autre note, ou quelque dissonance est sous-entendue, ou cette note devient *tonique* pour le moment.

Par la méthode des transpositions la *tonique* porte le nom d'*ut* en mode majeur, et de *la* en mode mineur. (Voyez Ton, Mode, Gamme, Solfier, Transposition, Clef transposée.)

Tonique est aussi le nom donné par Aristoxène à l'une des trois espèces de genre chromatique dont il explique les divisions, et qui est le chromatique ordinaire des Grecs, procédant par deux semi-tons consécutifs, puis une tierce mineure. (Voyez Genre.)

Tonique est quelquefois adjectif; on dit corde *tonique*, note *tonique*, accord *tonique*, écho *tonique*, etc.

Tous, et en italien Tutti. Ce mot s'écrit souvent dans les parties de symphonie d'un concerto, après cet autre mot *seul* ou *solo* qui marque un récit. Le mot *tous* indique le lieu où finit ce récit, et où reprend tout l'orchestre.

Trait. Terme de plain-chant, marquant la psalmodie d'un psaume, ou de quelque verset de psaume, traînée ou alongée sur un air lugubre qu'on substitue en quelques occasions aux chants joyeux de *l'alleluya* et des proses. Le chant des *traits* doit être composé dans le second ou dans le huitième ton ; les autres n'y sont pas propres.

Trait, *tractus*, est aussi le nôm d'une ancienne figure de note appelée autrement *plique*. (Voyez Plique.)

Transition, *s. f.* C'est, dans le chant, une manière d'adoucir le saut d'un intervalle disjoint en insérant des sons diatoniques entre ceux qui forment cet intervalle.

La *transition* est proprement une tirade non notée ; quelquefois aussi elle n'est qu'un port-de-voix, quand il s'agit seulement de rendre plus doux le passage d'un degré diatonique : ainsi, pour passer de l'*ut* au *re* avec plus de douceur, la *transition* se prend sur l'*ut*.

Transition, dans l'harmonie, est une marche fondamentale propre à changer de genre ou de ton d'une manière sensible, régulière et quelquefois par des intermédiaires ; ainsi, dans le genre diatonique, quand la basse marche de manière à exiger, dans les parties, le passage d'un semi-ton mineur, c'est une *transition* chromatique (voyez Chromatique); que si l'on passe d'un ton dans un autre à la faveur d'un accord de septième diminuée, c'est une *transition* enharmonique. (Voyez Enharmonique.)

Translation. C'est, dans nos vieilles musiques, le transport de la signification d'un point à une note séparée par d'autres notes de ce même point. (Voyez Point.)

Transposer, *v. a.* et *n.* Ce mot a plusieurs sens en musique.

On *transpose* en exécutant, lorsqu'on *transpose* une pièce de musique dans un autre ton que celui où elle est écrite. (Voyez Transposition.)

On *transpose* en écrivant lorsqu'on note une pièce de musique dans un autre ton que celui où elle a été composée ; ce qui oblige non seulement à changer la position de toutes les notes dans le même rapport, mais encore à armer la clef différemment selon les règles prescrites à l'article *Clef transposée*.

Enfin l'on *transpose* en solfiant, lorsque, sans avoir égard au nom naturel des notes, on leur en donne de relatifs au ton, au mode dans lequel on chante. (Voyez Solfier.)

Transposition. Changement par lequel on transporte un air ou une pièce de musique d'un ton à un autre.

Comme il n'y a que deux modes dans notre musique, composer en tel ou tel ton n'est autre chose que fixer sur telle ou telle tonique celui des deux modes qu'on a choisi ; mais, comme l'ordre des sons ne se trouve pas naturellement disposé sur toutes les toniques comme il devroit l'être pour y pouvoir établir un même mode, on corrige ces différences par le moyen des dièses ou des bémols dont on arme la clef, et qui transportent les deux semi-tons de la place où ils étoient à celle où ils doivent être pour le mode et le ton dont il s'agit. (Voyez CLEF TRANSPOSÉE.)

Quand on veut donc transposer dans un ton un air composé dans un autre, il s'agit premièrement d'en élever ou abaisser la tonique et toutes les notes d'un ou de plusieurs degrés, selon le ton que l'on a choisi, puis d'armer la clef comme l'exige l'analogie de ce nouveau ton : tout cela est égal pour les voix; car, en appelant toujours *ut* la tonique du mode majeur et *la* celle du mode mineur; elles suivent toutes les affections du mode, sans même y songer. (Voyez SOLFIER.) Mais ce n'est pas pour un symphoniste une attention légère de jouer dans un ton ce qui est noté dans un autre; car, quoiqu'il se guide par les notes qu'il a sous les yeux, il faut que ses doigts en sonnent de toutes différentes, et qu'il les altère tout différemment selon la différente manière dont la clef doit être armée pour le ton noté, et pour le ton transposé; de sorte que souvent il doit faire des dièses où il voit des bémols, et *vice versâ*, etc.

C'est, ce me semble, un grand avantage du système de l'auteur de ce dictionnaire de rendre la musique notée également propre à tous les tons en changeant une seule lettre ; cela fait qu'en quelque ton qu'on transpose, les instruments qui exécutent n'ont d'autre difficulté que celle de jouer la note, sans jamais avoir l'embarras de la *transposition*. (Voyez NOTES.)

Travailler, *v. n.* On dit qu'une partie *travaille*, quand elle fait beaucoup de notes et de diminutions, tandis que d'autres parties font des tenues et marchent plus posément.

Treizième. Intervalle qui forme l'octave de la sixte ou la sixte de l'octave : cet intervalle s'appelle *treizième*, parcequ'il est formé de douze degrés diatoniques, c'est-à-dire de treize sons.

Tremblement, *s. m.* Agrément du chant que les Italiens appellent *trillo*, et qu'on désigne plus souvent en françois par le mot *cadence*. (V. Cadence.)

On employoit aussi jadis le terme de *tremblement*, en italien *tremolo*, pour avertir ceux qui jouoient des instruments à archet de battre plusieurs fois la note du même coup d'archet, comme pour imiter le *tremblant* de l'orgue. Le nom ni la chose ne sont plus en usage aujourd'hui.

Triade harmonique, *s. f.* Ce terme en musique a deux différents sens: dans le calcul, c'est la proportion harmonique; dans la pratique, c'est l'accord parfait majeur qui résulte de cette même proportion, et qui est composé d'un son fondamental, de sa tierce majeure et de sa quinte.

Triade, parce qu'elle est composée de trois termes.

Harmonique, parce qu'elle est dans la proportion harmonique, et qu'elle est la source de toute harmonie.

TRIHÉMITON. C'est le nom que donnoient les Grecs à l'intervalle que nous appelons tierce mineure ; ils l'appeloient aussi quelquefois *hémiditon*. (Voyez HÉMI ou SEMI.)

TRILLE OU TREMBLEMENT. (Voyez CADENCE.)

TRIMÈLES. Sorte de nome pour les flûtes dans l'ancienne musique des Grecs.

TRIMÈRES. Nome qui s'exécutoit en trois modes consécutifs ; savoir, le phrygien, le dorien et le lydien. Les uns attribuent l'invention de ce nome composé à Sacadas, Argien, et d'autres à Clonas Thégéate.

TRIO. En italien *terzetto*. Musique à trois parties principales ou récitantes. Cette espèce de composition passe pour la plus excellente, et doit être aussi la plus régulière de toutes. Outre les règles générales du contre-point, il y en a pour le *trio* de plus rigoureuses, dont la parfaite observation tend à produire la plus agréable de toutes les harmonies : ces règles découlent toutes de ce principe que, l'accord parfait étant composé de trois sons différents, il faut dans chaque accord, pour remplir l'harmonie, distribuer ces trois sons, autant qu'il se peut, aux trois parties du *trio*. A l'égard des dissonances, comme on ne les doit jamais doubler, et que leur accord est composé de plus de trois sons, c'est encore une plus grande nécessité de les diversifier, et de bien choisir, outre la dissonance, les sons qui doivent par préférence l'accompagner.

De là ces diverses règles de ne passer aucun accord sans y faire entendre la tierce ou la sixte, par conséquent d'éviter de frapper à la fois la quinte et l'octave, ou la quarte et la quinte, de ne pratiquer l'octave qu'avec beaucoup de précaution, et de n'en jamais sonner deux de suite, même entre différentes parties, d'éviter la quarte autant qu'il se peut; car toutes les parties du *trio*, prises deux à deux, doivent former des *duo* parfaits : de là, en un mot, toutes ces petites règles de détail qu'on pratique même sans les avoir apprises, quand on en sait bien le principe.

Comme toutes ces règles sont incompatibles avec l'unité de mélodie, et qu'on n'entendit jamais *trio* régulier et harmonieux avoir un chant déterminé et sensible dans l'exécution, il s'ensuit que le *trio* rigoureux est un mauvais genre de musique : aussi ces règles si sévères sont-elles depuis long-temps abolies en Italie, où l'on ne reconnoît jamais pour bonne une musique qui ne chante point, quelque harmonieuse d'ailleurs qu'elle puisse être, et quelque peine qu'elle ait coûtée à composer.

On doit se rappeler ici ce que j'ai dit au mot Duo. Ces termes *duo* et *trio* s'entendent seulement des parties principales et obligées, et l'on n'y comprend ni les accompagnements ni les remplissages : de sorte qu'une musique à quatre ou cinq parties peut n'être pourtant qu'un *trio*.

Les François, qui aiment beaucoup la multiplication des parties, attendu qu'ils trouvent plus aisément des accords que des chants, non contents des difficultés du *trio* ordinaire, ont encore imaginé ce qu'ils appellent *double-trio*, dont les parties sont doublées et toutes obligées; ils ont un *double-trio* du sieur Duché, qui passe pour un chef-d'œuvre d'harmonie.

Triple, *adj*. Genre de mesure dans laquelle les mesures, les temps ou les aliquotes des temps se divisent en trois parties égales.

On peut réduire à deux classes générales ce nombre infini de mesures *triples*, dont Bononcini, Lorenzo Penna, et Brossard après eux, ont surchargé, l'un son *Musico pratico*, l'autre ses *Alberi musicali*, et le troisième son *Dictionnaire*; ces deux classes sont la mesure ternaire ou à trois temps, et la mesure binaire, dont les temps sont divisés en raison sous-triple.

Nos anciens musiciens regardoient la mesure à trois temps comme beaucoup plus excellente que la binaire, et lui donnoient, à cause de cela, le nom de *mode parfait*. Nous avons expliqué aux mots Mode, Temps, Prolation, les différents signes dont ils se servoient pour indiquer ces mesures selon les diverses valeurs des notes qui les remplissoient; mais, quelles que fussent ces notes, dès que la mesure étoit *triple* ou parfaite, il y avoit toujours une espèce de note qui, même sans point, remplissoit exactement une mesure, et se subdivisoit en trois autres notes égales, une pour chaque temps : ainsi, dans la *triple parfaite*, la brève ou carrée valoit, non deux, mais trois semi-brèves ou rondes; et ainsi des autres espèces de mesures *triples* : il y avoit pourtant un cas d'exception; c'étoit lorsque cette brève étoit immédiatement précédée ou suivie d'une semi-brève; car alors les deux ensemble ne faisant qu'une mesure juste, dont la semi-brève valoit un temps, c'étoit une nécessité que la brève n'en valût que deux, et ainsi des autres mesures.

C'est ainsi que se formoient les temps de la mesure *triple* : mais, quant aux subdivisions de ces mêmes temps, elles se faisoient toujours selon la raison sous-double, et je ne connois point d'ancienne musique où les temps soient divisés en raison *sous-triple*.

Les modernes ont aussi plusieurs mesures à trois temps, de différentes valeurs, dont la plus simple se marque par un trois, et se remplit d'une blanche pointée, faisant une noire pour chaque temps; toutes les autres sont des mesures appelées doubles, à cause que leur signe est composé de deux chiffres. (Voyez Mesure.)

La seconde espèce de *triple* est celle qui se rapporte, non au nombre des temps de la mesure, mais à la division de chaque temps en raison *sous-triple*: cette mesure est, comme je viens de le dire, de moderne invention, et se subdivise en deux espèces, mesure à deux temps, et mesure à trois temps, dont celles-ci peuvent être considérées comme des mesures doublement *triples* ; savoir, 1° par les trois temps de la mesure, et 2° par les trois parties égales de chaque temps; les *triples* de cette dernière espèce s'expriment toutes en mesures doubles.

Voici une récapitulation de toutes les mesures *triples* en usage aujourd'hui. Celles que j'ai marquées d'une étoile ne sont plus guère usitées.

I. *Triples* de la première espèce, c'est-à-dire dont la mesure est à trois temps, et chaque temps divisé en raison sous-double.

$$\frac{*3}{1} \quad \frac{*3}{2} \quad \frac{3}{4} \quad \frac{3}{8} \quad \frac{3}{16} \quad \frac{*3}{}$$

II. *Triples* de la deuxième espèce, c'est-à-dire dont la mesure est à deux temps, et chaque temps divisé en *sous-triple*.

$$\frac{*6}{2} \quad \frac{6}{4} \quad \frac{6}{8} \quad \frac{12}{8} \quad \frac{*12}{16}$$

Ces deux dernières mesures se battent à quatre temps.

III. *Triples* composées, c'est-à-dire dont la

mesure est à trois temps, et chaque temps encore divisé en trois parties égales.

$$\overset{*}{\frac{9}{4}} \quad \frac{9}{8} \quad \overset{*}{\frac{9}{16}}$$

Toutes ces mesures *triples* se réduisent encore plus simplement à trois espèces, en ne comptant pour telles que celles qui se battent à trois temps; savoir, la *triple* de blanches, qui contient une blanche par temps, et se marque ainsi $\frac{3}{2}$.

La *triple* de noires, qui contient une noire par temps, et se marque ainsi $\frac{3}{4}$.

Et la *triple* de croches, qui contient une croche par temps, ou une noire pointée par mesure, et se marque ainsi $\frac{3}{8}$.

Voyez comme dans les exemples ci-dessus, *Planche* 3, des exemples de ces diverses mesures *triples*.

TRIPLÉ, *adj*. Un intervalle *triplé* est celui qui est porté à la triple octave. (Voyez INTERVALLE.)

TRIPLUM. C'est le nom qu'on donnoit à la partie la plus aiguë dans les commencements du contre-point.

TRITE, *s. f.* C'étoit, en comptant de l'aigu au grave, comme faisoient les anciens, la troisième corde du tétracorde, c'est-à-dire la seconde, en comptant du grave à l'aigu. Comme il y avoit cinq différents tétracordes, il auroit dû y avoir autant de *trites*, mais ce nom n'étoit en usage que dans les trois tétracordes aigus. Pour les deux graves, voyez PARHYPATE.

Ainsi il y avoit *trite* hyperboléon, *trite* diézeugménon, et *trite* synnéménon. (Voyez SYSTÈME, TÉTRACORDE.)

Boëce dit que, le système n'étant encore composé que de deux tétracordes conjoints, on donna le nom de *trite* à la cinquième corde qu'on appeloit aussi *paramèse*, c'est-à-dire à la seconde corde en montant du second tétracorde; mais que Lychaon, Samien, ayant inséré une nouvelle corde entre la sixième ou *paranète*, et la *trite*, celle-ci garda le seul nom de *trite* et perdit celui de *paramèse*, qui fut donné à cette nouvelle corde. Ce n'est pas là tout-à-fait ce que dit Boëce; mais c'est ainsi qu'il faut l'expliquer pour l'entendre.

TRITON. Intervalle dissonant composé de trois tons, deux majeurs et un mineur, et qu'on peut appeler *quarte superflue*. (Voyez QUARTE.) Cet intervalle est égal, sur le clavier, à celui de la fausse-quinte; cependant les rapports numériques n'en sont point égaux, celui du *triton* n'étant que de 32 à 45; ce qui vient de ce qu'aux intervalles égaux de part et d'autre le *triton* n'a de plus qu'un *ton* majeur, au lieu de deux semi-tons majeurs qu'a la fausse quinte. (Voyez FAUSSE-QUINTE.)

Mais la plus considérable différence de la fausse-quinte et du *triton* est que celui-ci est une dissonance majeure, que les parties sauvent en s'éloignant, et l'autre une dissonance mineure, que les parties sauvent en s'approchant.

L'accord du *triton* n'est qu'un renversement de l'accord sensible dont la dissonance est portée à la basse ; d'où il suit que cet accord ne doit se placer que sur la quatrième note du ton, qu'il doit s'accompagner de seconde et de sixte, et se sauver de la sixte. (Voyez Sauver.)

V.

V. Cette lettre majuscule sert à indiquer les parties du violon ; et, quand elle est double VV, elle marque que le premier et le second sont à l'unisson.

Valeur des notes. Outre la position des notes, qui en marque le ton, elles ont toutes quelque figure déterminée qui en marque la durée ou le temps, c'est-à-dire qui détermine la *valeur* de la note.

C'est à Jean de Muris qu'on attribue l'invention de ces figures, vers l'an 1330 : car les Grecs n'avoient point d'autre *valeur de notes* que la quantité des syllabes; ce qui seul prouveroit qu'ils n'avoient pas de musique purement instrumentale. Cependant le P. Mersenne, qui avoit lu les ouvrages de Muris, assure n'y avoir rien vu qui pût confirmer cette opinion; et, après en avoir lu moi-même la plus grande partie, je n'ai pas été plus heureux que lui : de plus, l'examen des manuscrits du quatrième siècle, qui sont à la Bibliothèque du roi, ne porte point à juger que les diverses figures de notes qu'on y trouve fussent de si nouvelle institution : enfin c'est une chose difficile à croire que durant trois cents ans et plus, qui se sont écoulés entre Gui Arétin et Jean de Muris, la musique ait été totalement privée du rhythme et de la mesure, qui en font l'ame et le principal agrément.

Quoi qu'il en soit, il est certain que les différentes *valeurs de notes* sont de fort ancienne invention. J'en trouve, dès les premiers temps, de cinq sortes de figures, sans compter la ligature et le point : ces cinq sont la maxime, la longue, la brève, la semi-brève, et la minime. (*Planche* 7, *figure* 1.) Toutes ces différentes notes sont noires dans le manuscrit de Guillaume de Machault ; ce n'est que depuis l'invention de l'imprimerie qu'on s'est avisé de les faire blanches, et, ajoutant de nouvelles notes, de distinguer les *valeurs* par la couleur aussi-bien que par la figure.

Les notes, quoique figurées de même, n'avoient pas toujours la même *valeur;* quelquefois la maxime valoit deux longues, ou la longue deux brèves ; quelquefois elle en valoit trois ; cela dépendoit du mode. (V. MODE.) Il en étoit de même de la brève par rapport à la semi-brève ; et cela dépendoit du temps (voyez TEMPS.) ; de même enfin de la semi-brève par rapport à la minime ; et cela dépendoit de la prolation. (*Voy.* Prolation.)

Il y avoit donc longue double, longue parfaite, longue imparfaite, brève parfaite, brève altérée, semi-brève majeure, et semi-brève mineure ; sept différentes *valeurs* auxquelles répondent quatre figures seulement, sans compter la maxime ni la minime, notes de plus moderne invention. (*Voy. ces divers mots.*) Il y avoit encore beaucoup d'autres manières de modifier les différentes *valeurs* de ces *notes*, par le point, par la ligature, et par la position de la queue. (Voyez Ligature, Plique, Point.)

Les figures qu'on ajouta dans la suite à ces cinq ou six premières furent la noire, la croche, la double-croche, la triple, et même la quadruple-croche ; ce qui feroit onze figures en tout : mais, dès qu'on eut pris l'usage de séparer les mesures par des barres, on abandonna toutes les figures de notes qui valoient plusieurs mesures, comme la maxime, qui en valoit huit ; la longue, qui en valoit quatre, et la brève ou carrée, qui en valoit deux.

La semi-brève ou ronde, qui vaut une mesure entière, est la plus longue *valeur de notes* demeurée en usage, et sur laquelle on a déterminé les *valeurs* de toutes les autres *notes*; et comme la mesure binaire, qui avoit passé long-temps pour moins parfaite que la ternaire, prit enfin le dessus et servit de base à toutes les autres mesures, de même la division sous-double l'emporta sur la sous-triple qui avoit aussi passé pour plus parfaite; la ronde ne valut plus quelquefois trois blanches, mais deux seulement; la blanche deux noires, la noire deux croches, et ainsi de suite jusqu'à la quadruple-croche, si ce n'est dans les cas d'exception où la division sous-triple fut conservée, et indiquée par le chiffre 3 placé au-dessus ou au-dessous des notes. (*Voyez, Planche* 7, *figures* 1 *et* 2, *les* valeurs *et les figures de toutes ces différentes espèces de notes.*)

Les ligatures furent aussi abolies en même temps, du moins quant aux changements qu'elles produisoient dans les *valeurs des notes;* les queues, de quelque manière qu'elles fussent placées, n'eurent plus qu'un sens fixe et toujours le même; et enfin la signification du point fut aussi toujours bornée à la moitié de la note qui est immédiatement avant lui. Tel est l'état où les figures des notes ont été mises, quant à la *valeur*, et où elles sont actuellement. Les silences équivalents sont expliqués à l'article SILENCE.

L'auteur de la Dissertation sur la musique moderne trouve tout cela fort mal imaginé. J'ai dit au mot NOTE quelques-unes des raisons qu'il allègue.

VARIATIONS. On entend sous ce nom toutes les manières de broder et doubler un air, soit par des diminutions, soit par des passages ou autres agréments qui ornent et figurent cet air. A quelque degré qu'on multiplie et charge les *variations*, il faut toujours qu'à travers ces broderies on reconnoisse le fond de l'air que l'on appelle le *simple*, et il faut en même temps que le caractère de chaque *variation* soit marqué par des différences qui soutiennent l'attention et préviennent l'ennui.

Les symphonistes font souvent des *variations* imprómptu ou supposées telles; mais plus souvent on les note. Les divers couplets des *Folies d'Espagne* sont autant de *variations* notées ; on en trouve souvent aussi dans les chaconnes françoises, et dans de petits airs italiens pour le violon ou le violoncelle. Tout Paris est allé admirer, au concert spirituel, les *variations* des sieurs Guignon et Mondonville, et plus récemment des sieurs Guignon et Gaviniés, sur des airs du Pont-Neuf, qui n'avoient d'autre mérite que d'être ainsi *variés* par les plus habiles violons de France.

VAUDEVILLE. Sorte de chanson à couplets, qui roule ordinairement sur des sujets badins ou satiriques. On fait remonter l'origine de ce petit poème jusqu'au règne de Charlemagne ; mais, selon la plus commune opinion, il fut inventé par un certain Basselin, foulon de Vire en Normandie ; et comme, pour danser sur ces chants, on s'assembloit dans le Val-de-Vire, ils furent appelés, dit-on, Vaux-de-Vire, puis, par corruption, *vaudevilles*.

L'air des *vaudevilles* est communément peu musical : comme on n'y fait attention qu'aux paroles, l'air ne sert qu'à rendre la récitation un peu plus appuyée ; du reste on n'y sent, pour l'ordinaire, ni goût, ni chant, ni mesure. Le *vaudeville* appartient exclusivement aux François, et ils en ont de très-piquants et de très-plaisants.

Ventre. Point du milieu de la vibration d'une corde sonore, où, par cette vibration, elle s'écarte le plus de la ligne de repos. (Voyez Nœud.)

Vibration, *s. f.* Le corps sonore en action sort de son état de repos par des ébranlements légers, mais sensibles, fréquents et successifs, dont chacun s'appelle une *vibration* : ces *vibrations*, communiquées à l'air, portent à l'oreille par ce véhicule la sensation du son, et ce son est grave ou aigu selon que les *vibrations* sont plus ou moins fréquentes dans le même temps. (Voyez Son.)

Vicarier, *v. n.* Mot familier par lequel les musiciens d'église expriment ce que font ceux d'entre eux qui courent de ville en ville, et de cathédrale en cathédrale, pour attraper quelques rétributions, et vivre aux dépens des maîtres de musique qui sont sur leur route.

Vide. Corde-à-*vide*, ou corde-à-*jour*; c'est sur les instruments à manche, tels que la viole ou le violon, le son qu'on tire de la corde dans toute sa longueur, depuis le sillet jusqu'au chevalet, sans y placer aucun doigt.

Le son des *cordes-à-vide* est non seulement plus grave, mais plus résonnant et plus plein que quand on y pose quelque doigt; ce qui vient de la mollesse du doigt qui gêne et intercepte le jeu des vibrations : cette différence fait que les bons joueurs de violon évitent de toucher les *cordes-à-vide*, pour ôter cette inégalité du timbre qui fait un mauvais effet quand elle n'est pas dispensée à propos. Cette manière d'exécuter exige des positions recherchées, qui augmentent la difficulté du jeu; mais aussi, quand on en a une fois acquis l'habitude, on est vraiment maître de son instrument, et dans les tons les plus difficiles l'exécution marche alors comme dans les plus aisés.

Vif, *vivement*, en italien *vivace* : ce mot marque un mouvement gai, prompt, animé, une exécution hardie et pleine de feu.

Villanelle, *s. f.* Sorte de danse rustique, dont l'air doit être gai, marqué d'une mesure très sensible : le fond de cet air est ordinairement un couplet assez simple, sur lequel on fait ensuite des doubles ou variations (V. Double, Variations.)

Viole, *s. f.* C'est ainsi qu'on appelle, dans la musique italienne, cette partie de remplissage, qu'on appelle, dans la musique françoise, quinte ou taille; car les François doublent souvent cette partie, c'est-à-dire en font deux pour une; ce que ne font jamais les Italiens. La *viole* sert à lier les dessus aux basses, et à remplir d'une manière harmonieuse le trop grand vide qui resteroit entre deux ; c'est pourquoi la *viole* est toujours nécessaire pour l'accord du tout, même quand elle ne fait que jouer la basse à l'octave, comme il arrive souvent dans la musique italienne.

Violon. Symphoniste qui joue du *violon* dans un orchestre. Les *violons* se divisent ordinairement en premiers, qui jouent le premier dessus; et seconds, qui jouent le second dessus: chacune des deux parties a son chef ou guide qui s'appelle aussi le premier ; savoir, le premier des premiers, et le premier des seconds. Le premier des premiers *violons* s'appelle aussi *premier violon* tout court; il est chef de tout l'orchestre ; c'est lui qui donne l'accord, qui guide tous les symphonistes, qui les remet quand ils manquent, et sur lequel ils doivent tous se régler.

Virgule. C'est ainsi que nos anciens musiciens appeloient cette partie de la note qu'on a depuis appelée la queue. (Voyez Queue.)

Vite, en italien *presto*. Ce mot, à la tête d'un air, indique le plus prompt de tous les mouvements; et il n'a après lui que son superlatif *prestissimo* ou *presto assai*, *très-vite*.

Vivace. Voyez Vif.

Unisson, *s. m.* Union de deux sons qui sont au même degré, dont l'un n'est ni plus grave ni plus aigu que l'autre, et dont l'intervalle, étant nul, ne donne qu'un rapport d'égalité.

Si deux cordes sont de même matière, égales en longueur, en grosseur, et également tendues, elles seront à l'unisson : mais il est faux de dire que deux sons à l'*unisson* se confondent si parfaitement, et aient une telle identité que l'oreille ne puisse les distinguer ; car ils peuvent différer de beaucoup quant au timbre et quant au degré de force ; une cloche peut être à l'*unisson* d'une corde de guitare, une vielle à l'*unisson* d'une flûte ; et l'on n'en confondra point les sons.

Le zéro n'est pas un nombre, ni *l'unisson* un intervalle ; mais *l'unisson* est à la série des intervalles ce qu'est le zéro à la série des nombres : c'est le terme d'où ils partent, c'est le point de leur commencement.

Ce qui constitue l'*unisson* c'est l'égalité du nombre des vibrations faites en temps égaux par deux sons : dès qu'il y a inégalité entre les nombres de ces vibrations, il y a intervalle entre les sons qui les donnent. Voyez CORDE, VIBRATION.

On s'est beaucoup tourmenté pour savoir si l'*unisson* étoit une consonnance : Aristote prétend que non ; Muris assure que si ; et le P. Mersenne se range à ce dernier avis. Comme cela dépend de la définition du mot *consonnance*, je ne vois pas quelle dispute il peut y avoir là-dessus : si l'on n'entend par ce mot *consonnance* qu'une union de deux sons agréables à l'oreille, l'*unisson* sera consonnance assurément ; mais si l'on y ajoute de plus une différence du grave à l'aigu, il est clair qu'il ne le sera pas.

Une question plus importante est de savoir quel est le plus agréable à l'oreille de l'*unisson* ou d'un intervalle consonnant, tel, par exemple, que l'octave ou la quinte ; tous ceux qui ont l'oreille exercée à l'harmonie préfèrent l'accord des consonnances à l'identité de l'*unisson* ; mais tous ceux qui, sans habitude de l'harmonie, n'ont, si j'ose parler ainsi, nul préjugé dans l'oreille, portent un jugement contraire ; l'*unisson* seul leur plaît, ou, tout au plus, l'octave ; tout autre intervalle leur paroît discordant : d'où il s'ensuivroit, ce me semble, que l'harmonie la plus naturelle, et par conséquent la meilleure, est à l'*unisson*. (Voyez Harmonie.)

C'est une observation connue de tous les musiciens que celle du frémissement et de la résonnance d'une corde au son d'une autre corde montée à l'unisson de la première, ou même à son octave, ou même à l'octave de sa quinte, etc.

Voici comme on explique ce phénomène.

Le son d'une corde A met l'air en mouvement ; si une autre corde B se trouve dans la sphère du mouvement de cet air, il agira sur elle. Chaque corde n'est susceptible, dans un temps donné, que d'un certain nombre de vibrations. Si les vibrations dont la corde B est susceptible sont égales en nombre à celles de la corde A, l'air ébranlé par l'une agissant sur l'autre, et la trouvant disposée à un mouvement semblable à celui qu'il a reçu, le lui communique : les deux cordes marchant ainsi de pas égal, toutes les impulsions que l'air reçoit de la corde A, et qu'il communique à la corde B, sont coïncidentes avec les vibrations de cette corde, et par conséquent augmenteront son mouvement, loin de le contrarier : ce mouvement, ainsi successivement augmenté, ira bientôt jusqu'à un frémissement sensible; alors la corde B rendra du son ; car toute corde sonore qui frémit sonne; et ce son sera nécessairement à l'*unisson* de celui de la corde A.

Par la même raison, l'octave aiguë frémira et résonnera aussi, mais moins fortement que l'*unisson*; parce que la coïncidence des vibrations et par conséquent l'impulsion de l'air y est moins fréquente de la moitié; elle l'est encore moins dans la douzième ou quinte redoublée, et moins dans la dix-septième ou tierce majeure triplée, dernière des consonnances qui frémisse et résonne sensiblement et directement; car, quant à la tierce mineure et aux sixtes, elles ne résonnent que par combinaison.

Toutes les fois que les nombres des vibrations dont deux cordes sont susceptibles en temps égal sont commensurables, on ne peut douter que le son de l'une ne communique à l'autre quelque ébranlement par l'aliquote commune; mais cet ébranlement n'étant plus sensible au-delà des quatre accords précédents, il est compté pour rien dans tout le reste. (Voyez Consonnance.)

Il paroît, par cette explication, qu'un son n'en fait jamais résonner un autre qu'en vertu de quelque *unisson;* car un son quelconque donne toujours l'*unisson* de ses aliquotes : mais, comme il ne sauroit donner l'*unisson* de ses multiples, il s'ensuit qu'une corde sonore en mouvement n'en peut jamais faire résonner ni frémir une plus grave qu'elle. Sur quoi l'on peut juger de la vérité de l'expérience dont M. Rameau tire l'origine du mode mineur.

Unissoni. Ce mot italien, écrit tout au long ou en abrégé dans une partition sur la portée vide du second violon, marque qu'il doit jouer à l'unisson sur la partie du premier; et ce même mot, écrit sur la portée vide du premier violon, marque qu'il doit jouer à l'unisson sur la partie du chant.

Unité de mélodie. Tous les beaux-arts ont quelque *unité* d'objet, source du plaisir qu'ils donnent à l'esprit; car l'attention partagée ne se repose nulle part, et quand deux objets nous occupent, c'est une preuve qu'aucun des deux ne nous satisfait. Il y a dans la musique une *unité* successive qui se rapporte au sujet, et par laquelle toutes les parties bien liées composent un seul tout dont on aperçoit l'ensemble et tous les rapports.

Mais il y a une *unité* d'objet plus fine, plus simultanée, et d'où naît, sans qu'on y songe, l'énergie de la musique et la force de ses expressions.

Lorsque j'entends chanter nos psaumes à quatre parties, je commence toujours par être saisi, ravi de cette harmonie pleine et nerveuse; et les premiers accords, quand ils sont entonnés bien juste, m'émeuvent jusqu'à frissonner : mais à peine en ai-je écouté la suite pendant quelques minutes, que mon attention se relâche, le bruit m'étourdit peu à peu ; bientôt il me lasse, et je suis enfin ennuyé de n'entendre que des accords.

Cet effet ne m'arrive point quand j'entends de bonne musique moderne, quoique l'harmonie en soit moins vigoureuse; et je me souviens qu'à l'Opéra de Venise, loin qu'un bel air bien exécuté m'ait jamais ennuyé, je lui donnois, quelque long qu'il fût, une attention toujours nouvelle, et l'écoutois avec plus d'intérêt à la fin qu'au commencement.

Cette différence vient de celle du caractère des deux musiques, dont l'une n'est seulement qu'une suite d'accords, et l'autre est une suite de chant : or le plaisir de l'harmonie n'est qu'un plaisir de pure sensation, et la jouissance des sens est toujours courte, la satiété et l'ennui la suivent de près; mais le plaisir de la mélodie et du chant est un plaisir d'intérêt et de sentiment qui parle au cœur, et que l'artiste peut toujours soutenir et renouveler à force de génie.

La musique doit donc nécessairement chanter pour toucher, pour plaire, pour soutenir l'intérêt et l'attention. Mais comment, dans nos systèmes d'accords et d'harmonie, la musique s'y prendra-t-elle pour chanter? Si chaque partie a son chant propre, tous ces chants, entendus à la fois, se détruiront mutuellement, et ne feront plus de chant; si toutes les parties font le même chant, l'on n'aura plus d'harmonie, et le concert sera tout à l'unisson.

La manière dont un instinct musical, un certain sentiment sourd du génie a levé cette difficulté sans la voir, et en a même tiré avantage, est bien remarquable: l'harmonie, qui devroit étouffer la mélodie, l'anime, la renforce, la détermine : les diverses parties, sans se confondre, concourent au même effet; et quoique chacune d'elles paroisse avoir son chant propre, de toutes ces parties réunies on n'entend sortir qu'un seul et même chant. C'est là ce que j'appelle *unité de mélodie*.

Voici comment l'harmonie concourt elle-même à cette *unité*, loin d'y nuire. Ce sont nos modes qui caractérisent nos chants, et nos modes sont fondés sur notre harmonie : toutes les fois donc que l'harmonie renforce ou détermine le sentiment du mode et de la modulation, elle ajoute à l'expression du chant, pourvu qu'elle ne le couvre pas.

L'art du compositeur est donc, relativement à l'*unité de mélodie*, 1° quand le mode n'est pas assez déterminé par le chant, de le déterminer mieux par l'harmonie ; 2° de choisir et tourner ses accords de manière que le son le plus saillant soit toujours celui qui chante, et que celui qui le fait le mieux sortir soit à la basse ; 3° d'ajouter à l'énergie de chaque passage par des accords durs, si l'expression est dure, et doux, si l'expression est douce ; 4° d'avoir égard dans la tournure de l'accompagnement au *forte-piano* de la mélodie ; 5° enfin de faire en sorte que le chant des autres parties, loin de contrarier celui de la partie principale, le soutienne, le seconde, et lui donne un plus vif accent.

M. Rameau, pour prouver que l'énergie de la musique vient toute de l'harmonie, donne l'exemple d'un même intervalle, qu'il appelle un même chant, lequel prend des caractères tout différents selon les diverses manières de l'accompagner. M. Rameau n'a pas vu qu'il prouvoit tout le contraire de ce qu'il vouloit prouver ; car, dans tous les exemples qu'il donne, l'accompagnement de la basse ne sert qu'à déterminer le chant : un simple intervalle n'est pas un chant, il ne devient chant que quand il a sa place assignée dans le mode ; et la basse, en déterminant le mode et le lieu du mode qu'occupe cet intervalle, détermine alors cet intervalle à être tel ou tel chant ; de sorte que si, par ce qui précède l'intervalle dans la même partie, on détermine bien le lieu qu'il a dans sa modulation, je soutiens qu'il aura son effet sans aucune basse : ainsi l'harmonie n'agit, dans cette occasion, qu'en déterminant la mélodie à être telle ou telle; et c'est purement comme mélodie que l'intervalle a différentes expressions selon le lieu du mode où il est employé.

L'*unité de mélodie* exige bien qu'on n'entende jamais deux mélodies à la fois, mais non pas que la mélodie ne passe jamais d'une partie à l'autre; au contraire, il y a souvent de l'élégance et du goût à ménager à propos ce passage, même du chant à l'accompagnement, pourvu que la parole soit toujours entendue : il y a même des harmonies savantes et bien ménagées, où la mélodie, sans être dans aucune partie, résulte seulement de l'effet du tout : on en trouvera (*Planche* 28, *figure* 1) un exemple, qui, bien que grossier, suffit pour faire entendre ce que je veux dire.

Il faudroit un traité pour montrer en détail l'application de ce principe aux *duo, trio, quatuor*, aux chœurs, aux pièces de symphonie; les hommes de génie en découvriront suffisamment l'étendue et l'usage, et leurs ouvrages en instruiront les autres. Je conclus donc, et je dis que du principe que je viens d'établir il s'ensuit, premièrement, que toute musique qui ne chante point est ennuyeuse, quelque harmonie qu'elle puisse avoir; secondement, que toute musique où l'on distingue plusieurs chants simultanés est mauvaise, et qu'il en résulte le même effet que de deux ou plusieurs discours prononcés à la fois sur le même ton. Par ce jugement, qui n'admet nulle exception, l'on voit ce qu'on doit penser de ces merveilleuses musiques où un air sert d'accompagnement à un autre air.

C'est dans ce principe de l'*unité* de mélodie, que les Italiens ont senti et suivi sans le connoître, mais que les François n'ont ni connu ni suivi; c'est, dis-je, dans ce grand principe que consiste la différence essentielle des deux musiques; et c'est, je crois, ce qu'en dira tout juge impartial qui voudra donner à l'une et à l'autre la même attention, si toutefois la chose est possible.

Lorsque j'eus découvert ce principe, je voulus, avant de le proposer, en essayer l'application par moi-même: cet essai produisit le *Devin du village;* après le succès, j'en parlai dans ma *Lettre sur la musique françoise.* C'est aux maîtres de l'art à juger si le principe est bon, et si j'ai bien suivi les règles qui en découlent.

Univoques, *adj.* Les consonnances *univoques* sont l'octave et ses répliques, parce que toutes portent le même nom. Ptolomée fut le premier qui les appela ainsi.

Vocal, *adj.* Qui appartient au chant des voix: tour de chant *vocal;* musique *vocale.*

Vocale. On prend quelquefois substantivement cet adjectif pour exprimer la partie de la musique qui s'exécute par des voix : *Les symphonies d'un tel opéra sont assez bien faites ; mais la* vocale *est mauvaise.*

Voix, *s. f.* La somme de tous les sons qu'un homme peut, en parlant, en chantant, en criant, tirer de son organe, forme ce qu'on appelle sa *voix;* et les qualités de cette *voix* dépendent aussi de celles des sons qui la forment. Ainsi l'on doit d'abord appliquer à la *voix* tout ce que j'ai dit du son en général. (Voyez Son.)

Les physiciens distinguent dans l'homme différentes sortes de *voix;* où, si l'on veut, ils considèrent la même voix sous différentes faces :

1° Comme un simple son, tel que le cri des enfants ;

2° Comme un son articulé, tel qu'il est dans la parole ;

3° Dans le chant, qui ajoute à la parole la modulation et la variété des tons ;

4° Dans la déclamation, qui paroît dépendre d'une nouvelle modification dans le son et dans la substance même de la *voix;* modification différente de celle du chant et de celle de la parole, puisqu'elle peut s'unir à l'une et à l'autre, ou en être retranchée.

On peut voir dans l'Encyclopédie, à l'article *Déclamation des anciens,* d'où ces divisions sont tirées, l'explication que donne M. Duclos de ces différentes sortes de *voix.* Je me contenterai de transcrire ici ce qu'il dit de la voix chantante ou musicale, la seule qui se rapporte à mon sujet.

« Les anciens musiciens ont établi, après Aris-
« toxène, 1° que la *voix* de chant passe d'un
« degré d'élévation ou d'abaissement à un autre
« degré, c'est-à-dire d'un ton à l'autre, par saut,
« sans parcourir l'intervalle qui les sépare ; au lieu
« que celle du discours s'élève et s'abaisse par un
« mouvement continu ; 2° que la *voix* de chant se
« soutient sur le même ton, considéré comme un
« point indivisible, ce qui n'arrive pas dans la
« simple prononciation.

« Cette marche par sauts et avec des repos est
« en effet celle de la *voix* de chant : mais n'y a-t-il
« rien de plus dans le chant ? Il y a eu une décla-
« mation tragique qui admettoit le passage par
« saut d'un ton à l'autre, et le repos sur un ton :
« on remarque la même chose dans certains ora-
« teurs : cependant cette déclamation est encore
« différente de la *voix* de chant.

« M. Dodard, qui joignoit à l'esprit de discus-
« sion et de recherche la plus grande connoissance
« de la physique, de l'anatomie, et du jeu des par-
« ties du corps humain, avoit particulièrement
« porté son attention sur les organes de la *voix*.
« Il observe, 1° que tel homme, dont la *voix* de
« parole est déplaisante, a le chant très-agréable,
« et au contraire ; 2° que si nous n'avons pas en-
« tendu chanter quelqu'un, quelque connoissance

« que nous ayons de sa voix de parole, nous ne le
« reconnoîtrons pas à sa *voix* de chant.

« M. Dodard, en continuant ses recherches,
« découvrit que dans la voix de chant il y a, de
« plus que dans celle de la parole, un mouvement
« de tout le larynx, c'est-à-dire de la partie de la
« trachée-artère qui forme comme un nouveau
« canal qui se termine à la glotte, qui en enve-
« loppe et soutient les muscles. La différence entre
« les deux *voix* vient donc de celle qu'il y a entre
« le larynx assis et en repos sur ses attaches, dans
« la parole, et ce même larynx suspendu sur ses
« attaches, en action, et mû par un balancement
« de haut en bas et de bas en haut. Ce balance-
« ment peut se comparer au mouvement des oi-
« seaux qui planent, ou des poissons qui se sou-
« tiennent à la même place contre le fil de l'eau ;
« quoique les ailes des uns et les nageoires des
« autres paroissent immobiles à l'œil, elles font de
« continuelles vibrations, mais si courtes et si
« promptes, qu'elles sont imperceptibles.

« Le balancement du larynx produit, dans la
« *voix* de chant, une espèce d'ondulation qui
« n'est pas dans la simple parole. L'ondulation
« soutenue et modérée dans les belles *voix* se fait
« trop sentir dans les *voix* chevrotantes ou foibles.
« Cette ondulation ne doit pas se confondre avec
« les cadences et les roulements, qui se font par
« des mouvements très-prompts et très-délicats de

« l'ouverture de la glotte et qui sont composés de
« l'intervalle d'un ton ou d'un demi-ton.

« La *voix*, soit du chant, soit de la parole,
« vient tout entière de la glotte pour le son et pour
« le ton ; mais l'ondulation vient entièrement
« du balancement de tout le larynx; elle ne fait
« point partie de la *voix*, mais elle en affecte la
« totalité.

« Il résulte de ce qui vient d'être exposé que la
« *voix* de chant consiste dans la marche par saut
« d'un ton à un autre, dans le séjour sur les tons,
« et dans cette ondulation du larynx qui affecte la
« totalité et la substance même du son. »

Quoique cette explication soit très-nette et très-philosophique, elle laisse, à mon avis, quelque chose à désirer, et ce caractère d'ondulation donné par le balancement du larynx à la *voix* de chant ne me paroît pas lui être plus essentiel que la marche par sauts, et le séjour sur les tons, qui, de l'aveu de M. Duclos, ne sont pas pour cette *voix* des caractères spécifiques.

Car, premièrement, on peut à volonté donner ou ôter à la *voix* cette ondulation quand on chante, et l'on n'en chante pas moins quand on file un son tout uni sans aucune espèce d'ondulation ; secondement, les sons des instruments ne diffèrent en aucune sorte de ceux de la *voix* chantante, quant à leur nature de sons musicaux, et n'ont rien par eux-mêmes de cette ondulation ; troisièmement,

cette ondulation se forme dans le ton et non dans
le timbre : la preuve en est que, sur le violon et
sur d'autres instruments, on imite cette ondulation, non par aucun balancement semblable au
mouvement supposé du larynx, mais par un balancement du doigt sur la corde, laquelle, ainsi
raccourcie et ralongée alternativement et presque imperceptiblement, rend deux sons alternatifs à mesure que le doigt se recule ou s'avance.
Ainsi l'ondulation, quoi qu'en dise M. Dodard, ne
consiste pas dans un balancement très-léger du
même son, mais dans l'alternation plus ou moins
fréquente de deux sons très-voisins ; et quand les
sons sont trop éloignés et que les secousses alternatives sont trop rudes, alors l'ondulation devient
chevrotement.

Je penserois que le vrai caractère distinctif de
la *voix* de chant est de former des sons appréciables dont on peut prendre ou sentir l'unisson,
et de passer de l'un à l'autre par des intervalles
harmoniques et commensurables, au lieu que,
dans la *voix* parlante, ou les sons ne sont pas assez soutenus, et, pour ainsi dire, assez uns pour
pouvoir être appréciés, ou les intervalles qui les
séparent ne sont point assez harmoniques, ni leurs
rapports assez simples.

Les observations qu'a faites M. Dodard sur les
différences de la *voix* de parole et de la *voix* de
chant dans le même homme, loin de contrarier

cette explication, la confirment : car, comme il y a des langues plus ou moins harmonieuses, dont les accents sont plus ou moins musicaux, on remarque aussi dans ces langues que les *voix* de parole et de chant se rapprochent ou s'éloignent dans la même proportion : ainsi, comme la langue italienne est plus musicale que la françoise, la parole s'y éloigne moins du chant; et il est plus aisé d'y reconnoître au chant l'homme qu'on a entendu parler. Dans une langue qui seroit tout harmonieuse, comme étoit au commencement la langue grecque, la différence de la *voix* de parole à la *voix* de chant seroit nulle; on n'auroit que la même *voix* pour parler et pour chanter : peut-être est-ce encore aujourd'hui le cas des Chinois.

En voilà trop peut-être sur les différents genres de *voix* : je reviens à la *voix* de chant, et je m'y bornerai dans le reste de cet article.

Chaque individu a sa *voix* particulière qui se distingue de toute autre *voix* par quelque différence propre, comme un visage se distingue d'un autre; mais il y a aussi de ces différences qui sont communes à plusieurs, et qui, formant autant d'espèces de *voix*, demandent pour chacune une dénomination particulière.

Le caractère le plus général qui distingue les *voix* n'est pas celui qui se tire de leur timbre ou de leur volume, mais du degré qu'occupe ce volume dans le système général des sons.

On distingue donc généralement les *voix* en deux classes ; savoir, les *voix* aiguës, et les *voix* graves. La différence commune des unes aux autres est à peu près d'une octave ; ce qui fait que les *voix* aiguës chantent réellement à l'octave des *voix* graves, quand elles semblent chanter à l'unisson.

Les *voix* graves sont les plus ordinaires aux hommes faits ; les voix aiguës sont celles des femmes : les eunuques et les enfants ont aussi à peu près le même diapason de *voix* que les femmes ; tous les hommes en peuvent même approcher en chantant le fausset : mais, de toutes les *voix* aiguës, il faut convenir, malgré la prévention des Italiens pour les castrati, qu'il n'y en a point d'espèce comparable à celle des femmes ni pour l'étendue ni pour la beauté du timbre. La voix des enfants a peu de consistance, et n'a point de bas ; celle des eunuques au contraire n'a d'éclat que dans le haut ; et pour le fausset, c'est le plus désagréable de tous les timbres de la *voix* humaine : il suffit, pour en convenir, d'écouter à Paris les chœurs du concert spirituel, et d'en comparer les dessus avec ceux de l'Opéra.

Tous ces différents diapasons réunis et mis en ordre forment une étendue générale d'à peu près trois octaves, qu'on a divisées en quatre parties, dont trois, appelées *haute-contre*, *taille*, et *basse*, appartiennent aux *voix* graves, et la quatrième seulement, qu'on appelle *dessus*, est assignée aux *voix* aiguës; sur quoi voici quelques remarques qui se présentent.

I. Selon la portée des *voix* ordinaires, qu'on peut fixer à peu près à une dixième majeure, en mettant deux degrés d'intervalle entre chaque espèce de *voix* et celle qui la suit, ce qui est toute la différence qu'on peut leur donner, le système général des *voix* humaines dans les deux sexes, qu'on fait passer trois octaves, ne devroit enfermer que deux octaves et deux tons : c'étoit en effet à cette étendue que se bornèrent les quatre parties de la musique long-temps après l'invention du contre-point, comme on le voit dans les compositions du quatorzième siècle, où la même clef, sur quatre positions successives, de ligne en ligne, sert pour la basse, qu'ils appeloient *tenor*, pour la taille, qu'ils appeloient *contratenor*, pour la haute-contre, qu'ils appeloient *mottetus*, et pour le dessus, qu'ils appeloient *triplum*. Cette distribution devoit rendre, à la vérité, la composition plus difficile, mais en même temps l'harmonie plus serrée et plus agréable.

II. Pour pousser le système vocal à l'étendue de trois octaves avec la gradation dont je viens de parler, il faudroit six parties au lieu de quatre; et rien ne seroit plus naturel que cette division, non par rapport à l'harmonie, qui ne comporte pas tant de sons différents, mais par rapport aux *voix*, qui sont actuellement assez mal distribuées : en effet pourquoi trois parties dans les *voix* d'hommes et une seulement dans les *voix* de femmes, si la totalité de celles-ci renferme une aussi grande étendue que la totalité des autres? Qu'on mesure l'intervalle des sons les plus aigus des *voix* féminines les plus aiguës aux sons les plus graves des *voix* féminines les plus graves, qu'on fasse la même chose pour les *voix* d'hommes; et non seulement on n'y trouvera pas une différence suffisante pour établir trois parties d'un côté et une seule de l'autre, mais cette différence même, s'il y en a, se réduira à très peu de chose. Pour juger sainement de cela, il ne faut pas se borner à l'examen des choses telles qu'elles sont, mais voir encore ce qu'elles pourroient être, et considérer que l'usage contribue beaucoup à former les *voix* sur le caractère qu'on veut leur donner. En France, où l'on veut des basses, des hautes-contre, et où l'on ne fait aucun cas des bas-dessus, les *voix* d'hommes prennent différents caractères, et les *voix* de femmes n'en gardent qu'un seul : mais en Italie, où l'on fait autant de cas d'un beau bas-dessus que de la voix la plus aiguë, il se trouve parmi les femmes de très-belles *voix* graves qu'ils appellent *contra'lti*, et de très-belles *voix* aiguës qu'ils appellent *soprani* : au contraire, en *voix* d'hommes récitantes, ils n'ont que des *tenori* : de sorte que s'il n'y a qu'un caractère de *voix* de femmes dans nos opéra, dans les leurs il n'y a qu'un caractère de *voix* d'hommes.

A l'égard des chœurs, si généralement les parties en sont distribuées en Italie comme en France, c'est un usage universel, mais arbitraire, qui n'a point de fondement naturel. D'ailleurs n'admire-t-on pas en plusieurs lieux, et singulièrement à Venise, de très-belles musiques à grand chœur, executées uniquement par de jeunes filles?

III. Le trop grand éloignement des *voix* entre elles, qui leur fait à toutes excéder leur portée, oblige souvent d'en subdiviser plusieurs : c'est ainsi qu'on divise les basses en basses-contre et basses-tailles, les tailles en hautes-tailles et concordants, les dessus en premiers et seconds; mais dans tout cela on n'aperçoit rien de fixe, rien de réglé sur quelque principe. L'esprit général des compositeurs françois est toujours de forcer les *voix* pour les faire crier plutôt que chanter : c'est pour cela qu'on paroît aujourd'hui se borner aux basses et hautes-contre qui sont dans les deux extrêmes. A l'égard de la taille, partie si naturelle à l'homme qu'on l'appelle *voix humaine* par excellence, elle est déjà bannie de nos opéra, où l'on ne veut rien de naturel; et, par la même raison, elle ne tardera pas à l'être de toute la musique françoise.

On distingue encore les *voix* par beaucoup d'autres différences que celles du grave à l'aigu.

Il y a des *voix* fortes dont les sons sont forts et bruyants ; des *voix* douces dont les sons sont doux et flûtés ; de grandes voix qui ont beaucoup d'étendue ; de belles *voix* dont les sons sont pleins, justes et harmonieux : il y a aussi les contraires de tout cela. Il y a des *voix* dures et pesantes ; il y a des *voix* flexibles et légères ; il y en a dont les beaux sons sont inégalement distribués, aux unes dans le haut, à d'autres dans le *medium*, à d'autres dans le bas : il y a aussi des *voix* égales, qui font sentir le même timbre dans toute leur étendue. C'est au compositeur à tirer parti de chaque *voix*, par ce que son caractère a de plus avantageux. En Italie, où chaque fois qu'on remet au théâtre un opéra, c'est toujours de nouvelle musique ; les compositeurs ont toujours grand soin d'approprier tous les rôles aux *voix* qui les doivent chanter. Mais en France, où la même musique dure des siècles, il faut que chaque rôle serve toujours à toutes les *voix* de même espèce ; et c'est peut-être une des raisons pourquoi le chant françois, loin d'acquérir aucune perfection, devient de jour en jour plus traînant et plus lourd.

La *voix* la plus étendue, la plus flexible, la plus douce, la plus harmonieuse qui peut-être ait jamais existé, paroît avoir été celle du chevalier Balthasar Ferri, Pérousin, dans le siècle dernier, chanteur unique et prodigieux, que s'arrachoient tour à tour les souverains de l'Europe, qui fut comblé de biens et d'honneurs durant sa vie, et dont toutes les muses d'Italie célébrèrent à l'envi les talents et la gloire après sa mort. Tous les écrits faits à la louange de ce musicien célèbre respirent le ravissement, l'enthousiasme; et l'accord de tous ses contemporains montre qu'un talent si parfait et si rare étoit même au-dessus de l'envie. Rien, disent-ils, ne peut exprimer l'éclat de sa *voix* ni les grâces de son chant; il avoit au plus haut degré tous les caractères de perfection dans tous les genres; il étoit gai, fier, grave, tendre, à sa volonté, et les cœurs se fondoient à son pathétique. Parmi l'infinité de tours de force qu'il faisoit de sa *voix*, je n'en citerai qu'un seul : il montoit et redescendoit tout d'une haleine deux octaves pleines par un trille continuel marqué sur tous les degrés chromatiques, avec tant de justesse, quoique sans accompagnement, que si l'on venoit à frapper brusquement cet accompagnement sous la note où il se trouvoit, soit bémol, soit dièse, on sentoit à l'instant l'accord d'une justesse à surprendre tous les auditeurs.

On appelle encore *voix* les parties vocales et récitantes pour lesquelles une pièce de musique est composée; ainsi l'on dit un mottet à *voix* seule, au lieu de dire un mottet en récit; une cantate à deux *voix*, au lieu de dire une cantate en duo ou à deux parties, etc. (Voyez Duo, Trio, etc.)

Volte, *s. f.* Sorte d'air à trois temps, propre à une danse de même nom, laquelle est composée de beaucoup de tours et retours, d'où lui est venu le nom de *volte :* cette danse étoit une espèce de gaillarde, et n'est plus en usage depuis long-temps.

Volume. Le *volume* d'une voix est l'étendue ou l'intervalle qui est entre le son le plus aigu et le son le plus grave qu'elle peut rendre. Le *volume* des voix les plus ordinaires est d'environ huit à neuf tons; les plus grandes voix ne passent guère les deux octaves en sons bien justes et bien pleins.

Upinge. Sorte de chanson consacrée à Diane parmi les Grecs. (Voyez Chanson.)

Ut. La première des six syllabes de la gamme de l'Arétin, laquelle répond à la lettre C.

Par la méthode des transpositions on appelle toujours *ut* la tonique des modes majeurs et la médiante des modes mineurs. (Voyez Gamme, Transposition.)

Les Italiens trouvant cette syllabe *ut* trop sourde lui substituent, en solfiant, la syllabe *do*.

Z.

Za. Syllabe par laquelle on distingue, dans le plain-chant, le *si* bémol du *si* naturel, auquel on laisse le nom de *si*.

FIN DU DICTIONNAIRE DE MUSIQUE.

ÉCRITS
SUR
LA MUSIQUE.

PROJET

CONCERNANT

DE NOUVEAUX SIGNES

POUR LA MUSIQUE,

LU PAR L'AUTEUR A L'ACADÉMIE DES SCIENCES LE 22 AOUT 1742.

Ce projet tend à rendre la musique plus commode à noter, plus aisée à apprendre, et beaucoup moins diffuse.

Il paroît étonnant que les signes de la musique étant restés aussi long-temps dans l'état d'imperfection où nous les voyons encore aujourd'hui, la difficulté de l'apprendre n'ait pas averti le public que c'étoit la faute des caractères, et non pas celle de l'art. Il est vrai qu'on a donné souvent des projets en ce genre; mais de tous ces projets, qui, sans avoir les avantages de la musique ordinaire, en avoient presque tous les inconvénients, aucun que je sache n'a jusqu'ici touché le but, soit qu'une pratique trop superficielle ait fait échouer ceux qui l'ont voulu considérer théoriquement, soit que le génie étroit et borné des musiciens ordinaires les ait empêchés d'embrasser un plan général et raisonné, et de sentir les vrais inconvénients de leur art, de la perfection actuelle duquel ils sont d'ailleurs pour l'ordinaire très-entêtés.

Cette quantité de lignes, de clefs, de transpositions, de dièses, de bémols, de bécarres, de mesures simples et composées, de rondes, de blanches, de noires, de croches, de doubles, de triples croches, de pauses, de demi-pauses, de soupirs, de demi-soupirs, de quarts-de-soupirs, etc., donne une foule de signes et de combinaisons, d'où résultent deux inconvénients principaux, l'un d'occuper un trop grand volume, et l'autre de surcharger la mémoire des écoliers; de façon que, l'oreille étant formée, et les organes ayant acquis toute la facilité nécessaire long-temps avant qu'on soit en état de chanter à livre ouvert, il s'ensuit que la difficulté est toute dans l'observation des règles, et non dans l'exécution du chant.

Le moyen qui remédiera à l'un de ces inconvénients remédiera aussi à l'autre; et dès qu'on aura inventé des signes équivalents, mais plus simples et en moindre quantité, ils auront par là même plus de précision, et pourront exprimer autant de choses en moins d'espace.

Il est avantageux outre cela que ces signes soient déjà connus, afin que l'attention soit moins partagée, et faciles à figurer, afin de rendre la musique plus commode.

Il faut pour cet effet considérer deux objets principaux chacun en particulier; le premier doit être l'expression de tous les sons possibles, et l'autre, celle de toutes les différentes durées, tant des sons que de leurs silences relatifs, ce qui comprend aussi la différence des mouvements.

Comme la musique n'est qu'un enchaînement de sons qui se font entendre ou tous ensemble, ou successivement, il suffit que tous ces sons aient des expressions relatives qui leur assignent à chacun la place qu'il doit occuper par rapport à un certain son fondamental, pourvu que ce son soit nettement exprimé, et que la relation soit facile à connoître : avantages que n'a déjà point la musique ordinaire, où le son fondamental n'a nulle évidence particulière, et où tous les rapports des notes ont besoin d'être long-temps étudiés.

Prenant *ut* pour ce son fondamental, auquel tous les autres doivent se rapporter, et l'exprimant par le chiffre 1, nous aurons à sa suite l'expression des sept sons naturels, *ut, re, mi, fa, sol, la, si*, par les sept chiffres 1, 2, 3, 4, 5, 6, 7; de façon que tant que le chant roulera dans l'étendue des sept sons, il suffira de les noter chacun par son chiffre correspondant, pour les exprimer tous sans équivoque.

Mais quand il est question de sortir de cette étendue pour passer dans d'autres octaves, alors cela forme une nouvelle difficulté.

Pour la résoudre, je me sers du plus simple de tous les signes, c'est-à-dire du point. Si je sors de l'octave par laquelle j'ai commencé, pour faire une note dans l'étendue de l'octave qui est au-dessus, et qui commence à l'*ut* d'en haut, alors je mets un point au-dessus de cette note par laquelle je sors de mon octave ; et ce point une fois placé, c'est un indice que, non seulement la note sur laquelle il est, mais encore toutes celles qui la suivront sans aucun signe qui le détruise, devront être prises dans l'étendue de cette octave supérieure où je suis entré.

Au contraire, si je veux passer à l'octave qui est au-dessous de celle où je me trouve, alors je mets le point sous la note par laquelle j'y entre. En un mot, quand le point est sur la note, vous passez dans l'octave supérieure ; s'il est au-dessous, vous passez dans l'inférieure : et quand vous changeriez d'octave à chaque note, ou que vous voudriez monter ou descendre de deux ou trois octaves tout d'un coup ou successivement, la règle est toujours générale, et vous n'avez qu'à mettre autant de points au-dessous ou au-dessus que vous avez d'octaves à descendre ou à monter.

Ce n'est pas à dire qu'à chaque point vous montiez ou descendiez d'une octave ; mais à chaque point vous passez dans une octave différente de celle où vous êtes par rapport au son fondamental *ut* d'en bas, lequel ainsi se trouve bien dans la même octave en descendant diatoniquement, mais non pas en montant. Sur quoi il faut remarquer que je ne me sers du mot d'octave qu'abusivement, et pour ne pas multiplier inutilement les termes, parce que proprement cette étendue n'est composée que de sept notes, le 1 d'en haut qui commence une autre octave n'y étant pas compris.

Mais cet *ut*, qui, par la transposition, doit toujours être le nom de la tonique dans les tons majeurs et celui de la médiante dans les tons mineurs, peut, par conséquent, être pris sur chacune des douze cordes du système chromatique; et, pour la désigner, il suffira de mettre à la marge le chiffre qui exprimeroit cette corde sur le clavier dans l'ordre naturel ; c'est-à-dire que le chiffre de la marge, qu'on peut appeler la clef, désigne la touche du clavier qui doit s'appeler *ut*, et par conséquent être tonique dans les tons majeurs, et médiante dans les mineurs. Mais, à le bien prendre, la connoissance de cette clef n'est que pour les instruments, et ceux qui chantent n'ont pas besoin d'y faire attention.

Par cette méthode, les mêmes noms sont toujours conservés aux mêmes notes: c'est-à-dire que l'art de solfier toute musique possible consiste précisément à connoître sept caractères uniques et invariables, qui ne changent jamais ni de nom ni de position ; ce qui me paroît plus facile que cette multitude de transpositions et de clefs qui, quoique ingénieusement inventées, n'en sont pas moins le supplice des commençants.

Une autre difficulté qui naît de l'étendue du clavier et des différentes octaves où le ton peut être pris, se résout avec la même aisance. On conçoit le clavier divisé par octaves depuis la première tonique : la plus basse octave s'appelle A, la seconde B, la troisième C, etc.; de façon qu'écrivant au commencement d'un air la lettre correspondante à l'octave dans laquelle se trouve la première note de cet air, sa position précise est connue, et les points vous conduisent ensuite partout sans équivoque. De là découle encore généralement et sans exception le moyen d'exprimer les rapports et tous les intervalles, tant en montant qu'en descendant, des reprises et des rondeaux, comme on le verra détaillé dans mon grand projet.

La corde du ton, le mode (car je le distingue aussi) et l'octave étant ainsi bien désignés, il faudra se servir de la transposition pour les instruments comme pour la voix, ce qui n'aura nulle difficulté pour les musiciens instruits, comme ils doivent l'être, des tons et des intervalles naturels à chaque mode, et de la manière de les trouver sur leurs instruments; il en résultera au contraire cet avantage important, qu'il ne sera pas plus difficile de transporter toutes sortes d'airs un demi-ton ou un ton plus haut ou plus bas, suivant le besoin, que de les jouer sur leur ton naturel; ou, s'il s'y trouve quelque peine, elle dépendra uniquement de l'instrument, et jamais de la note, qui, par le changement d'un seul signe, représentera le même air sur quelque ton que l'on veuille proposer : de sorte enfin qu'un orchestre entier, sur un simple avertissement du maître, exécuteroit sur-le-champ en *mi* ou en *sol* une pièce notée en *fa*, en *la*, en *si* bémol, ou en tout autre ton imaginable; chose impossible à pratiquer dans la musique ordinaire, et dont l'utilité se fait assez sentir à ceux qui fréquentent les concerts. En général, ce qu'on appelle chanter et exécuter au naturel est peut-être ce qu'il y a de plus mal imaginé dans la musique : car si les noms des notes ont quelque utilité réelle, ce ne peut être que pour exprimer certains rapports, certaines affections déterminées dans les progressions des sons. Or, dès que le ton change, les rapports des sons et la progression changeant aussi, la raison dit qu'il faut de même changer les noms des notes en les rapportant par analogie au nouveau ton; sans quoi l'on renverse le sens des noms, et l'on ôte aux mots le seul avantage qu'ils puissent avoir, qui est d'exciter d'autres idées avec celles des sons. Le passage du *mi* au *fa*, ou du *si* à l'*ut*, excite naturellement dans l'esprit du musicien l'idée du demi-ton. Cependant, si l'on est dans le ton de *si* ou dans celui de *mi*, l'intervalle du *si* à l'*ut*, ou du *mi* au *fa*, est toujours d'un ton, et jamais d'un demi-ton. Donc, au lieu de conserver des noms qui trompent l'esprit et qui choquent l'oreille exercée par une différente habitude, il est important de leur en appliquer d'autres dont le sens connu, au lieu d'être contradictoire, annonce les intervalles qu'ils doivent exprimer. Or, tous les rapports des sons du système diatonique se trouvent exprimés, dans le majeur, tant en montant qu'en descendant, dans l'octave comprise entre deux *ut*, suivant l'ordre naturel, et, dans le mineur, dans l'octave comprise entre deux *la*, suivant le même ordre en descendant seulement; car, en montant, le mode mineur est assujetti à des affections différentes qui présentent de nouvelles réflexions pour la théorie, lesquelles ne sont pas aujourd'hui de mon sujet, et qui ne font rien au système que je propose.

J'en appelle à l'expérience sur la peine qu'ont les écoliers à entonner, par les noms primitifs, des airs qu'ils chantent avec toute la facilité du monde au moyen de la transposition, pourvu, toujours, qu'ils aient acquis la longue et nécessaire habitude de lire les bémols et les dièses des clefs, qui font, avec leurs huit positions, quatre-vingts combinaisons inutiles et toutes retranchées par ma méthode.

Il s'ensuit de là que les principes qu'on donne pour jouer des instruments ne valent rien du tout;

et je suis sûr qu'il n'y a pas un bon musicien qui, après avoir préludé dans le ton où il doit jouer, ne fasse plus d'attention dans son jeu au degré du ton où il se trouve, qu'au dièse ou au bémol qui l'affecte. Qu'on apprenne aux écoliers à bien connoître les deux modes et la disposition régulière des sons convenables à chacun, qu'on les exerce à préluder en majeur et en mineur sur tous les sons de l'instrument, chose qu'il faut toujours savoir, quelque méthode qu'on adopte ; alors, qu'on leur mette ma musique entre les mains, j'ose répondre qu'elle ne les embarrassera pas un quart d'heure.

On seroit surpris si l'on faisoit attention à la quantité de livres et de préceptes qu'on a donnés sur la transposition ; ces gammes, ces échelles, ces clefs supposées, font le fatras le plus ennuyeux qu'on puisse imaginer ; et tout cela, faute d'avoir fait cette réflexion très-simple, que, dès que la corde fondamentale du ton est connue sur le clavier naturel comme tonique, c'est-à-dire comme *ut* ou *la*, elle détermine seule le rapport et le ton de toutes les autres notes, sans égard à l'ordre primitif.

Avant que de parler des changements de ton, il faut expliquer les altérations accidentelles des sons qui s'y présentent à tout moment.

Le dièse s'exprime par une petite ligne qui croise la note en montant de gauche à droite. *Sol* dièsé, par exemple, s'exprime ainsi 5, *fa* diésé, ainsi *X*. Le bémol s'exprime aussi par une semblable ligne qui croise la note en descendant 7, 2; et ces signes, plus simples que ceux qui sont en usage, servent encore à montrer à l'œil le genre d'altération qu'ils causent.

Le bécarre n'a d'utilité que par le mauvais choix du dièse et du bémol; et, dès que les signes qui les expriment seront inhérents à la note, le bécarre deviendra entièrement superflu : je le retranche donc comme inutile ; je le retranche encore comme équivoque, puisque les musiciens s'en servent souvent en deux sens absolument opposés, et laissent ainsi l'écolier dans une incertitude continuelle sur son véritable effet.

A l'égard des changements de ton, soit pour passer du majeur au mineur, ou d'une tonique à une autre, il n'est question que d'exprimer la première note de ce changement, de manière à représenter ce qu'elle étoit dans le ton d'où l'on sort, et ce qu'elle est dans celui où l'on entre; ce que l'on fait par une double note séparée par une petite ligne horizontale comme dans les fractions : le chiffre qui est au-dessus exprime la note dans le ton d'où l'on sort, et celui de dessous représente la même note dans le ton où l'on entre; en un mot, le chiffre inférieur indique le nom de la note, et le chiffre supérieur sert à en trouver le ton.

Voilà pour exprimer tous les sons imaginables

en quelque ton que l'on puisse être ou que l'on veuille entrer. Il faut passer à présent à la seconde partie, qui traite des valeurs des notes et de leurs mouvements.

Les musiciens reconnoissent au moins quatorze mesures différentes dans la musique : mesures dont la distinction brouille l'esprit des écoliers pendant un temps infini. Or je soutiens que tous les mouvements de ces différentes mesures se réduisent uniquement à deux ; savoir, mouvement à deux temps, et mouvement à trois temps ; et j'ose défier l'oreille la plus fine d'en trouver de naturels qu'on ne puisse exprimer avec toute la précision possible par l'une de ces deux mesures. Je commencerai donc par faire main basse sur tous ces chiffres bizarres, réservant seulement le deux et le trois, par lesquels, comme on verra tout à l'heure, j'exprimerai tous les mouvements possibles. Or, afin que le chiffre qui annonce la mesure ne se confonde point avec ceux des notes, je l'en distingue en le faisant plus grand et en le séparant par une double ligne perpendiculaire.

Il s'agit à présent d'exprimer les temps, et les valeurs des notes qui les remplissent.

Un défaut considérable dans la musique est de représenter, comme valeurs absolues, des notes qui n'en ont que de relatives, ou du moins d'en mal appliquer les relations : car il est sûr que la durée des rondes, des blanches, noires, croches, etc., est déterminée, non par la qualité de la note, mais par celle de la mesure où elle se trouve : de là vient qu'une noire, dans une certaine mesure, passera beaucoup plus vite qu'une croche dans une autre; laquelle croche ne vaut cependant que la moitié de cette noire, et de là vient encore que les musiciens de province, trompés par ces faux rapports, donneront aux airs des mouvements tout différents de ce qu'ils doivent être, en s'attachant scrupuleusement à la valeur absolue des notes, tandis qu'il faudra quelquefois passer une mesure à trois temps simples beaucoup plus vite qu'une autre à trois huit, ce qui dépend du caprice du compositeur, et de quoi les opéra présentent des exemples à chaque instant.

D'ailleurs la division sous-double des notes et de leurs valeurs, telle qu'elle est établie, ne suffit pas pour tous les cas; et si, par exemple, je veux passer trois notes égales dans un temps d'une mesure à deux, à trois, ou à quatre, il faut, ou que le musicien le devine, ou que je l'en instruise par un signe étranger qui fait exception à la règle.

Enfin c'est encore un autre inconvénient de ne point séparer les temps; il arrive de là que, dans le milieu d'une grande mesure, l'écolier ne sait où il en est, surtout lorsque, chantant le vocal, il trouve une quantité de croches et de doubles croches détachées, dont il faut qu'il fasse lui-même la distribution.

SUR LA MUSIQUE.

La séparation de chaque temps par une virgule remédie à tout cela avec beaucoup de simplicité. Chaque temps compris entre deux virgules contient une note ou plusieurs. S'il ne comprend qu'une note, c'est qu'elle remplit tout ce temps-là, et cela ne fait pas la moindre difficulté. Y a-t-il plusieurs notes comprises dans chaque temps, la chose n'est pas plus difficile : divisez ce temps en autant de parties égales qu'il comprend de notes, appliquez chacune de ces parties à chacune de ces notes, et passez-les de sorte que tous les temps soient égaux.

Les notes dont deux égales rempliront un temps s'appelleront des demis, celles dont il en faudra trois, des tiers ; celles dont il en faudra quatre, des quarts, etc.

Mais lorsqu'un temps se trouve partagé de sorte que toutes les notes n'y sont pas d'égale valeur, pour représenter, par exemple, dans un seul temps une noire et deux croches, je considère ce temps comme divisé en deux parties égales, dont la noire fait la première, et les deux croches ensemble la seconde ; je les lie donc par une ligne droite que je place au-dessus ou au-dessous d'elles, et cette ligne marque que tout ce qu'elle embrasse ne représente qu'une seule note, laquelle doit être subdivisée en deux parties égales, ou en trois, ou en quatre, suivant le nombre des chiffres qu'elle couvre, etc.

Si l'on a une note qui remplisse seule une mesure entière, il suffit de la placer seule entre les deux lignes qui renferment la mesure ; et, par la même règle que je viens d'établir, cela signifie que cette note doit durer toute la mesure entière.

A l'égard des tenues, je me sers aussi du point pour les exprimer, mais d'une manière bien plus avantageuse que celle qui est en usage : car au lieu de lui faire valoir précisément la moitié de la note qui le précède, ce qui ne fait qu'un cas particulier, je lui donne, de même qu'aux notes, une valeur qui n'est déterminée que par la place qu'il occupe ; c'est-à-dire que, si le point remplit seul un temps ou une mesure, le son qui a précédé doit être aussi soutenu pendant tout ce temps ou toute cette mesure ; et, si le point se trouve dans un temps avec d'autres notes, il fait nombre aussi-bien qu'elles, et doit être compté pour un tiers ou pour un quart, suivant le nombre de notes que renferme ce temps-là, en y comprenant le point.

Au reste, il n'est pas à craindre, comme on le verra par les exemples, que ces points se confondent jamais avec ceux qui servent à changer d'octaves ; ils en sont trop bien distingués par leur position pour avoir besoin de l'être par leur figure : c'est pourquoi j'ai négligé de le faire, évitant avec soin de me servir de signes extraordinaires, qui distrairoient l'attention, et n'exprimeroient rien de plus que la simplicité des miens.

Les silences n'ont besoin que d'un seul signe. Le zéro paroît le plus convenable; et, les règles que j'ai établies à l'égard des notes étant toutes applicables à leurs silences relatifs, il s'ensuit que le zéro, par sa seule position et par les points qui le peuvent suivre, lesquels alors exprimeront des silences, suffit seul pour remplacer toutes les pauses, soupirs, demi-soupirs, et autres signes bizarres et superflus qui remplissent la musique ordinaire.

Voilà les principes généraux d'où découlent les règles pour toutes sortes d'expressions imaginables, sans qu'il puisse naître à cet égard aucune difficulté qui n'ait été prévue et qui ne soit résolue en conséquence de quelqu'un de ces principes.

Ce système renferme, sans contredit, des avantages essentiels par-dessus la méthode ordinaire.

En premier lieu, la musique sera du double et du triple plus aisée à apprendre;

1° Parce qu'elle contient beaucoup moins de sgnes;

2° Parce que ces signes sont plus simples;

3° Parce que, sans autre étude, les caractères mêmes des notes y représentent leurs intervalles et leurs rapports, au lieu que ces rapports et ces intervalles sont très-difficiles à trouver, et demandent une grande habitude par la musique ordinaire;

4° Parce qu'un même caractère ne peut jamais

avoir qu'un même nom; au lieu que, dans le système ordinaire, chaque position peut avoir sept noms différents sur chaque clef, ce qui cause une confusion dont les écoliers ne se tirent qu'à force de temps, de peine, et d'opiniâtreté;

5° Parce que les temps y sont mieux distingués que dans la musique ordinaire, et que les valeurs des silences et des notes y sont déterminées d'une manière plus simple et plus générale;

6° Parce que, le mode étant toujours connu, il est toujours aisé de préluder et de se mettre au ton : ce qui n'arrive pas dans la musique ordinaire, où souvent les écoliers s'embarrassent ou chantent faux, faute de bien connoître le ton où ils doivent chanter.

En second lieu, la musique en est plus commode et plus aisée à noter, occupe moins de volume; toute sorte de papier y est propre, et les caractères de l'imprimerie suffisant pour la noter, les compositeurs n'auront plus besoin de faire de si grands frais pour la gravure de leurs pièces, ni les particuliers pour les acquérir.

Enfin les compositeurs y trouveroient encore cet autre avantage non moins considérable, qu'outre la facilité de la note, leur harmonie et leurs accords seroient connus par la seule inspection des signes, et sans ces sauts d'une clef à l'autre qui demandent une habitude bien longue, et que plusieurs n'atteignent jamais parfaitement.

DISSERTATION

SUR

LA MUSIQUE MODERNE.

PRÉFACE.

S'il est vrai que les circonstances et les préjugés décident souvent du sort d'un ouvrage, jamais auteur n'a dû plus craindre que moi. Le public est aujourd'hui si indisposé contre tout ce qui s'appelle nouveauté, si rebuté de systèmes et de projets, surtout en fait de musique, qu'il n'est plus guère possible de lui rien offrir en ce genre, sans s'exposer à l'effet de ses premiers mouvements, c'est-à-dire à se voir condamné sans être entendu.

D'ailleurs il faudroit surmonter tant d'obstacles, réunis non par la raison, mais par l'habitude et les préjugés, bien plus forts qu'elle, qu'il ne paroît pas possible de forcer de si puissantes barrières. N'avoir que la raison pour soi, ce n'est pas combattre à armes égales, les préjugés sont presque toujours sûrs d'en triompher; et je ne connois que le seul intérêt capable de les vaincre à son tour.

Je serois rassuré par cette dernière considération, si le public étoit toujours bien attentif à juger de ses vrais intérêts : mais il est pour l'ordinaire assez nonchalant pour en laisser la direction à gens qui en ont de tout opposés; et il aime mieux se plaindre éternellement d'être mal servi, que de se donner des soins pour l'être mieux.

C'est précisément ce qui arrive dans la musique : on se récrie sur la longueur des maîtres et sur la difficulté de l'art, et l'on rebute ceux qui proposent de l'éclaircir et de l'abréger. Tout le monde convient que les caractères de la musique sont dans un état d'imperfection peu proportionné aux progrès qu'on a faits dans les autres parties de cet art : cependant on se défend contre toute proposition de les réformer, comme contre un danger affreux. Imaginer d'autres signes que ceux dont s'est servi le divin Lulli est non seulement la plus haute extravagance dont l'esprit humain soit capable, mais c'est encore une espèce de sacrilége. Lulli est un dieu dont le doigt est venu fixer à jamais l'état de ces sacrés caractères : bons ou mauvais, il n'importe; il faut qu'ils soient éternisés par ses ouvrages. Il n'est plus permis d'y toucher sans se rendre criminel; et il faudra, au pied de la lettre, que tous les jeunes gens qui apprendront désormais la musique paient un tribut de deux ou trois ans de peine au mérite de Lulli.

Si ce ne sont pas là les propres termes, c'est du moins le sens des objections que j'ai ouï faire cent fois contre tout projet qui tendroit à réformer cette partie de la musique. Quoi! faudra-t-il jeter au feu tous nos auteurs, tout renouveler? Lalande, Bernier, Corelli, tout cela seroit donc perdu pour nous? Où prendrions-nous de nouveaux Orphées pour nous en dédommager? et quels seroient les musiciens qui voudroient se résoudre à redevenir écoliers?

Je ne sais pas bien comment l'entendent ceux qui font ces objections; mais il me semble qu'en les réduisant en maximes, et en détaillant un peu les conséquences, on en feroit des aphorismes fort singuliers, pour arrêter tout court le progrès des lettres et des beaux-arts.

D'ailleurs ce raisonnement porte absolument à faux; et l'établissement des nouveaux caractères, bien loin de détruire les anciens ouvrages, les conserveroit doublement par les nouvelles éditions qu'on en feroit, et par les anciennes, qui subsisteroient toujours. Quand on a traduit un auteur, je ne vois pas la nécessité de jeter l'original au feu. Ce n'est donc ni l'ouvrage en lui-même, ni les exemplaires qu'on risqueroit de perdre; et remarquez surtout que, quelque avantageux que pût être un nouveau système, il ne détruiroit jamais l'ancien avec assez de rapidité pour en abolir tout d'un coup l'usage; les livres en seroient usés avant que d'être inutiles, et quand ils ne serviroient que de ressource aux opiniâtres, on trouveroit toujours assez à les employer.

Je sais que les musiciens ne sont pas traitables sur ce chapitre. La musique pour eux n'est pas la science des sons, c'est celle des noires, des blanches, des doubles croches; et, dès que ces figures cesseroient d'affecter leurs yeux, ils ne croiroient jamais voir réellement de la musique. La crainte de redevenir écoliers, et surtout le train de cette habitude qu'ils prennent pour la science même, leur feront toujours regarder avec mépris ou avec effroi tout ce qu'on leur proposeroit en ce genre. Il ne faut donc pas compter sur leur approbation; il faut même compter sur toute leur résistance, dans l'établissement des nouveaux caractères, non pas comme bons ou comme mauvais en eux-mêmes, mais simplement comme nouveaux.

Je ne sais quel auroit été le sentiment particulier de Lulli sur ce point, mais je suis presque sûr qu'il étoit trop grand homme pour donner dans ces petitesses : Lulli auroit senti que sa science ne tenoit point à des caractères; que ses sons ne cesseroient jamais d'être des sons divins, quelques signes qu'on employât pour les exprimer; et qu'enfin c'étoit toujours un service important à rendre à son art et au progrès de ses ouvrages que de les publier dans une langue aussi énergique, mais plus facile à entendre, et qui par là deviendroit plus universelle, dût-il en coûter l'abandon de quelques vieux exemplaires, dont assurément il n'auroit pas cru que le prix fût à comparer à la perfection générale de l'art.

Le malheur est que ce n'est pas à des Lulli que nous avons affaire. Il est plus aisé d'hériter de sa science que de son génie. Je ne sais pourquoi la musique n'est pas amie du raisonnement. Mais si ses élèves sont si scandalisés de voir un confrère réduire son art en principes, l'approfondir, et le traiter méthodiquement, à plus forte raison ne souffriroient-ils pas qu'on osât attaquer les parties mêmes de cet art.

Pour juger de la façon dont on y seroit reçu, on n'a qu'à se rappeler combien il a fallu d'années de lutte et d'opiniâtreté pour substituer l'usage du *si* à ces grossières nuances qui ne sont pas même encore abolies partout. On convenoit bien que l'échelle étoit composée de sept sons différents ; mais on ne pouvoit se persuader qu'il fût avantageux de leur donner à chacun un nom particulier, puisqu'on ne s'en étoit pas avisé jusque-là, et que la musique n'avoit pas laissé d'aller son train.

Toutes ces difficultés sont présentes à mon esprit avec toute la force qu'elles peuvent avoir dans celui des lecteurs : malgré cela, je ne saurois croire qu'elles puissent tenir contre les vérités de démonstration que j'ai à établir. Que tous les systèmes qu'on a proposés en ce genre aient échoué jusqu'ici, je n'en suis point étonné : même, à égalité d'avantages et de défauts, l'ancienne méthode devoit sans contredit l'emporter, puisque, pour détruire un système établi, il faut que celui qu'on veut substituer lui soit préférable, non seulement en les considérant chacun en lui-même et par ce qu'il a de propre, mais encore en joignant au premier toutes les raisons d'ancienneté et tous les préjugés qui le fortifient.

C'est ce cas de préférence où le mien me paroît être, et où l'on reconnoîtra qu'il est en effet s'il conserve les avantages de la méthode ordinaire, s'il en sauve les inconvénients, et enfin s'il résout les objections extérieures qu'on oppose à toute nouveauté de ce genre, indépendamment de ce qu'elle est en soi-même.

A l'égard des deux premiers points, ils seront discutés dans le corps de l'ouvrage, et l'on ne peut savoir à quoi s'en tenir qu'après l'avoir lu. Pour le troisième, rien n'est si simple à décider; il ne faut pour cela qu'exposer le but même de mon projet, et les effets qui doivent résulter de son exécution.

Le système que je propose roule sur deux objets principaux; l'un de noter la musique et toutes ses difficultés d'une manière plus simple, plus commode, et sous un moindre volume.

Le second et le plus considérable est de la rendre aussi aisée à apprendre qu'elle a été rebutante jusqu'à présent, d'en réduire les signes à un plus petit nombre, sans rien retrancher de l'expression, et d'en abréger les règles de façon à faire un jeu de la théorie, et à n'en rendre la pratique dépendante que de l'habitude des organes, sans que la difficulté de la note y puisse jamais entrer pour rien.

Il est aisé de justifier par l'expérience qu'on apprend la musique en deux et trois fois moins de temps par ma méthode que par la méthode ordinaire; que les musiciens formés par elle seront plus sûrs que les autres à égalité de science; et qu'enfin sa facilité est telle, que, quand on voudroit s'en tenir à la musique ordinaire, il faudroit toujours commencer par la mienne pour y parvenir plus sûrement et en moins de temps. Proposition qui, toute paradoxe qu'elle paroît, ne laisse pas d'être exactement vraie, tant par le fait que par la démonstration. Or, ces faits supposés vrais, toutes les objections tombent d'elles-mêmes et sans ressource. En premier lieu, la musique notée suivant l'ancien système ne sera point inutile, et il ne faudra point se tourmenter pour la jeter au feu, puisque les élèves de ma méthode parviendront à chanter à livre ouvert sur la musique ordinaire en moins de temps encore, y compris celui qu'ils auront donné à la mienne, qu'on ne le fait communément. Comme ils sauront donc également l'une et l'autre sans y avoir employé plus de temps, on ne pourra pas déjà dire à l'égard de ceux-là que l'ancienne musique est inutile.

Supposons des écoliers qui n'aient pas des années à sacrifier, et qui veuillent bien se contenter de savoir en sept ou huit mois de temps chanter à livre ouvert sur ma note, je dis que la musique ordinaire ne sera pas même perdue pour eux. A la vérité, au bout de ce temps-là ils ne la sauront pas exécuter à livre ouvert; peut-être même ne la déchiffreront-ils pas sans peine : mais enfin ils la déchiffreront; car, comme ils auront d'ailleurs l'habitude de la mesure et celle de l'intonation, il suffira de sacrifier cinq ou six leçons dans le septième mois à leur en expliquer les principes par ceux qui leur seront déjà connus, pour les mettre en état d'y parvenir aisément par eux-mêmes, et sans le secours d'aucun maître; et quand ils ne voudroient pas se donner ce soin, toujours seront-ils capables de traduire sur-le-champ toute sorte de musique par la leur, et par conséquent ils seroient en état d'en tirer parti même dans un temps où elle est encore indéchiffrable pour les écoliers ordinaires.

Les maîtres ne doivent pas craindre de redevenir écoliers : ma méthode est si simple qu'elle n'a besoin que d'être lue, et non pas étudiée; et j'ai lieu de croire que les difficultés qu'ils y trouveroient viendroient plus des dispositions de leur esprit que de l'obscurité du système, puisque des dames, à qui j'ai eu l'honneur de l'expliquer, ont chanté sur-le-champ, et à livre ouvert, de la musique

notée suivant cette méthode, et ont elles-mêmes noté
des airs fort correctement, tandis que des musiciens du
premier ordre auroient peut-être affecté de n'y rien comprendre.

Les musiciens, je dis du moins le plus grand nombre,
ne se piquent guère de juger des choses sans préjugés et
sans passion; et communément ils les considèrent bien
moins par ce qu'elles sont en elles-mêmes que par le
rapport qu'elles peuvent avoir à leur intérêt. Il est vrai
que, même en ce sens-là, ils n'auroient nul sujet de s'opposer au succès de mon système, puisque, dès qu'il est
publié, ils en sont les maîtres aussi-bien que moi, et que
la facilité qu'il introduit dans la musique devant naturellement lui donner un cours plus universel, ils n'en seront que plus occupés en contribuant à le répandre. Il
est cependant très-probable qu'ils ne s'y livreront pas
les premiers, et qu'il n'y a que le goût décidé du public
qui puisse les engager à cultiver un système dont les
avantages paroissent autant d'innovations dangereuses
contre la difficulté de leur art.

Quand je parle des musiciens en général, je ne pré-
tends point y confondre ceux d'entre ces messieurs qui
font l'honneur de cet art par leur caractère et par leurs
lumières. Il n'est que trop connu que ce qu'on appelle
peuple domine toujours par le nombre dans toutes les
sociétés et dans tous les états, mais il ne l'est pas moins
qu'il y a partout des exceptions honorables; et tout ce
qu'on pourroit dire en particulier contre la profession
de la musique, c'est que le peuple y est peut-être un peu
plus nombreux, et les exceptions plus rares.

Quoi qu'il en soit, quand on voudroit supposer et
grossir tous les obstacles qui peuvent arrêter l'effet de
mon projet, on ne sauroit nier ce fait, plus clair que le
jour, qu'il y a dans Paris deux et trois mille personnes

qui, avec beaucoup de dispositions, n'apprendront jamais la musique par l'unique raison de sa longueur et de sa difficulté. Quand je n'aurois travaillé que pour ceux-là, voilà déjà une utilité sans réplique. Et qu'on ne dise pas que cette méthode ne leur servira de rien pour exécuter sur la musique ordinaire ; car, outre que j'ai déjà répondu à cette objection, il sera d'autant moins nécessaire pour eux d'y avoir recours, qu'on aura soin de leur donner des éditions des meilleures pièces de musique de toute espèce et des recueils périodiques d'airs à chanter et de symphonie, en attendant que le système soit assez répandu pour en rendre l'usage universel.

Enfin, si l'on outroit assez la défiance pour s'imaginer que personne n'adopteroit mon système, je dis que, même dans ce cas-là, il seroit encore avantageux aux amateurs de l'art de le cultiver pour leur commodité particulière. Les exemples qu'on trouve notés à la fin de cet ouvrage feront assez comprendre les avantages de mes signes sur les signes ordinaires, soit pour la facilité, soit pour la précision. On peut avoir en cent occasions des airs à noter sans papier réglé ; ma méthode vous en donne un moyen très-commode et très-simple. Voulez-vous envoyer en province des airs nouveaux, des scènes entières d'opéra ; sans augmenter le volume de vos lettres, vous pouvez écrire sur la même feuille de très-longs morceaux de musique. Voulez-vous, en composant, peindre aux yeux le rapport de vos parties, le progrès de vos accords, et tout l'état de votre harmonie ; la pratique de mon système satisfait à tout cela. Et je conclus enfin qu'à ne considérer ma méthode que comme cette langue particulière des prêtres égyptiens qui ne servoit qu'à traiter des sciences sublimes, elle seroit encore infiniment utile aux initiés dans la musique, avec cette différence, qu'au lieu d'être plus difficile elle seroit plus aisée que la langue ordinaire, et ne pourroit, par conséquent, être long-temps un mystère pour le public.

Il ne faut point regarder mon système comme un projet tendant à détruire les anciens caractères. Je veux croire que cette entreprise seroit chimérique, même avec la substitution la plus avantageuse; mais je crois aussi que la commodité des miens, et surtout leur extrême facilité, méritent toujours qu'on les cultive, indépendamment de ce que les autres pourront devenir.

Au reste, dans l'état d'imperfection où sont depuis si long-temps les signes de la musique, il n'est point extraordinaire que plusieurs personnes aient tenté de les refondre ou de les corriger. Il n'est pas même bien étonnant que plusieurs se soient rencontrés dans le choix des signes les plus naturels et les plus propres à cette substitution, tels que sont les chiffres. Cependant, comme la plupart des hommes ne jugent guère des choses que sur le premier coup d'œil, il pourra très-bien arriver que, par cette unique raison de l'usage des mêmes caractères, on m'accusera de n'avoir fait que copier, et de donner ici un système renouvelé. J'avoue qu'il est aisé de sentir que c'est bien moins le genre des signes que la manière de les employer qui constitue la différence en fait de systèmes : autrement il faudroit dire, par exemple, que l'algèbre et la langue françoise ne sont que la même chose, parce qu'on s'y sert également des lettres de l'alphabet. Mais cette réflexion ne sera pas probablement celle qui l'emportera; et il paroît si heureux, par une seule objection, de m'ôter à la fois le mérite de l'invention, et de mettre sur mon compte les vices des autres systèmes, qu'il est des gens capables d'adopter cette critique uniquement à raison de sa commodité.

Quoiqu'un pareil reproche ne me fût pas tout-à-fait indifférent, j'y serois bien moins sensible qu'à ceux qui pourroient tomber directement sur mon système. Il importe beaucoup plus de savoir s'il est avantageux, que d'en bien connoître l'auteur ; et quand on me refuseroit l'honneur de l'invention, je serois moins touché de cette injustice que du plaisir de le voir utile au public. La seule grâce que j'ai droit de lui demander, et que peu de gens m'accorderont, c'est de vouloir bien n'en juger qu'après avoir lu mon ouvrage et ceux qu'on m'accuseroit d'avoir copiés.

J'avois d'abord résolu de ne donner ici qu'un plan très-abrégé, et tel à peu près qu'il étoit contenu dans le mémoire que j'eus l'honneur de lire à l'Académie royale des Sciences le 22 août 1742. J'ai réfléchi cependant qu'il falloit parler au public autrement qu'on ne parle à une académie, et qu'il y avoit bien des objections de toute espèce à prévenir. Pour répondre donc à celles que j'ai pu prévoir, il a fallu faire quelques additions qui ont mis mon ouvrage en l'état où le voilà. J'attendrai l'approbation du public pour en donner un autre, qui contiendra les principes absolus de ma méthode tels qu'ils doivent être enseignés aux écoliers. J'y traiterai d'une nouvelle manière de chiffrer l'accompagnement de l'orgue et du clavecin entièrement différente de tout ce qui a paru jusqu'ici dans ce genre, et telle qu'avec quatre signes seulement je chiffre toute sorte de basses continues de manière à rendre la modulation et la basse-fondamentale toujours parfaitement connues de l'accompagnateur, sans qu'il lui soit possible de s'y tromper. Suivant cette méthode, on peut, sans voir la basse figurée, accompagner très-juste par les chiffres seuls, qui, au lieu d'avoir rapport à cette basse figurée, l'ont directement à la fondamentale. Mais ce n'est pas ici le lieu d'en dire davantage sur cet article.

DISSERTATION

SUR

LA MUSIQUE MODERNE.

> Immutat animus ad pristina.
> Lucr.

Il paroît étonnant que les signes de la musique étant restés aussi long-temps dans l'état d'imperfection où nous les voyons encore aujourd'hui, la difficulté de l'apprendre n'ait pas averti le public que c'étoit la faute des caractères et non pas celle de l'art; ou que, s'en étant aperçu, on n'ait pas daigné y remédier. Il est vrai qu'on a donné souvent des projets en ce genre; mais, de tous ces projets, qui, sans avoir les avantages de la musique ordinaire, en avoient les inconvénients, aucun, que je sache, n'a jusqu'ici touché le but, soit qu'une pratique trop superficielle ait fait échouer ceux qui l'ont voulu considérer théoriquement, soit que le génie étroit et borné des musiciens ordinaires les ait empêchés d'embrasser un plan général et raisonné, et de sentir les vrais défauts de leur art, de la perfection actuelle duquel ils sont, pour l'ordinaire, très-entêtés.

La musique a eu le sort des arts qui ne se perfectionnent que successivement: les inventeurs de ses caractères n'ont songé qu'à l'état où elle se trouvoit de leur temps, sans prévoir celui où elle pourroit parvenir dans la suite. Il est arrivé de là que leur système s'est bientôt trouvé défectueux, et d'autant plus défectueux, que l'art s'est plus perfectionné : à mesure qu'on avançoit, on établissoit des règles pour remédier aux inconvénients présents, et pour multiplier une expression trop bornée, qui ne pouvoit suffire aux nouvelles combinaisons dont on la chargeoit tous les jours. En un mot, les inventeurs en ce genre, comme le dit M. Sauveur, n'ayant eu en vue que quelques propriétés des sons, et surtout la pratique du chant qui étoit en usage de leur temps, ils se sont contentés de faire, par rapport à cela, des systèmes de musique que d'autres ont peu à peu changés, à mesure que le goût de la musique changeoit. Or, il n'est pas possible qu'un système, fût-il d'ailleurs le meilleur du monde dans son origine, ne se charge à la fin d'embarras et de difficultés, par les changements qu'on y fait et les chevilles qu'on y ajoute; et cela ne sauroit jamais faire qu'un tout fort embrouillé et fort mal assorti.

C'est le cas de la méthode que nous pratiquons aujourd'hui dans la musique; en exceptant cependant la simplicité du principe, qui ne s'y est jamais rencontrée : comme le fondement en est absolument mauvais, on ne l'a pas proprement gâté, on n'a fait que le rendre pire par les additions qu'on a été contraint d'y faire.

Il n'est pas aisé de savoir précisément en quel état étoit la musique quand Gui d'Arezze [1] s'avisa de supprimer tous les caractères qu'on y employoit, pour leur substituer les notes qui sont en usage aujourd'hui. Ce qu'il y a de vraisemblable c'est que ces premiers caractères étoient les mêmes avec lesquels les anciens Grecs exprimoient cette musique merveilleuse, de laquelle, quoi qu'on en dise, la nôtre n'approchera jamais quant à ses effets ; et ce qu'il y a de sûr c'est que Gui rendit un fort mauvais service à la musique, et qu'il est fâcheux pour nous qu'il n'ait pas trouvé en son chemin des musiciens aussi indociles que ceux d'aujourd'hui.

Il n'est pas douteux que les lettres de l'alphabet des Grecs ne fussent en même temps les caractères de leur musique et les chiffres de leur arithmétique : de sorte qu'ils n'avoient besoin que d'une seule espèce de signes, en tout au nombre de vingt-quatre, pour exprimer toutes les variations du discours, tous les rapports des nombres, et toutes les combinaisons des sons ; en quoi ils étoient bien plus sages ou plus heureux que nous, qui sommes contraints de travailler notre imagination sur une multitude de signes inutilement diversifiés.

---

[1] Soit Gui d'Arezze, soit Jean de Mure, le nom de l'auteur ne fait rien au système ; et je ne parle du premier que parce qu'il est plus connu.

Mais, pour ne m'arrêter qu'à ce qui regarde mon sujet, comment se peut-il qu'on ne s'aperçoive point de cette foule de difficultés que l'usage des notes a introduites dans la musique; ou que, s'en apercevant, on n'ait pas le courage d'en tenter le remède, d'essayer de la ramener à sa première simplicité, et, en un mot, de faire pour sa perfection ce que Gui d'Arezze a fait pour la gâter? car, en vérité, c'est le mot, et je le dis malgré moi.

J'ai voulu chercher les raisons dont cet auteur dut se servir pour faire abolir l'ancien système en faveur du sien, et je n'en ai jamais pu trouver d'autres que les deux suivantes : 1. les notes sont plus apparentes que les chiffres; 2. et leur position exprime mieux à la vue la hauteur et l'abaissement des sons. Voilà donc les seuls principes sur lesquels notre Arétin bâtit un nouveau système de musique, anéantit toute celle qui étoit en usage depuis deux mille ans, et apprit aux hommes à chanter difficilement.

Pour trouver si Gui raisonnoit juste, même en admettant la vérité de ces deux propositions, la question se réduiroit à savoir si les yeux doivent être ménagés aux dépens de l'esprit, et si la perfection d'une méthode consiste à en rendre les signes plus sensibles en les rendant plus embarrassants, car c'est précisément le cas de la sienne.

Mais nous sommes dispensés d'entrer là-dessus en discussion, puisque ces deux propositions étant également fausses et ridicules, elles n'ont jamais pu servir de fondement qu'à un très-mauvais système.

En premier lieu, on voit d'abord que les notes de la musique remplissant beaucoup plus de place que les chiffres auxquels on les substitue, on peut, en faisant ces chiffres beaucoup plus gros, les rendre du moins aussi visibles que les notes, sans occuper plus de volume : on voit, de plus, que la musique notée ayant des points, des quarts-de-soupir, des lignes, des clefs, des dièses, et d'autres signes nécessaires autant et plus menus que les chiffres, c'est par ces signes-là, et non par la grosseur des notes, qu'il faut déterminer le point de vue.

En second lieu, Gui ne devoit pas faire sonner si haut l'utilité de la position des notes, puisque, sans parler de cette foule d'inconvéniens dont elle est la cause, l'avantage qu'elle procure se trouve déjà tout entier dans la musique naturelle, c'est-à-dire dans la musique par chiffres : on y voit du premier coup d'œil, de même qu'à l'autre, si un son est plus haut ou plus bas que celui qui le précède ou que celui qui le suit; avec cette différence seulement, que, dans la méthode des chiffres, l'intervalle ou le rapport des deux sons qui le composent est précisément connu par la seule inspection, au lieu que, dans la musique ordinaire, vous connoissez à l'œil qu'il faut monter ou descendre; et vous ne connoissez rien de plus.

On ne sauroit croire quelle application, quelle persévérance, quelle adroite mécanique est nécessaire dans le système établi pour acquérir passablement la science des intervalles et des rapports : c'est l'ouvrage pénible d'une habitude toujours trop longue et jamais assez étendue, puisque, après une pratique de quinze et vingt ans, le musicien trouve encore des sauts qui l'embarrassent, non seulement quant à l'intonation, mais encore quant à la connoissance de l'intervalle, surtout lorsqu'il est question de sauter d'une clef à l'autre. Cet article mérite d'être approfondi, et j'en parlerai plus au long.

Le système de Gui est tout-à-fait comparable, quant à son idée, à celui d'un homme qui, ayant fait réflexion que les chiffres n'ont rien dans leurs figures qui réponde à leurs différentes valeurs, proposeroit d'établir entre eux une certaine grosseur relative et proportionnelle aux nombres qu'ils expriment. Le deux, par exemple, seroit du double plus gros que l'unité, le trois, de la moitié plus gros que le deux, et ainsi de suite. Les défenseurs de ce système ne manqueroient pas de vous prouver qu'il est très-avantageux dans l'arithmétique d'avoir sous les yeux des caractères uniformes qui, sans aucune différence par la figure, n'en auroient que par la grandeur, et peindroient en quelque sorte aux yeux les rapports dont ils seroient l'expression.

Au reste, cette connoissance oculaire des hauts, des bas et des intervalles, est si nécessaire dans la musique, qu'il n'y a personne qui ne sente le ridicule de certains projets qui ont été quelquefois donnés pour noter sur une seule ligne par les caractères les plus bizarres, les plus mal imaginés, et les moins analogues à leur signification ; des queues tournées à droite, à gauche, en haut, en bas, et de biais, dans tous les sens, pour représenter des *ut*, des *re*, des *mi*, etc. ; des têtes et des queues différemment situées pour répondre aux dénominations *pa, ra, ga, so, bo, lo, do*, ou d'autres signes tout aussi singulièrement appliqués. On sent d'abord que tout cela ne dit rien aux yeux et n'a nul rapport à ce qu'il doit signifier ; et j'ose dire que les hommes ne trouveront jamais de caractères convenables ni naturels que les seuls chiffres pour exprimer les sons et tous leurs rapports. On en connoîtra mille fois les raisons dans le cours de cette lecture : en attendant, il suffit de remarquer que les chiffres étant l'expression qu'on a donnée aux nombres, et les nombres eux-mêmes étant les exposants de la génération des sons, rien n'est si naturel que l'expression des divers sons par les chiffres de l'arithmétique.

Il ne faut donc pas être surpris qu'on ait tenté quelquefois de ramener la musique à cette expression naturelle. Pour peu qu'on réfléchisse sur cet art, non en musicien, mais en philosophe, on en sent bientôt les défauts : l'on sent encore que ces défauts sont inhérents au fond même du système et dépendants uniquement du mauvais choix et non pas du mauvais usage de ses caractères ; car d'ailleurs on ne sauroit disconvenir qu'une longue pratique, suppléant en cela au raisonnement, ne nous ait appris à les combiner de la manière la plus avantageuse qu'ils peuvent l'être.

Enfin le raisonnement nous mène encore jusqu'à connaître sensiblement que la musique dépendant des nombres, elle devroit avoir la même expression qu'eux ; nécessité qui ne naît pas seulement d'une certaine convenance générale, mais du fond même des principes physiques de cet art.

Quand on est une fois parvenu là par une suite de raisonnements bien fondés et bien conséquents, c'est alors qu'il faut quitter la philosophie et redevenir musicien ; et c'est justement ce que n'a fait aucun de ceux qui, jusqu'à présent, ont proposé des systèmes en ce genre. Les uns, partant quelquefois d'une théorie très-fine, n'ont jamais su venir à bout de la ramener à l'usage ; et les autres, n'embrassant proprement que la mécanique de leur art, n'ont pu remonter jusqu'aux grands principes qu'ils ne connoissoient pas, et d'où cependant il faut nécessairement partir pour embrasser un système lié. Le défaut de pratique dans les uns, le défaut de théorie dans les autres, et peut-être, s'il faut le dire, le défaut de génie dans tous, ont fait que, jusqu'à présent, aucun des projets qu'on a publiés n'a remédié aux inconvénients de la musique ordinaire, en conservant ses avantages.

Ce n'est pas qu'il se trouve une grande difficulté dans l'expression des sons par les chiffres, puisqu'on pourroit toujours les représenter en nombre, ou par les degrés de leurs intervalles, ou par les rapports de leurs vibrations; mais l'embarras d'employer une certaine multitude de chiffres sans ramener les inconvénients de la musique ordinaire, et le besoin de fixer le genre et la progression des sons par rapport à tous les différents modes, demandent plus d'attention qu'il ne paroît d'abord; car la question est proprement de trouver une méthode générale pour représenter, avec un très-petit nombre de caractères, tous les sons de la musique considérés dans chacun des vingt-quatre modes.

Mais la grande difficulté où tous les inventeurs de systèmes ont échoué, c'est celle de l'expression des différentes durées des silences et des sons. Trompés par les fausses règles de la musique ordinaire, ils n'ont jamais pu s'élever au-dessus de l'idée des rondes, des noires et des croches; ils se sont rendus les esclaves de cette mécanique, ils ont adopté les mauvaises relations qu'elle établit. Ainsi, pour donner aux notes des valeurs déterminées, il a fallu inventer de nouveaux signes, introduire dans chaque note une complication de figures par rapport à la durée et par rapport au son : d'où s'ensuivant des inconvénients que n'a pas la musique ordinaire, c'est avec raison que toutes ces méthodes sont tombées dans le décri. Mais enfin les défauts de cet art n'en subsistent pas moins, pour avoir été comparés avec des défauts plus grands; et, quand on publieroit encore mille méthodes plus mauvaises, on en seroit toujours au même point de la question, et tout cela ne rendroit pas plus parfaite celle que nous pratiquons aujourd'hui.

Tout le monde, excepté les artistes, ne cesse de se plaindre de l'extrême longueur qu'exige l'étude de la musique avant que de la posséder passablement : mais, comme la musique est une des sciences sur lesquelles on a moins réfléchi, soit que le plaisir qu'on y prend nuise au sang froid nécessaire pour méditer, soit que ceux qui la pratiquent ne soient pas trop communément gens à réflexion, on ne s'est guère avisé jusqu'ici de rechercher les véritables causes de sa difficulté, et l'on a injustement taxé l'art même des défauts que l'artiste y avoit introduits.

On sent bien, à la vérité, que cette quantité de lignes, de clefs, de transpositions, de dièses, de bémols, de bécarres, de mesures simples et composées, de rondes, de blanches, de noires, de croches, de doubles, de triples croches, de pauses, de demi-pauses, de soupirs, de demi-soupirs, de quarts-de-soupir, etc., donne une foule de signes et de combinaisons d'où résultent bien de l'embarras et bien des inconvénients. Mais quels sont précisément ces inconvénients? Naissent-ils directement de la musique elle-même, ou de la mauvaise manière de l'exprimer? Sont-ils susceptibles de corrections? et quels sont les remèdes convenables qu'on y pourroit apporter? Il est rare qu'on pousse l'examen jusque-là; et, après avoir eu la patience pendant des années entières de s'emplir la tête de sons et la mémoire de verbiage, il arrive souvent qu'on est tout étonné de ne rien concevoir à tout cela, qu'on prend en dégoût la musique et le musicien, et qu'on laisse là l'un et l'autre, plus convaincu de l'ennuyeuse difficulté de cet art que de ses charmes si vantés.

J'entreprends de justifier la musique des torts dont on l'accuse, et de montrer qu'on peut, par des routes plus courtes et plus faciles, parvenir à la posséder plus parfaitement et avec plus d'intelligence que par la méthode ordinaire, afin que, si le public persiste à vouloir s'y tenir, il ne s'en prenne du moins qu'à lui-même des difficultés qu'il y trouvera.

Sans vouloir entrer ici dans le détail de tous les défauts du système établi, j'aurai cependant occasion de parler des plus considérables; et il sera bon d'y remarquer toujours que ces inconvéniens étant des suites nécessaires du fond même de la méthode, il est absolument impossible de les corriger autrement que par une refonte générale, telle que je la propose : il reste à examiner si mon système remédie en effet à tous ces défauts sans en introduire d'équivalents, et c'est à cet examen que ce petit ouvrage est destiné.

En général, on peut réduire tous les vices de la musique ordinaire à trois classes principales. La première est la multitude des signes et de leurs combinaisons, qui surchargent inutilement l'esprit et la mémoire des commençants; de façon que, l'oreille étant formée, et les organes ayant acquis toute la facilité nécessaire long-temps avant qu'on soit en état de chanter à livre ouvert, il s'ensuit que la difficulté est toute dans l'observation des règles, et nullement dans l'exécution du chant. La seconde est le défaut d'évidence dans le genre des intervalles exprimés sur la même ou sur différentes clefs; défaut d'une si grande étendue, que non seulement il est la cause principale de la lenteur du progrès des écoliers, mais encore qu'il n'est point de musicien formé qui n'en soit quelquefois incommodé dans l'exécution. La troisième enfin est l'extrême diffusion des caractères et le trop grand volume qu'ils occupent; ce qui, joint à ces lignes et à ces portées si ennuyeuses à tracer, devient une source d'embarras de plus d'une espèce. Si le premier mérite des signes d'institution est d'être clairs, le second est d'être concis : quel jugement doit-on porter des notes de notre musique, à qui l'un et l'autre manquent?

Il paroît d'abord assez difficile de trouver une méthode qui puisse remédier à tous ces inconvénients à la fois. Comment donner plus d'évidence à nos signes, sans les augmenter en nombre ? et comment les augmenter en nombre, sans les rendre d'un côté plus longs à apprendre, plus difficiles à retenir, et de l'autre plus étendus dans leur volume ?

Cependant, à considérer la chose de près, on sent bientôt que tous ces défauts partent de la même source; savoir, de la mauvaise institution des signes et de la quantité qu'il en a fallu établir pour suppléer à l'expression bornée et mal entendue qu'on leur a donnée en premier lieu ; et il est démonstratif que dès qu'on aura inventé des signes équivalents, mais plus simples et en moindre quantité, ils auront par là même plus de précision, et pourront exprimer autant de choses en moins d'espace.

Il seroit avantageux, outre cela, que ces signes fussent déjà connus, afin que l'attention fût moins partagée, et faciles à figurer, afin de rendre la musique plus commode.

Voilà les vues que je me suis proposées en méditant le système que je présente au public. Comme je destine un autre ouvrage au détail de ma méthode, telle qu'elle doit être enseignée aux écoliers, on n'en trouvera ici qu'un plan général, qui suffira pour en donner la parfaite intelligence aux personnes qui cultivent actuellement la musique, et dans lequel j'espère, malgré sa briéveté, que la simplicité de mes principes ne donnera lieu ni à l'obscurité ni à l'équivoque.

Il faut d'abord considérer dans la musique deux objets principaux, chacun séparément : le premier doit être l'expression de tous les sons possibles; et l'autre, celle de toutes les différentes durées, tant des sons que de leurs silences relatifs, ce qui comprend aussi la différence des mouvements.

Comme la musique n'est qu'un enchaînement de sons qui se font entendre, ou tous ensemble, ou successivement, il suffit que tous ces sons aient des expressions relatives qui leur assignent à chacun la place qu'il doit occuper par rapport à un certain son fondamental naturel ou arbitraire, pourvu que ce son fondamental soit nettement exprimé, et que la relation soit facile à connoître : avantages que n'a déjà point la musique ordinaire, où le son fondamental n'a nulle évidence particulière, et où tous les rapports des notes ont besoin d'être long-temps étudiés.

Mais comment faut-il procéder pour déterminer ce son fondamental de la manière la plus avantageuse qu'il est possible? C'est d'abord une question qui mérite fort d'être examinée. On voit déjà qu'il n'est aucun son dans la nature qui contienne quelque propriété particulière et connue par laquelle on puisse le distinguer toutes les fois qu'on l'entendra. Vous ne sauriez décider sur un son unique que ce soit un *ut* plûtôt qu'un *la* ou un *re* ; et tant que vous l'entendrez seul vous n'y pouvez rien apercevoir qui vous doive engager à lui attribuer un nom plutôt qu'un autre. C'est ce qu'avoit déjà remarqué M. de Mairan. Il n'y a, dit-il, dans la nature ni *ut* ni *sol* qui soit quinte ou quarte par soi-même, parce que *ut, sol* ou *re* n'existent qu'hypothétiquement selon le son fondamental que l'on a adopté. La sensation de chacun des tons n'a rien en soi de propre à la place qu'il tient dans l'étendue du clavier, rien qui le distingue des autres pris séparément. Le *re* de l'Opéra pourroit être l'*ut* de chapelle, ou au contraire : la même vitesse, la même fréquence de vibrations qui constitue l'un pourra servir, quand on voudra, à constituer l'autre ; ils ne diffèrent dans le sentiment qu'en qualité de plus haut ou de plus bas, comme huit vibrations, par exemple, diffèrent de neuf, et non pas d'une différence spécifique de sensation.

Voilà donc tous les sons imaginables réduits à la seule faculté d'exciter les sensations par les vibrations qui les produisent, et la propriété spécifique de chacun d'eux réduite au nombre particulier de ces vibrations pendant un temps déterminé :

or, comme il est impossible de compter ces vibrations, du moins d'une manière directe, il reste démontré qu'on ne peut trouver dans les sons aucune propriété spécifique par laquelle on les puisse reconnoître séparément, et à plus forte raison qu'il n'y a aucun d'eux qui mérite, par préférence, d'être distingué de tous les autres et de servir de fondement aux rapports qu'ils ont entre eux.

Il est vrai que M. Sauveur avoit proposé un moyen de déterminer un son fixe qui eût servi de base à tous les tons de l'échelle générale : mais ses raisonnements mêmes prouvent qu'il n'est point de son fixe dans la nature; et l'artifice très-ingénieux et très-impraticable qu'il imagina pour en trouver un arbitraire prouve encore combien il y a loin des hypothèses, ou même, si l'on veut, des vérités de spéculation, aux simples règles de pratique.

Voyons cependant si, en épiant la nature de plus près, nous ne pourrons point nous dispenser de recourir à l'art pour établir un ou plusieurs sons fondamentaux qui puissent nous servir de principe de comparaison pour y rapporter tous les autres.

D'abord, comme nous ne travaillons que pour la pratique, dans la recherche des sons, nous ne parlerons que de ceux qui composent le système tempéré, tel qu'il est universellement adopté, comptant pour rien ceux qui n'entrent point dans la pratique de notre musique, et considérant comme justes sans exception tous les accords qui résultent du tempérament. On verra bientôt que cette supposition, qui est la même qu'on admet dans la musique ordinaire, n'ôtera rien à la variété que le système tempéré introduit dans l'effet des différentes modulations.

En adoptant donc la suite de tous les sons du clavier, telle qu'elle est pratiquée sur les orgues et les clavecins, l'expérience m'apprend qu'un certain son auquel on a donné le nom d'*ut*, rendu par un tuyau long de seize pieds, ouvert, fait entendre assez distinctement, outre le son principal, deux autres sons plus foibles, l'un à la tierce majeure, et l'autre à la quinte [1], auxquels on a donné les noms de *mi* et de *sol*. J'écris à part ces trois noms; et, cherchant un tuyau à la quinte du premier qui rende le même son que je viens d'appeler *sol* ou son octave, j'en trouve un de dix pieds huit pouces de longueur, lequel, outre le son principal *sol*, en rend aussi deux autres, mais plus foiblement; je les appelle *si* et *re*, et je trouve qu'ils sont précisément en même rapport avec le

---

[1] C'est-à-dire à la douzième, qui est la réplique de la quinte, et à la dix-septième, qui est la duplique de la tierce majeure. L'octave, même plusieurs octaves s'entendent aussi assez distinctement, et s'entendroient bien mieux encore si l'oreille ne les confondoit quelquefois avec le son principal.

sol, que le *sol* et le *mi* l'étoient avec l'*ut* ; je les écris à la suite des autres, omettant comme inutile d'écrire le *sol* une seconde fois. Cherchant un troisième tuyau à l'unisson de la quinte *re*, je trouve qu'il rend encore deux autres sons, outre le son principal *re*, et toujours en même proportion que les précédents ; je les appelle *fa* et *la* [1], et je les écris encore à la suite des précédents. En continuant de même sur le *la*, je trouverois encore deux autres sons : mais, comme j'aperçois que la quinte est ce même *mi* qui a fait la tierce du premier son *ut*, je m'arrête là, pour ne pas redoubler inutilement mes expériences, et j'ai les sept noms suivants, répondants au premier son *ut* et aux six autres que j'ai trouvés de deux en deux :

Ut, mi, sol, si, re, fa, la.

Rapprochant ensuite tous ces sons par octaves dans les plus petits intervalles où je puis les placer, je les trouve rangés de cette sorte,

Ut, re, mi, fa, sol, la, si.

Et ces sept notes ainsi rangées indiquent justement le progrès diatonique affecté au mode

[1] Le *fa* qui fait la tierce majeure du *re* se trouve, par conséquent, dièse dans cette progression ; et il faut avouer qu'il n'est pas aisé de développer l'origine du *fa* naturel considéré comme quatrième note du ton : mais il y auroit là-dessus des observations à faire qui nous mèneroient loin, et qui ne seroient pas propres à cet ouvrage. Au reste, nous devons d'autant moins nous arrêter à cette légère

majeur par la nature même : or, comme le premier son *ut* a servi de principe et de base à tous les autres, nous le prendrons pour ce son fondamental que nous avions cherché, parce qu'il est bien réellement la source et l'origine d'où sont émanés tous ceux qui le suivent. Parcourir ainsi tous les sons de cette échelle, en commençant et finissant par le son fondamental, et en préférant toujours les premiers engendrés aux derniers, c'est ce qu'on appelle moduler dans le ton d'*ut* majeur, et c'est là proprement la gamme fondamentale, qu'on est convenu d'appeler naturelle préférablement aux autres, et qui sert de règle de comparaison pour y conformer les sons fondamentaux de tous les tons praticables. Au reste, il est bien évident qu'en prenant le son rendu par tout autre tuyau pour le son fondamental *ut*, nous serions parvenus par des sons différents à une progression toute semblable, et que par conséquent ce choix n'est que de pure convention, et tout aussi arbitraire que celui d'un tel ou tel méridien pour déterminer les degrés de longitude.

Il suit de là que ce que nous avons fait en prenant *ut* pour base de notre opération, nous le pouvons faire de même en commençant par un des six sons qui le suivent, à notre choix, et qu'appelant *ut*

exception, qu'on peut démontrer que le *fa* naturel ne sauroit être traité dans le ton d'*ut* que comme dissonance ou préparation à la dissonance.

ce nouveau son fondamental, nous arriverons à la même progression que ci-devant, et nous trouverons tout de nouveau

Ut, re, mi, fa, sol, la, si ;

avec cette unique différence, que ces derniers sons étant placés à l'égard de leur son fondamental de la même manière que les précédents l'étoient à l'égard du leur, et ces deux sons fondamentaux étant pris sur différents tuyaux, il s'ensuit que leurs sons correspondants sont aussi rendus par différents tuyaux, et que le premier *ut*, par exemple, n'étant pas le même que le second, le premier *re* n'est pas non plus le même que le second.

A présent l'un de ces deux tons étant pris pour le naturel, si vous voulez savoir ce que les différents sons du second sont à l'égard du premier, vous n'avez qu'à chercher à quel son naturel du premier ton se rapporte le fondamental du second, et le même rapport subsistera toujours entre les sons de même dénomination de l'un et de l'autre ton dans les octaves correspondantes. Supposant, par exemple, que l'*ut* du second ton soit un *sol* au naturel, c'est-à-dire à la quinte de l'*ut* naturel, le *re* du second ton sera sûrement un *la* naturel, c'est-à-dire la quinte du *re* naturel ; le *mi* sera un *si*, le *fa* un *ut* ; etc. ; et alors on dira qu'on est au ton majeur de *sol*, c'est-à-dire qu'on a pris le *sol* naturel pour en faire le son fondamental d'un autre ton majeur.

Mais si, au lieu de m'arrêter en *la* dans l'expérience des trois sons rendus par chaque tuyau, j'avois continué ma progression de quinte en quinte jusqu'à me retrouver au premier *ut* d'où j'étois parti d'abord, ou à l'une de ses octaves, alors j'aurois passé par cinq nouveaux sons altérés des premiers, lesquels font avec eux la somme de douze sons différents renfermés dans l'étendue de l'octave, et faisant ensemble ce qu'on appelle les douze cordes du système chromatique.

Ces douze sons, répliqués à différentes octaves, font toute l'étendue de l'échelle générale, sans qu'il puisse jamais s'en présenter aucun autre, du moins dans le système tempéré, puisque, après avoir parcouru de quinte en quinte tous les sons que les tuyaux faisoient entendre, je suis arrivé à la réplique du premier par lequel j'avois commencé, et que par conséquent, en poursuivant la même opération, je n'aurois jamais que les répliques, c'est-à-dire les octaves des sons précédents.

La méthode que la nature m'a indiquée, et que j'ai suivie pour trouver la génération de tous les sons pratiqués dans la musique, m'apprend donc en premier lieu, non pas à trouver un son fondamental proprement dit, qui n'existe point, mais à tirer d'un son établi par convention tous les mêmes avantages qu'il pourroit avoir s'il étoit réellement fondamental, c'est-à-dire en faire réellement l'origine et le générateur de tous les autres sons qui sont en usage, et qui n'y peuvent être qu'en conséquence de certains rapports déterminés qu'ils ont avec lui, comme les touches du clavier à l'égard du *C sol ut*.

Elle m'apprend, en second lieu, qu'après avoir déterminé le rapport de chacun de ces sons avec le fondamental, on peut à son tour le considérer comme fondamental lui-même ; puisque, le tuyau qui le rend faisant entendre sa tierce majeure et sa quinte aussi-bien que le fondamental, on trouve, en partant de ce son là comme générateur, une gamme qui ne diffère en rien, quant à sa progression, de la gamme établie en premier lieu ; c'est-à-dire, en un mot, que chaque touche du clavier peut et doit même être considérée sous deux sens tout-à-fait différents. Suivant le premier, cette touche représente un son relatif au *C sol ut*, et qui, en cette qualité, s'appelle *re*, ou *mi*, ou *sol*, etc., selon qu'il est le second, le troisième, ou le cinquième degré de l'octave renfermée entre deux *ut* naturels. Suivant le second sens, elle est le fondement d'un ton majeur, et alors elle doit constamment porter le nom d'*ut* ; et toutes les autres touches ne devant être considérées que par les rapports qu'elles ont avec la fondamentale, c'est ce rapport qui détermine alors le nom qu'elles doivent porter, suivant le degré qu'elles occupent.

Comme l'octave renferme douze sons, il faut indiquer celui qu'on choisit, et alors c'est un *la* ou un *re*; etc., naturel; cela détermine le son : mais quand il faut le rendre fondamental et y fixer le ton, alors c'est constamment un *ut*, et cela détermine le progrès.

Il résulte de cette explication que chacun des douze sons de l'octave peut être fondamental ou relatif, suivant la manière dont il sera employé : avec cette distinction, que la disposition de l'*ut* naturel dans l'échelle des tons le rend fondamental naturellement, mais qu'il peut toujours devenir relatif à tout autre son que l'on voudra choisir pour fondamental; au lieu que ces autres sons, naturellement relatifs à celui d'*ut*, ne deviennent fondamentaux que par une détermination particulière. Au reste, il est évident que c'est la nature même qui nous conduit à cette distinction de fondement et de rapports dans les sons : chaque son peut être fondamental naturellement, puisqu'il fait entendre ses harmoniques, c'est-à-dire sa tierce majeure et sa quinte, qui sont les cordes essentielles du ton dont il est le fondement; et chaque son peut encore être naturellement relatif, puisqu'il n'en est aucun qui ne soit une des harmoniques ou des cordes essentielles d'un autre son fondamental; et qui n'en puisse être engendré en cette qualité. On verra dans la suite pourquoi j'ai insisté sur ces observations.

Nous avons donc douze sons qui servent de fondements ou de toniques aux douze tons majeurs pratiqués dans la musique, et qui, en cette qualité, sont parfaitement semblables quant aux modifications qui résultent de chacun d'eux, traité comme fondamental. A l'égard du mode mineur, il ne nous est point indiqué par la nature; et comme nous ne trouvons aucun son qui en fasse entendre les harmoniques, nous pouvons concevoir qu'il n'a point de son fondamental absolu, et qu'il ne peut exister qu'en vertu du rapport qu'il a avec le mode majeur dont il est engendré, comme il est aisé de le faire voir [1].

Le premier objet que nous devons donc nous proposer dans l'institution de nos nouveaux signes, c'est d'en imaginer d'abord un qui désigne nettement, dans toutes les occasions, la corde fondamentale que l'on prétend établir, et le rapport qu'elle a avec la fondamentale de comparaison, c'est-à-dire avec l'*ut* naturel.

Supposons ce signe déjà choisi. La fondamentale étant déterminée, il s'agira d'exprimer tous les autres sons par le rapport qu'ils ont avec elle, car c'est elle seule qui en détermine le progrès et les altérations. Ce n'est pas, à la vérité, ce qu'on pratique dans la musique ordinaire, où les sons sont exprimés constamment par certains noms dé-

---

[1] Voyez M. Rameau, *Nouveau système*, page 21; et *Traité de l'Harmonie*, pages 12 et 13.

terminés, qui ont un rapport direct aux touches des instruments et à la gamme naturelle, sans égard au ton où l'on est, ni à la fondamentale qui le détermine. Mais comme il est ici question de ce qu'il convient le mieux de faire, et non pas de ce qu'on fait actuellement, est-on moins en droit de rejeter une mauvaise pratique, si je fais voir que celle que je lui substitue mérite la préférence, qu'on le seroit de quitter un mauvais guide pour un autre qui vous montreroit un chemin plus commode et plus court? et ne se moqueroit-on pas du premier, s'il vouloit vous contraindre à le suivre toujours, par cette unique raison qu'il vous égare depuis long-temps?

Ces considérations nous mènent directement au choix des chiffres pour exprimer les sons de la musique, puisque les chiffres ne marquent que des rapports, et que l'expression des sons n'est aussi que celle des rapports qu'ils ont entre eux. Aussi avons-nous déjà remarqué que les Grecs ne se servoient des lettres de leur alphabet à cet usage, que parce que ces lettres étoient en même temps les chiffres de leur arithmétique; au lieu que les caractères de notre alphabet, ne portant point communément avec eux les idées de nombres ni de rapports, ne seroient pas, à beaucoup près, si propres à les exprimer.

Il ne faut pas s'étonner après cela si l'on a tenté si souvent de substituer les chiffres aux notes de la musique : c'étoit assurément le service le plus important que l'on eût pu rendre à cet art, si ceux qui l'ont entrepris avoient eu la patience ou les lumières nécessaires pour embrasser un système général dans toute son étendue. Le grand nombre de tentatives qu'on a faites sur ce point fait voir qu'on sent depuis long-temps les défauts des caractères établis. Mais il fait voir encore qu'il est bien plus aisé de les apercevoir que de les corriger : faut-il conclure de là que la chose est impossible ?

Nous voilà donc déjà déterminés sur le choix des caractères ; il est question maintenant de réfléchir sur la meilleure manière de les appliquer. Il est sûr que cela demande quelque soin : car s'il n'étoit question que d'exprimer tous les sons par autant de chiffres différents, il n'y auroit pas là grande difficulté ; mais aussi n'y auroit-il pas non plus grand mérite, et ce seroit ramener dans la musique une confusion encore pire que celle qui naît de la position des notes.

Pour m'éloigner le moins qu'il est possible de l'esprit de la méthode ordinaire, je ne ferai d'abord attention qu'au clavier naturel, c'est-à-dire aux touches noires de l'orgue et du clavecin, réservant pour les autres des signes d'altération semblables à ceux qui se pratiquent communément ; ou plutôt, pour me fixer par une idée plus universelle, je considérerai seulement le progrès et le rapport des sons affectés au mode majeur, faisant abstraction à la modulation et aux changemeuts de ton, bien sûr qu'en faisant régulièrement l'application de mes caractères, la fécondité de mon principe suffira à tout.

De plus, comme toute l'étendue du clavier n'est qu'une suite de plusieurs octaves redoublées, je me contenterai d'en considérer une à part, et je chercherai ensuite un moyen d'appliquer successivement à toutes, les mêmes caractères que j'aurois affectés aux sons de celle-ci. Par là je me conformerai à la fois à l'usage, qui donne les mêmes noms aux notes correspondantes des différentes octaves; à mon oreille, qui se plaît à en confondre les sons; à la raison, qui me fait voir les mêmes rapports multipliés entre les nombres qui les expriment; et enfin je corrigerai un des grands défauts de la musique ordinaire, qui est d'anéantir par une position vicieuse l'analogie et la ressemblance qui doit toujours se trouver entre les différentes octaves.

Il y a deux manières de considérer les sons et les rapports qu'ils ont entre eux : l'une, par leur génération, c'est-à-dire par les différentes longueurs des cordes ou des tuyaux qui les font entendre; et l'autre, par les intervalles qui les séparent du grave à l'aigu.

A l'égard de la première, elle ne sauroit être de nulle conséquence dans l'établissement de nos signes, soit parce qu'il faudroit de trop grands nombres pour les exprimer, soit enfin parce que de tels nombres ne sont de nul avantage pour la facilité de l'intonation, qui doit être ici notre grand objet.

Au contraire, la seconde manière de considérer les sons par leurs intervalles renferme un nombre infini d'utilités : c'est sur elle qu'est fondé le système de la position, tel qu'il est pratiqué actuellement. Il est vrai que, suivant ce système, les notes n'ayant rien en elles-mêmes, ni dans l'espace qui les sépare, qui vous indique clairement le genre de l'intervalle, il faut ânonner un temps infini avant que d'avoir acquis toute l'habitude nécessaire pour le reconnoître au premier coup d'œil. Mais comme ce défaut vient uniquement du mauvais choix des signes, on n'en peut rien conclure contre le principe sur lequel ils sont établis; et l'on verra bientôt comment au contraire on tire de ce principe tous les avantages qui peuvent rendre l'intonation aisée à apprendre et à pratiquer.

Prenant *ut* pour ce son fondamental auquel tous les autres doivent se rapporter, et l'exprimant par le chiffre 1, nous aurons à sa suite l'expression des sept sons naturels, *ut, re, mi, fa, sol, la, si,* par les sept chiffres, 1, 2, 3, 4, 5, 6, 7; de façon que, tant que le chant roulera dans l'étendue de ces sept sons, il suffira de les noter chacun par son chiffre correspondant, pour les exprimer tous sans équivoque.

Il est évident que cette manière de noter conserve pleinement l'avantage si vanté de la position; car vous connoissez à l'œil, aussi clairement qu'il est possible, si un son est plus haut ou plus bas qu'un autre; vous voyez parfaitement qu'il faut monter pour aller de l'1 au 5, et qu'il faut descendre pour aller du 4 au 2 : cela ne souffre pas la moindre réplique.

Mais je ne m'étendrai pas ici sur cet article, et je me contenterai de toucher, à la fin de cet ouvrage, les principales réflexions qui naissent de la comparaison des deux méthodes. Si l'on suit mon projet avec quelque attention, elles se présenteront d'elles-mêmes à chaque instant, et, en laissant à mes lecteurs le plaisir de me prévenir, j'espère me procurer la gloire d'avoir pensé comme eux.

Les sept premiers chiffres ainsi disposés marqueront, outre les degrés de leurs intervalles, celui que chaque son occupe à l'égard du son fondamental *ut*, de façon qu'il n'est aucun intervalle dont l'expression par chiffres ne vous présente un double rapport : le premier, entre les deux sons qui le composent; et le second, entre chacun d'eux et le son fondamental.

Soit donc établi que le chiffre 1 s'appellera toujours *ut*, 2 s'appellera toujours *re*, 3 toujours *mi*, etc., conformément à l'ordre suivant :

1, 2, 3, 4, 5, 6, 7.
Ut, re, mi, fa, sol, la, si.

Mais quand il est question de sortir de cette étendue pour passer dans d'autres octaves, alors cela forme une nouvelle difficulté; car il faut nécessairement multiplier les chiffres, ou suppléer à cela par quelque nouveau signe qui détermine l'octave où l'on chante : autrement l'*ut* d'en haut étant écrit 1 aussi-bien que l'*ut* d'en bas, le musicien ne pourroit éviter de les confondre, et l'équivoque auroit lieu nécessairement.

C'est ici le cas où la position peut être admise avec tous les avantages qu'elle a dans la musique ordinaire, sans en conserver ni les embarras ni la difficulté. Établissons une ligne horizontale, sur laquelle nous disposerons toutes les notes renfermées dans la même octave, c'est-à-dire depuis et compris l'*ut* d'en bas jusqu'à celui d'en haut exclusivement. Faut-il passer dans l'octave qui commence à l'*ut* d'en haut, nous placerons nos chiffres au-dessus de la ligne. Voulons-nous au contraire passer dans l'octave inférieure, laquelle commence en descendant par le *si* qui suit l'*ut* posé sur la ligne, alors nous les placerons au-dessous de la même ligne; c'est-à-dire que la position qu'on est contraint de changer à chaque degré dans la musique ordinaire, ne changera dans la mienne qu'à chaque octave, et aura par conséquent six fois moins de combinaisons. (*Voyez* la Planche, exemple 1.)

Après ce premier *ut*, je descends au *sol* de l'octave inférieure : je reviens à mon *ut*; et, après avoir fait le *mi* et le *sol* de la même octave, je passe à l'*ut* d'en haut, c'est-à-dire à l'*ut* qui commence l'octave supérieure : je redescends ensuite jusqu'au *sol* d'en bas, par lequel je reviens finir à mon premier *ut*.

Vous pouvez voir dans ces exemples (*voyez* la Planche, exemples 1 et 2) comment le progrès de la voix est toujours annoncé aux yeux, ou par les différentes valeurs des chiffres, s'ils sont de la même octave, ou par leurs différentes positions, si leurs octaves sont différentes.

Cette mécanique est si simple qu'on la conçoit du premier regard, et la pratique en est la chose du monde la plus aisée. Avec une seule ligne vous modulez dans l'étendue de trois octaves ; et, s'il se trouvoit que vous voulussiez passer encore au-delà, ce qui n'arrivera guère dans une musique sage, vous avez toujours la liberté d'ajouter des lignes accidentelles en haut et en bas, comme dans la musique ordinaire : avec la différence que dans celle-ci il faut onze lignes pour trois octaves, tandis qu'il n'en faut qu'une dans la mienne, et que je puis exprimer l'étendue de cinq, six, et près de sept octaves, c'est-à-dire beaucoup plus que n'a d'étendue le grand clavier, avec trois lignes seulement.

Il ne faut pas confondre la position, telle que ma méthode l'adopte, avec celle qui se pratique dans la musique ordinaire ; les principes en sont tout différents. La musique ordinaire n'a en vue que de vous indiquer des intervalles et de disposer en quelque façon vos organes par l'aspect du plus grand ou moindre éloignement des notes, sans s'embarrasser de distinguer assez bien le genre de ces intervalles, ni le degré de cet éloignement, pour en rendre la connoissance indépendante de l'habitude. Au contraire, la connoissance des intervalles qui fait proprement le fond de la science du musicien, m'a paru un point si important, que j'ai cru en devoir faire l'objet essentiel de ma méthode. L'explication suivante montre comment on parvient, par mes caractères, à déterminer tous les intervalles possibles par leurs genres et par leurs noms, sans autre peine que celle de lire une fois ces remarques.

Nous distinguons d'abord les intervalles en directs et renversés, et les uns et les autres encore en simples et redoublés.

Je vais définir chacun de ces intervalles considéré dans mon système.

L'intervalle direct est celui qui est compris entre deux sons dont les chiffres sont d'accord avec le progrès, c'est-à-dire que le son le plus haut doit avoir aussi le plus grand chiffre, et le son le plus bas le chiffre le plus petit. (*Voyez* la Planche, exemple 3.)

L'intervalle renversé est celui dont le progrès est contrarié par les chiffres; c'est-à-dire que si l'intervalle monte, le second chiffre est le plus petit; et si l'intervalle descend, le second chiffre est le plus grand. (*Voyez* la Planche, exemple 4.)

L'intervalle simple est celui qui ne passe pas l'étendue d'une octave. (*Voyez* la Pl., exemple 5.)

L'intervalle redoublé est celui qui passe l'étendue d'une octave. Il est toujours la réplique d'un intervalle simple. (*Voyez* exemple 6.)

Quand vous entrez d'une octave dans la suivante, c'est-à-dire que vous passez de la ligne au-dessus ou au-dessous d'elle, ou *vice versâ*, l'intervalle est simple s'il est renversé; mais s'il est direct il sera toujours redoublé.

Cette courte explication suffit pour connoître à fond le genre de tout intervalle possible. Il faut à présent apprendre à en trouver le nom sur-le-champ.

Tous les intervalles peuvent être considérés comme formés des trois premiers intervalles simples, qui sont la seconde, la tierce, la quarte, dont les compléments à l'octave sont la septième, la sixte et la quinte; à quoi, si vous ajoutez cette octave elle-même, vous aurez tous les intervalles simples sans exception.

Pour trouver donc le nom de tout intervalle simple direct, il ne faut qu'ajouter l'unité à la différence des deux chiffres qui l'expriment. Soit, par exemple, cet intervalle 1, 5; la différence des deux chiffres est 4, à quoi ajoutant l'unité vous avez 5, c'est-à-dire la quinte pour le nom de cet intervalle: il en seroit de même si vous aviez eu 2, 6, ou 7, 3, etc. Soit cet autre intervalle 4, 5; la différence est 1, à quoi ajoutant l'unité, vous avez 2, c'est-à-dire une seconde pour le nom de cet intervalle. La règle est générale.

Si l'intervalle direct est redoublé, après avoir procédé comme ci-devant, il faut ajouter 7 pour chaque octave, et vous aurez encore très-exactement le nom de votre intervalle. Par exemple, vous voyez déjà que — 1 $\frac{3}{}$ est une tierce redoublée; ajoutez donc 7 à 3, et vous aurez 10, c'est-à-dire une dixième pour le nom de votre intervalle.

Si l'intervalle est renversé, prenez le complément du direct, c'est le nom de votre intervalle: ainsi parce que la sixte est le complément de la tierce, et que cet intervalle — 1 $\frac{}{3}$ est une tierce renversée, je trouve que c'est une sixte; si de plus il est redoublé, ajoutez-y autant de fois 7 qu'il y a d'octaves. Avec ce peu de règles, dans quelque cas que vous soyez, vous pouvez nommer sur-le-champ, et sans le moindre embarras, quelque intervalle qu'on vous présente.

Voyons donc, sur ce que je viens d'expliquer,

à quel point nous sommes parvenus dans l'art de solfier par la méthode que je propose.

D'abord, toutes les notes sont connues sans exception ; il n'a pas fallu bien de la peine pour retenir les noms de 7 caractères uniques, qui sont les seuls dont on ait à charger sa mémoire pour l'expression des sons; qu'on apprenne à les entonner juste en montant et en descendant diatoniquement et par intervalles, et nous voilà tout d'un coup débarrassés des difficultés de la position.

A le bien prendre, la connoissance des intervalles, par rapport à la nomination, n'est pas d'une nécessité absolue, pourvu qu'on connoisse bien le ton d'où l'on part, et qu'on sache trouver celui où l'on va. On peut entonner exactement l'*ut* et le *fa* sans savoir qu'on fait une quarte, et sûrement cela seroit toujours bien moins nécessaire par ma méthode que par la commune, où la connoissance nette et précise des notes ne peut suppléer à celle des intervalles; au lieu que dans la mienne, quand l'intervalle seroit inconnu, les deux notes qui le composent seroient toujours évidentes, sans qu'on pût jamais s'y tromper, dans quelque ton et à quelque clef que l'on fût. Cependant tous les avantages se trouvent ici tellement réunis, qu'au moyen de trois ou quatre observations très-simples voilà mon écolier en état de nommer hardiment tout intervalle possible, soit sur la même partie, soit en sautant de l'une à l'autre, et d'en savoir plus à cet égard dans une heure d'application que des musiciens de dix ou douze ans de pratique : car on doit remarquer que les opérations dont je viens de parler se font tout d'un coup par l'esprit et avec une rapidité bien éloignée des longues gradations indispensables dans la musique ordinaire pour arriver à la connoissance des intervalles, et qu'enfin les règles seroient toujours préférables à l'habitude, soit pour la certitude, soit pour la brièveté, quand même elle ne feroit que produire le même effet.

Mais ce n'est rien d'être parvenu jusqu'ici : il est d'autres objets à considérer et d'autres difficultés à surmonter.

Quand j'ai ci-devant affecté le nom d'*ut* au son fondamental de la gamme naturelle, je n'ai fait que me conformer à l'esprit de la première institution du nom des notes, et à l'usage général des musiciens ; et, quand j'ai dit que la fondamentale de chaque ton avoit le même droit de porter le nom d'*ut* que ce premier son, à qui il n'est affecté par aucune propriété particulière, j'ai encore été autorisé par la pratique universelle de cette méthode qu'on appelle *transposition* dans la musique vocale.

Pour effacer tout scrupule qu'on pourroit concevoir à cet égard, il faut expliquer ma pensée avec un peu plus d'étendue. Le nom d'*ut* doit-il être nécessairement et toujours celui d'une touche fixe du clavier, ou doit-il au contraire être appliqué préférablement à la fondamentale de chaque ton? c'est la question qu'il s'agit de discuter.

A l'entendre énoncer de cette manière, on pourroit peut-être s'imaginer que ce n'est ici qu'une question de mots. Cependant elle influe trop dans la pratique pour être méprisée; il s'agit moins des noms en eux-mêmes que de déterminer les idées qu'on leur doit attacher, et sur lesquelles on n'a pas été trop bien d'accord jusqu'ici.

Demandez à une personne qui chante ce que c'est qu'un *ut*, elle vous dira que c'est le premier ton de la gamme: demandez la même chose à un joueur d'instruments, il vous répondra que c'est une telle touche de son violon ou de son clavecin. Ils ont tous deux raison; ils s'accordent même en un sens, et s'accorderoient tout-à-fait, si l'un ne se représentoit pas cette gamme comme mobile, et l'autre cet *ut* comme invariable.

Puisque l'on est convenu d'un certain son à peu près fixe pour y régler la portée des voix et le diapason des instruments, il faut que ce son ait nécessairement un nom, et un nom fixe comme le son qu'il exprime; donnons-lui le nom d'*ut*, j'y consens. Réglons ensuite sur ce nom-là tous ceux des différents sons de l'échelle générale, afin que nous puissions indiquer le rapport qu'ils ont avec lui et avec les différentes touches des instruments: j'y consens encore, et jusque-là le symphoniste a raison.

Mais ces sons auxquels nous venons de donner des noms, et ces touches qui les font entendre, sont disposés de telle manière qu'ils ont entre eux et avec la touche *ut* certains rapports qui constituent proprement ce qu'on appelle ton ; et ce ton, dont *ut* est la fondamentale, est celui que font entendre les touches noires de l'orgue et du clavecin quand on les joue dans un certain ordre, sans qu'il soit possible d'employer toutes les mêmes touches pour quelque autre ton dont *ut* ne seroit pas la fondamentale, ni d'employer dans celui d'*ut* aucune des touches blanches du clavier, lesquelles n'ont même aucun nom propre, et en prennent de différents, s'appelant tantôt dièses et tantôt bémols, suivant les tons dans lesquels elles sont employées.

Or, quand on veut établir une autre fondamentale, il faut nécessairement faire un tel choix des sons qu'on veut employer, qu'ils aient avec elle précisément les mêmes rapports que le *re*, le *mi*, le *sol*, et tous les autres sons de la gamme naturelle, avoient avec l'*ut*. C'est le cas où le chanteur a droit de dire au symphoniste : Pourquoi ne vous servez-vous pas des mêmes noms pour exprimer les mêmes rapports? Au reste, je crois peu nécessaire de remarquer qu'il faudroit toujours déterminer la fondamentale par son nom naturel, et que c'est seulement après cette détermination qu'elle prendroit le nom d'*ut*.

Il est vrai qu'en affectant toujours les mêmes noms aux mêmes touches de l'instrument et aux mêmes notes de la musique, il semble d'abord qu'on établit un rapport plus direct entre cette note et cette touche, et que l'une excite plus aisément l'idée de l'autre qu'on ne feroit en cherchant toujours une égalité de rapports entre les chiffres des notes et le chiffre fondamental d'un côté, et de l'autre entre le son fondamental et les touches de l'instrument.

On peut voir que je ne tâche pas d'énerver la force de l'objection; oserai-je me flatter à mon tour que les préjugés n'ôteront rien à celle de mes réponses?

D'abord je remarquerai que le rapport fixé par les mêmes noms entre les touches de l'instrument et les notes de la musique a bien des exceptions et des difficultés auxquelles on ne fait pas toujours assez d'attention.

Nous avons trois clefs dans la musique, et ces trois clefs ont huit positions; ainsi, suivant ces différentes positions, voilà huit touches différentes pour la même position, et huit positions pour la même touche, et pour chaque touche de l'instrument : il est certain que cette multiplication d'idées nuit à leur netteté; il y a même bien des symphonistes qui ne les possèdent jamais toutes à un certain point, quoique toutes les huit clefs soient d'usage sur plusieurs instruments.

Mais renfermons-nous dans l'examen de ce qui arrive sur une seule clef. On s'imagine que la même note doit toujours exprimer l'idée de la même touche, et cependant cela est très-faux ; car, par des accidents fort communs, causés par les dièses et les bémols, il arrive à tout moment, non seulement que la note *si* devient la touche *ut*, que la note *mi* devient la touche *fa*, et réciproquement, mais encore qu'une note diésée à la clef, et diéséc par accident, monte d'un ton tout entier, qu'un *fa* devient un *sol*, un *ut* un *re*, etc.; et qu'au contraire, par un double bémol, un *mi* deviendra un *re*, un *si* un *la*, et ainsi des autres. Où en est donc la précision de nos idées ? Quoi ! je vois un *sol*, et il faut que je touche un *la !* Est-ce là ce rapport si juste, si vanté, auquel on veut sacrifier celui de la modulation?

Je ne nie pas cependant qu'il n'y ait quelque chose de très-ingénieux dans l'invention des accidents ajoutés à la clef pour indiquer, non pas les différents tons, car ils ne sont pas toujours connus par là, mais les différentes altérations qu'ils causent. Ils n'expliquent pas mal la théorie des progressions ; c'est dommage qu'ils fassent acheter si cher cet avantage par la peine qu'ils donnent dans la pratique du chant et des instruments. Que me sert, à moi, de savoir qu'un tel demi-ton a changé de place, et que de là on l'a transporté là pour en faire une note sensible, une quatrième ou une sixième note, si d'ailleurs je ne puis venir à bout de l'exécuter sans me donner la torture, et s'il faut que je me souvienne exactement de ces cinq dièses ou de ces cinq bémols pour les appliquer à toutes les notes que je trouverai sur les mêmes positions ou à l'octave, et cela précisément dans le temps que l'exécution devient la plus embarrassante par la difficulté particulière de l'instrument? Mais ne nous imaginons pas que les musiciens se donnent cette peine dans la pratique; ils suivent une autre route bien plus commode, et il n'y a pas un habile homme parmi eux qui, après avoir préludé dans le ton où il doit jouer, ne fasse plus d'attention au degré du ton où il se trouve et dont il connoît la progression, qu'au dièse ou au bémol qui l'affecte.

En général, ce qu'on appelle chanter et exécuter au naturel est peut-être ce qu'il y a de plus mal imaginé dans la musique; car si les noms des notes ont quelque utilité réelle, ce ne peut être que pour exprimer certains rapports, certaines affections déterminées dans les progressions des sons. Or, dès que le ton change, le rapport des sons et la progression changeant aussi, la raison dit qu'il faut de même changer les noms des notes en les rapportant par analogie au nouveau ton, sans quoi l'on renverse le sens des noms, et l'on ôte aux mots le seul avantage qu'ils puissent avoir, qui est d'exciter d'autres idées avec celle des sons. Le passage du *mi* au *fa*, ou du *si* à l'*ut*, excite naturellement dans l'esprit du musicien l'idée du demi-ton. Cependant, si l'on est dans le ton de *si* ou dans celui de *mi*, l'intervalle du *si* à l'*ut* ou du *mi* au *fa* est toujours d'un ton et jamais d'un demiton : donc, au lieu de leur conserver des noms qui trompent l'esprit et qui choquent l'oreille exercée par une différente habitude, il est important de leur en appliquer d'autres dont le sens connu ne soit point contradictoire, et annonce les intervalles qu'ils doivent exprimer. Or, tous les rapports des sons du système diatonique se trouvent exprimés, dans le majeur, tant en montant qu'en descendant, dans l'octave comprise entre deux *ut*, suivant l'ordre naturel ; et, dans le mineur, dans l'octave comprise entre deux *la*, suivant le même ordre en descendant seulement ; car, en montant, le mode mineur est assujetti à des affections différentes, qui présentent de nouvelles réflexions pour la théorie, lesquelles ne sont pas aujourd'hui de mon sujet, et qui ne font rien au système que je propose.

Je ne disconviens pas qu'à l'égard des instruments ma méthode ne s'écarte beaucoup de l'esprit de la méthode ordinaire ; mais comme je ne crois pas la méthode ordinaire extrêmement estimable, et que je crois même d'en démontrer les défauts, il faudroit toujours, avant que de me condamner par là, se mettre en état de me convaincre, non pas de la différence, mais du désavantage de la mienne.

Continuons d'en expliquer la mécanique. Je reconnois dans la musique douze sons ou cordes originales, l'un desquels est le *C sol ut*, qui sert de fondement à la gamme naturelle : prendre un des autres sons pour fondamental, c'est lui attribuer toutes les propriétés de l'*ut*; c'est proprement transposer la gamme naturelle plus haut ou plus bas de tant de degrés. Pour déterminer ce son fondamental, je me sers du mot correspondant, c'est-à-dire du *sol*, du *re*, du *la*, etc.; et je l'écris à la marge au haut de l'air que je veux noter : alors ce *sol* ou ce *re*, qu'on peut appeler la clef, devient *ut*; et servant de fondement à un nouveau ton et à une nouvelle gamme, toutes les notes du clavier lui deviennent relatives, et ce n'est alors qu'en vertu du rapport qu'elles ont avec ce son fondamental qu'elles peuvent être employées.

C'est là, quoi qu'on en puisse dire, le vrai principe auquel il faut s'attacher dans la composition, dans le prélude, et dans le chant; et si vous prétendez conserver aux notes leurs noms naturels, il faut nécessairement que vous les considériez tout à la fois sous une double relation; savoir, par rapport au *C sol ut* et à la gamme naturelle, et par rapport au son fondamental particulier, sur lequel vous êtes contraint d'en régler le progrès et les altérations. Il n'y a qu'un ignorant qui joue des dièses et des bémols sans penser au ton dans lequel il est; alors Dieu sait quelle justesse il peut y avoir dans son jeu.

Pour former donc un élève suivant ma méthode, je parle de l'instrument, car pour le chant la chose est si aisée qu'il seroit superflu de s'y arrêter; il faut d'abord lui apprendre à connoître et à toucher par leur nom naturel, c'est-à-dire sur la clef *ut*, toutes les touches de son instrument. Ces premiers noms lui doivent servir de règle pour trouver ensuite les autres fondamentales, et toutes les modulations possibles des tons majeurs, auxquels seuls il suffit de faire attention, comme je l'expliquerai bientôt.

Je viens ensuite à la clef *sol*; et, après lui avoir fait toucher le *sol*, je l'avertis que ce *sol*, devenant la fondamentale du ton, doit alors s'appeler *ut*, et je lui fais parcourir sur cet *ut* toute la gamme naturelle en haut et en bas suivant l'étendue de son instrument : comme il y aura quelque différence dans la touche ou dans la disposition des doigts à cause du demi-ton transposé, je la lui ferai remarquer. Après l'avoir exercé quelque temps sur ces deux tons, je l'amènerai à la clef *re*; et lui faisant appeler *ut* le *re* naturel, je lui fais recommencer sur cet *ut* une nouvelle gamme; et, parcourant ainsi toutes les fondamentales de quinte en quinte, il se trouvera enfin dans le cas d'avoir préludé en mode majeur sur les douze cordes du système chromatique, et de connoître parfaitement le rapport et les affections différentes de toutes les touches de son instrument sur chacun de ces douze différents tons.

Alors je lui mets de la musique aisée entre les mains; la clef lui montre quelle touche doit prendre la dénomination d'*ut*; et comme il a appris à trouver le *mi* et le *sol*, etc., c'est-à-dire la tierce majeure et la quinte, etc., sur cette fondamentale, un 3 et un 5 sont bientôt pour lui des signes familiers : et si les mouvements lui étoient connus, et que l'instrument n'eût pas ses difficultés particulières, il seroit dès-lors en état d'exécuter à livre ouvert toute sorte de musique sur tous les tons et sur toutes les clefs. Mais avant que d'en dire davantage sur cet article, il faut achever d'expliquer la partie qui regarde l'expression des sons.

A l'égard du mode mineur, j'ai déjà remarqué que la nature ne nous l'avoit point enseigné directement. Peut-être vient-il d'une suite de la progression dont j'ai parlé dans l'expérience des tuyaux, où l'on trouve qu'à la quatrième quinte cet *ut*, qui avoit servi de fondement à l'opération, fait une tierce mineure avec le *la*, qui est alors le son fondamental. Peut-être est-ce aussi de là que naît cette grande correspondance entre le mode majeur *ut* et le mode mineur de sa sixième note, et réciproquement entre le mode mineur *la* et le mode majeur de sa médiante.

De plus, la progression des sons affectés au mode mineur est précisément la même qui se trouve dans l'octave comprise entre deux *la*, puisque, suivant M. Rameau, il est essentiel au mode mineur d'avoir sa tierce et sa sixte mineures, et qu'il n'y a que cette octave où, tous les autres sons étant ordonnés comme ils doivent l'être, la tierce et la sixte se trouvent mineures naturellement.

Prenant donc *la* pour le nom de la tonique des tons mineurs, et l'exprimant par le chiffre 6, je laisserai toujours à sa médiante *ut* le privilége d'être, non pas tonique, mais fondamentale caractéristique; je me conformerai en cela à la nature, qui ne nous fait point connoître de fondamentale proprement dite dans les tons mineurs, et je conserverai à la fois l'uniformité dans les noms des notes et dans les chiffres qui les expriment, et l'analogie qui se trouve entre les modes majeur et mineur, pris sur les deux cordes *ut* et *la*.

Mais cet *ut* qui, par la transposition, doit toujours être le nom de la tonique dans les tons majeurs, et celui de la médiante dans les tons mineurs, peut, par conséquent, être pris sur chacune des douze cordes du système chromatique; et, pour la désigner, il suffira de mettre à la marge le nom de cette corde prise sur le clavier dans l'ordre naturel. On voit par là que si le chant est dans le ton d'*ut* majeur ou de *la* mineur, il faudra écrire *ut* à la marge ; si le chant est dans le ton de *re* majeur ou de *si* mineur, il faut écrire *re* à la marge ; pour le ton de *mi* majeur ou d'*ut* dièse mineur, on écrira *mi* à la marge, et ainsi de suite ; c'est-à-dire que la note écrite à la marge, ou la clef, désigne précisément la touche du clavier qui doit s'appeler *ut*, et par conséquent être tonique dans le ton majeur, médiante dans le mineur, et fondamentale dans tous les deux : sur quoi l'on remarquera que j'ai toujours appelé cet *ut* fondamentale, et non pas tonique, parce qu'il ne l'est que dans les tons majeurs ; mais qu'il sert également de fondement à la relation et au nom des notes, et même aux différentes octaves dans l'un et l'autre mode. Mais, à le bien prendre, la connoissance de cette clef n'est d'usage que pour les instruments, et ceux qui chantent n'ont jamais besoin d'y faire attention.

Il suit de là que la même clef sous le même nom d'*ut* désigne cependant deux tons différents ; savoir, le majeur dont elle est tonique, et le mineur dont elle est médiante, et dont par conséquent la tonique est une tierce au-dessous d'elle. Il suit encore que les mêmes noms des notes et les notes affectées de la même manière, du moins en descendant, servent également pour l'un et l'autre mode ; de sorte que non seulement on n'a pas besoin de faire une étude particulière des modes mineurs; mais que même on seroit à la rigueur dispensé de les connoître, les rapports exprimés par les mêmes chiffres n'étant point différents, quand la fondamentale est tonique, que quand elle est médiante : cependant, pour l'évidence du ton et pour la facilité du prélude, on écrira la clef tout simplement quand elle sera tonique ; et quand elle sera médiante on ajoutera au-dessous d'elle une petite ligne horizontale. (*Voyez* la Planche, exemples 7 et 8.)

Il faut parler à présent des changements de ton; mais comme les altérations accidentelles des sons s'y présentent souvent, et qu'elles ont toujours lieu, dans le mode mineur, en montant de la dominante à la tonique, je dois auparavant en expliquer les signes.

Le dièse s'exprime par une petite ligne oblique, qui croise la note en montant de gauche à droite : *sol* dièse, par exemple, s'exprime ainsi ᛋ ; *fa* dièse ainsi ⚹. Le bémol s'exprime aussi par une semblable ligne qui croise la note en descendant, ⱺ, ᛋ ; et ces signes, plus simples que ceux qui sont en usage, servent encore à montrer à l'œil le genre d'altération qu'ils causent.

Pour le bécarre, il n'est devenu nécessaire que par le mauvais choix du dièse et du bémol, parce qu'étant des caractères séparés des notes qu'ils altèrent, s'il s'en trouve plusieurs de suite sous l'un ou l'autre de ces signes, on ne peut jamais distinguer celles qui doivent être affectées, de celles qui ne le doivent pas, sans se servir du bécarre. Mais comme, par mon système, le signe de l'altération, outre la simplicité de sa figure, a encore l'avantage d'être toujours inhérent à la note altérée, il est clair que toutes celles auxquelles on ne le verra point devront être exécutées au ton naturel qu'elles doivent avoir sur la fondamentale où l'on est. Je retranche donc le bécarre comme inutile; et je le retranche encore comme équivoque, puisqu'il est commun de le trouver employé en deux sens tout opposés; car les uns s'en servent pour ôter l'altération causée par les signes de la clef, et les autres, au contraire, pour remettre la note au ton qu'elle doit avoir conformément à ces mêmes signes.

A l'égard des changements de ton, soit pour passer du majeur au mineur, ou d'une tonique à une autre, il pourroit suffire de changer la clef; mais comme il est extrêmement avantageux de ne point rendre la connoissance de cette clef nécessaire à ceux qui chantent, et que d'ailleurs il faudroit une certaine habitude pour trouver facilement le rapport d'une clef à l'autre, voici la précaution qu'il y faut ajouter. Il n'est question que d'exprimer la première note de ce changement de manière à représenter ce qu'elle étoit dans le ton d'où l'on sort, et ce qu'elle est dans celui où l'on entre. Pour cela, j'écris d'abord cette première note entre deux doubles lignes perpendiculaires par le chiffre qui la représente dans le ton précédent, ajoutant au-dessus d'elle la clef ou le nom de la fondamentale du ton où l'on va entrer; j'écris ensuite cette même note par le chiffre qui l'exprime dans le ton qu'elle commence : de sorte qu'eu égard à la suite du chant, le premier chiffre indique le ton de la note, et le second sert à en trouver le nom.

Vous voyez (Pl., ex. 9) non seulement que du ton de *sol* vous passez dans celui d'*ut*, mais que la note *fa* du ton précédent est la même que la note *ut* qui se trouve la première dans celui où vous entrez.

Dans cet autre exemple (*voyez* ex. 10), la première note *ut* du premier changement seroit le *mi* bémol du mode précédent, et la première note *mi* du second changement seroit l'*ut* dièse du mode précédent; comparaison très-commode pour les voix et même pour les instruments, lesquels ont de plus l'avantage du changement de clef. On y peut remarquer aussi que, dans les changements de mode, la fondamentale change toujours, quoique la tonique reste la même; ce qui dépend des règles que j'ai expliquées ci-devant.

Il reste dans l'étendue du clavier une difficulté dont il est temps de parler. Il ne suffit pas de connoître le progrès affecté à chaque mode, la fondamentale qui lui est propre, si cette fondamentale est tonique ou médiante, ni enfin de la savoir rapporter à la place qui lui convient dans l'étendue de la gamme naturelle ; mais il faut encore savoir à quelle octave, et, en un mot, à quelle touche précise du clavier elle doit appartenir.

Le grand clavier ordinaire a cinq octaves d'étendue, et je m'y bornerai pour cette explication, en remarquant seulement qu'on est toujours libre de le prolonger de part et d'autre tout aussi loin qu'on voudra, sans rendre la note plus diffuse ni plus incommode.

Supposons donc que je sois à la clef d'*ut*, c'est-à-dire au son d'*ut* majeur, ou de *la* mineur, qui constitue le clavier naturel : le clavier se trouve alors disposé de sorte que, depuis le premier *ut* d'en bas jusqu'au dernier *ut* d'en haut, je trouve quatre octaves complètes, outre les deux portions qui restent en haut et en bas entre l'*ut* et le *fa*, qui terminent le clavier de part et d'autre.

J'appelle A la première octave comprise entre l'*ut* d'en bas et le suivant vers la droite, c'est-à-dire tout ce qui est renfermé entre 1 et 7 inclusivement. J'appelle B l'octave qui commence au second *ut*, comptant de même vers la droite ; C, la troisième ; D, la quatrième, etc., jusqu'à E, où commence une cinquième octave qu'on pousseroit plus haut si l'on vouloit. A l'égard de la portion d'en bas, qui commence au premier *fa* et se termine au premier *si*, comme elle est imparfaite, ne commençant point par la fondamentale, nous l'appellerons l'octave X; et cette lettre X servira, dans toute sorte de tons, à désigner les notes qui resteront au bas du clavier, au-dessous de la première tonique.

Supposons que je veuille noter un air à la clef d'*ut*, c'est-à-dire au ton d'*ut* majeur ou de *la* mineur, j'écris *ut* au haut de la page à la marge, et je le rends médiante ou tonique, suivant que j'y ajoute ou non la petite ligne horizontale.

Sachant ainsi quelle corde doit être la fondamentale du ton, il n'est plus question que de trouver dans laquelle des cinq octaves roule davantage le chant que j'ai à exprimer, et d'en écrire la lettre au commencement de la ligne sur laquelle je place mes notes. Les deux espaces au-dessus et au-dessous représenteront les étages contigus, et serviront pour les notes qui peuvent excéder en haut ou en bas l'octave représentée par la lettre que j'ai mise au commencement de la ligne. J'ai déjà remarqué que si le chant se trouvoit assez bizarre pour passer cette étendue, on seroit toujours libre d'ajouter une ligne en haut ou en bas, ce qui peut quelquefois avoir lieu pour les instruments.

Mais comme les octaves se comptent toujours d'une fondamentale à l'autre, et que ces fondamentales sont différentes, suivant les différents tons où l'on est, les octaves se prennent aussi sur différents degrés, et sont tantôt plus hautes ou plus basses, suivant que leur fondamentale est éloignée du *C sol ut* naturel.

Pour représenter clairement cette mécanique, j'ai joint ici (*voyez* la Planche) une table générale de tous les sons du clavier, ordonnés par rapport aux douze cordes du système chromatique prises successivement pour fondamentales.

On y voit d'une manière simple et sensible le progrès des différents sons par rapport au ton où l'on est. On verra aussi, par l'explication suivante, comment elle facilite la pratique des instruments, au point de n'en faire qu'un jeu, non seulement par rapport aux instruments à touches marquées, comme le basson, le hautbois, la flûte, la basse de viole et le clavecin, mais encore à l'égard du violon, du violoncelle, et de toute autre espèce sans exception.

Cette table représente toute l'étendue du clavier, combiné sur les douze cordes : le clavier naturel, où l'*ut* conserve son propre nom, se trouve ici au sixième rang marqué par une étoile à chaque extrémité, et c'est à ce rang que tous les autres doivent se rapporter, comme au terme commun de comparaison. On voit qu'il s'étend depuis le *fa* d'en bas jusqu'à celui d'en haut, à la distance de cinq octaves, qui sont ce qu'on appelle le grand clavier.

J'ai déjà dit que l'intervalle compris depuis le

premier 1 jusqu'au premier 7 qui le suit vers la droite s'appelle A; que l'intervalle compris depuis le second 1 jusqu'à l'autre 7 s'appelle l'octave B; l'autre, octave C, etc., jusqu'au cinquième 1, où commence l'octave E, que je n'ai portée ici que jusqu'au *fa*. A l'égard des quatre notes qui sont à la gauche du premier *ut*, j'ai dit encore qu'elles appartiennent à l'octave X, à laquelle je donne ainsi une lettre hors de rang pour exprimer que cette octave n'est pas complète, parce qu'il faudroit, pour parvenir jusqu'à l'*ut*, descendre plus bas que le clavier ne le permet.

Mais si je suis dans un autre ton, comme, par exemple, à la clef de *re*, alors ce *re* change de nom et devient *ut* : c'est pourquoi l'octave A, comprise depuis la première tonique jusqu'à la septième note, est d'un degré plus élevée que l'octave correspondante du ton précédent; ce qu'il est aisé de voir par la table, puisque cet *ut* du troisième rang, c'est-à-dire de la clef de *re*, correspond au *re* de la clef naturelle d'*ut*, sur lequel il tombe perpendiculairement; et, par la même raison, l'octave X y a plus de notes que la même octave de la clef d'*ut*, parce que les octaves, en s'élevant davantage, s'éloignent de la plus basse note du clavier.

Voilà pourquoi les octaves montent depuis la clef d'*ut* jusqu'à la clef de *mi*, et descendent depuis la même clef d'*ut* jusqu'à celle de *fa*; car ce *fa*, qui est la plus basse note du clavier, devient alors fondamentale, et commence, par conséquent, la première octave A.

Tout ce qui est donc compris entre les deux premières lignes obliques vers la gauche est toujours de l'octave A, mais à différents degrés, suivant le ton où l'on est. La même touche, par exemple, sera *ut* dans le ton majeur de *mi*, *re* dans celui de *re*, *mi* dans celui d'*ut*, *fa* dans celui de *si*, *sol* dans celui de *la*, *la* dans celui de *sol*, *si* dans celui de *fa*. C'est toujours la même touche, parce que c'est la même colonne; et c'est la même octave, parce que cette colonne est renfermée entre les mêmes lignes obliques. Donnons un exemple de la façon d'exprimer le ton, l'octave et la touche, sans équivoque. (*Voyez* la Planche, exemple 11.)

Cet exemple est à la clef de *re*, il faut donc le rapporter au quatrième rang répondant à la même clef : l'octave B, marquée sur la ligne, montre que l'intervalle supérieur, dans lequel commence le chant, répond à l'octave supérieure C : ainsi la note 3, marquée d'un *a* dans la table, est justement celle qui répond à la première de cet exemple. Ceci suffit pour faire entendre que dans chaque partie on doit mettre sur le commencement de la ligne la lettre correspondante à l'octave dans laquelle le chant de cette partie roule le plus, et que les espaces qui sont au-dessus et au-dessous seront pour les octaves supérieure et inférieure.

Les lignes horizontales servent à séparer, de

demi-ton en demi-ton, les différentes fondamentales dont les noms sont écrits à la droite de la table.

Les lignes perpendiculaires montrent que toutes les notes traversées de la même ligne ne sont toujours qu'une même touche, dont le nom naturel, si elle en a un, se trouve au sixième rang, et les autres noms dans les autres rangs de la même colonne suivant les différents tons où l'on est. Ces lignes perpendiculaires sont de deux sortes; les unes noires, qui servent à montrer que les chiffres qu'elles joignent représentent une touche naturelle; et les autres ponctuées, qui sont pour les touches blanches ou altérées : de façon qu'en quelque ton que l'on soit on peut connoître sur-le-champ, par le moyen de cette table, quelles sont les notes qu'il faut altérer pour exécuter dans ce ton-là.

Les clefs que vous voyez au commencement servent à déterminer quelle note doit porter le nom d'*ut*, et à marquer le ton comme je l'ai déjà dit; il y en a cinq qui peuvent être doubles, parce que le bémol de la supérieure marqué *b*, et le dièse de l'inférieure marqué *d*, produisent le même effet [1]. Il ne sera pas mal cependant de s'en tenir

---

[1] Ce n'est qu'en vertu du tempérament que la même touche peut servir de dièse à l'une et de bémol à l'autre, puisque d'ailleurs personne n'ignore que la somme de deux demi-tons mineurs ne sauroit faire un ton.

aux dénominations que j'ai choisies, et qui, abstraction faite de toute autre raison, sont du moins préférables parce qu'elles sont les plus usitées.

Il est encore aisé, par le moyen de cette table, de marquer précisément l'étendue de chaque partie, tant vocale qu'instrumentale, et la place qu'elle occupera dans ces différentes octaves suivant le ton où l'on sera.

Je suis convaincu qu'en suivant exactement les principes que je viens d'expliquer, il n'est point de chant qu'on ne soit en état de solfier en très-peu de temps, et de trouver de même sur quelque instrument que ce soit, avec toute la facilité possible. Rappelons un peu en détail ce que j'ai dit sur cet article.

Au lieu de commencer d'abord à faire exécuter machinalement des airs à cet écolier, au lieu de lui faire toucher, tantôt des dièses, tantôt des bémols, sans qu'il puisse concevoir pourquoi il le fait, que le premier soin du maître soit de lui faire connoître à fond tous les sons de son instrument par rapport aux différents tons sur lesquels ils peuvent être pratiqués.

Pour cela, après lui avoir appris les noms naturels de toutes les touches de son instrument, il faut lui présenter un autre point de vue, et le rappeler à un principe général. Il connoît déjà tous les sons de l'octave suivant l'échelle naturelle, il est question à présent de lui en faire faire l'analyse. Supposons-le devant un clavecin. Le clavier est divisé en soixante et une touches : on lui explique que ces touches, prises successivement et sans distinction de blanches ni de noires, expriment des sons qui, de gauche à droite, vont en s'élevant de demi-ton en demi-ton. Prenant la touche *ut* pour fondement de notre opération, nous trouverons toutes les autres de l'échelle naturelle disposées à son égard de la manière suivante :

La deuxième note, *re*, à un ton d'intervalle vers la droite; c'est-à-dire qu'il faut laisser une touche intermédiaire entre l'*ut* et le *re*, pour la division des deux demi-tons;

La troisième, *mi*, à un autre ton du *re*, et à deux tons de l'*ut;* de sorte qu'entre le *re* et le *mi* il faut encore une touche intermédiaire;

La quatrième, *fa*, à un demi-ton du *mi* et à deux tons et demi de l'*ut;* par conséquent le *fa* est la touche qui suit le *mi* immédiatement, sans en laisser aucune entre deux;

Le cinquième, *sol*, à un ton du *fa*, et à trois tons et demi de l'*ut;* il faut laisser une touche intermédiaire;

La sixième, *la*, à un ton du *sol*, et à quatre tons et demi de l'*ut*, autre touche intermédiaire;

La septième, *si*, à un ton du *la*, et à cinq tons et demi de l'*ut*, autre touche intermédiaire;

La huitième, *ut* d'en haut, à demi-ton du *si*, et à six tons du premier *ut* dont elle est l'octave; par conséquent le *si* est contigu à l'*ut* qui le suit, sans touche intermédiaire.

En continuant ainsi tout le long du clavier, on n'y trouvera que la réplique des mêmes intervalles, et l'écolier se les rendra aisément familiers, de même que les chiffres qui les expriment et qui marquent leur distance de l'*ut* fondamental. On lui fera remarquer qu'il y a une touche intermédiaire entre chaque degré de l'octave, excepté entre le *mi* et le *fa* et entre le *si* et l'*ut* d'en haut, où l'on trouve deux intervalles de demi-ton chacun, qui ont leur position fixe dans l'échelle.

On observera aussi qu'à la clef d'*ut* toutes les touches noires sont justement celles qu'il faut prendre, et que toutes les blanches sont les intermédiaires qu'il faut laisser. On ne cherchera point à lui faire trouver du mystère dans cette distribution, et on lui dira seulement que, comme le clavier seroit trop étendu ou les touches trop petites si elles étoient toutes uniformes, et que d'ailleurs la clef d'*ut* est la plus usitée dans la musique, on a, pour plus de commodité, rejeté hors des intervalles les touches blanches, qui n'y sont que de peu d'usage. On se gardera bien aussi d'affecter un air savant en lui parlant des tons et des demi-tons majeurs et mineurs, des comma, du tempérament; tout cela est absolument inutile à la pratique, du moins pour ce temps-là : en un mot, pour peu qu'un maître ait d'esprit et qu'il possède son art, il a tant d'occasions de briller en instruisant, qu'il est inexcusable quand sa vanité est à pure perte pour le disciple.

Quand on trouvera que l'écolier possède assez bien son clavier naturel, on commencera alors à le lui faire transposer sur d'autres clefs, en choisissant d'abord celles où les sons naturels sont le moins altérés. Prenons, par exemple, la clef de *sol*.

Ce mot *sol*, direz-vous à l'écolier, écrit ainsi à la marge, signifie qu'il faut transporter au *sol* et à son octave le nom et toutes les propriétés de l'*ut* et de la gamme naturelle. Ensuite, après l'avoir exhorté à se rappeler la disposition des tons de cette gamme, vous l'inviterez à l'appliquer dans le même ordre au *sol* considéré comme fondamentale, c'est-à-dire comme un *ut*. D'abord il sera question de trouver le *re ;* si l'écolier est bien conduit, il le trouvera de lui-même et touchera le *la* naturel, qui est précisément par rapport au *sol* dans la même situation que le *re* par rapport à l'*ut :* pour trouver le *mi* il touchera le *si ;* pour trouver le *fa* il touchera l'*ut ;* et vous lui ferez remarquer qu'effectivement ces deux dernières touches donnent un demi-ton d'intervalle, intermédiaire, de même que le *mi* et le *fa* dans l'échelle naturelle. En poursuivant de même, il touchera le *re* pour le *sol*, et le *mi* pour le *la*. Jusqu'ici il n'aura trouvé que des touches naturelles pour exprimer dans l'octave *sol* l'échelle de l'octave *ut;* de sorte que si vous poursuivez, et que vous demandiez le *si* sans rien ajouter, il est presque immanquable qu'il touchera le *fa* naturel. Alors vous l'arrêterez là, et vous lui demanderez s'il ne se souvient pas qu'entre le *la* et le *si* naturel il a trouvé un intervalle d'un ton et une touche intermédiaire : vous lui montrerez en même temps cet intervalle à la clef d'*ut;* et, revenant à celle de *sol*, vous lui placerez le doigt sur le *mi* naturel que vous nommerez *la* en demandant où est le *si*. Alors il se corrigera sûrement et touchera le *fa* dièse : peut-être touchera-t-il le *sol;* mais au lieu de vous impatienter il faut saisir cette occasion de lui expliquer si bien la règle des tons et demitons par rapport à l'octave *ut*, et sans distinction de touches noires et blanches, qu'il ne soit plus dans le cas de pouvoir s'y tromper.

Alors il faut lui faire parcourir le clavier de haut en bas, et de bas en haut, en lui faisant nommer les touches conformément à ce nouveau ton : vous lui ferez aussi observer que la touche blanche qu'on y emploie y devient nécessaire pour constituer le demi-ton qui doit être entre le *si* et l'*ut* d'en haut, et qui seroit sans cela entre le *la* et le *si*, ce qui est contre l'ordre de la gamme. Vous aurez soin surtout de lui faire concevoir qu'à cette clef-là le *sol* naturel est réellement un *ut*, le *la* un *re*, le *si* un *mi*, etc.; de sorte que ces noms et la position de leurs touches relatives lui deviennent aussi familiers qu'à la clef d'*ut*, et que, tant qu'il est à la clef de *sol*, il n'envisage le clavier que par cette seconde exposition.

Quand on le trouvera suffisamment exercé, on le mettra à la clef de *re* avec les mêmes précautions, et on l'amènera aisément à y trouver de lui-même le *mi* et le *si* sur deux touches blanches : cette troisième clef achèvera de l'éclaircir sur la situation de tous les tons de l'échelle, relativement à quelque fondamentale que ce soit; et vraisemblablement il n'aura plus besoin d'explication pour trouver l'ordre des tons sur toutes les autres fondamentales.

Il ne sera donc plus question que de l'habitude, et il dépendra beaucoup du maître de contribuer à la former, s'il s'applique à faciliter à l'écolier la pratique de tous les intervalles par des remarques sur la position des doigts, qui lui en rendent bientôt la mécanique familière.

Après cela, de courtes explications sur le mode mineur, sur les altérations qui lui sont propres, et sur celles qui naissent de la modulation dans le cours d'une même pièce. Un écolier bien conduit par cette méthode doit savoir à fond son clavier sur tous les tons dans moins de trois mois : donnons-lui-en six, au bout desquels nous partirons de là pour le mettre à l'exécution ; et je soutiens que, s'il a d'ailleurs quelque connoissance des mouvements, il jouera dès-lors à livre ouvert les airs notés par mes caractères, ceux du moins qui ne demanderont pas une grande habitude dans le doigter. Qu'il mette six autres mois à se perfectionner la main et l'oreille, soit pour l'harmonie, soit pour la mesure, et voilà dans l'espace d'un an un musicien du premier ordre, pratiquant également toutes les clefs, connoissant les modes et tous les tons, toutes les cordes qui leur sont propres, toute la suite de la modulation, et transposant toute pièce de musique dans toutes sortes de tons avec la plus parfaite facilité.

C'est ce qui me paroît découler évidemment de la pratique de mon système, et que je suis prêt de confirmer, non seulement par des preuves de raisonnement, mais par l'expérience, aux yeux de quiconque en voudra voir l'effet.

Au reste, ce que j'ai dit du clavecin s'applique de même à tout autre instrument, avec quelques légères différences par rapport aux instruments à manche, qui naissent des différentes altérations propres à chaque ton. Comme je n'écris ici que pour les maîtres à qui cela est connu, je n'en dirai que ce qui est absolument nécessaire pour mettre dans son jour une objection qu'on pourroit m'opposer, et pour en donner la solution.

C'est un fait d'expérience que les différents tons

de la musique ont tous certain caractère qui leur est propre, et qui les distingue chacun en particulier. L'*A mi la* majeur, par exemple, est brillant; l'*F ut fa* est majestueux; le *si* bémol majeur est tragique; le *fa* mineur est triste; l'*ut* mineur est tendre; et tous les autres tons ont de même, par préférence, je ne sais quelle aptitude à exciter tel ou tel sentiment, dont les habiles maîtres savent bien se prévaloir. Or, puisque la modulation est la même dans tous les tons majeurs, pourquoi un ton majeur exciteroit-il une passion plutôt qu'un autre ton majeur ? pourquoi le même passage du *re* au *fa* produit-il des effets différents quand il est pris sur différentes fondamentales, puisque le rapport demeure le même ? pourquoi cet air joué en *A mi la* ne rend-il plus cette expression qu'il avoit en *G re sol*? Il n'est pas possible d'attribuer cette différence au changement de fondamentale, puisque, comme je l'ai dit, chacune de ces fondamentales, prise séparément, n'a rien en elle qui puisse exciter d'autre sentiment que celui du son haut ou bas qu'elle fait entendre. Ce n'est point proprement par les sons que nous sommes touchés, c'est par les rapports qu'ils ont entre eux ; et c'est uniquement par le choix de ces rapports charmants qu'une belle composition peut émouvoir le cœur en flattant l'oreille. Or, si le rapport d'un *ut* à un *sol*, ou d'un *re* à un *la*, est le même dans tous les tons, pourquoi produit-il différents effets?

Peut-être trouveroit-on des musiciens embarrassés d'en expliquer la raison ; et elle seroit en effet très-inexplicable, si l'on admettoit à la rigueur cette identité de rapports dans les sons exprimés par les mêmes noms et représentés par les intervalles sur tous les tons.

Mais ces rapports ont entre eux de légères différences, suivant les cordes sur lesquelles ils sont pris ; et ce sont ces différences, si petites en apparence, qui causent dans la musique cette variété d'expression, sensible à toute oreille délicate, et sensible à tel point qu'il est peu de musiciens qui, en écoutant un concert, ne connoissent en quel ton l'on exécute actuellement.

Comparons, par exemple, le *C sol ut* mineur et le *D la re* ; voilà deux modes mineurs desquels tous les sons sont exprimés par les mêmes intervalles et par les mêmes noms, chacun relativement à sa tonique : cependant l'affection n'est point la même, et il est incontestable que le *C sol ut* est plus touchant que le *D la re*. Pour en trouver la raison, il faut entrer dans une recherche assez longue dont voici à peu près le résultat. L'intervalle qui se trouve entre la tonique *re* et sa seconde note est un peu plus petit que celui qui se trouve entre la tonique du *C sol ut* et sa seconde note : au contraire, le demi-ton qui se trouve entre la seconde note et la médiante du *D la re* est un peu plus grand que celui qui est entre la seconde note et la médiante du *C sol ut* ; de sorte que la tierce mineure restant à peu près égale de part et d'autre, elle est partagée dans le *C sol ut* en deux intervalles un peu plus inégaux que dans le *D la re* ; ce qui rend l'intervalle du demi-ton plus petit de la même quantité dont celui du ton est plus grand.

On trouve aussi, par l'accord ordinaire du clavecin, le demi-ton compris entre le *sol* naturel et le *la* bémol un peu plus petit que celui qui est entre le *la* et le *si* bémol. Or, plus les deux sons qui forment un demi-ton se rapprochent, et plus le passage est tendre et touchant ; c'est l'expérience qui nous l'apprend, et c'est, je crois, la véritable raison pour laquelle le mode mineur du *C sol ut* nous attendrit plus que celui du *D la re*. Que si cependant la diminution vient jusqu'à causer de l'altération à l'harmonie, et jeter de la dureté dans le chant, alors le sentiment se change en tristesse, et c'est l'effet que nous éprouvons dans l'*F ut fa* mineur.

En continuant nos recherches dans ce goût-là, peut-être parviendrions-nous à peu près à trouver, par ces différences légères qui subsistent dans les rapports des sons et des intervalles, les raisons des différents sentiments excités par les divers tons de la musique. Mais si l'on vouloit aussi trouver la cause de ces différences, il faudroit entrer pour cela dans un détail dont mon sujet me dispense, et qu'on trouvera suffisamment expliqué dans les ouvrages de M. Rameau. Je me contenterai de dire ici en général que, comme il a fallu, pour éviter de multiplier les sons, faire servir les mêmes à plusieurs usages, on n'a pu y réussir qu'en les altérant un peu ; ce qui fait qu'eu égard à leurs différents rapports, ils perdent quelque chose de la justesse qu'ils devroient avoir. Le *mi*, par exemple, considéré comme tierce majeure d'*ut*, n'est point à la rigueur le même *mi* qui doit faire la quinte du *la*; la différence est petite à la vérité, mais enfin elle existe, et, pour la faire évanouir, il a fallu tempérer un peu cette quinte : par ce moyen on n'a employé que le même son pour ces deux usages ; mais de là vient aussi que le ton du *re* au *mi* n'est pas de la même espèce que celui de l'*ut* au *re*, et ainsi des autres.

On pourroit donc me reprocher que j'anéantis ces différences par mes nouveaux signes, et que par là même je détruis cette variété d'expression si avantageuse dans la musique. J'ai bien des choses à répondre à tout cela.

En premier lieu, le tempérament est un vrai défaut ; c'est une altération que l'art a causée à l'harmonie, faute d'avoir pu mieux faire. Les harmoniques d'une corde ne nous donnent point de quinte tempérée, et la mécanique du tempérament introduit dans la modulation des tons si durs, par exemple le *re* et le *sol* dièses, qu'ils ne sont pas supportables à l'oreille. Ce ne seroit donc pas une faute que d'éviter ce défaut, et surtout dans les caractères de la musique, qui, ne participant pas au vice de l'instrument, devroient, du moins par leur signification, conserver toute la pureté de l'harmonie.

De plus, les altérations causées par les différents tons ne sont point pratiquées par les voix ; l'on n'entonne point, par exemple, l'intervalle 4 5 autrement que l'on entonneroit celui-ci 5 6, quoique cet intervalle ne soit pas tout-à-fait le même ; et l'on module en chantant avec la même justesse dans tous les tons, malgré les altérations particulières que l'imperfection des instruments introduit dans ces différents tons, et à laquelle la voix ne se conforme jamais, à moins qu'elle n'y soit contrainte par l'unisson des instruments.

La nature nous apprend à moduler sur tous les tons, précisément dans toute la justesse des intervalles ; les voix, conduites par elle, le pratiquent exactement. Faut-il nous éloigner de ce qu'elle prescrit, pour nous assujettir à une pratique défectueuse ? et faut-il sacrifier, non pas à l'avantage mais au vice des instruments, l'expression naturelle du plus parfait de tous ? C'est ici qu'on doit se rappeler tout ce que j'ai dit ci-devant sur la génération des sons ; et c'est par là qu'on se convaincra que l'usage de mes signes n'est qu'une expression très-fidèle et très-exacte des opérations de la nature.

En second lieu, dans les plus considérables instruments, comme l'orgue, le clavecin et la viole, les touches étant fixées, les altérations différentes de chaque ton dépendent uniquement de l'accord, et elles sont également pratiquées par ceux qui en jouent, quoiqu'ils n'y pensent point. Il en est de même des flûtes, des hautbois, bassons et autres instruments à trous; les dispositions des doigts sont fixées pour chaque son, et le seront de même par mes caractères, sans que les écoliers pratiquent moins le tempérament pour n'en pas connoître l'expression.

D'ailleurs on ne sauroit me faire là-dessus aucune difficulté qui n'attaque en même temps la musique ordinaire, dans laquelle, bien loin que les petites différences des intervalles de même espèce soient indiquées par quelque marque, les différences spécifiques ne le sont même pas, puisque les tierces ou les sixtes majeures et mineures sont exprimées par les mêmes intervalles et les mêmes positions, au lieu que, dans mon système, les différents chiffres employés dans les intervalles de même dénomination font du moins connoître s'ils sont majeurs ou mineurs.

Enfin, pour trancher tout d'un coup toute cette difficulté, c'est au maître et à l'oreille à conduire l'écolier dans la pratique des différents tons et des altérations qui leur sont propres; la musique ordinaire ne donne point de règles pour cette pratique que je ne puisse appliquer à la mienne avec encore plus d'avantage; et les doigts de l'écolier seront bien plus heureusement conduits, en lui faisant pratiquer sur son violon les intervalles, avec les altérations qui leur sont propres dans chaque ton en avançant ou reculant un peu le doigt, que par cette foule de dièses et de bémols qui, faisant de plus petits intervalles entre eux et ne contribuant point à former l'oreille, troublent l'écolier par des différences qui lui sont long-temps insensibles.

Si la perfection d'un système de musique consistoit à y pouvoir exprimer une plus grande quantité de sons, il seroit aisé, en adoptant celui de M. Sauveur, de diviser toute l'étendue d'une seule octave en 3010 décamérides ou intervalles égaux, dont les sons seroient représentés par des notes différemment figurées; mais de quoi serviroient tous ces caractères, puisque la diversité des sons qu'ils exprimeroient ne seroit non plus à la portée de nos oreilles, qu'à celle des organes de notre voix? Il n'est donc pas moins inutile qu'on apprenne à distinguer l'*ut* double dièse du *re* naturel, dès que nous sommes contraints de le pratiquer sur ce même *re*, et qu'on ne se trouvera jamais dans le cas d'exprimer en note la différence qui doit s'y trouver, parce que ces deux sons ne peuvent être relatifs à la même modulation.

Tenons pour une maxime certaine que tous les sons d'un mode doivent toujours être considérés par le rapport qu'ils ont avec la fondamentale de ce mode-là; qu'ainsi les intervalles correspondants devroient être parfaitement égaux dans tous les tons de même espèce : aussi les considère-t-on comme tels dans la composition; et s'ils ne le sont pas à la rigueur dans la pratique, les facteurs épuisent du moins toute leur habileté dans l'accord, pour en rendre la différence insensible.

Mais ce n'est pas ici le lieu de m'étendre davantage sur cet article. Si, de l'aveu de la plus savante académie de l'Europe, mon système a des avantages marqués par-dessus la méthode ordinaire pour la musique vocale, il me semble que ces avantages sont bien plus considérables dans la partie instrumentale : du moins, j'exposerai les raisons que j'ai de le croire ainsi; c'est à l'expérience à confirmer leur solidité. Les musiciens ne manqueront pas de se récrier, et de dire qu'ils exécutent avec la plus grande facilité par la méthode ordinaire, et qu'ils font de leurs instruments tout ce qu'on en peut faire par quelque méthode que ce soit. D'accord : je les admire en ce point, et il ne semble pas en effet qu'on puisse pousser l'exécution à un plus haut degré de perfection que celui où elle est aujourd'hui; mais enfin, quand on leur fera voir qu'avec moins de temps et de peine on peut parvenir plus sûrement à cette même perfection, peut-être seront-ils contraints de convenir que les prodiges qu'ils opèrent ne sont pas tellement inséparables des barres, des noires et des croches, qu'on n'y puisse arriver par d'autres chemins. Proprement, j'entreprends de leur prouver qu'ils ont encore plus de mérite qu'ils ne pensoient, puisqu'ils suppléent par la force de leurs talents aux défauts de la méthode dont ils se servent.

Si l'on a bien compris la partie de mon système que je viens d'expliquer, on sentira qu'elle donne une méthode générale pour exprimer sans exception tous les sons usités dans la musique, non pas, à la vérité d'une manière absolue, mais relativement à un son fondamental déterminé; ce qui produit un avantage considérable en vous rendant toujours présents le ton de la pièce et la suite de la modulation. Il me reste maintenant à donner une autre méthode encore plus facile pour pouvoir noter tous ces mêmes sons de la même manière, sur un rang horizontal, sans avoir jamais besoin de lignes ni d'intervalles pour exprimer les différentes octaves.

Pour y suppléer donc, je me sers du plus simple de tous les signes, c'est-à-dire du point; et voici comment je le mets en usage. Si je sors de l'octave par laquelle j'ai commencé pour faire une note dans l'étendue de l'octave supérieure, et qui commence à l'*ut* d'en haut, alors je mets un point au-dessus de cette note par laquelle je sors de mon octave ; et, ce point une fois placé, c'est un avis que non seulement la note sur laquelle il est, mais encore toutes celles qui la suivront sans aucun signe qui le détruise, devront être prises dans l'étendue de cette octave supérieure où je suis entré. Par exemple,

Ut c 1 3 5 i 3 5.

Le point que vous voyez sur le second *ut* marque que vous entrez là dans l'octave au-dessus de celle où vous avez commencé, et que, par conséquent, le 3 et le 5 qui suivent sont aussi de cette même octave supérieure, et ne sont point les mêmes que vous aviez entonnés auparavant.

Au contraire, si je veux sortir de l'octave où je me trouve pour passer à celle qui est au-dessous, alors je mets le point sous la note par laquelle j'y entre.

Ut d 5 3 1 5 3 ı.

Ainsi, ce premier 5 étant le même que le dernier de l'exemple précédent, par le point que vous voyez ici sous le second 5, vous êtes averti que vous sortez de l'octave où vous étiez monté, pour rentrer dans celle par où vous aviez commencé précédemment.

En un mot, quand le point est sur la note, vous passez dans l'octave supérieure; s'il est au-dessous vous passez dans l'inférieure : et, quand vous changeriez d'octave à chaque note, ou que vous voudriez monter ou descendre de deux ou trois octaves tout d'un coup ou successivement, la règle est toujours générale, et vous n'avez qu'à mettre autant de points au-dessous ou au-dessus que vous avez d'octaves à descendre ou à monter.

Ce n'est pas à dire qu'à chaque point vous montiez ou vous descendiez d'une octave; mais, à chaque point, vous entrez dans une octave différente, dans un autre étage, soit en montant, soit en descendant, par rapport au son fondamental *ut*, lequel ainsi se trouve bien de la même octave en descendant diatoniquement, mais non pas en montant. Le point, dans cette façon de noter, équivaut aux lignes et aux intervalles de la précédente : tout ce qui est dans la même position appartient au même point, et vous n'avez besoin d'un autre point que lorsque vous passez dans une autre position, c'est-à-dire dans une autre octave. Sur quoi il faut remarquer que je ne me sers de ce mot d'octave qu'abusivement et pour ne pas multiplier inutilement les termes, parce que, proprement, l'étendue que je désigne par ce mot n'est remplie que d'un étage de sept notes, l'*ut* d'en haut n'y étant pas compris.

SUR LA MUSIQUE MODERNE.

Voici une suite de notes qu'il sera aisé de solfier par les règles que je viens d'établir.

Sol d 1 7 1 2 3 1 5 4 5 6 7 5 1 7 6 5 4 3 2 4 2 1 7 6 5 3 4
  d 5 5 1.

Et voici (*voy*. Planche, exemple 12) le même exemple noté suivant la première méthode.

Dans une longue suite de chant, quoique les points vous conduisent toujours très-juste, ils ne vous font pourtant connoître l'octave où vous vous trouvez que relativement à ce qui a précédé : c'est pourquoi, afin de savoir précisément l'endroit du clavier où vous êtes, il faudroit aller en remontant jusqu'à la lettre qui est au commencement de l'air ; opération exacte, à la vérité, mais d'ailleurs un peu trop longue. Pour m'en dispenser, je mets au commencement de chaque ligne la lettre de l'octave où se trouve, non pas la première note de cette ligne, mais la dernière de la ligne précédente, et cela afin que la règle des points n'ait pas d'exception.

EXEMPLE :

Fa d 1 7 1 2 3 4 5 6 7 5 1 5 2 5 3 1 4 3 2 1 7 6 5 5 5 4 6 4
  e 4 2 7 5 6 4 5 1.

L'*e* que j'ai mis au commencement de la seconde ligne marque que le *fa* qui finit la première est de la cinquième octave, de laquelle je sors pour rentrer dans la quatrième *d* par le point que vous voyez au-dessous du *si* de cette seconde ligne.

Rien n'est plus aisé que de trouver cette lettre correspondante à la dernière note d'une ligne, et en voici la méthode.

Comptez tous les points qui sont au-dessus des notes de cette ligne, comptez aussi ceux qui sont au-dessous : s'ils sont égaux en nombre avec les premiers, c'est une preuve que la dernière note de la ligne est dans la même octave que la première, et c'est le cas du premier exemple de la page précédente, où, après avoir trouvé trois points dessus et autant dessous, vous concluez qu'ils se détruisent les uns les autres, et que, par conséquent, la dernière note *fa* de la ligne est de la même octave *d* que la première note *ut* de la même ligne ; ce qui est toujours vrai, de quelque manière que les points soient rangés, pourvu qu'il y en ait autant dessus que dessous.

S'ils ne sont pas égaux en nombre, prenez leur différence : comptez depuis la lettre qui est au commencement de la ligne, et reculez d'autant de lettres vers l'*a*, si l'excès est au-dessous ; ou s'il est au-dessus, avancez au contraire d'autant de lettres dans l'alphabet que cette différence contient d'unités, et vous aurez exactement la lettre correspondante à la dernière note.

SUR LA MUSIQUE MODERNE. 553
EXEMPLE :

Ut c 6 3 6 7 1 2 1 7 6 1 5 1 2 3 4 3 2 1 3 6 5 6 7 3 1
  e 2 7 1 6 7 5 6 1 4 3 2 1 5 6 2 1 7 6 3 3 4 4 5 5 6 7 1
  d 2 7 5 6.

Dans la première ligne de cet exemple, qui commence à l'étage *c*, vous avez deux points au-dessous et quatre au-dessus, par conséquent deux d'excès, pour lesquels il faut ajouter à la lettre *c* autant de lettres, suivant l'ordre de l'alphabet, et vous aurez la lettre *e* correspondante à la dernière note de la même ligne.

Dans la seconde ligne vous avez au contraire un point d'excès au-dessous, c'est-à-dire qu'il faut, depuis la lettre *e* qui est au commencement de la ligne, reculer d'une lettre vers l'*a*, et vous aurez *d* pour la lettre correspondante à la dernière note de la seconde ligne.

Il faut de même observer de mettre la lettre de l'octave après chaque première et dernière note des reprises et des rondeaux, afin qu'en partant de là on sache toujours sûrement si l'on doit monter ou descendre pour reprendre ou pour recommencer. Tout cela s'éclaircira mieux par l'exemple suivant, dans lequel cette marque ψ est un signe de reprise.

Mi c 3 4 5 7 1 2 3 4 3 2 1 4 3 2 1 7 6 2 5 b ψ 5 c 5 5
   b 7 6 4 4 6 2 7 5 1 2 5 7 1 c.

La lettre *b*, que vous voyez après la dernière note de la première partie, vous apprend qu'il faut monter d'une sixte pour revenir au *mi* du commencement, puisqu'il est de l'octave supérieure *c*; et la lettre *c*, que vous voyez également après la première et la dernière note de la seconde partie, vous apprend qu'elles sont toutes deux de la même octave, et qu'il faut par conséquent monter d'une quinte pour revenir de la finale à la reprise.

Ces observations sont fort simples et fort aisées à retenir. Il faut avouer cependant que la méthode des points a quelques avantages de moins que celle de la position d'étage en étage que j'ai enseignée la première, et qui n'a jamais besoin de toutes ces différences de lettres : l'une et l'autre ont pourtant leur commodité ; et, comme elles s'apprennent par les mêmes règles et qu'on peut les savoir toutes deux ensemble avec la même facilité qu'on a pour en apprendre une séparément, on les pratiquera chacune dans les occasions où elle paroîtra plus convenable. Par exemple, rien ne sera si commode que la méthode des points pour ajouter l'air à des paroles déjà écrites ; pour noter de petits airs, des morceaux détachés, et ceux qu'on veut envoyer en province ; et, en général, pour la musique vocale. D'un autre côté, la méthode de position servira pour les partitions et les grandes pièces de musique, pour la musique instrumentale, et surtout pour commencer les écoliers, parce que la mécanique en est encore plus sensible que de l'autre manière, et qu'en partant de celle-ci déjà connue, l'autre se conçoit du premier instant: Les compositeurs s'en serviront aussi par préférence, à cause de la distinction oculaire des différentes octaves : ils sentiront en la pratiquant toute l'étendue de ses avantages, que j'ose dire tels pour l'évidence de l'harmonie, que quand ma méthode n'auroit nul cours dans la pratique, il n'est point de compositeur qui ne dût l'employer pour son usage particulier et pour l'instruction de ses élèves.

Voilà ce que j'avois à dire sur la première partie de mon système, qui regarde l'expression des sons : passons à la seconde, qui traite de leurs durées.

L'article dont je viens de parler n'est pas, à beaucoup près, aussi difficile que celui-ci, du moins dans la pratique, qui n'admet qu'un certain nombre de sons, dont les rapports sont fixés, et à peu près les mêmes dans tous les tons, au lieu que les différences qu'on peut introduire dans leurs durées peuvent varier presque à l'infini.

Il y a beaucoup d'apparence que l'établissement de la quantité dans la musique a d'abord été relatif à celle du langage, c'est-à-dire qu'on faisoit passer plus vite les sons par lesquels on exprimoit les syllabes brèves, et durer un peu plus long-temps ceux qu'on adaptoit aux longues. On poussa bientôt les choses plus loin, et l'on établit, à l'imitation de la poésie, une certaine régularité dans la durée des sons, par laquelle on les assujettissoit à des retours uniformes qu'on s'avisa de mesurer par des mouvements égaux de la main ou du pied, et d'où, à cause de cela, ils prirent le nom de mesures. L'analogie est visible à cet égard entre la musique et la poésie : les vers sont relatifs aux mesures, les pieds aux temps, et les syllabes aux notes. Ce n'est pas assurément donner dans des absurdités que de trouver des rapports aussi naturels, pourvu qu'on n'aille pas, comme le P. Souhaitti, appliquer à l'une les signes de l'autre, et, à cause de ce qu'elles ont de semblable, confondre ce qu'elles ont de différent.

Ce n'est pas ici le lieu d'examiner en physicien d'où naît cette égalité merveilleuse que nous éprouvons dans nos mouvements quand nous battons la mesure ; pas un temps qui passe l'autre, pas la moindre différence dans leur durée successive, sans que nous ayons d'autre règle que notre oreille pour la déterminer : il y a lieu de conjecturer qu'un effet aussi singulier part du même principe qui nous fait entonner naturellement toutes les consonnances. Quoi qu'il en soit, il est clair que nous avons un sentiment sûr pour juger du rapport des mouvements, tout comme de celui des sons et des organes, toujours prêts à exprimer les uns et les autres selon les mêmes rapports; et il me suffit, pour ce que j'ai à dire, de remarquer le fait sans en rechercher la cause.

Les musiciens font de grandes distinctions dans ces mouvements, non seulement quant aux divers degrés de vitesse qu'ils peuvent avoir, mais aussi quant au genre même de la mesure; et tout cela n'est qu'une suite du mauvais principe par lequel ils ont fixé les différentes durées des sons; car, pour trouver les rapports des uns aux autres, il a fallu établir un terme de comparaison, et il leur a plu de choisir pour ce terme une certaine quantité de durée qu'ils ont déterminée par une figure ronde : ils ont ensuite imaginé des notes de plusieurs autres figures, dont la valeur est fixée, par rapport à cette ronde, en proportion sous-double. Cette division seroit assez supportable, quoiqu'il s'en faille de beaucoup qu'elle n'ait l'universalité nécessaire, si le terme de comparaison, c'est-à-dire si la durée de la ronde étoit quelque chose d'un peu moins vague ; mais la ronde va tantôt plus vite, tantôt plus lentement, suivant le mouvement de la mesure où l'on l'emploie : et l'on ne doit pas se flatter de donner quelque chose de plus précis en disant qu'une ronde est toujours l'expression de la durée d'une mesure à quatre, puisque, outre que la durée même de cette mesure n'a rien de déterminé, on voit communément en Italie des mesures à quatre et à deux contenir deux et quelquefois quatre rondes.

C'est pourtant ce qu'on suppose dans les chiffres des mesures doubles : le chiffre inférieur marque le nombre de notes d'une certaine valeur contenues dans une mesure à quatre temps, et le chiffre supérieur marque combien il faut de ces mêmes notes pour remplir une mesure de l'air que l'on va noter. Mais pourquoi ce rapport de tant de différentes mesures à celle de quatre temps qui leur est si peu semblable ? ou pourquoi ce rapport de tant de différentes notes à une ronde dont la durée est si peu déterminée ?

On diroit que les inventeurs de la musique ont pris à tâche de faire tout le contraire de ce qu'il falloit : d'un côté, ils ont négligé la distinction du son fondamental indiqué par la nature et si nécessaire pour servir de terme commun au rapport de tous les autres ; et de l'autre, ils ont voulu établir une durée absolue et fondamentale sans pouvoir en déterminer la valeur.

Faut-il s'étonner si l'erreur du principe a tant causé de défauts dans les conséquences ? défauts essentiels à la pratique, et tous propres à retarder long-temps les progrès des écoliers.

Les musiciens reconnoissent au moins quatorze mesures différentes, dont voici les signes: 2, 3, C,

$$\frac{3}{2}, \frac{2}{4}, \frac{3}{4}, \frac{6}{4}, \frac{9}{4}, \frac{12}{4}, \frac{3}{8}, \frac{6}{8}, \frac{9}{8}, \frac{12}{8}, \frac{3}{16}, \frac{6}{16}.$$

Or, si ces signes sont institués pour déterminer autant de mouvements différents en espèce, il y en a beaucoup trop, et s'ils le sont, outre cela, pour exprimer les différents degrés de vitesse de ces mouvements, il n'y en a pas assez. D'ailleurs pourquoi se tourmenter si fort pour établir des signes qui ne servent à rien, puisque indépendamment du genre de la mesure on est presque toujours contraint d'ajouter un mot au commencement de l'air, qui détermine l'espèce et le degré du mouvement?

Cependant on ne sauroit contester que la diversité de ces mesures ne brouille les commençants pendant un temps infini, et que tout cela ne naisse de la fantaisie qu'on a de les vouloir rapporter à la mesure à quatre temps, ou d'en vouloir rapporter les notes à la valeur de la ronde.

Donner aux mouvements et aux notes des rapports entièrement étrangers à la mesure où l'on les emploie, c'est proprement leur donner des valeurs absolues, en conservant l'embarras des relations : aussi voit-on suivre de là des équivoques terribles, qui sont autant de piéges à la précision de la musique et au goût du musicien. En effet, n'est-il pas évident qu'en déterminant la durée des rondes, blanches, noires, croches, etc., non par la qualité de la mesure où elles se rencontrent, mais par celle de la note même, vous trouvez à tout moment la relation en opposition avec le sens propre? De la vient, par exemple, qu'une blanche, dans une certaine mesure, passera beaucoup plus vite qu'une noire dans une autre, laquelle noire ne vaut cependant que la moitié de cette blanche; et de là vient encore que les musiciens de province, trompés par ces faux rapports, donnent souvent aux airs des mouvements tout différents de ce qu'ils doivent être, en s'attachant scrupuleusement à cette fausse relation, tandis qu'il faudra quelquefois passer une mesure à trois temps simples plus vite qu'une autre à trois huit; ce qui dépend du caprice des compositeurs, et dont les opéra présentent des exemples à chaque instant.

Il y auroit sur ce point bien d'autres remarques à faire, auxquelles je ne m'arrêterai pas. Quand on a imaginé, par exemple, la division sous-double des notes telle qu'elle est établie, apparemment qu'on n'a pas prévu tous les cas, ou bien l'on n'a pu les embrasser tous dans une règle générale; ainsi, quand il est question de faire la division d'une note ou d'un temps en trois parties égales dans une mesure à deux, à trois ou à quatre, il faut nécessairement que le musicien le devine, ou bien qu'on l'en avertisse par un signe étranger qui fait exception à la règle.

C'est en examinant les progrès de la musique que nous pourrons trouver le remède à ces défauts. Il y a deux cents ans que cet art étoit encore extrêmement grossier. Les rondes et les blanches étoient presque les seules notes qui y fussent employées, et l'on ne regardoit une croche qu'avec frayeur. Une musique aussi simple n'amenoit pas de grandes difficultés dans la pratique, et cela faisoit qu'on ne prenoit pas non plus grand soin pour lui donner de la précision dans les signes; on négligeoit la séparation des mesures, et l'on se contentoit de les exprimer par la figure des notes. A mesure que l'art se perfectionna et que les difficultés augmentèrent, on s'aperçut de l'embarras qu'il y avoit, dans une grande diversité de notes, de faire la distinction des mesures, et l'on commença à les séparer par des lignes perpendiculaires; on se mit ensuite à lier les croches pour faciliter les temps; et l'on s'en trouva si bien, que, depuis lors, les caractères de la musique sont toujours restés à peu près dans le même état.

Une partie des inconvénients subsiste pourtant encore; la distinction des temps n'est pas toujours trop bien observée dans la musique instrumentale, et n'a point lieu du tout dans la vocale : il arrive de là qu'au milieu d'une grande mesure l'écolier ne sait où il en est, surtout lorsqu'il trouve une quantité de croches et de doubles croches détachées, dont il faut qu'il fasse lui-même la distribution.

Une réflexion toute simple sur l'usage des lignes perpendiculaires pour la séparation des mesures, nous fournira un moyen assuré d'anéantir ces inconvénients. Toutes les notes qui sont renfermées entre deux de ces lignes dont je viens de parler, font justement la valeur d'une mesure : qu'elles soient en grande ou petite quantité, cela n'intéresse en rien la durée de cette mesure, qui est toujours la même; seulement se divise-t-elle en parties égales ou inégales, selon la valeur et le nombre des notes qu'elle renferme. Mais enfin, sans connoître précisément le nombre de ces notes, ni la valeur de chacune d'elles, on sait certainement qu'elles forment toutes ensemble une durée égale à celle de la mesure où elles se trouvent.

Séparons les temps par des virgules, comme nous séparons les mesures par des lignes, et raisonnons sur chacun de ces temps de la même manière que nous raisonnons sur chaque mesure; nous aurons un principe universel pour la durée et la quantité des notes, qui nous dispensera d'inventer de nouveaux signes pour la déterminer, et qui nous mettra à portée de diminuer de beaucoup le nombre des différentes mesures usitées dans la musique, sans rien ôter à la variété des mouvements.

Quand une note seule est renfermée entre les deux lignes d'une mesure, c'est un signe que cette note remplit tous les temps de cette mesure et doit durer autant qu'elle : dans ce cas, la séparation des temps seroit inutile, on n'a qu'à soutenir le même son pendant toute la mesure. Quand la mesure est divisée en autant de notes égales qu'elle contient de temps, on pourroit encore se dispenser de les séparer; chaque note marque un temps, et chaque temps est rempli par une note ; mais dans le cas que la mesure soit chargée de notes d'inégales valeurs, alors il faut nécessairement pratiquer la séparation des temps par des virgules ; et nous la pratiquerons même dans le cas précédent, pour conserver dans nos signes la plus parfaite uniformité.

Chaque temps compris entre deux virgules, ou entre une virgule et une ligne perpendiculaire, renferme une note ou plusieurs. S'il ne contient qu'une note, on conçoit qu'elle remplit tout ce temps-là, rien n'est si simple : s'il en renferme plusieurs, la chose n'est pas plus difficile ; divisez ce temps en autant de parties égales qu'il comprend de notes ; appliquez chacune de ces parties à chacune de ces notes, et passez-les de sorte que tous les temps soient égaux.

Exemple du premier cas :

Ré 3 ‖ d 1,2,3 | 7,1,2 | 6,7,1 | 5,4,3 | 1,2,3 | d 7,1,2 | 6,7,8 | 6 c.

Exemple du second :

Ut 2 ‖ c 17,12 | 32,31 | 54,56 | 76,75 | 14,55 | 1 c.

564   DISSERTATION

Exemple de tous les deux:

Fa 3 ‖ d 3,4,5 | 65,43,͞21 | 2,5,͞1 | 1,6,͞2 | 2,7,͞3 | 3,
⠀⠀⠀⠀d 1,4 | 4,32,34 | ͞2 | 3,4,5 | 65,43,͞21 | 2,5,͞12 |
⠀⠀⠀⠀d 7͞1,6,23 | 12,7,34 | 23,1,45 | 34,2,56 | 45,
⠀⠀⠀⠀d 3,6 | 62,3͡,2 | 1,567,͞1͞21 | 7͞17,67͞1,232 |
⠀⠀⠀⠀d 121,7͞12,343 | 232,123,454 | 343,234,
⠀⠀⠀⠀d 565 | 454,32,34 | 2,5567,͞1 ⌐12͞17,667͞1,
⠀⠀⠀⠀d 2 ⌐2321,77͞12,3 ⌐3432,1123,4 ⌐4543,
⠀⠀⠀⠀d 2234,5 ⌐5654,3345,667͞1 | 12,3͞,2 | 1 d.

On voit dans les exemples précédents que je conserve les cadences et les liaisons comme dans la musique ordinaire, et que, pour distinguer le chiffre qui marque la mesure d'avec ceux des notes, j'ai soin de le faire plus grand, et de l'en séparer par une double ligne perpendiculaire.

Avant que d'entrer dans un plus grand détail sur cette méthode, remarquons d'abord combien elle simplifie la pratique de la mesure en anéantissant tout d'un coup toutes les mesures doubles; car, comme la division des notes est prise uniquement dans la valeur des temps et de la mesure où elles se trouvent, il est évident que ces notes n'ont plus besoin d'être comparées à aucune valeur extérieure pour fixer la leur; ainsi la mesure étant uniquement déterminée par le nombre de ses temps, on la peut très-bien réduire à deux espèces; savoir, mesure à deux, et mesure à trois. A l'égard de la mesure à quatre, tout le monde convient qu'elle n'est que l'assemblage de deux mesures à deux temps : elle est traitée comme telle dans la composition, et l'on peut compter que ceux qui prétendroient lui trouver quelque propriété particulière s'en rapporteroient bien plus à leurs yeux qu'à leurs oreilles.

Que le nombre des temps d'une mesure naturelle, sensible et agréable à l'oreille, soit borné à trois, c'est un fait d'expérience que toutes les spéculations du monde ne détruisent pas : on auroit beau chercher de subtiles analogies entre les temps de la mesure et les harmoniques d'un son, on trouveroit aussitôt une sixième consonnance dans l'harmonie, qu'un mouvement à cinq temps dans la mesure ; et, quelle qu'en puisse être la raison, il est incontestable que le plaisir de l'oreille, et même sa sensibilité à la mesure, ne s'étend pas plus loin.

Tenons-nous-en donc à ces deux genres de mesures, à deux et à trois temps : chacun des temps de l'une et de l'autre peut de même être partagé en deux ou en trois parties égales, et quelquefois en quatre, six, huit, etc., par des subdivisions de celles-ci, mais jamais par d'autres nombres qui ne seroient pas multiples de deux ou de trois.

Or, qu'une mesure soit à deux ou à trois temps, et que la division de chacun de ces temps soit en deux ou en trois parties égales, ma méthode est toujours générale, et exprime tout avec la même facilité. On l'a déjà pu voir par le dernier exemple précédent, et l'on le verra encore par celui-ci, dans lequel chaque temps d'une mesure à deux, partagé en trois parties égales, exprime le mouvement de six-huit dans la musique ordinaire.

EXEMPLE :

Ut 2 ‖ d,361 | 176,656 | 731,712 | 176,2 ⌒ 217,

d 176 | 5̄,361 | 176,656 | 731,147 | 2,2̄17 |

d 176,365 | 6.

Les notes dont deux égales rempliront un temps s'appelleront des demis ; celles dont il en faudra trois, des tiers ; celles dont il en faudra quatre, des quarts, etc.

Mais lorsqu'un temps se trouve partagé de sorte que toutes les notes n'y sont pas d'égale valeur, pour représenter, par exemple, dans un seul temps une noire et deux croches, je considère ce temps comme divisé en deux parties égales, dont la noire fait la première, et les deux croches ensemble la seconde. Je les lie donc par une ligne droite que je place au-dessus ou au-dessous d'elles ; et cette ligne marque que tout ce qu'elle embrasse ne représente qu'une seule note, laquelle doit être subdivisée ensuite en deux parties égales, où en trois, ou en quatre, suivant le nombre des chiffres qu'elle couvre.

SUR LA MUSIQUE MODERNE.

EXEMPLE :

Fa 2 ‖ d, 1765 | 67,121761 | 73, 17642 | 3232,

d, 1767 | 2121,7657 | 321,7 | 6.

La virgule qui se trouve avant la première note dans les deux exemples précédents désigne la fin du premier temps, et marque que le chant commence par le second.

Quand il se trouve dans un même temps des subdivisions d'inégalités, on peut alors se servir d'une seconde liaison : par exemple, pour exprimer un temps composé d'une noire, d'une croche et de deux doubles croches, on s'y prendroit ainsi :

Sol 2 ‖ d 13,5121 | 72,5717 | 61,4676 | 5675,

c 1231 | 46,1454 | 35,1343 24,7232 |

d 1434,55 | 1 d.

Vous voyez là que le second temps de la première mesure contient deux parties égales, équivalentes à deux noires ; savoir, le 5 pour l'une, et pour l'autre la somme de trois notes 1 2 1, qui sont sous la grande liaison : ces trois notes sont subdivisées en deux autres parties égales, équivalentes à deux croches dont l'une est le premier 1, et l'autre les deux notes 2 et 1 jointes par la seconde liaison, lesquelles sont ainsi chacune le quart de la valeur comprise sous la grande liaison, et le huitième du temps entier.

En général, pour exprimer régulièrement la valeur des notes, il faut s'attacher à la division de chaque temps par parties égales ; ce qu'on peut toujours faire par la méthode que je viens d'enseigner, en y ajoutant l'usage du point dont je parlerai tout à l'heure, sans qu'il soit possible d'être arrêté par aucune exception. Il ne sera même jamais nécessaire, quelque bizarre que puisse être une musique, de mettre plus de deux liaisons sur aucune de ses notes, ni d'en accompagner aucune de plus de deux points, à moins qu'on ne voulût imaginer dans de grandes inégalités de valeurs des quintuples et des sextuples croches, dont la rapidité comparée n'est nullement à la portée des voix ni des instruments, et dont à peine trouveroit-on d'exemple dans la plus grande débauche de cerveau de nos compositeurs.

A l'égard des tenues et des syncopes, je puis, comme dans la musique ordinaire, les exprimer avec des notes liées ensemble par une ligne courbe que nous appellerons liaison de tenue ou chapeau, pour la distinguer de la liaison de valeur dont je viens de parler, et qui se marque par une ligne droite. Je puis aussi employer le point au même usage, en lui donnant un sens plus universel et bien plus commode que dans la musique ordinaire; car, au lieu de lui faire valoir toujours la moitié de la note qui le précède, ce qui ne fait qu'un cas particulier, je lui donne de même qu'aux notes une valeur déterminée uniquement par la place qu'il occupe ; c'est-à-dire que si le point remplit seul un temps ou une mesure, le son qui a précédé doit être aussi soutenu pendant tout ce temps ou toute cette mesure ; et si le point se trouve dans un temps avec d'autres notes, il fait nombre aussi-bien qu'elles, et doit être compté pour un tiers ou pour un quart, suivant la quantité de notes que renferme ce temps-là, en y comprenant le point. En un mot, le point vaut autant, ou plus, ou moins, que la note qui l'a précédé, et dont il marque la tenue suivant la place qu'il occupe dans le temps où il est employé.

EXEMPLE :

Ut 2 ‖ c, 1 | 54,·3 | ·2,43 | ·2,·1 | 55,·4 |

c 64,·2 | 5432,1 | 75,1 | ·,7 | 1.

Au reste, il n'est pas à craindre, comme on le voit par cet exemple, que ces points se confondent jamais avec ceux qui servent à changer d'octaves : ils en sont trop bien distingués par leur position pour avoir besoin de l'être par leur figure. C'est pourquoi j'ai négligé de le faire, évitant avec soin de me servir des signes extraordinaires qui distrairoient l'attention sans exprimer rien de plus que la simplicité des miens.

A l'égard du degré de mouvement, s'il n'est pas

déterminé par les caractères de ma méthode, il est aisé d'y suppléer par un mot mis au commencement de l'air; et l'on peut d'autant moins tirer de là un argument contre mon système, que la musique ordinaire a besoin du même secours. Vous avez, par exemple, dans la mesure à trois temps simples cinq ou six mouvements très-différents les uns des autres, et tous exprimés par une noire à chaque temps : ce n'est donc pas la qualité des notes qu'on emploie qui sert à déterminer le mouvement; et s'il se trouve des maîtres négligents qui s'en fient sur ce sujet au caractère de leur musique et au goût de ceux qui la liront, leur confiance se trouve si souvent punie par les mauvais mouvements qu'on donne à leurs airs, qu'ils doivent assez sentir combien il est nécessaire d'avoir à cet égard des indications plus précises que la qualité des notes.

L'imperfection grossière de la musique sur l'article dont nous parlons seroit sensible pour quiconque auroit des yeux : mais les musiciens ne la voient point, et j'ose prédire hardiment qu'ils ne verront jamais rien de tout ce qui pourroit tendre à corriger les défauts de leur art. Elle n'avoit pas échappé à M. Sauveur; et il n'est pas nécessaire de méditer sur la musique autant qu'il l'avoit fait, pour sentir combien il seroit important de ne pas laisser aux mouvements des différentes mesures une expression si vague, et de n'en pas abandonner la détermination à des goûts souvent si mauvais.

Le système singulier qu'il avoit proposé, et en général tout ce qu'il a donné sur l'acoustique, quoique assez chimérique selon ses vues, ne laissoit pas de renfermer d'excellentes choses qu'on auroit bien su mettre à profit dans tout autre art. Rien n'auroit été plus avantageux, par exemple, que l'usage de son échomètre général pour déterminer précisément la durée des mesures et des temps, et cela par la pratique du monde la plus aisée : il n'auroit été question que de fixer sur une mesure connue la longueur du pendule simple, qui auroit fait un tel nombre juste de vibrations pendant un temps, ou une mesure d'un mouvement de telle espèce. Un seul chiffre, mis au commencement d'un air, auroit exprimé tout cela; et, par son moyen, on auroit pu déterminer le mouvement avec autant de précision que l'auteur même : le pendule n'auroit été nécessaire que pour prendre une fois l'idée de chaque mouvement, après quoi, cette idée étant réveillée dans d'autres airs par les mêmes chiffres qui l'auroient fait naître et par les airs mêmes qu'on y auroit déjà chantés, une habitude assurée, acquise par une pratique aussi exacte, auroit bientôt tenu lieu de règle et rendu le pendule inutile.

Mais ces avantages mêmes, qui devenoient de vrais inconvénients par la facilité qu'ils auroient donnée aux commençants de se passer de maîtres et de se former le goût par eux-mêmes, ont peut-être été cause que le projet n'a point été admis dans la pratique : il semble que si l'on proposoit de rendre l'art plus difficile, il y auroit des raisons pour être plutôt écouté.

Quoi qu'il en soit, en attendant que l'approbation du public me mette en droit de m'étendre davantage sur les moyens qu'il y auroit à prendre pour faciliter l'intelligence des mouvements, de même que celle de bien d'autres parties de la musique sur lesquelles j'ai des remarques à proposer, je puis me borner ici aux expressions de la méthode ordinaire, qui, par des mots mis au commencement de chaque air, en indique assez bien le mouvement. Ces mots bien choisis doivent, je crois, dédommager et au-delà de ces doubles chiffres et de toutes ces différentes mesures qui, malgré leur nombre, laissent le mouvement indéterminé et n'apprennent rien aux écoliers : ainsi, en adoptant seulement le 2 et le 3 pour les signes de la mesure, j'ôte la confusion des caractères sans altérer la variété de l'expression.

Revenons à notre projet. On sait combien de figures étranges sont employées dans la musique pour exprimer les silences : il y en a autant que de différentes valeurs, et par conséquent autant que de figures différentes dans les notes relatives : on est même contraint de les employer à proportion en plus grande quantité, parce qu'il n'a pas plu à leurs inventeurs d'admettre le point après les silences de la même manière et au même usage qu'après les notes, et qu'ils ont mieux aimé multiplier des soupirs, des demi-soupirs, des quarts-de-soupir à la file les uns des autres, que d'établir entre des signes relatifs une analogie si naturelle.

Mais, comme dans ma méthode il n'est point nécessaire de donner des figures particulières aux notes pour en déterminer la valeur, on y est aussi dispensé de la même précaution pour les silences, et un seul signe suffit pour les exprimer tous sans confusion et sans équivoque. Il paroît assez indifférent dans cette unité de figures de choisir tel caractère qu'on voudra pour l'employer à cet usage. Le zéro a cependant quelque chose de si convenable à cet effet, tant par l'idée de privation qu'il porte communément avec lui, que par sa qualité de chiffre, et surtout par la simplicité de sa figure, que j'ai cru devoir le préférer. Je l'emploierai donc de la même manière et dans le même sens par rapport à la valeur que les notes ordinaires, c'est-à-dire que les chiffres 1, 2, 3, etc.; et les règles que j'ai établies à l'égard des notes étant toutes applicables à leurs silences relatifs, il s'ensuit que le zéro, par sa seule position et par les points qui le peuvent suivre, lesquels alors exprimeront des silences, suffit seul pour remplacer toutes les pauses, soupirs, demi-soupirs, et autres signes bizarres et superflus qui remplissent la musique ordinaire.

Exemple tiré des leçons de M. Montéclair :

Fa 2 = $^4_0$ | d 1 | 2 | 3,1 | 5 | 3 | 5,6 | 7,5 | 1. | $^2_0$ | ,5 |
d 1,07 | 6,05 | 4,0321 | $\overset{..}{7}$,0123 | 43,$\overline{2\cdot1}$ | 1.

Les chiffres 4 et 2 placés ici sur des zéros marquent le nombre des mesures que l'on doit passer en silence.

Tels sont les principes généraux d'où découlent les règles pour toutes sortes d'expressions imaginables, sans qu'il puisse naître à cet égard aucune difficulté qui n'ait été prévue, et qui ne soit résolue en conséquence de quelqu'un de ces principes.

Je finirai par quelques observations qui naissent du parallèle des deux systèmes.

Les notes de la musique ordinaire sont-elles plus ou moins avantageuses que les chiffres qu'on leur substitue ? C'est proprement le fond de la question.

Il est clair, d'abord, que les notes varient plus par leur seule position, que mes chiffres par leur figure et par leur position tout ensemble ; qu'outre cela, il y en a de sept figures différentes, autant que j'admets de chiffres pour les exprimer ; que les notes n'ont de signification et de force que par le secours de la clef, et que les variations des clefs donnent un grand nombre de sens tout différents aux notes posées de la même manière.

Il n'est pas moins évident que les rapports des

notes et les intervalles de l'une à l'autre n'ont rien dans leur expression par la musique ordinaire qui en indique le genre, et qu'ils sont exprimés par des positions difficiles à retenir, et dont la connoissance dépend uniquement de l'habitude et d'une très-longue habitude : car quelle prise peut avoir l'esprit pour saisir juste, et du premier coup d'œil, un intervalle de sixte, de neuvième, de dixième, dans la musique ordinaire, à moins que la coutume n'ait familiarisé les yeux à lire tout d'un coup ces intervalles ?

N'est-ce pas un défaut terrible dans la musique de ne pouvoir rien conserver, dans l'expression des octaves, de l'analogie qu'elles ont entre elles ? Les octaves ne sont que les répliques des mêmes sons ; cependant ces répliques se présentent sous des expressions absolument différentes de celles de leur premier terme. Tout est brouillé dans la position à la distance d'une seule octave ; la réplique d'une note qui étoit sur une ligne se trouve dans un espace, celle qui étoit dans l'espace a sa réplique sur une ligne : montez-vous ou descendez-vous de deux octaves, autre différence toute contraire à la première ; alors les répliques sont placées sur des lignes ou dans des espaces, comme leurs premiers termes. Ainsi la difficulté augmente en changeant d'objet, et l'on n'est jamais assuré de connoître au juste l'espèce d'un intervalle traversé par un si grand nombre de lignes ; de sorte qu'il faut se faire, d'octave en octave, des règles particulières qui ne finissent point, et qui font de l'étude des intervalles le terme effrayant et très-rarement atteint de la science du musicien.

De là cet autre défaut presque aussi nuisible de ne pouvoir distinguer l'intervalle simple dans l'intervalle redoublé : vous voyez une note posée entre la première et la seconde ligne, et une autre note posée sur la septième ligne; pour connoître leur intervalle vous décomptez de l'une à l'autre, et, après une longue et ennuyeuse opération, vous trouvez une douzième; or, comme on voit aisément qu'elle passe l'octave, il faut recommencer une seconde recherche pour s'assurer enfin que c'est une quinte redoublée; encore, pour déterminer l'espèce de cette quinte, faut-il bien faire attention aux signes de la clef qui peuvent la rendre juste ou fausse, suivant leur nombre et leur position.

Je sais que les musiciens se font communément des règles plus abrégées pour se faciliter l'habitude et la connoissance des intervalles; mais ces règles mêmes prouvent le défaut des signes, en ce qu'il faut toujours compter les lignes des yeux, et en ce qu'on est contraint de fixer son imagination d'octave en octave pour sauter de là à l'intervalle suivant, ce qui s'appelle suppléer de génie au vice de l'expression.

D'ailleurs, quand, à force de pratique, on viendroit à bout de lire aisément tous les genres d'intervalles, de quoi vous servira cette connoissance, tant que vous n'aurez point de règle assurée pour en distinguer l'espèce? Les tierces et les sixtes majeures et mineures, les quintes et les quartes diminuées et superflues, et en général tous les intervalles de même nom, justes ou altérés, sont exprimés par la même position indépendamment de leur qualité; ce qui fait que suivant les différentes situations des deux demi-tons de l'octave, qui changent de place à chaque ton et à chaque clef, les intervalles changent aussi de qualité sans changer de nom ni de position : de là l'incertitude sur l'intonation et l'inutilité de l'habitude dans les cas où elle seroit le plus nécessaire.

La méthode qu'on a adoptée pour les instruments est visiblement une dépendance de ces défauts, et le rapport direct qu'il a fallu établir entre les touches de l'instrument et la position des notes n'est qu'un méchant pis aller pour suppléer à la science des intervalles et des *relations toniques*, sans laquelle on ne sauroit jamais être qu'un mauvais musicien.

Quelle doit être la grande attention du musicien dans l'exécution? c'est, sans doute, d'entrer dans l'esprit du compositeur et de s'approprier ses idées pour les rendre avec toute la fidélité qu'exige le goût de la pièce; or l'idée du compositeur dans le choix des sons est toujours relative à la tonique;

et, par exemple, il n'emploiera point le *fa* dièse
comme une telle touche du clavier, mais comme
faisant un tel accord ou un tel intervalle avec sa
fondamentale. Je dis donc que, si le musicien considère les sons par les mêmes rapports, il fera ses
mêmes intervalles plus exacts, et exécutera avec
plus de justesse qu'en rendant seulement les sons
les uns après les autres, sans liaison et sans dépendance que celle de la position des notes qui sont
devant ses yeux, et de ces foules de dièses et de
bémols qu'il faut qu'il ait incessamment présents à
l'esprit; bien entendu qu'il observera toujours les
modifications particulières à chaque ton, qui sont,
comme je l'ai déjà dit, l'effet du tempérament, et
dont la connoissance pratique, indépendante de
tout système, ne peut s'acquérir que par l'oreille
et par l'habitude.

Quand on prend une fois un mauvais principe,
on s'enfile d'inconvénients en inconvénients, et
souvent on voit évanouir les avantages mêmes
qu'on s'étoit proposés. C'est ce qui arrive dans la
pratique de la musique instrumentale; les difficultés s'y présentent en foule. La quantité de positions différentes, de dièses, de bémols, de
changements de clefs, y sont des obstacles éter-
nels aux progrès des musiciens, et après tout cela,
il faut encore perdre la moitié du temps, cet
avantage si vanté du rapport direct de la touche à
la note, puisqu'il arrive cent fois, par la force des

signes d'altération simples, ou redoublés, que les mêmes notes deviennent relatives à des touches toutes différentes de ce qu'elles représentent, comme on l'a pu remarquer ci-devant.

Voulez-vous, pour la commodité des voix, transposer la pièce un demi-ton ou un ton plus haut ou plus bas; voulez-vous présenter à ce symphoniste de la musique notée sur une clef étrangère à son instrument, le voilà embarrassé, et souvent arrêté tout court, si la musique est un peu travaillée. Je crois, à la vérité, que les grands musiciens ne seront pas dans le cas; mais je crois aussi que les grands musiciens ne le sont pas devenus sans peine, et c'est cette peine qu'il s'agit d'abréger. Parce qu'il ne sera pas tout-à-fait impossible d'arriver à la perfection par la route ordinaire, s'ensuit-il qu'il n'en soit point de plus facile?

Supposons que je veuille transposer et exécuter en *B fa si* une pièce notée en *C sol ut*, à la clef de *sol* sur la première ligne; voici tout ce que j'ai à faire: je quitte l'idée de la clef de *sol*, et je lui substitue celle de la clef d'*ut* sur la troisième ligne; ensuite j'y ajoute les idées des cinq dièses posés, le premier sur le *fa*, le second sur l'*ut*, le troisième sur le *sol*, le quatrième sur le *ré*, et le cinquième sur le *la*; à tout cela je joins enfin l'idée d'une octave au-dessus de cette clef d'*ut*, et il faut que je retienne continuellement toute cette complication d'idées pour l'appliquer à chaque note, sans quoi me voilà à tout instant hors de ton. Qu'on juge de la facilité de tout cela.

Les chiffres, employés de la manière que je le propose, produisent des effets absolument différents. Leur force est en eux-mêmes, et indépendante de tout autre signe. Leurs rapports sont connus par la seule inspection, et sans que l'habitude ait à y entrer pour rien ; l'intervalle simple est toujours évident dans l'intervalle redoublé : une leçon d'un quart d'heure doit mettre toute personne en état de solfier, ou du moins de nommer les notes dans quelque musique qu'on lui présente ; un autre quart d'heure suffit pour lui apprendre à nommer de même et sans hésiter tout intervalle possible, ce qui dépend, comme je l'ai déjà dit, de la connoissance distincte de trois intervalles, de leurs renversements, et réciproquement du renversement de ceux-ci, qui revient aux premiers. Or il me semble que l'habitude doit se former bien plus aisément quand l'esprit en a fait la moitié de l'ouvrage, et qu'il n'a lui-même plus rien à faire.

Non seulement les intervalles sont connus par leur genre, dans mon système, mais ils le sont encore par leur espèce. Les tierces et les sixtes sont majeures ou mineures : vous en faites la distinction sans pouvoir vous y tromper ; rien n'est si aisé que de savoir une fois que l'intervalle 2 4 est une tierce mineure ; l'intervalle 2 4 une sixte majeure ; l'intervalle 3 1 une sixte mineure ; l'intervalle 3 1 une tierce majeure, etc.; les quartes et les tierces, les secondes, les quintes et les septièmes, justes, diminuées ou superflues, ne coûtent pas plus à connoître; les signes accidentels embarrassent encore moins; et l'intervalle naturel étant connu, il est si facile de déterminer ce même intervalle, altéré par un dièse ou par un bémol, par l'un et l'autre tout à la fois, ou par deux d'une même espèce, que ce seroit prolonger le discours inutilement que d'entrer dans ce détail.

Appliquez ma méthode aux instruments, les avantages en seront frappants. Il n'est question que d'apprendre à former les sept sons de la gamme naturelle, et leurs différentes octaves sur un *ut* fondamental pris successivement sur les douze cordes [1] de l'échelle; ou plutôt il n'est question que de savoir, sur un son donné, trouver une quinte, une quarte, une tierce majeure, etc., et les octaves de tout cela, c'est-à-dire de posséder les connoissances qui doivent être le moins ignorées des musiciens, dans quelque système que ce soit. Après ces préliminaires si faciles à acquérir et si propres à former

---

[1] Je dis les douze cordes, pour n'omettre aucune des difficultés possibles, puisqu'on pourroit se contenter des sept cordes naturelles, et qu'il est rare qu'on établisse la fondamentale d'un ton sur un des cinq sons altérés, excepté peut-être le *si* bémol. Il est vrai qu'on y parvient assez fréquemment par la suite de la modulation; mais alors quoiqu'on ait changé de ton, la même fondamentale subsiste toujours, et le changement est amené par des altérations particulières.

l'oreille, quelques mois donnés à l'habitude de la mesure mettent tout d'un coup l'écolier en état d'exécuter à livre ouvert, mais d'une exécution incomparablement plus intelligente et plus sûre que celle de nos symphonistes ordinaires. Toutes les clefs lui seront également familières; tous les tons auront pour lui la même facilité; et, s'il s'y trouve quelque différence, elle ne dépendra jamais que de la difficulté particulière de l'instrument, et non d'une confusion de dièses, de bémols, et de positions différentes si fâcheuses pour les commençants.

Ajoutez à cela une connoissance parfaite des tons et de toute la modulation, suite nécessaire des principes de ma méthode; et surtout l'universalité des signes, qui rend, avec les mêmes notes, les mêmes airs dans tous les tons, par le changement d'un seul caractère; d'où résulte une facilité de transposer un air en tout autre ton, égale à celle de l'exécuter dans celui où il est noté : voilà ce que saura en très-peu de temps un symphoniste formé par ma méthode. Toute jeune personne, avec les talents et les dispositions ordinaires, et qui ne connoîtroit pas une note de musique, doit, conduite par ma méthode, être en état d'accompagner du clavecin, à livre ouvert, toute musique qui ne passera pas en difficulté celle de nos opéra, au bout de huit mois, et, au bout de dix, celle de nos cantates.

Or, si dans un si court espace on peut enseigner à la fois assez de musique et d'accompagnement pour exécuter à livre ouvert, à plus forte raison un maître de flûte ou de violon, qui n'aura que la note à joindre à la pratique de l'instrument, pourra-t-il former un élève dans le même temps par les mêmes principes.

Je ne dis rien du chant en particulier, parce qu'il ne me paroît pas possible de disputer la supériorité de mon système à cet égard, et que j'ai sur ce point des exemples à donner plus forts et plus convaincants que tous les raisonnements.

Après tous les avantages dont je viens de parler, il est permis de compter pour quelque chose le peu de volume qu'occupent mes caractères, comparé à la diffusion de l'autre musique; et la facilité de noter sans tout cet embarras de papier rayé, où, les cinq lignes de la portée ne suffisant presque jamais, il en faut ajouter d'autres à tout moment, qui se rencontrent quelquefois avec les portées voisines ou se mêlent avec les paroles, et causent une confusion à laquelle ma musique ne sera jamais exposée. Sans vouloir en établir le prix sur cet avantage, il ne laisse pas cependant d'avoir une influence à mériter de l'attention. Combien sera-t-il commode d'entretenir des correspondances de musique, sans augmenter le volume des lettres! quel embarras n'évitera-t-on point, dans les symphonies et dans les partitions, de tourner la feuille à tout moment! et quelle ressource d'amusement n'aura-t-on pas de pouvoir porter sur soi des livres et des recueils de musique, comme on en porte de belles-lettres, sans se surcharger par un poids ou par un volume embarrassant, et d'avoir, par exemple, à l'Opéra un extrait de la musique joint aux paroles, presque sans augmenter le prix ni la grosseur du livre! Ces considérations ne sont pas, je l'avoue, d'une grande importance, aussi ne les donné-je que comme des accessoires; ce n'est, au reste, qu'un tissu de semblables bagatelles qui fait les agréments de la vie humaine; et rien ne seroit si misérable qu'elle, si l'on n'avoit jamais fait d'attention aux petits objets.

Je finirai mes remarques sur cet article en concluant qu'ayant retranché tout d'un coup par mes caractères les soixante-dix combinaisons que la différente position des clefs et des accidents produit dans la musique ordinaire; ayant établi un signe invariable et constant pour chaque son de l'octave dans tous les tons; ayant établi de même une position très-simple pour les différentes octaves; ayant fixé toute l'expression des sons par les intervalles propres au ton où l'on est; ayant conservé aux yeux la facilité de découvrir du premier regard si les sons montent ou descendent; ayant fixé le degré de ce progrès avec une évidence que n'a point la musique ordinaire ; et, enfin, ayant abrégé de plus des trois quarts et le temps qu'il faut pour apprendre à solfier, et le volume des notes, il reste démontré que mes caractères sont préférables à ceux de la musique ordinaire [1].

Une seconde question, qui n'est guère moins intéressante que la première, est de savoir si la division des temps, que je substitue à celle des notes qui les remplissent, est un principe général plus simple et plus avantageux que toutes ces différences de noms et de figures qu'on est contraint d'appliquer aux notes, conformément à la durée qu'on leur veut donner.

Un moyen sûr pour décider cela seroit d'examiner *a priori* si la valeur des notes est faite pour régler la longueur des temps, ou si ce n'est point, au contraire, par les temps mêmes de la mesure que la durée des notes doit être fixée. Dans le premier cas, la méthode ordinaire seroit incontestablement la meilleure, à moins qu'on ne regardât le retranchement de tant de figures comme une compensation suffisante d'une erreur de principe, d'où résulteroient de meilleurs effets. Mais,

[1] Cette longue période fut critiquée par M. l'abbé Desfontaines. Rousseau confus avoua que le critique avoit raison, et qu'il ne pouvoit plus, sans rougir, songer à cette phrase. Voyez la lettre qu'il écrivit à ce sujet, et qui n'a point, jusqu'à ce jour, fait partie d'aucune édition générale de ses œuvres. Nous avons, dans celle-ci, réparé cette omission, dans le premier volume de la *Correspondance*, février 1743.

dans le second cas, si je rétablis également la cause et l'effet pris jusqu'ici l'un pour l'autre, et que par là je simplifie les régles et j'abrège la pratique, j'ai lieu d'espérer que cette partie de mon système, dans laquelle, au reste, on ne m'accusera d'avoir copié personne, ne paroîtra pas moins avantageuse que la précédente.

Je renvoie à l'ouvrage dont j'ai déjà parlé bien des détails que je n'ai pu placer dans celui-ci. On y trouvera, outre la nouvelle méthode d'accompagnement dont j'ai parlé dans la préface, un moyen de reconnoître au premier coup d'œil les longues tirades de notes en montant ou en descendant, afin de n'avoir besoin de faire attention qu'à la première et à la dernière; l'expression de certaines mesures syncopées qui se trouvent quelquefois dans les mouvements vifs à trois temps; une table de tous les mots propres à exprimer les différents degrés du mouvement; le moyen de trouver d'abord la plus haute et la plus basse note d'un air et de préluder en conséquence; enfin, d'autres règles particulières qui toutes ne sont toujours que des développements des principes que j'ai proposés ici; et surtout un système de conduite, pour les maîtres qui enseigneront à chanter et à jouer des instruments, bien différent dans la méthode, et j'espère, dans le progrès, de celui dont on se sert aujourd'hui.

Si donc aux avantages généraux de mon système, si à tous ces retranchements de signes et de combinaisons, si au développement précis de la théorie, on ajoute les utilités que ma méthode présente pour la pratique ; ces embarras de lignes et de portées tous supprimés, la musique rendue si courte à apprendre, si facile à noter, occupant si peu de volume, exigeant moins de frais pour l'impression, et par conséquent coûtant moins à acquérir; une correspondance plus parfaite établie entre les différentes parties sans que les sauts d'une clef à l'autre soient plus difficiles que les mêmes intervalles pris sur la même clef; les accords et le progrès de l'harmonie offerts avec une évidence à laquelle les yeux ne peuvent se refuser; le ton nettement déterminé; toute la suite de la modulation exprimée, et le chemin que l'on a suivi, et le point où l'on est arrivé, et la distance où l'on est du ton principal, mais surtout l'extrême simplicité des principes jointe à la facilité des règles qui en découlent, peut-être trouvera-t-on dans tout cela de quoi justifier la confiance avec laquelle j'ose présenter ce projet au public.

MENUET DE DARDANUS.

Ré Volez, plaisirs, volez; Amour, prête-leur tes char-
3 ‖ d 3,4 ,3, 2   3 | 4 ·,3 | 2, 3 2, 1   2 | 3,·,
mes, répare les alarmes qui nous ont 'trou-blés.
d 2 | 1,21, 7 6 | 5, 4, 3 | 6,   5,   1 | 7 c ψ
Que ton empire est doux! Viens, viens, nous voulons
c 5c, 4 3,   4 5 | 6 | 4· | 5 | 1,   3 2,
tous sentir tes coups : enchaîne-nous; mais ne te sers
d 1 | 1, 3 2,   1 | 1, 3 2,   1 | 6 | 4 5, 6
que de ces chaînes dont les peines sont des bienfaits.
c 7, 1 2 | 3 4, 5   6, 7 1 | 4, 5, 7 | 1. d.

CARILLON MILANAIS
EN TRIO.

	Ut	Compana che sona da lut-to e da fes----
1er Dessus.	c♭ 3	6,7, 1	7,6,5	6,7,1	·,2,7	1,2,3	
3		Campana che
2d Dessus.	c♭ o	·	·	·	·,·,3	6,7,1	..
Basse.	b♭ o	·	·	·	·	o·	

	ta		Fa
d 2, 1, 7	1,2,3	:,2, 1	·,7,0	·	4
sona da lut-to e da festa		Fa
d 7,6,5	6,7,1	·,7,6	6,5,0	·	2
	Fa romper la tes-----
b o	·	·	·,·,3	6, 7, 1	2,3,4

SUR LA MUSIQUE MODERNE. 589

romper la tes————————ta, Din di ra din di,
d 4, 3, 2 | 3 | ·4, 5, 3 | ·,2, 5 | 5, 4, 3 | 2,
romper la tes————————ta, Din di ra din di
d 2, 1, 7 | 1 | ·2, 3, 1 | ·,7, 3 | 3, 2, 1 | 7
————————————————ta   don
b 5, 6, 7 | 1,2,3. | ·,2, 1 | 5,5, 0 | · | 5,
ra din di ra din don don don, dan di ra din
d 3, 4 | 5, 4, 3 | 2 | 3 | 4,· ,3 | 4, 3, 2 |
ra din di ra din don don don, dan di ra din
c 1, 2 | 3, 2, 1 | 7 | 1 | 2,·, 1 | 2, 1, 7 |
   don   don don don, dan di ra din
b ., . | 5 | 5 | 1 | 6,·, 1 | 4, 2, 5 |
· don   don   don.
d · 3 | · 3 | 3,·,d. ψ
don   don   don.
d 1 | · 1 | 1,·,d. ψ
don don don don don don   don.
b 1, 3, 5 | 1, 5, 3 | 1,·,b. ψ
Campa-na che so-na da lut————to e da fes-
d 5 | 5, 32, · 34 | 5,32, 34 | 5 | ·,4, 3 | 4,
Campa-na che so-na da lut————to e da fes
d 3 | 3, 17, · 12 | 3,17, 12 | 3 | ·,2, 1 | 2,
            Fa romper la tes-
b o | · | · 1,·,6 | 6, 6, 6 | 2,
————————————————— ta, din di
d 2 1, 2 3 | 4, 2 1, 2 3 | 4 | ·,3, 2 | 3, 3, 3 | 3,
————————————————— ta, din di
d 7 6, 7 1 | 2, 7 6, 7 1 | 2 | ·,1, 7 | 1, 1, 1 | 1,
ta   Fa romper la testa
c 2 o | · | ·,·,5 | 5,5, 5 | 1, 1, 0 | ·,

DISSERTATION

```
   ra din di ra din di ra din don , Fa romper la tes-
d 2,   1 | 7,  1,  2 | 3,  2,  1 | 7,·,   3 | 3,  2,  3 | 4,
   ra din di ra din di ra din don , Fa romper la tes-
d 7,   6 | 5,  6,  7 | 1,  7,  6 | 5,·,   ·1 | 1,  7,  1 | 2,
            don       don      don  Fa romper la tes-
b o,   1 |   3    |   3    | 3,·,   3 | 6,  7,  1 | 2,
```
───────────────────────────────
```
d ·,·  |  ·5, 43, 42 |   3   |  ·4, 32, 31 |  ·2 ·  |
```
───────────────────────────────
```
d ·,·  |  ·3, 21, 27 |   i   |  ·2, 17, 16 |   7   |·
```
───────────────────────────────
```
b 3, 4 |  5, 6,  7 | 1, 2, 3 | 4, 5,  6 | 7, 1, 2, |
---------------- ta din di ra din di ra din di ra din
d ·3, 21, 27 | 1,  1,  3 | 3,  2,  1 | 7,  1,  2 | 3,  2,  1 |
---------------- ta din di ra din di ra din di ra din
c ·1, 76, 75 | 6, 6,  1 | 1,  7,  6 | 5,  6,  7 | 1,  7,  6 |
---------------- ta               don       don
b 3, 4,  5 | 6, 6,  o |  · ·  |   3   |   3   |
   don don don dan di ra din          don
d  7  |  1  | 2, ·,  1 | 2,  1,  7 |          i          |
   don don don dan di ra din          don
c  5  |  6  | 7, ·,  6 | 7,  6,  5 |     6     |
   don don don dan di ra din   don don        don
b  3  |  6  | 4, ·,  1 | 4,  2,  3 |  6,  1,     3 |
        don         don.
d       1    |    1, ·, d ||
        don         don.
c       6    |    6, ·, c ||
  don don don    don.
b 6,  3,   1 |    6, ·, a ||
```

SUR LA MUSIQUE MODERNE.

ARIETTE DES TALENTS LYRIQUES.

VIVEMENT.

Mi
Symphonie.
2
Basse continue.

```
           ‖c o͞ 5, · 1 | 1 7͞6, 5 6 4 5 | 3͞ ·2, 1 2 3 4 |
           ‖b o 1, 3 1 | 5 5,    7 5̣ | i  1,  1  1 |

‖c 5͞ 1 5, ·6⁴⁵5 | 656, ·716 | 25̇2, ·7 | 33͞2, 1 7 6 5 |
‖b 7  7, 7 7 | 6̄6̄,   66 | 5 5, 7 5 | i 1,  3  1 |

‖c ⁴62, o 2 6 i | 7 2 5̇7, 6 i ⁴6 | 7 2 5 6, 6·5͞6 |
‖b 2  2, ⁴ 2 | 5,  ⁴ ·2 | 55, ⁴ 2   |

‖c 7·2 5 6, 6·5͞6 | 7 2͞5͞6, -6·5͞6 | 5 7͞5, 2 5 7 2 |
‖a   5, ⁴ 2 | 5 7͞1, 2  2 | 5 7͞5, 2 5 7 2 |

‖c 5̈, o 5̇ 3 | 6͞4 1 i, ·4͞6 | 5 1 i, ·5͞3 | 6͞4 i 1, ·4͞6 |
‖b 5͞5͞4, 3 1 | 44,   44 | 3 3, 33 | 44,   44 |

‖c 5 1 i, ·5͞3 | 66, ·7 i | 2 1, ·7͞6 | 76, 5 5̇ 2 4 |
‖a 1,   o 3 | 44, 44 | ⁴⁴, ⁴⁴ | 5 5̇,  7  5 |

‖d 3 5 1 3, 2 5͞7 2 | 3 5 1 2, 2 · 1 2 | 3 5 1 2, 2 · 1 2 |
‖b i 1,   7  5 | i, 7 5 | i i, 7 5 |
```

L'objet qui

```
‖d 3 5 1 2, 2 · 1 2 — 1 3 1, 5 i 3 5 | 1 ‖ b, o 5 | 5, · i |
‖b   i, 4 5 | 1 3 1, 5 i 3 5 | 1,   o | o i, 3 1 |
```

DISSERTATION

```
      rè------------------------------------- gne dans mon
   c 1 7̌6, 5 6 4̅5̅ | 3̣·2, 1234 | 5, ·6̅4̅5 | 6· 7, 1   ·6 |
   b   5̅5̅,   7   5 | 1 1,  1 1 | 77,  77 | 6 6,    66 |
      ame Des mortels et des dieux doit être le vain-
   b 2̇,2   1   7 | 1̇,   1 ·2 | 3,  ·1 | 6,6  6   7 |
   a 5,·        4̅ | 3,   · 2 — 1,  ·3 | 2̇,    2       |

   c o, · 5̅ 3̅ |  6̅ 4̅ 1 1, · 4̅ 6̅ | 5̅ 1̅ 1, · 5̅ 3̅ |
      queur;                            Chaque in-
   b 5,  o    |         · —  ·,   5      5 |
   a 5̇5̇4̇,  31 | 44,     44 | 33,   3      3 |

   c 6̅ 4̅ 1 1, · 4̅ 6̅ | 5̅ 1̅ 1, ·5̅ 3̅ | 6̅ 6̅ 4, 7̅ 7̅ 5 | 1 3̌ 1, 5 1 3 5 |
      stant il m'en-flam------------------- me
   b 6,  7   1 | 5,  · 6̅ 5̅ | 5,·4̅ 3̅ |          3  ·   |
   a 4 4,   44 | 33,   33 | 22,  55 |    1,    o    |

   c 1̌, o   |  o 4̅ 3̅, 2 4 6 1̇ | 7̅ 2̅ 5̅,o |    ·      | ·2̈ 5̇ 7
      D'une  nouvel-le ar-deur,        il m'enflam----
   b 6, 65 —  5̌,4̱   3   |   2̣   | 2̇, 2   |      2
   a 4, ·5  |  6, ·   4  |   5   |   o     |     ·5̇,

   c, ·6̇ 1̇ 4̇ 6̇ | 7̅ 2̅ 5̅ 6̅, 6̇· 5̅6̅ | 7̅ 2̅ 5̅ 6̅, 6̇· 5̅6̅ | 7̅ 2̅ 7̇,
      -------------- me,     il       m'en - flam-
   c,   ·    |    · , 2 o | 2,   2̇ ·|  5   ,
   b,   4̇2  |   55, 4̇2   | 5̇5,  4̇2 |  7   ,
```

SUR LA MUSIQUE MODERNE.

```
c, 5 7 2 5  | 3·4, 4·3 4 | 5 2 2,   o   |    o 2,
─────────────────────────────────────────────────
b, ·6 4 5 | 6545, 6756 | 7257, 6146 | 7256,
a,    ·   |   1    2   |  5 5, 4 2  |  5 5,
d,   2    |    o       | o32, 1765  |  1 1 7,
─────────────────────────────────────────────────
b,  6 ·56 | 7171, 2312 |     3      |   · ,
a,  4  2  |  5,   7    |  1,   17   |   6 ,
c, 6543 | 4, 2·5 | 5, 4·5 | 5, ·27 | 331, 442 |
   me D'u-ne nouvel-le ardeur.
c, 3o    | 6, 7·1 | 7, 6·5 | 5     |    o    |
a, o6    | 2, 5·1 | 2, 2   | 5, ·7 | 1,   2  |
d 543, 2312 | 765, 24 |    5     | o17, 6543 |
                          L'objet    qui
b    o      |   ·    |  ·, o·5 | 5,  · 1  |
b 3, 4·3 4  | 51, 22 | 554, 3432 | 11, 31 |
c 2, o·5 | 531, 131 | 575,  2 |  ·16,
rè────────────────────────────────────gne
c 179, 5645 | 3·2, 1234 | 5, ·645 | 6·7,
b 5,  ·5   |  1 1,  1 1  | 77,  77 |  66,
```

DICT. DE MUSIQUE. T. II.   38

```
c, 1̇ 1̄6̄ | 5̇52, 52 7̇ 2̇ |  5̆    | 5̄ 1̄ 3, 5 |
   dans mon  ame   Des mor-tels et des  dieux doit
b, 1  ·6 | 2, 2    1   7̄ | 1̇, 1 ·2 | 3,  ·1 |
a, 6   6 | 5,  ·       4 | 3, · 2  | 1,  ·6 |


d ·,  5̄·4̄ | 5̄5̄2, 7527 | 5,  o   | ·, ·267 |
   être le vainqueur;       Chaque  instant il m'en-
b 6·6, 6  2 | 7       | o,   2 3 | 4, 4   5 |
x    2̇,  2 | 5       | o,   ·5  | 22,   02 |


b 1̇, ·212 | 3̄5̄3̄, 1̇ |  ·53, 5̄ | ·̄4̄1̄, 4̄3̄ | 2̄5̄1̄, 6̇ |
   flam-------------------------------------------
b 3, ·434· | 5, ·656 | 7̇, ·157̇ | 6̇, ·767 | 1, ·261̇ |
a 66, o6   | 3, o    | 3̇3, 33   | 4̇, o    | 1̊1̊, 1̊1̊ |


d ·̄4̄1̄, 5̇ | ·̄4̄3̄, 4̇ | ·̄3̄2̄, 2̇·3̇ | 7̄2̄5̇,2̇752 | 7, 1̇ |
   ------me D'une nou-velle ar-   deur,    il m'en-
c 7̇,  5  | 6, 7 1̇ | 1, 7 1̇   | 2    , | 4, 3 |
b 5,  3  | 4, ·32 | 5, ·  1   | 5       |  o   |


c 5    | o5̈13, 2572̇ | 3512, 2̈·12̄ | 3512, 2̈·12̄ |
   ·flam - me,                      il m'en-
c 2, ·5 | 5          |   o        | 5, 5  ·   |
a 5̇, 4 | 31,   75   | 11,  75    | 11,   75  |
```

SUR LA MUSIQUE MODERNE.

```
d 353,   1351 | 6·7, 7· 67 | 155,   o   |
  flam----------------------------------
b  1,    271  | 2171,2312 | 3513, 2472 |
a  3          |  4 , 5    | 1  1,  7 5 |

c o5,    5  |  o, 5  | ·65, 4321 |   4    |
------------------------------- me,  il m'en-
c 3512,2·12 | 343,1257 | 6, 6o  | 1,  1 |
b  11, 75  |  1,  1  | 4, 6   | ·17, 6543 |

d o65, 4321 | 721, 7176 |   5    | 2, 3· 4 |
  flam--------------------------- me D'une nou-
c   4   |    ·    |   ·,4o | 7, 5·1 |
b   2   |    5    | o56, 7123 | 4, 3·1 |

d 3, 2·1 | 1, o53 | 6411, ·46 | 511, ·53 |
  vel-le ardeur.
c 1, 7·1 |   1    |    o    |    ·    |
b 5,  5  | 11, 11 |  44, 44 |  33 , 33 |

c 6411, ·46 | 511, ·53 | 66, ·71 | 21, 76 |
a  44, 44   |  1,  o   | 44, 44  | 11, 11 |

c 76, 5524 | 3513, 2572 | 3512, 2·12 |
a 5 ,  o  | o1,  7 5   | 11,  7 5   |
```

DISSERTATION, etc.

```
d 3 5 1 2, 2· 1 2 | 3 5 1 2, 2· 1 2 | 1 3 1, 5 1 3 5 , 1 Fin.
a   1  1,  7 5 |  1    4 5  | 1 3 1, 5 1 3 5 | 1 Fin.
```

Je m'a-ban-don-ne à mon a-mour ex-trê-me, Et je

```
c o·3,3   6 | 3 | 6,  7·1 | 2, ·7 | 1 | 6,  1·2 |
a 6,   1  6 | 3,2 | 1   2·1 | 7,  3 | 6 | o,   6 |
```

```
c     o     | ·361, 7 3 7 | 1367, 7·67 | 1367,
```
fixe à ja--mais----------------
```
c 7, 7·6 |    3    |    ·    |    ·,
b 5,  4  |  36, ·  53 |  66,  53 | · 6,
```

```
c, 7·67 | 131, 6146 | 3, 2·3 | 3 | 55,  55 |
```
mes plai-sirs   en ces lieux : C'est où l'on
```
c, 7· 1 | 7,  ·65 | 5, 4·3 | 3 | 1, 1· 5 |
a,   5  |    6    | 7,  7  | 3 |  33      |
```

```
c 55, 43 |  2, o  |   ·   | 77, 77 | 3 | 6,
```
ai-me que sont les cieux; C'est où l'on aime que
```
b ·5, 60 | 2,· 12 |  7   | 3, ·37 | 1,10 | ,2
b  4, o  | 11, 11 | 5,o  | 55, 55 | 6,5  | 4,
```

```
c, ·67 | 5 | 0.5, 5·1 | 176, 5645 | 317, 6543 | ψ
```
sont les cieux.   L'ob - jet qui
```
c, ·12 | 3 |  o   |  ·, ·5 | 5, ·1 |
b,  ·  | 3 |  o   |  o5, 75 | 11, 31 | ψ
```

FIN.

FIG. 1. Accord parfait. Septième. Sixte ajoutée.

FIG. 2. GAMME ITALIENNE.

		béquarre	naturel	bémol
	ee	la	mi	
	dd	sol	ré	la
	cc	fa	ut	sol
	bb	mi		fa
	bb			
	aa	ré	la	mi
	g	ut	sol	ré
	f		fa	ut
	e	la	mi	
	d	sol	ré	la
	c	fa	ut	sol
	b	mi		fa
	a	ré	la	mi
	G	ut	sol	ré
	F		fa	ut
	E	la	mi	
	D	sol	ré	
	C	fa	ut	
	B	mi		
	A	ré		
	F	ut		

GAMME FRANÇAISE.

E	si	mi
D	la	ré
C	sol	ut
B	fa	si
A	mi	la
G	ré	sol
F	ut	fa

FIG. 3.

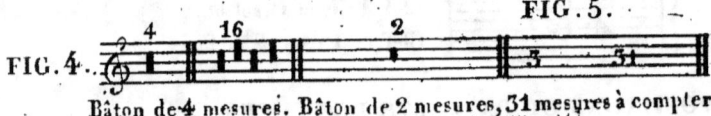

FIG. 5.

FIG. 4. Bâton de 4 mesures. Bâton de 2 mesures, 31 mesures à compter.

CARILLON CONSONNANT A NEUF TIMBRES.

FIG. 6.

EXEMPLE D'UNE MESURE SESQUI-ALTÉRÉE à 2 TEMS INÉGAUX.

FIG. 1.

ANCIENS CARACTÈRES DE QUANTITÉ.

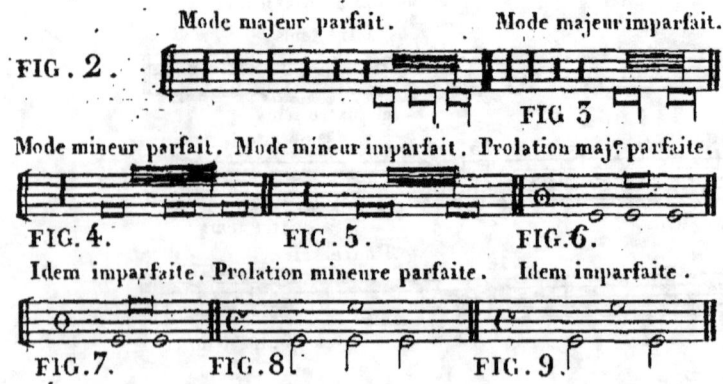

TABLE DE TOUTES LES MODULATIONS IMMÉDIATES.

FIG. 1. **Fig. 2.**

En sortant du mode majeur. En sortant du mode mineur.

TRANSITIONS de BASSE FONDAMENTALE
pour tous les changemens de ton.

FIG. 3.

A   B   C   D   E

En sortant du mode majeur.

MAJEUR.

Ton d'UT.
- Dominante . . . . . A
- Sixième note . . . . . B
- Médiante C
- Sous-dominante . . . D
- Seconde note . . . . . E

FIG. 4.

F   G   H   I   K

En sortant du mode mineur.

MINEUR.

Ton de LA.
- Médiante . . . . F
- Dominante . . . . . . G
- Sous dominante . . . . H
- Sixième I
- Idem . . . . K

AGRÉMENS DU CHANT FRANÇAIS.

FIG. 5.
Effet.

Accent. Cadence pleine. Cadence brisée.

Coulé. Martellement. Flatté. Port de voix. Port de voix jetté.

FIG. 1.

TABLE
DE TOUS LES INTERVALLES SIMPLES, PRATICABLES DANS LA MUSIQUE.

Intervalle exprimé en Notes	Noms de l'intervalle	Dégrés qu'il contient	Valeurs en tons et semi tons	Rapport en Nombres
Ut ♯ — ré ♭	Seconde diminuée	1	0	375 — 384
Si — ut	Seconde mineure	1	1 semi Ton	15 — 16
Ut — ré	Seconde majeure	1	1 Ton	8 — 9
Ut — ré ♯	Seconde superflue	1	1 ½ Ton	64 — 75
Si — ré ♭	Tierce diminuée	2	1 Ton	125 — 144
Mi — sol	Tierce mineure	2	1 ½ Ton	5 — 6
Ut — mi	Tierce majeure	2	2 Tons	4 — 5
Fa — la ♯	Tierce superflue	2	2 ½ Tons	96 — 125
Ut ♯ — fa	Quarte diminuée	3	2 T.	75 — 96
Ut — fa	Quarte juste	3	2 ½ T.	3 — 4
Ut — fa ♯	Quarte superflue dite Triton	3	3 T.	32 — 45
Fa ♯ — ut	Quinte diminuée dite fausse quinte	4	3 T.	45 — 64
Ut — sol	Quinte juste	4	3 ½ T.	2 — 3
Ut — sol ♯	Quinte superflue	4	4 T.	16 — 25
Fa ♯ — fa	Sixte diminuée	5	3 ½ T.	125 — 192
Mi — ut	Sixte mineure	5	4 T.	5 — 8
Sol — mi	Sixte majeure	5	4 ½ T.	3 — 5
Ré ♭ — si	Sixte superflue	5	5 T.	72 — 125
Ré ♯ — ut	Septième diminuée	6	4 ½ T.	75 — 128
Mi — ré	Septième mineure	6	5 T.	5 — 9
Ut — si	Septième majeure	6	5 ½ T.	8 — 15
Sol ♭ — fa ♯	Septième superflue	6	6 T.	81 — 160
Ut — ut	Octave	7	6 T.	1 — 2

VALEURS ANCIENNES. SILENCES CORRESPONDANS.

FIG. 1.

Valeurs égales	
La Maxime vaut deux longues.	La Pause qui remplit trois espaces vaut une Maxime.
La Longue deux brèves.	Celle qui remplit deux espaces vaut une Longue.
La Brève deux semi-brèves.	Celle qui ne remplit qu'un espace vaut une Brève.
La semi-Brève deux Minimes.	Celle qui tient par en haut, et ne remplit que la moitié d'un espace vaut une semi-brève.
La Minime ne se divise pas.	Celle qui tient par le bas, et ne remplit que la moitié d'un espace vaut une Minime.

SILENCES CORRESPONDANS.

Bâton valant quatre mesures.

Bâton de deux mesures.

VALEURS MODERNES.

FIG. 2.

Valeurs égales		
Une Ronde est égale à	Pause valant une mesure. Demi-pause valant une blanche.	
Deux Blanches	Soupir valant une noire.	
ou à quatre Noires	Demi-soupir valant une croche.	
ou à huit croches	Quart de soupir valant une double croche	
ou à seize doubles croches	Demi quart de soupir valant une triple croche.	A B
ou à trente deux triples croches.	A. à la Française. B. à l'Italienne.	A B

FIG. 1. Preuve de la septième renversée de la sixte ajoutée.

MARCHE DES MOUSQUETAIRES DU ROI DE FRANCE.

FIG. 2. Hautbois. Tambours.

FIG. 3. Fusées.

NOTES DE GOÛT DE LA PREMIÈRE ESPÈCE.

FIG. 4. NOTES DE GOÛT DE LA SECONDE ESPÈCE.

ODE DE PINDARE.

Premier morceau de musique ancienne.

HYMNE A NEMESIS.

Deuxième morceau de musique ancienne.

NOTES DE L'ANCIENNE MUSIQUE GRECQUE.

GENRE DIATONIQUE, Mode Lydien.

N.B. La première note est pour la musique vocale, la seconde pour l'instrumentale.

Noms modernes.	Noms anciens.	Notes.	Explications.
La	Proslambanomené	7 ⊢	Zéta imparfait et Tau couché.
Si	Hypaté hypaton	Ί Γ	Gamma à rebours, et Gamma droit.
Ut	Parhypaté hypaton	B L	Beta imparfait, et Gamma renversé.
Ré	Hypaton diatonos	Φ F	Phi, et Digamma.
Mi	Hypaté meson	C C	Sigma, et sigma.
Fa	Parhypaté meson	P ⌐	Rho, et sigma couché.
Sol	Meson diatonos	M Ί	Mi, et Pi prolongé.
La	Mesé	I <	Iota, et lambda couché.
Si♭	Trité-Synnemenon	Θ V	Théta, et lambda renversé.
Si♮	Paramesé	Z =	Zéta, et Pi couché.
*Ut	Synnemenon diatonos	Γ N	Gamma et Ni.
+Ré	Neté Synnemenon	℧ Z	Oméga renversé et zéta.
*Ut	Trité diezeügmenon	E ɿ	Eta, et Pi renversé et prolongé.

Ré...	Diezeugmenon diatonos	comme la	Neté synnemenon, qui est la même corde.
Mi...	Neté diezeugmenon...		Phi couché, et Eta courant prolongé.
Fa...	Trité hyperboléon...		Upsilon renversé, et Alpha tronqué à droite.
Sol...	Hyperboléon diatonos...		Mi, et Pi prolongé surmonté d'un accent.
La...	Neté hyperboléon...		Iota, et Lambda couché surmonté d'un accent.

REMARQUES.

Quoique la corde diatonos du tétracorde Synnemenon et la Trité du tétracorde Diezeugmenon aient des notes différentes, elles ne sont que la même corde, ou deux cordes à l'unisson. Il en est de même des deux cordes Neté Synnemenon et Diezeugmenon Diatonos, ainsi ces deux-ci portent-elles les mêmes notes. Il faut remarquer aussi que la Mese et la Neté hyperboléon portent la même note pour le vocal quoiqu'elles soient à l'octave l'une de l'autre, apparemment qu'on avait dans la pratique quelqu'autre moyen de les distinguer.

Les curieux qui voudront connaître les notes de tous les genres et de tous les modes pourront consulter dans Meibomius les Tables d'Alipius et de Bacchius.

DIAGRAMME GÉNÉRAL DU SYSTÈME DES GRECS.

Pour le genre diatonique.

Noms modernes. | Noms anciens.

La .... Nété hyperboléon ....
Sol .... Hyperboléon diatonos .. } Tétracorde hyperboléon
Fa .... Trite hyperboléon ....
Mi .... Nété diezeugmenon .... } Synaphe ou conjonction.

Tétracorde Synnemenon.

Ré .... Diezeugmenon diatonos
Nété Synnemenon ....
} Tétracorde diezeugmenon.
Ut .... Synnemenon diatonos ..
Trité synnemenon ....

Si .... Paramèse ....
Si♭ .... Trité Synnemenon .... } Diezeuxis ou disjonction.
La .... Mésé ....

Sol .... Meson diatonos .....
Fa .... Parhypaté meson .... } Tétracorde meson.
Hypaté meson ...... } Synaphe ou conjonction.

Ré .... Hypaton diatonos ....
Ut .... Parhypaté hypaton ... } Tétracorde hypaton.
Si .... Hypaté hypaton .....

La .... Proslambanomenos ....

TABLE GÉNÉRALE
DE TOUS LES MODES DE LA MUSIQUE ANCIENNE.

N.B. Comme les Auteurs ont donné divers noms à la plupart de ces modes, les moins usités ont été mis en plus petits caractères.

	N°	Note	Mode
Aigus.	15	SI	Hyper-lydien.
	14	SI bémol	Hyper-éolien.
	13	LA	Hyper-phrygien. *Hyper-mixo-lydien.*
	12	LA bémol	Hyper-ionien. *Hyper-iastien. Mixo-lydien aigu.*
	11	SOL	Hyper-dorien. *Mixo-lydien.*
Moyens.	10	FA dièze	Lydien.
	9	FA	Éolien. *Lydien grave.*
	8	MI	Phrygien.
	7	MI bémol	Ionien. *Iastien. Phrygien grave.*
	6	RE	Dorien. *Hypo-mixo-lydien.*
Graves.	5	UT dièze	Hypo-lydien.
	4	UT	Hypo-éolien. *Hypo-lydien grave.*
	3	SI	Hypo-phrygien.
	2	SI bémol	Hypo-ionien. *Hypo-iastien. Hypo-phrigien grave.*
	1	LA	Hypo-dorien. *commun. locrien.*

* Je place ici le mode Hyper-mixo-lydien, le trouvant ainsi noté dans mes cahiers sous la citation d'Euclide. Mais la véritable place de ce mode doit être, ce me semble, un semi-ton au-dessus de l'Hyper-lydien; ainsi je pense qu'Euclide s'est trompé, ou que je l'ai mal transcrit.

NOUVEAUX CARACTÈRES DE MUSIQUE.

EXEMPLE DE VALEURS ÉGALES.

l'octave en montant.

FIG. 1.   1 2 3 4 5 6 7 1̇
          Ut ré mi fa sol la si ut.

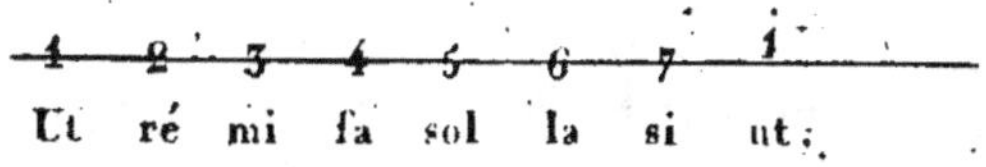

FIG. 2. $2\|1,12|3,234|3456|7675|145|1\|$
                                    7   5

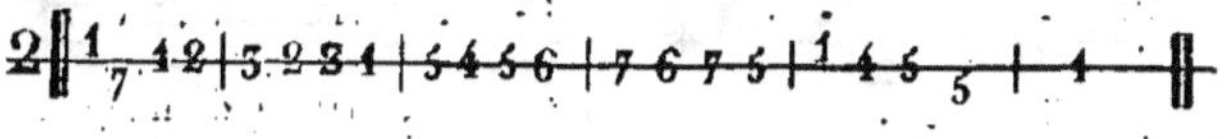

Idem, en séparant les tons par des virgules.

FIG. 2. $2\|1,7\ 1\ 2|3\ 2,3\ 1|3\ 4,\&^a$

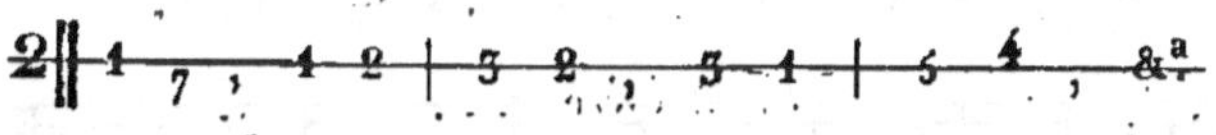

Exemple pour les valeurs inégales, points, syncopes et silences.

FIG. 3. $2\|0|\ 434|3575|1\ 1|3367|1254|55|6\ \overline{4321},7,\ 46|$
$6,0\ 164|5,0354|423\ 1|3\ 0|5,435|2\ 1|\ 1\|$

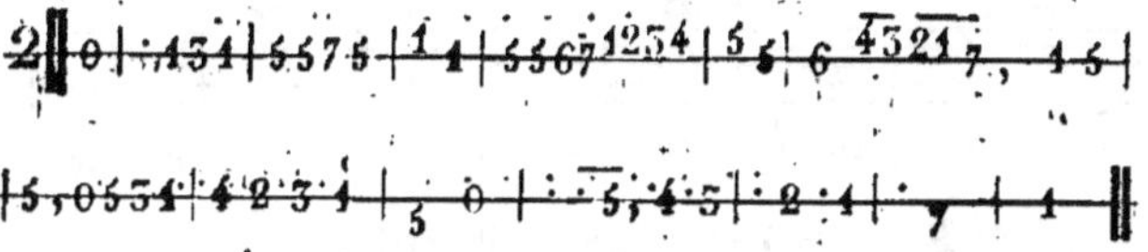

AIR A CHANTER AVEC LA BASSE.

FIG. 4.

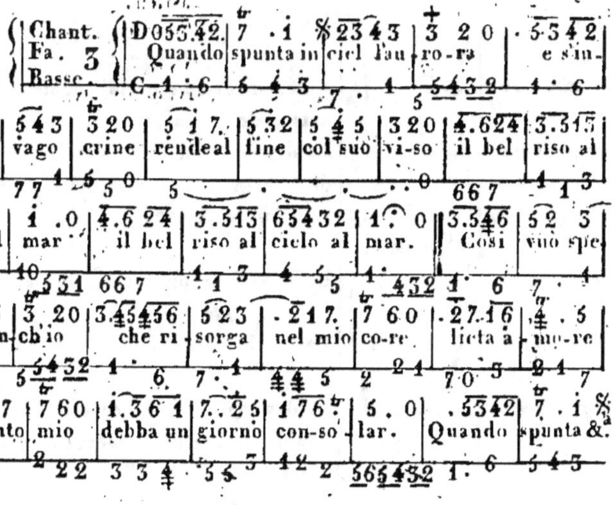

Chant.	D0̄55̄42	tr 7 .1	※ 2343	+̇ 3 2 0	.5342
Fa. 3	Quando	spunta in	ciel l'au	ro-ra	e sin-
Basse.	C 1 6	643	1	5432	1 . 6

7 .1	543	320	5 1 7.	532	545	320	4.624	3.313
fiora il	vago	crine	rende al	fine	col suo	vi-so	il bel	riso al
5 4 3	1	6 5 0	5		0		667	1 1 3

6 2 7.	1 .0	4.624	3.313	65432	1. 0	5.346	52 3
cielo al	mar	il bel	riso al	cielo al	mar.	Così	vuo spe-
4 5	10	531	667	1 1 3	4 5	1.432	1 6 7 1

.4543	3 .20	3.45456	523	-217.	760	.27.16	4 . 5
rar an	ch'io	che ri	sorga	nel mio	co-re	lieta a	mo-re
4 4 4	5432	1 6.	7 . 1	445	2 2 1	70 5	2 1 7

671 7	760	1.361	7. 26	176	5. 0	.5342	7 .1 ※
'l pianto	mio	debba un	giorno	con-so	lar.	Quando	spunta &ᵃ
4 5	22	33 4	55	42 2	565432	1. 6	543

ETENDUE DES QUATRE PARTIES VOCALES.

Dessus.   Haute-contre.   Taille.   Basse.

ETENDUE DES QUATRE PARTIES INSTRUMENTALES

Dessus de violon.   Taille. c'est le même instrument que la taille, et accordé de même.   Quinte ou Viola,   Basse.

PARTITION pour L'ACCORD de L'ORGUE et du CLAVECIN.

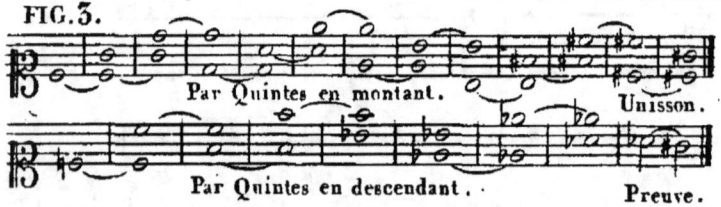

Par Quintes en montant.   Unisson.

Par Quintes en descendant.   Preuve.

TABLE des SONS HARMONIQUES

Sensibles et appréciables sur le Violoncelle.

La Corde à vide		L'unisson.
La Tierce mineure		La dix-neuvième, ou la double octave de la quinte.
La Tierce majeure		La dix-septième, ou la double de la même tierce majeure.
La Quarte	Donne	La double octave.
La Quinte		La deuxième, ou l'octave de la même quinte.
La Sixte mineure		La triple octave.
La Sixte majeure		La dix-septième majeure, ou la double octave de la tierce.
L'Octave		L'octave.

DISTRIBUTION de L'ORCHESTRE de l'Opéra de DRESDE,

Dirigé par le Sr Hasse.

FIG. 1.

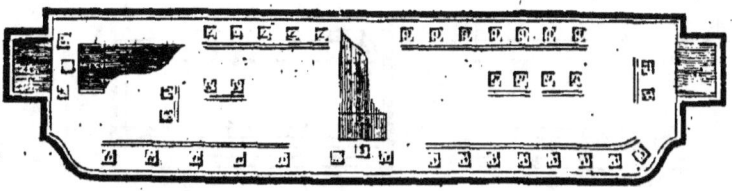

RENVOI des CHIFFRES.

1. Clavecin du Maître de Chapelle.
2. Clavecin d'accompagnement.
3. Violoncelles.
4. Contre-Basses.
5. Premiers Violons.
6. Seconds Violons, ayant le dos tourné au Théâtre.
7. Hautbois, de même.
8. Flûtes, de même.
A. Tailles, de même.
B. Bassons.
C. Cors de chasse.
D. Une Tribune de chaque côté pour les Tymbales et les Trompettes.

HYMNE de St JEAN.

Telle qu'elle se chantait anciennement, tirée du manuscrit de Sens.

FIG. 2.

18

SYSTÈME GÉNÉRAL des DISSONNANCES.

ECHELLE DIATONIQUE.

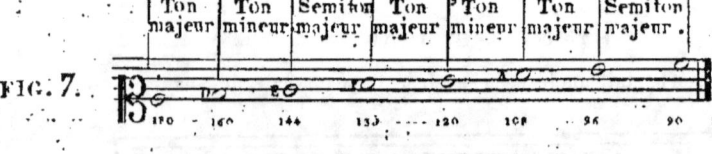

Cadence harmonique. Cadence arithmétique. Cadence mixte.

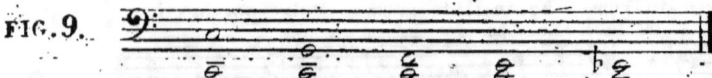

EMPLOI DE LA QUINTE SUPERFLUE.

FIG. 1. A la Française.

FIG. 2. A l'Italienne.

BASSE FONDAMENTALE et RÉGULIÈRE
De l'échelle diatonique ascendante par la succession naturelle des 3 cadences.

FIG. 3.

BASSE FONDAMENTALE des HARMONISTES
du quinzième siècle corrigée.

FIG. 4.

ÉCHELLE DIATONIQUE MESURÉE.

FIG. 5.

GENRE ÉPAISSI.

FIG. 6.

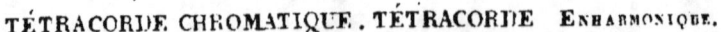
TÉTRACORDE CHROMATIQUE. TÉTRACORDE ENHARMONIQUE.

FIG. 1.   FIG. 2.

BASSE FONDAMENTALE

Qui retourne exactement sur elle-même au moyen de la septième aliquote ajoutée à l'échelle diatonique.

FIG. 3.

FIG. 4.   FIG. 5.

Reprises.
A l'Italienne.   A la Française.

GAMME et ACCOMPAGNEMENT de MODE MIXTE
FIG. 6.   de M.ʳ BLAINVILLE.

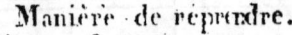

Manière de reprendre.
FIG. 7.

PREMIÈRE ÉCHELLE CHROMATIQUE
FIG. 1. Tirée de M. Malcolm.

Majeur	Moyen	Majeur	Mineur	Majeur	Moyen	Majeur	Majeur	Mineur	Majeur	Moyen	Majeur
Ut	Ut♯	Ré	Mi♭	Mi	Fa	Fa♯	Sol	Sol♯	La	Si♭	Si	Ut
$\frac{15}{16}$	$\frac{128}{135}$	$\frac{15}{16}$	$\frac{24}{25}$	$\frac{15}{16}$	$\frac{128}{135}$	$\frac{15}{16}$	$\frac{15}{16}$	$\frac{24}{25}$	$\frac{15}{16}$	$\frac{128}{135}$	$\frac{15}{16}$

FIG. 2.
DEUXIÈME ÉCHELLE CHROMATIQUE Tirée de même.

$\frac{16}{17}$ $\frac{17}{18}$ $\frac{18}{19}$ $\frac{19}{20}$ $\frac{15}{16}$ $\frac{16}{17}$ $\frac{17}{18}$ $\frac{18}{19}$ $\frac{19}{20}$ $\frac{16}{17}$ $\frac{17}{18}$ $\frac{15}{16}$

Ut Ut♯ Ré Mi♭ Mi Fa Fa♯ Sol Sol♯ La Si♭ Si Ut

ÉCHELLE ENHARMONIQUE

Ut Ut♯ Ré♭ Ré Ré♯ Mi♭ Mi Mi♯ Fa Fa♯

FIG. 3. $\frac{24}{25}$ | $\frac{576}{625}$ | $\frac{24}{25}$ | $\frac{24}{25}$ | $\frac{125}{128}$ | $\frac{24}{25}$ | $\frac{24}{25}$ | $\frac{125}{128}$ | $\frac{24}{25}$ |

Sol♭ Sol Sol♯ La♭ La La♯ Si♭ Si Si♯ Ut

$\frac{576}{625}$ | $\frac{24}{25}$ | $\frac{24}{25}$ | $\frac{125}{128}$ | $\frac{24}{25}$ | $\frac{24}{25}$ | $\frac{576}{625}$ | $\frac{24}{25}$ | $\frac{24}{25}$ | $\frac{125}{128}$ |

Douze manières de sortir de septième diminuée, où sont comprises les trois transitions enharmoniques, et leurs combinaisons.

FIG. 4.

Basse fondamentale.

22

Règle de l'Octave.

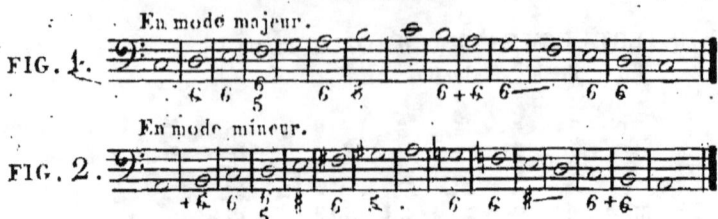

CHIFFRES ÉQUIVOQUES et MODULATIONS DÉTOURNÉES.

1.er Couplet des folies d'Espagne, noté en tablature pour la Guitare.

25

GENRES de la MUSIQUE ANCIENNE.

Selon Aristoxène.

Le Tétracorde étant supposé divisé en 60 parties égales.

N° A.   Diatonique.   Chromatique.   Enharmonique.

$$\begin{cases} \text{Tendre ou mol.} \\ \quad 12+18+30=60 \\ \text{Syntonique ou dur.} \\ \quad 12+24+24=60 \end{cases} \begin{cases} \text{Mol.} \quad 8+4+48=60 \\ \\ \text{Hemiolien } 9+9+42=60 \\ \text{Tonique.} \; 12+12+36=60 \end{cases} \begin{cases} \\ 6+6+48=60 \\ \\ \end{cases}$$

FIG. 1.

Selon Ptolomée.

Le Tétracorde étant représenté par le rapport de ses deux termes.

N° B.   Diatonique.   Chromatique.   Enharmonique.

$$\begin{cases} \text{Diatonique} \; \tfrac{256}{243}+\tfrac{9}{8}+\tfrac{9}{8}=\tfrac{4}{3} \end{cases} \begin{cases} \text{Mol.} \; \tfrac{28}{27}+\tfrac{15}{14}+\tfrac{6}{5}=\tfrac{4}{3} \\ \\ \text{Intense ou} \\ \text{syntonique.} \tfrac{22}{21}+\tfrac{12}{11}+\tfrac{7}{6}=\tfrac{4}{3} \end{cases} \begin{cases} \tfrac{46}{45}+\tfrac{24}{23}+\tfrac{5}{4}=\tfrac{4}{3} \end{cases}$$

FIG. 2.

Corde sonore en vibration par ses Aliquotes au son de l'une d'entre elles.

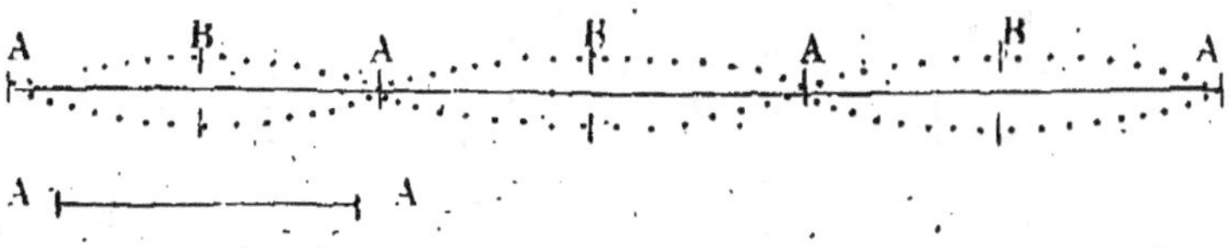

A · · · B · · · A · · · B · · · A · · · B · · · A

A ├─────┤ A

A. Nœuds où étaient les petits papiers d'une couleur.
B. Ventre où étaient les petits papiers d'une autre couleur.

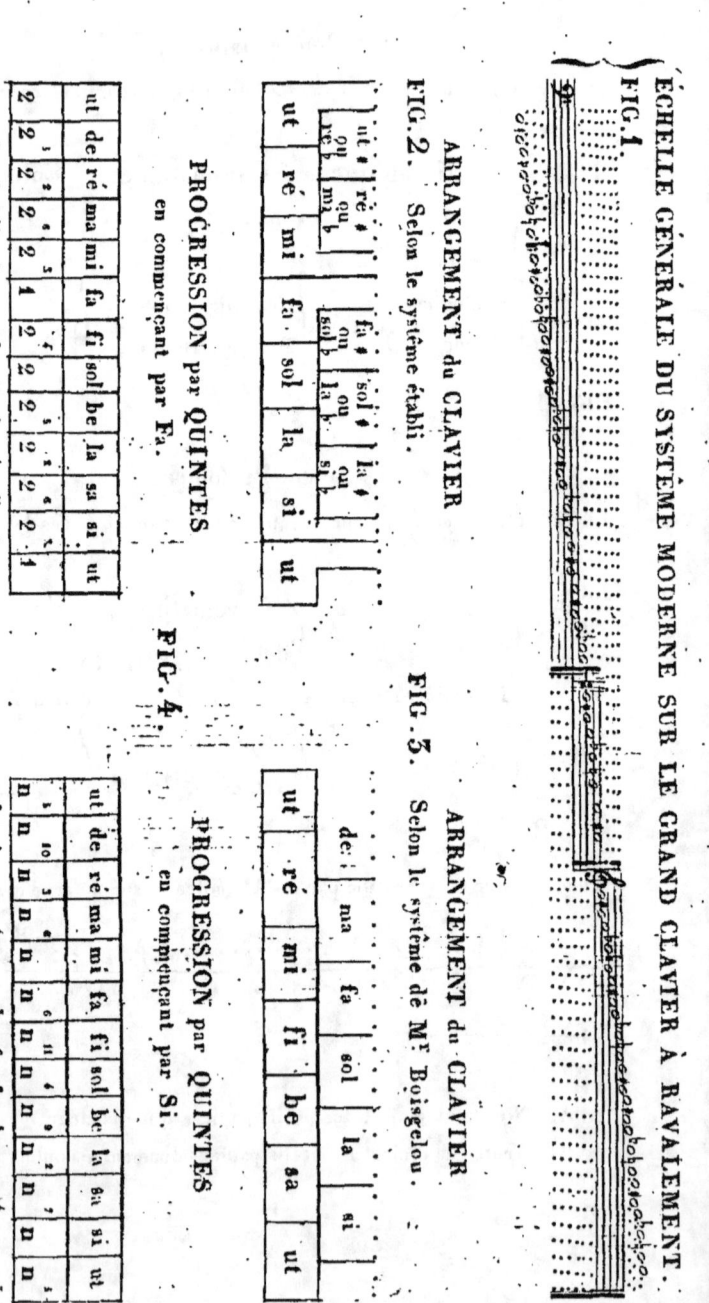

PORTÉE de MUSIQUE à SEPT LIGNES

Contenant l'échelle chromatique de l'octave sans dièzes ni bémols.

L'ÉCHELLE DIATONIQUE

sur la même portée.

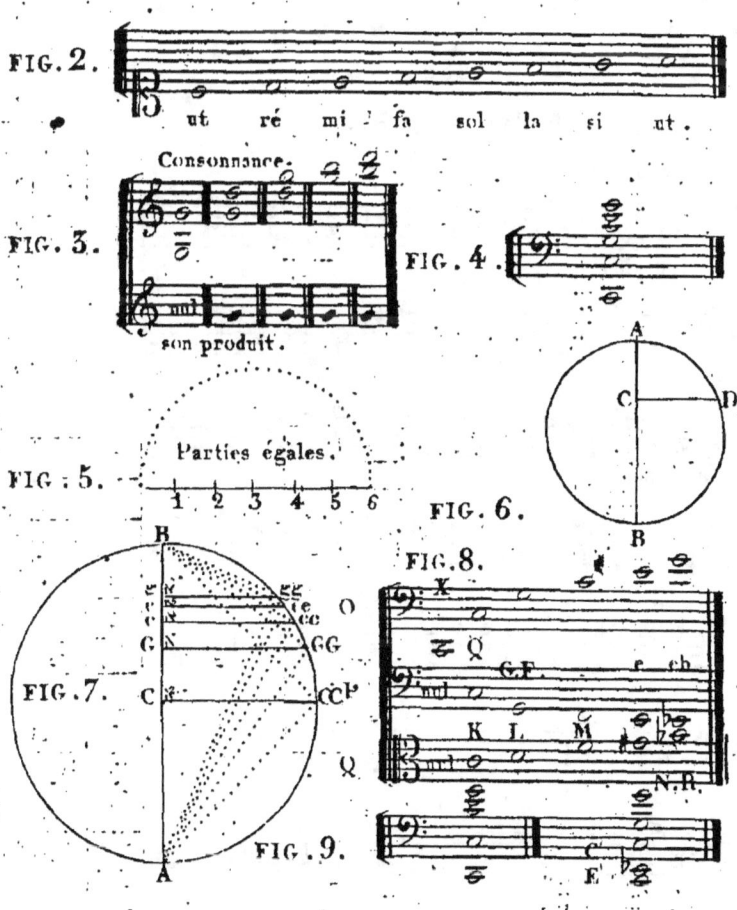

AIR CHINOIS.

AIR SUISSE.
Appellé le Rans des Vaches.

CHANSON
Des Sauvages du Canada.

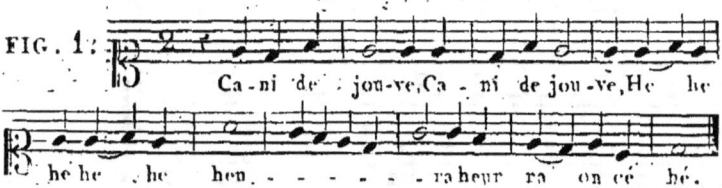

Ca - ni de jou-ve, Ca - ni de jou-ve, He he he he he hen — ra heur ra on ce he.

DANSE CANADIENNE.

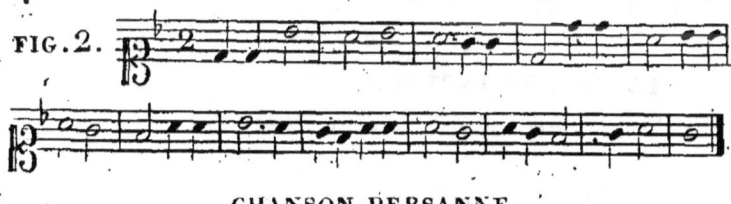

CHANSON PERSANNE.

Der deste da ri tchouh nar — es tou mi-a et hou y ar — Dun ia-ne da red ath e-har — semboul biar be-rai cha-e-men.

TRADUCTION
Des Paroles Persannes.

Votre teint est vermeil comme la fleur de Grenade.
Votre parler un parfum dont je suis l'inséparable ami.
Le monde n'a rien de stable, tout y passe.
Refrain. Apportez des fleurs de senteur pour ranimer
le cœur de mon Roi.

28.

FIG. 1. CHANT tiré de l'Harmonie.

Effet.

TABLE DES INTERVALLES.
Pour la formule des Clefs transposées.

FIG. 2.

Espèce de l'intervalle.		Mineur	Majeur	Mineur	Majeur	Mineur	Majeur	Majeur	Mineur	Majeur	Mineur	Majeur
Noms qui le donnent.	ut	ré♭	ré	mi♭	mi	fa	fa♯	sol	la♭	la	si♭	si	ut
Noms de l'intervalle.	Terme de comparaison.	Seconde	Seconde	Tierce	Tierce	Quarte	Quarte	Quinte	Sixte	Sixte	Septième	Septième	Septième

TROIS DIVERSES FIGURES
de la Clef de Fa.

Dans la Musique imprimée.

FIG. 3.

Dans la Musique écrite ou gravée.    Dans le Plain chant.

www.ingramcontent.com/pod-product-compliance
Lightning Source LLC
Chambersburg PA
CBHW051328230426
43668CB00010B/1183